ELIZE MATSUNAGA
A MULHER QUE ESQUARTEJOU O MARIDO

Edição revista
e ampliada

Ullisses Campbell

ELIZE MATSUNAGA
A MULHER QUE ESQUARTEJOU O MARIDO

© 2023 - Ullisses Campbell
Direitos em língua portuguesa para o Brasil:
Matrix Editora
www.matrixeditora.com.br
/MatrixEditora | @matrixeditora | /matrixeditora

Diretor editorial
Paulo Tadeu

Capa, projeto gráfico e diagramação
Patricia Delgado da Costa

Edição e checagem
Gabriela Erbetta

Ilustrações
Félix Reiners

Revisão
Cida Medeiros

Fotos
Páginas 385, 386 e 387: Álbum de família
Página 388: Reprodução do processo
Páginas 389 e 390: Adri Felden
Páginas 391 e 392: Álbum de família
Página 393: Reprodução do processo
Página 394, foto 2: Reprodução do processo
Página 395, foto 1; Álbum de família, foto 2; reprodução do processo, foto 3; Processo penal
Página 396, foto 2: Redes sociais
Página 397: Arquivo do autor
Páginas 398, 399 e 400: Redes sociais
Foto do autor: Jonne Roriz

CIP-BRASIL - CATALOGAÇÃO NA PUBLICAÇÃO
SINDICATO NACIONAL DOS EDITORES DE LIVROS, RJ

Campbell, Ullisses
Elize Matsunaga: a mulher que esquartejou o marido / Ullisses Campbell. - 2. ed. - São Paulo: Matrix, 2023.
400 p.; 23 cm. (Mulheres assassinas)

ISBN 978-65-5616-360-4
ISBN 978-65-5616-357-4 (coleção)

1. Matsunaga, Elize, 1981-. 2. Enfermeiras - Biografia - Brasil. 3. Criminosas - Brasil - Biografia. 4. Matsunaga, Marcos, 1970-2012 - Assassinato. I. Título. II. Série.

23-85396	CDD: 364.1523092	
	CDU: 929:343.611	

Meri Gleice Rodrigues de Souza - Bibliotecária - CRB-7/6439

SUMÁRIO

APRESENTAÇÃO 12

CAPÍTULO 1
A ESQUARTEJADORA 16

CAPÍTULO 2
VÊNUS NUMA CONCHA 46

CAPÍTULO 3
É LUXO SÓ! 78

CAPÍTULO 4
A VOLÚPIA DA MULHER DISCRETA 118

CAPÍTULO 5
AS VITRINES 156

CAPÍTULO 6
A FLECHA VENENOSA DO CIÚME 188

CAPÍTULO 7
QUER PAGAR QUANTO? 216

CAPÍTULO 8
ONDE NASCE O PERDÃO 246

CAPÍTULO 9
A MORTE PEDE PASSAGEM 276

CAPÍTULO 10
PEDAÇOS DA VIDA 314

CAPÍTULO 11
SOM DE ASSOMBRAÇÃO 346

A VIDA EM PRETO E BRANCO 384

Para a minha mãe, Doraci Campbell, meu pai, Evandro Campbell *(in memoriam),* e aos meus irmãos Marcello, Wellington e Michelle, e sobrinhos.

Gratulação eterna aos meus guardiões jurídicos
Alexandre Fidalgo
Juliana Akel Diniz

REDES SOCIAIS

◉ Instagram
@ullissescampbell
@mulheresassassinas

● Spotify
Ouça a playlist com as músicas citadas na obra:
Ullisses Campbell
@mulheresassassinas

𝕏 @ullicampbell

@ Threads
@ullissescampbell

♪ Tiktok
@ullissescampbell

Acesse conteúdo exclusivo

@CRIMESDOBRASIL

Agradecimentos especiais
Adri Felden (fotógrafa)
Alexandre Sposito (médico)
Assessoria de imprensa do Tribunal de Justiça de São Paulo
Berta Zemel – *in memoriam* (atriz)
Beto Ribeiro (jornalista)
Clarissa Oliveira (jornalista)
Cleide Pinheiro (empresária)
Dina Barcellos (estilista)
Drauzio Varella (médico)
Fábio Martinho (jornalista)
Fernando Raphael Oliveira (Federação de Tiro de Mato Grosso)
Isabela Qader (psicóloga)
Jonne Roriz (fotógrafo)
Juliana Fincatti Santoro (advogada)
Leonardo Pontual (médico)
Lílian Tahan (jornalista)
Luciano Santoro (advogado)
Luiz Augusto Filizzola D'Urso (advogado)
Luiz Flávio Borges D'Urso (advogado)
Luiz Marcelo Negrini Mattos (promotor de Justiça)
Marcos Monteiro – *in memoriam* (radialista)
Mauro Dias (delegado de polícia)
Mitsuo Matsunaga (empresário)
Patrícia Kaddissi (advogada)
Rita Soares (jornalista)
Romeu Tuma Jr. (advogado)
Rosângela Maiorana (empresária)
Roseli Araújo Camarotto (técnica em enfermagem)
Thiago Maragno (praticante de caça de javali)

VERDADE

A porta da verdade estava aberta,
mas só deixava passar
meia pessoa de cada vez.

Assim não era possível atingir toda a verdade,
porque a meia pessoa que entrava
só trazia o perfil de meia verdade.

E sua segunda metade
voltava igualmente com meio perfil.
E os dois meios perfis não coincidiam.

Arrebentaram a porta. Derrubaram a porta.
Chegaram a um lugar luminoso
onde a verdade esplendia seus fogos.
Era dividida em duas metades,
diferentes uma da outra.

Chegou-se a discutir qual a metade mais bela.
Nenhuma das duas era totalmente bela.
E carecia optar. Cada um optou conforme
seu capricho, sua ilusão, sua miopia.

Carlos Drummond de Andrade

APRESENTAÇÃO

Uma salva de palmas

A maioria das mil almas aprisionadas nas duas penitenciárias femininas de Tremembé, no interior de São Paulo, matou com crueldade integrantes da própria família. Com a bênção da Lei de Execuções Penais, cerca de 200 mulheres do regime semiaberto nessas unidades deixam a cadeia cinco vezes por ano. Elas ganham a rua para andar por sete dias em datas festivas como Natal/Ano Novo, Páscoa, Dia dos Pais, Dia das Mães e Dia da Criança. Em 10 de outubro de 2019, Elize Araújo Kitano Matsunaga saiu pela primeira vez para dar uma volta, depois de ficar sete anos encarcerada. Ao passar pelo portão de chapas metálicas do presídio, às 8h23, ela foi aplaudida por colegas de cela e populares. A cena foi emocionante. Uma bandida gritou: "Vai, Elize! Vai cuidar da vida, que você merece!". A partir dessa salva de palmas, decidi esquadrinhar a vida da mulher que matou e esquartejou o marido.

A pesquisa começou nas 3.500 páginas do seu processo penal e seguiu até Chopinzinho, onde ela nasceu e foi estuprada pelo padrasto aos 15 anos. Em Curitiba, estudou, trabalhou e se prostituiu nas horas vagas. Ao chegar a São Paulo, casou-se e tornou-se criminosa. Também mergulhei nas quase 3 mil páginas do seu processo de execução penal, um material precioso porque traça minuciosamente o perfil psicológico da assassina. Toda a pesquisa durou dois anos e o resultado dela está nas páginas seguintes.

Batalhadora, Elize tem certificado em contabilidade, técnica em enfermagem, leiloeira e diploma de bacharel em Direito. Ambiciosa, não se contentou com o salário de profissional da área da saúde quando atuava em um dos maiores hospitais privados de Curitiba. Nem sossegou no emprego de assessora parlamentar na Assembleia Legislativa do Paraná. Subiu na vida ao se conectar com o empresário Marcos Matsunaga, um predador sexual extremamente violento. Excêntricos, amantes de armas e exímios caçadores, Elize e Marcos foram feitos um para o outro.

A simbiose entre os dois era tão poderosa quanto explosiva. Impossível aquela história de amor não acabar em tragédia.

Elize matou o marido no dia 19 de maio de 2012 com um tiro certeiro na cabeça disparado num piscar de olhos, como ela mesma definiu. Passou seis horas esquartejando a vítima em sete partes usando uma faca de cozinha. Em seguida, distribuiu o corpo cortado em três malas e fez a desova na mata. Na sequência, visitou os sogros e contou, vertendo lágrimas, que Marcos havia fugido com uma amante. Ainda se deu ao trabalho de enviar um e-mail se passando pelo marido morto, dizendo para ninguém ficar preocupado porque estava tudo bem. Com esse enredo de filme de terror, o crime tornou-se um dos mais emblemáticos do país.

Alguns personagens do livro, principalmente prostitutas e cafetinas, tiveram o nome trocado porque impuseram o uso de codinome como condição para colaborar com entrevistas e depoimentos. Amigos de Marcos e Elize também pediram anonimato para fornecer informações importantes. Com base nesses depoimentos, foi possível reconstituir momentos privados entre Elize e Marcos e boa parte dos diálogos contidos no livro. Elize não foi ouvida porque não quis falar. Por outro lado, sua versão para o crime, aqui apresentada, foi extraída dos seus depoimentos à polícia e à Justiça.

Existe uma pergunta tão importante quanto nebulosa nesse enredo. Afinal, por que Elize matou o marido? Ela sempre sustentou que foi em nome da filha, pois Marcos ameaçava internar a esposa num hospício e temperava o prenúncio dizendo que juiz nenhum daria a guarda da menina a uma prostituta louca e sem dinheiro. No entanto, amigos e parentes do empresário asseguraram que ele nunca cogitou ficar com a criança após uma possível separação. A própria Elize narrou num e-mail que Marcos se afastou da filha quando o casamento começou a desandar. Solteiro, o empresário levava uma vida mundana, promíscua, perigosa e libertária, ou seja, totalmente incompatível com o perfil de pai. Ele também nunca fez questão da guarda da filha do seu primeiro casamento. No entanto, na narrativa deste livro, a versão de Elize – "matei para não ficar longe da minha filha" – se sobrepôs porque essa tese foi levada ao Tribunal do Júri e é sustentada por ela de forma peremptória até hoje.

Elize sempre foi defendida nas ações penais e cíveis por dois ex-professores, Luciano e Juliana Santoro, casal de advogados talentosos e combativos. Segundo o defensor, sua cliente matou o marido num rompante e o esquartejou para se livrar do corpo. É uma explicação muito simples para algo tão brutal. Cinco psicólogas analisaram a mente de Elize em 2012, 2017 e 2018. Três profissionais concluíram que ela é psicopata. O diagnóstico decorre principalmente do seu comportamento glacial nos 17 dias decorridos entre matar e esquartejar o marido e confessar o crime. Outras duas psicólogas refutaram o diagnóstico de psicopatia. Em comum, as especialistas encontraram nela traços de narcisismo, imaturidade, autoestima baixa e estrutura psíquica infantil.

O psiquiatra forense Guido Palomba, uma das maiores autoridades do país em mentes criminosas, também traçou o perfil de Elize. Em seu relatório, escreveu: "Para agir dessa forma, obrigatoriamente a pessoa tem que ser fria. Em outras palavras, sem ressonância afetiva com o próximo, uma vez que a ação de esquartejamento pressupõe a ausência de sentimentos altruístas. Isso porque o ato em si é deveras violento e chocante. Se Elize tivesse um mínimo de sentimento superior de piedade e de compaixão, próprios do altruísta, o esquartejamento não chegaria a ocorrer. Se chegasse, seria a duras penas para ela, pois o seu psiquismo pagaria um preço muito alto. Nenhum ser humano mentalmente equilibrado deixa de se chocar ao ver uma carnificina".

No dia 30 de maio de 2022, Elize ganhou liberdade condicional e foi trabalhar como motorista de aplicativo e fiscal de obras. Os detalhes da sua vida fora da cadeia, marcados por uma série de perrengues que, por pouco, não a levaram de volta para a penitenciária, estão na atualização desta obra. Para entender o que leva uma mulher a dar cabo da vida do marido, a nova edição traz também outras histórias de esposas que mataram seus cônjuges, suas motivações e arrependimentos – ou a falta deles.

Quando estava engrenando no ramo da prostituição, em 1999, Elize era tão carente de afeto que costumava se apaixonar perdidamente pelos clientes. Nessa época, uma cafetina experiente lhe fez um alerta: "Você nunca vai mudar de vida se envolvendo com fregueses. Sabe por quê? Porque eles vão te ver eternamente como prostituta". Quando subiu ao altar com um cliente, em 2009, Elize concluiu que a cafetina estava enganada. Mas ela não estava. No ano em que foi assassinado pela esposa, Marcos comentava com amigos: "Me casei com uma puta e minha relação com ela é um programa sem fim". Ele também estava enganado. O programa teve fim. Marcos está morto. Elize está fora da cadeia cuidando da vida.

CAPÍTULO 1
A ESQUARTEJADORA

Às vezes, a morte merece ser festejada

Silêncio absoluto no meio da noite. De olhos bem abertos, Elize Araújo Kitano Matsunaga, então com 29 anos, estava disposta a mostrar do que era capaz. Emocionalmente fria, não sentia nada. Nem medo, nem amor, nem compaixão, nem dor. Seu inimigo poderia entrar em cena a qualquer momento, e ela estava determinada a matá-lo. Aquela morte tinha sido planejada havia meses. No entanto, faltava uma janela de oportunidade. Não seria uma tarefa fácil. Caucasiana, magra, cabelos soltos, 1,65 m de altura, Elize sabia que o seu algoz era forte, grosseiro, desagradável, furioso e bom de briga. O corpo dele era atarracado, com mais de 100 quilos de ossos, músculos e muita estupidez. Estrangeiro, tinha cabeça grande, pernas curtas e olhos miúdos.

Elize vestia calça de jeans escuro, blusa de malha de algodão marrom terroso e, por cima, uma jaqueta da mesma cor, porém em tom mais claro. Nos pés, botas rústicas de couro cru. Nas mãos, um rifle semiautomático CZ 512 de quase três quilos, calibre .22, coronha de madeira e cano forjado. Essa carabina é famosa pelo fácil controle e excepcional precisão de tiro. Avaliada em 13 mil reais em 2012, a arma foi importada legalmente dos Estados Unidos e registrada em nome dela. Foi um presente do marido, Marcos Kitano Matsunaga, de 40 anos na época.

A calmaria da cena foi rompida bruscamente, quando o antagonista surgiu por trás dela de forma inesperada. Elize levou um susto, virou-se e olhou diretamente em seus olhos. Destemido, o adversário avançou para atacá-la. Nesse momento, a adrenalina reduziu a atividade cerebral de Elize nas estruturas relacionadas às emoções e aumentou nas regiões da cognição, dando a ela uma capacidade maior de raciocínio. Em fração de segundos, ergueu a arma tão apressadamente que nem deu tempo de ajustar a poderosa mira de ferro com lente e fibra óptica. Fixou o alvo a olho nu. O rifle semiautomático tinha capacidade para dez tiros seguidos, mas Elize disparou apenas uma vez. Nas inúmeras aulas no Clube Calibre de Tiro, em São Paulo, ela aprendeu que bala eficiente é aquela que acerta órgãos vitais, como coração, pulmão ou rins – matando de forma instantânea. Naquela situação, porém, ela preferiu acertar a cabeça.

O projétil entrou pela região da fronte anterolateral da vítima, deixando uma queimadura na pele conhecida como zona de tatuagem. Percorreu o crânio cônico numa trajetória de cima para baixo, causando traumatismo cranioencefálico. A bala ficou alojada na linha mediana, bem próximo da união dos hemisférios cerebrais. O sujeito foi ao chão, debatendo-se e grunhindo de forma estridente. Agonizante, começou a se afogar com o próprio sangue, o que os médicos legistas denominaram de broncoaspiração sanguínea, ou seja, quando o sangue é aspirado e vai parar nos pulmões.

Gélida, Elize largou o rifle e se ajoelhou para se aproximar do corpo imóvel, que vertia uma torrente volumosa de sangue pelo buraco na testa e pelo canto da boca. A atiradora ficou estática, apreciando a vida se dissipar pelos olhos da vítima. Chegou a comemorar o sucesso da execução com um grito abafado. Ao se levantar, ela levou outro susto. A criatura passou a estrebuchar no chão, como se levasse uma descarga elétrica. Elize, então, pegou na mochila uma faca japonesa da marca Deba, cuja lâmina mede 21 centímetros, e perfurou o pescoço maciço do seu desafeto. O golpe acertou em cheio as artérias carótidas primitivas da esquerda, responsáveis por irrigar o cérebro, causando um derramamento ainda maior de sangue. Aproveitando a faca encravada, Elize tentou decapitá-lo. Teve dificuldades. A arma branca não foi feita para partir ossos. Todas as vezes que era mergulhada no corpo, a lâmina encontrava um obstáculo e entortava. É difícil acreditar: aquele ser ainda respirava ofegante, agarrado a um fiapo de esperança de sobreviver.

Para matar com as próprias mãos, são necessários três elementos básicos: desejo, coragem e força física. Elize tinha só os dois primeiros. Mas seguiu em frente. Com a mesma faca, plenamente decidida, conseguiu concluir a degola cortando primeiramente a pele e os músculos do pescoço, passando o instrumento afiado de aço inoxidável lentamente pelos tendões que unem os ossos aos músculos. O desmembramento da cabeça ocorreu na última vértebra cervical. A habilidade com objetos cortantes era fruto das aulas práticas no curso de técnica de enfermagem, e principalmente observando médicos cortando pacientes no centro cirúrgico do Hospital Nossa Senhora das Graças, em Curitiba, onde trabalhou entre outubro de 2001 e abril de 2003.

Como não podia deixar o corpo estendido no chão, Elize decidiu esquartejá-lo em sete pedaços. No entanto, não encontrou forças para seccioná-lo sozinha usando apenas uma faca simples. Pediu ajuda a um cúmplice, que entrou em ação com uma serra cirúrgica portátil com lâmina de aço-carbono de 40 centímetros. Com o acessório alimentado por uma bateria, o seu parceiro cortou os ossos com precisão e facilidade de açougueiro. O ruído agudo da serra e o espalhamento de sangue davam à cena um tom macabro. Ela continuou os trabalhos usando somente a lâmina afiada. Os cortes de Elize eram uniformes e limpos. Os dele não tinham padrão. Contudo, no final da carnificina, os pedaços da vítima estavam limpos e organizados. As peças eram proporcionais, como se eles tivessem usado uma régua. Parece loucura, mas aquele corpo todo fatiado contava uma história de amor. Os dois, juntos, embrulharam os membros do cadáver em sacos plásticos biodegradáveis de lixo.

O que parece a narrativa de um crime extraído das páginas policiais de um jornal popular é, na verdade, uma caçada implacável. Na vastidão da noite, Elize havia matado um javali selvagem nas matas de araucárias do município de Nova Aliança do Ivaí, no nordeste do Paraná, em novembro de 2010. Após abatê-lo, ela esquartejou e desossou o animal com a ajuda do marido, Marcos Matsunaga. O animal desmembrado foi carregado num Jeep para o hotel-fazenda onde estavam hospedados. Virou churrasco no dia seguinte.

O javali *(Sus scrofa)* morto pelo casal Matsunaga, como todos os outros que vivem no Brasil, é uma espécie exótica nativa da Europa, Ásia e norte da África. As primeiras cabeças chegaram por aqui há mais de 50 anos para criação em cativeiro. Na década de 1990, porém, parte dos criadores soltou esses porcos selvagens na natureza. Sem predadores naturais, multiplicaram-se criando uma superpopulação. Em bando, eles destroem manguezais, nascentes de rios e avançam sobre colheitas, tornando-se o terror do agronegócio. Uma manada de 100 animais destrói uma plantação de milho em menos de uma hora. Como os javalis transformaram-se em praga agrícola, o Instituto Brasileiro do Meio Ambiente e dos Recursos Naturais Renováveis (Ibama), órgão ligado ao Ministério do Meio Ambiente, autorizou a sua caça no Brasil mediante uma série de regras.

Um ano depois de aniquilar o javali no interior do Paraná, Marcos e Elize fizeram um curso avançado para aprender a matar alces no Canadá. Uma das técnicas aperfeiçoadas foi justamente o esquartejamento de animal em campo. O casal conseguiu licença para viajar com armas de fogo e perseguir bichos selvagens na província de British Columbia, no extremo oeste do Canadá. O local é marcado pela paisagem exuberante, composta por uma cadeia de montanhas rochosas, rios, cachoeiras, fiordes, lagos e uma bela costa do Oceano Pacífico. E também pela facilidade com que se encontram alces na floresta. Na época do acasalamento, eles chegam a ir, inocentemente, ao encontro dos caçadores. Lá, os bichos abatidos não poderiam ficar no meio do mato por questões sanitárias. A regra era simples: matou? Esquarteja e embala para viagem.

Na primavera de 2011, época da reprodução dos animais, Marcos e Elize partiram para uma jornada destemida de caça. Fizeram safári de carro e lancha por duas semanas. Ele matou com um fuzil de caça um alce enorme, cuja galhada em forma de taça media dois metros de comprimento. Elize não saiu do mato de mãos abanando. Conseguiu abater um faisão de dois quilos e meio com a mesma artilharia usada para matar o javali no interior do Paraná. Habilidosa com lâminas, coube a ela esquartejar o cervo do marido. Depois de algumas aulas particulares com um caçador experiente, ela corrigiu no Canadá um erro cometido ao esquartejar o javali no Brasil. Nunca se deve dilacerar o animal logo após a execução. O ideal é esperar algumas horas até o sangue coagular. Essa espera, porém, não pode ser muito longa, principalmente em ambiente frio, pois a carne enrijece rapidamente, dificultando o corte manual. Quando desmembrou o alce na mata canadense, Elize já era uma exímia atiradora e esquartejadora. Ela não tinha dó dos bichos mortos e mutilados pelas suas mãos. "Adoro ver o animal me encarando com olhar triste antes de acertá-lo com um tiro", dizia ela. Definitivamente, caçar não é apenas um esporte no qual o homem se arma e persegue um animal na floresta para matá-lo a sangue frio. Essa atividade tem a ver diretamente com o que somos capazes de fazer com a vida dos outros.

Chopinzinho, Paraná

Chama-se chupim *(Molothrus bonariensis)* uma das aves mais espertas da natureza. O bicho tem plumagem preto-azulada brilhante e mede até 22 centímetros de comprimento. É nativo do Brasil e pode ser encontrado em todo o território nacional. Também recebe o apelido de godelo, maria-preta e vira-bosta. Esse último epíteto vem do hábito de chafurdar nas fezes de outros animais em busca de sementes não digeridas. No entanto, sua maior característica é a malandragem. Esse pássaro nunca se dá ao trabalho de construir ninhos. Aliás, a mãe nem sequer cuida dos seus filhotes. Ela entra sorrateiramente em ninhos alheios e deixa seus ovos lá para que aves de outras espécies façam a incubação e posteriormente alimentem a cria que ela gerou. A vítima preferida do chupim é o carismático tico-tico *(Zonotrichia capensis)*. É comum observadores de pássaros encontrarem o tico-tico alimentando filhotes de chupim no bico. A imagem chama atenção porque o pássaro adotivo tem penas escuras e o dobro do tamanho da mãe postiça de cor marrom. Na natureza, esse comportamento é conhecido como nidoparasitismo.

Na década de 1950, havia uma superpopulação de chupim no oeste do Paraná. Uma derivação do nome dessa ave batizou um rio e a localidade de Chopinzinho. Promovida à condição de município em 14 de dezembro de 1954, a cidadezinha de 20 mil habitantes e clima subtropical úmido ganhou fama nacional na década de 2010, graças a uma filha famosa, Elize Araújo Kitano Matsunaga. Mas ela não tem boas lembranças do lugar onde nasceu. Motivos não lhe faltam. As passagens mais traumáticas de sua juventude ocorreram justamente nas entranhas de Chopinzinho, a 400 quilômetros de Curitiba.

O pai biológico de Elize chamava-se Valter Zacarias Giacomini, mas o nome dele não constava na certidão de nascimento dela. Nem nos documentos da irmã mais nova, Adriana Araújo, nascida em 1984. Segundo relatos de familiares, Valter nunca foi pai dentro de casa. Era também um péssimo marido. Quando Dilta de Ramos Araújo, mãe de Elize, foi registrar as filhas no cartório, Valter não estava presente. Alcoólatra, ele preferiu ficar no bar enchendo a cara com amigos. Com isso, Dilta, chamada pelos mais próximos pelo apelido de Lete, saiu do cartório duas vezes, em épocas distintas, com um bebê no colo e documentos na bolsa atribuindo-lhe a pecha de "mãe solteira". Dilta e suas filhas não estão sozinhas quando se fala nesse tipo de humilhação. Segundo dados da Associação Nacional dos Registradores de Pessoas Naturais (Arpen), 80 mil crianças, em média, são registradas sem o nome do pai a cada ano no Brasil.

Valter nasceu em 26 de março de 1962, no município de Francisco Beltrão, no sudoeste do Paraná, a 80 quilômetros de Chopinzinho. Era um homem galanteador. Alto, branco e olhos azuis bem expressivos. Os traços europeus vinham dos pais. Era filho do italiano Adelino Giacomini e da polaca Wladislada Giacomini. Quem conviveu com os dois imigrantes conta que ambos eram violentíssimos. Tratavam os empregados feito pessoas escravizadas. Certa vez, Valter, ainda adolescente, chegou em casa alcoolizado. Para repreendê-lo, os pais deram-lhe uma surra tão pesada que o garoto ficou hospitalizado por uma semana com costelas fraturadas.

Na década de 1980, era raro encontrar Valter sóbrio. Sua bebida preferida era um refugo da cachaça fabricada há mais de 100 anos pelo Moinho da Serra, no município de Morretes, a 70 quilômetros de Curitiba. No passado, os bares de Chopinzinho conseguiam de forma clandestina uma aguardente artesanal com 75% de teor alcoólico preparado pelo Moinho da Serra. A bebida comercializada oficialmente pela usina tinha entre 38% e 45% de álcool. No entanto, até chegar a essa graduação, o alambique destilava e descartava pingas com teores acima de 70%. Essa sobra explosiva seguia clandestinamente em garrafões sem rótulos do moinho diretamente para o balcão dos bares do interior do Paraná a preço de banana. Os amantes de aguardente chamavam a bebida de pinga do capeta. Valter e seus amigos alcoólatras bebiam essa cachaça dia sim e dia sim também.

Alcoolizado ou não, Valter era um homem bruto e descontrolado. Foi casado duas vezes e as duas mulheres que dividiram a cama com ele contavam histórias de horror sobre o matrimônio. Dependentes emocionalmente do marido, nunca o denunciaram – prática comum principalmente no interior. Elas não só acobertavam as truculências do companheiro dentro de casa como ainda justificavam com as velhas cantilenas do tipo: "foi a última vez que ele me bateu", "ele prometeu mudar", "a culpa é do álcool"... No rol de violência doméstica, as esposas de Valter sofreram com violência física, psicológica, moral, patrimonial e sexual, incluindo aí estupros e espancamento durante o ato.

Quando morava com Dilta, Valter usava o álcool como justificativa para fazer da companheira um saco de pancadas. Por motivos banais, empurrava a mulher contra a parede e sentava murros em seu rosto. Elize tinha 3 anos em 1984, quando Valter, de 22 anos na época, saiu de casa para trabalhar secando grãos numa indústria nas cercanias de Chopinzinho. De lá, desapareceu. Ingênua, Dilta, de 26 anos na época, procurou pelo marido nos bares do município e até na processadora de grãos. Demorou quatro meses para ela concluir o óbvio: foi abandonada pelo companheiro.

Para sustentar duas filhas sozinha, Dilta passou a trabalhar na função de faxineira de segunda a segunda. Alguns anos depois, ela morava com Elize e Adriana num casebre de madeira com dois compartimentos cobertos com folhas secas de palmeira, piso de barro batido e banheiro externo. A família tinha energia elétrica, mas não contava com água encanada. Havia uma geladeira velha, mas estava com o motor queimado. O eletrodoméstico era usado como armário. Dentro, eram guardados quatro pratos, duas panelas, três copos de plástico, três colheres e uma faca. Essa era toda a louça da casa.

À medida que iam crescendo, Elize e Adriana começaram a perguntar pelo pai. Dilta dizia às crianças o seu desejo: Valter havia saído para trabalhar numa roça distante e um dia aquele homem voltaria para o aconchego do lar. Na espera sem fim pelo marido, Dilta costumava cantarolar em forma de prece versos de canções populares. A preferida na época era "Anunciação", de Alceu Valença. Trecho da letra diz: *A voz do anjo sussurrou em meu ouvido / Eu não duvido / Já escuto os teus sinais / Que tu virias numa manhã de domingo / Eu te anuncio nos sinos das catedrais.*

Em 1988, numa manhã de domingo, Valter, com 26 anos na época, de fato, regressou. Ele havia sumido por quatro anos. Houve comoção na família. Ele estava mais bonito, encorpado e até elegante para quem trabalhava sob o sol escaldante. Bêbado, para variar, Valter entrou cambaleando pela porta da sala enquanto Dilta cozinhava feijão num fogão a lenha do lado de fora do casebre. O homem ficou estático, olhando suas duas filhas crescidas em frente a uma TV Telefunken preto e branco de 14 polegadas.

– Mãe, tem um homem aqui! – anunciou Elize, assustada.

Dilta tirou a panela do fogo e correu até a sala. Deparou-se com o marido em pé, balançando o corpo de um lado para o outro como vara de bambu. Com um pano de prato nos ombros, a mãe caiu em prantos ao ver o chefe da família novamente.

– Eu sabia que você voltaria! – comemorou Dilta, quase desmaiando de tanta comoção.

Valter não falava nada. Abalada, Dilta avançou sobre o marido e o abraçou fortemente pela cintura. O gesto não foi correspondido. As duas crianças não entenderam a cena dramática. O pai continuava no mesmo lugar, calado. Dilta recuperou o fôlego, trocou o pranto pelo riso frouxo e anunciou sem cerimônia:

– Meninas, esse é o pai de vocês!

O sorriso no rosto de Dilta perdeu o brilho tão logo o visitante começou a falar. Valter não estava de volta coisíssima nenhuma. Pelo contrário. Revelou ter constituído outra família e já era pai novamente. Incrédula, Dilta o agarrou ainda mais fortemente, proibindo-o de ir a lugar algum. Valter a empurrou com força suficiente para jogá-la ao chão. A mulher levantou e agarrou o marido pela cintura mais uma vez. Para se livrar dela, ele sentou um murro tão forte no rosto da ex-esposa que o sangue esguichou pela roupa. Assustada, Elize, de 7 anos na época, continuou vendo TV abraçada à irmã caçula. Valter, então, resolveu mostrar o real motivo da visita. Ele se agachou por trás da estante e puxou o fio que conectava a TV à tomada, desligando-a de forma abrupta na frente das meninas. Em seguida, o homem ganhou a rua com a única TV da casa embaixo do braço. Dilta ficou em pé na porta da sala com o rosto manchado de sangue enquanto Valter sumia lentamente na paisagem.

Àquela altura, Valter estava casado com Terezinha Ivanilda Forte Giacomini, de 23 anos. O casal se conheceu em Chopinzinho, num show do cantor Teixeirinha, um dos maiores expoentes da música gaúcha. Terezinha tinha 17 anos quando deu o primeiro beijo em Valter. Em 1986, nasceu a única filha do casal, Kelly Giacomini. Segundo relato de Terezinha, Valter foi a pior e a melhor coisa que aconteceu em sua vida. Durante o namoro e os primeiros anos de matrimônio, o casal irradiava felicidade. Valter bebia pouco, era romântico e atencioso. Depois do nascimento de Kelly, ele voltou a beber a pinga do capeta de forma sistemática e seu lado violento aflorou novamente. Certo dia, ele pegou uma fita cassete com músicas sertanejas para ouvir e percebeu que faltava a capa de acrílico. Calmamente, Valter perguntou à esposa pelo objeto. Como não sabia o paradeiro, Terezinha, que estava com o seu bebê no colo, levou uma sequência de murros, deixando metade do seu rosto inchado e roxo de tantos hematomas.

Terezinha apanhava do marido a qualquer hora do dia ou da noite. Se Valter a procurasse para transar e ela dissesse "não", ele a espancava até deixá-la caída no chão. Em seguida, masturbava-se no meio da sala e ejaculava sobre a esposa mesmo ela gritando de dor. Se resolvesse fazer sexo com o marido, Terezinha também sofria, pois ele era agressivo na cama. Gostava de transar apertando o pescoço da mulher com as mãos até ela ficar sem ar. Apesar de sofrer feito um cão nas mãos do marido, Terezinha – como a maioria das mulheres na mesma situação – não tinha coragem de denunciá-lo, muito menos de abandoná-lo. Sóbrio, ele chegou a dizer que mataria a mulher caso ela pedisse a separação. E assim Terezinha seguia a vida dentro de uma relação altamente violenta. Seu alento para o inferno vinha de uma igreja evangélica colada à sua casa. Os cultos tinham som alto e ela ouvia todas as pregações dos pastores, confortando-se. "Quando conto essa história, muita gente me pergunta: por que você não se separou? Olha, é fácil perguntar, mas é difícil responder e ser compreendida. As pessoas não entendem de que forma uma relação violenta nos aprisiona. Eu, por exemplo, chegava a pensar que meu casamento era uma sina, uma penitência divina. Como se eu estivesse predestinada a passar por aquilo tudo. Era um desgaste emocional tão forte viver com aquele homem que não me sobrava energia para nada, nem para respirar", relatou Terezinha em janeiro de 2021.

No auge do casamento, Valter chegou em casa com um revólver, deixando a esposa apavorada, com medo de morrer. Quando ele adormeceu, bêbado, Terezinha escondeu a arma de fogo dentro do cesto de roupa suja. Ele acordou de ressaca, bebeu aguardente no café da manhã para curar o porre e teve um surto ao dar falta da arma. Com Valter era assim: a bebida entrava e a violência saía. Não deu outra. Ele sentou um murro com toda a força no rosto da mulher, quebrando-lhe os dentes. Revoltada e com a boca cheia de sangue, Terezinha finalmente decidiu dar um basta. Começou a fazer as malas para escapar com a filha daquele inferno.

– O que estás fazendo, sua estúpida?! – quis saber Valter.

– Estou indo embora! – ousou Terezinha.

Enquanto ela limpava gavetas e esvaziava armários, Valter começou a trancar todas as janelas e saiu de casa pela porta dos fundos, deixando a esposa e a filha bebê presas lá dentro. Na sequência, ele despejou um galão de 20 litros de gasolina ao redor da casa, encharcando as paredes de madeira. Do lado de fora, o homem acendeu um palito de fósforo e anunciou por uma fresta: se a mulher o deixasse, ele tocaria fogo na casa e mataria as duas carbonizadas. Abalada, Terezinha desistiu de abandoná-lo e desfez as malas. "O relacionamento abusivo enreda a mulher de uma forma imperceptível. Eu era totalmente dependente emocionalmente desse monstro. É uma espécie de servidão. [...] A única coisa boa que levei desse casamento foi a minha filha", relatou Terezinha.

Outro momento terrível da vida a dois ocorreu quando Valter ofereceu a pinga do capeta à esposa. Terezinha recusou, pois não bebia. Ele, então, agarrou a mulher pelos cabelos e a arrastou pelo chão da sala até o quintal, onde estavam os amigos do marido em volta de uma fogueira de São João. Ele deu um banho de álcool em sua companheira e ameaçou queimá-la viva, para deleite dos outros bêbados, que debochavam da cena triste. Terezinha chorava com a mistura de violência e humilhação, enquanto o marido ria de escárnio.

Valter manifestou perversidade ao longo dos quinze anos que passou casado com Dilta e posteriormente com Terezinha. Era um homem tão corrosivo, virulento e infeccioso que tirava das mulheres a gentileza, a empatia e, principalmente, a capacidade de amar. Em Terezinha, ele só parou de bater quando ficou doente. Tudo começou com uma fraqueza física. Depois ele passou a vomitar sangue todos os dias e perdeu completamente o apetite. Emagreceu até ficar pele e osso. Nódulos amarelados tomaram conta do seu corpo. Um médico foi chamado às pressas quando ele ficou sem forças para se levantar da cama. Exames atestaram que o fígado de Valter estava por um fio. Ele morreu em 2009, aos 47 anos, vítima de cirrose. Terezinha, de 44 anos na época, teve vontade de rir quando recebeu a notícia fúnebre. Nem ela, nem a filha Kelly, de 23 anos, deram as caras no velório, nem no enterro de Valter. "Foi um alívio", confessou Terezinha, em janeiro de 2021. Às vezes, a morte merece ser festejada.

* * *

Assim como Terezinha, Dilta reclamava da falta de sorte com homens. Desiludida com Valter, ela encarnou o espírito do pássaro chupim. A mãe de Elize largou as duas filhas pequenas na casa de parentes no início da década de 1990 e mudou-se sozinha para Curitiba. Era auxiliar de cozinha e arrumava tempo para fazer faxina em apartamentos de classe média. Em um prédio comercial, conheceu o recepcionista Wagner Mallmann, de 25 anos na época. Descendente de alemão, ele era um rapaz atraente. Branco, alto e magro, olhos e cabelos bem claros. O jovem convidou Dilta para tomar sorvete e ela se apaixonou perdidamente pelo rapaz antes mesmo de terminar as duas bolas de chocolate com morango. Em três dias, estavam enamorados.

Wagner não encantava só pela beleza. Dilta foi seduzida pelos gestos românticos, excesso de carinho e atenção. Era impossível não compará-lo com o brutamontes do Valter. O rapaz era o avesso do seu ex-marido. Nem de bebida alcoólica ele gostava. O único empecilho na relação era a distância. O recepcionista trabalhava até tarde e morava no município de Agudos do Sul, a 70 quilômetros da capital paranaense. A viagem diária era feita no ônibus da linha 550 e partia da rodoviária de Curitiba. Apaixonada, Dilta saía do trabalho por volta das 20 horas e corria para o prédio onde Wagner batia ponto. Às 22 horas, o amado encerrava o expediente e os dois seguiam agarradinhos para a rodoviária. Ele pegava o último ônibus, que partia pontualmente à meia-noite. Era esse o tempinho que eles tinham para namorar diariamente. Quando o coletivo saía da rodoviária, Dilta acenava da plataforma até perdê-lo de vista. No fim de semana, eles não se viam porque Wagner fazia extras como recepcionista de eventos em cidades vizinhas. Dilta reclamava, mas aceitava dizendo amá-lo sobre todas as coisas.

No primeiro aniversário de namoro, Wagner pediu para ter uma conversa séria com a namorada. Dilta ficou aflita, vislumbrando a hipótese de ele pôr um ponto final na relação. No dia do encontro, marcado na Praça Tiradentes, berço histórico de Curitiba, o rapaz foi direto ao assunto: contou ter juntado um bom dinheiro ao longo dos anos para comprar um carro usado. Reclamou do tempo perdido dentro de um ônibus no caminho de casa para o trabalho e vice-versa. Se fizesse essa viagem de carro, sobraria mais tempo para o casal namorar após o expediente. Ele também argumentou que, motorizado, seria possível o casal frequentar motéis e até passar um fim de semana qualquer nas águas azuladas da Praia do Leste, a 100 quilômetros de Curitiba. Dilta ficou enfeitiçada quando ouviu os planos românticos daquele homem lindo. Mas havia um porém: Wagner não tinha a quantia suficiente para comprar o carro dos seus sonhos:

– Quanto falta? – quis saber a mulher.

– Oitocentos reais – disse Wagner, meio constrangido.

Sem pestanejar, Dilta juntou todas as economias guardadas numa poupança da Caixa Econômica Federal, pediu um adiantamento à patroa e complementou o que faltava com um empréstimo. Em um mês, conseguiu a quantia pedida pelo bem-amado para comprar o carro. Wagner disse à namorada que o sacrifício dela era uma prova cabal de amor. Deixou claro tratar-se de um empréstimo, ou seja, devolveria todo o dinheiro tão logo tivesse condições. No dia seguinte, o recepcionista chegou para trabalhar todo prosa, dirigindo um Fiat Uno R 1.5, ano 1988, amarelo-ovo, com quase 200 mil quilômetros rodados, comprado na época por 3,8 mil reais. O sorriso do rapaz começava numa orelha e terminava na outra, tamanha era a sua felicidade.

Dilta ficou deslumbrada quando deu o primeiro passeio. O carro, de fato, estreitou os laços de amor entre o casal. Passaram a frequentar motéis semanalmente. Quando não, faziam amor no minúsculo espaço interno do veículo. A primeira crise na relação, no entanto, ocorreu quando ela começou a cobrar pelo fim de semana romântico na Praia do Leste. Todas as vezes que a mulher reivindicava a promessa, o namorado inventava uma desculpa relacionada a um defeito no veículo. A lista de avarias era extensa: barulho nas correias, cheiro de queimado, desgaste no freio, falta de estabilidade, fusível queimado, infiltração, pane elétrica, pneus carecas, problemas no carburador, roda empenada, ruídos na marcha lenta, solavanco nos amortecedores, superaquecimento do motor, tanque furado, vazamento de óleo, velas gastas e por aí seguia...

Certo dia, Dilta foi ao encontro de Wagner no emprego dele e percebeu que o Fiat Uno amarelo-ovo cheio de defeitos não estava estacionado no lugar de costume. Teve um mau pressentimento. Quando perguntou na portaria por onde andava o seu namorado, ouviu de um ascensorista que ele havia pedido demissão para resolver problemas pessoais. Nervosa, Dilta imaginou as piores coisas, como doença grave e até morte. Desnorteada, descobriu não ter o endereço nem o número do telefone da casa dele. O casal se falava pelo telefone fixo da portaria. Durante um mês, Dilta foi todos os dias ao prédio comercial onde Wagner trabalhava no centro de Curitiba na tentativa de obter notícia do namorado. A peregrinação foi em vão.

Cansada de esperar, ela pegou o ônibus da linha 550 e partiu num domingo cedinho rumo ao vilarejo de Agudos do Sul. Desceu na rodoviária decidida a bater perna pelas ruas até avistar um Fiat Uno amarelo-ovo. Na década de 1990, a cidade era minúscula e tinha pouco mais de 6 mil habitantes, ou seja, a rigor, não seria difícil encontrar um carro tão peculiar. Dilta começou a busca pela praça central e seguiu pelas ruas mais movimentadas. Abordava pessoas na rua perguntando se elas conheciam um homem assim, assado, chamado Wagner, dono de um carro amarelo-ovo. Ninguém tinha ouvido falar dele.

Dilta caminhava cansada no meio da tarde por uma ruela quando viu, feito miragem, o Fiat de cor extravagante cruzar por uma via à sua frente. Ela desembestou-se a correr até alcançar a igreja matriz, cujo nome era Paróquia de Nossa Senhora da Conceição. Parecia milagre. O carro de cor berrante estava estacionado bem em frente à casa de Deus. Mas não havia ninguém dentro dele. Dilta ficou plantada ao lado do veículo feito espada de São Jorge. Três horas depois, o rapaz finalmente apareceu. Ela ficou muda de emoção quando o viu. Wagner estava estranho. Parecia outro homem. Abriu a porta do carro sem cumprimentá-la e entrou rapidamente. De dentro do Fiat amarelo-ovo, ele baixou o vidro da janela usando a manivela:

– Eu sei o motivo da sua visita – adiantou-se Wagner.

– O que aconteceu? Deixe eu entrar no carro para conversarmos – pediu Dilta.

– Não tenho tempo agora. Venha à igreja às 18 horas. Depois da missa a gente acerta as contas – propôs ele.

Intrigada e ao mesmo tempo cheia de esperança, Dilta foi até um pensionato onde pretendia ter uma noite de amor com Wagner. Tomou um banho longo, pôs um vestido novo e encharcou-se de seiva de alfazema. Às 18 horas em ponto estava na missa, conforme o combinado. Avistou o amado mais à frente, mas a igreja estava lotada e não havia lugar perto dele. Dilta ficou espremida no banco da última fileira. Lá pelo meio da missa, no rito da comunhão, o sacerdote introduziu o Pai-Nosso e todos rezaram em conjunto. Dilta estava tão nervosa que ficou sem fôlego. Resolveu sair da igreja antes de o culto católico terminar para tomar um ar no lado de fora. Foi esperar pelo namorado perto do carro, estacionado na calçada. Um sem-teto pediu esmola e ela negou, justificando não ter moedas. De onde Dilta estava, era possível ouvir a pregação do padre amplificada em caixas de som. Quando o religioso anunciou os ritos finais, a mulher começou a tremer com a expectativa do reencontro.

Dez minutos depois de encerrada a missa, Wagner surgiu em frente a Dilta. Ela foi tomada por uma enorme decepção seguida de ódio. Ele usava uma aliança grossa no dedo anelar da mão esquerda e estava acompanhado de uma mulher com joia idêntica. A esposa de Wagner tinha uma criança no colo e mais duas no chão – uma delas de mãos dadas com o pai. Embasbacada, Dilta não conseguiu pronunciar uma palavra. A verdade estava nua diante dos seus olhos: seu homem tinha uma família. Ele mesmo quebrou o silêncio. Apresentou Dilta à esposa e vice-versa. As duas não trocaram cumprimentos. O rapaz esclareceu na conversa a três que se envolveu com Dilta num período em que estava dando um tempo no casamento. "Você já me explicou tudo, amor", ponderou a esposa de Wagner. Ele pegou um pacote do bolso contendo 800 reais e ofereceu à ex-namorada, agradecendo pelo empréstimo. Dilta, descontrolada emocionalmente, recusou-se a pegar o dinheiro:

– Você acha que estou aqui para fazer esse tipo de cobrança?! – questionou a mulher, indignada.

– E não é?

– Não, Wagner! Pelo amor de Cristo! Claro que não! Eu vim aqui porque eu te amo! Eu te amo! Eu te amo! – gritava Dilta feito doida no meio rua.

O barraco causou uma pequena aglomeração. Até o sem-teto se reaproximou para acompanhar o desdobramento daquela cena de novela. Wagner ficou assustado com a loucura da ex-namorada e jogou o pacote com dinheiro no chão, aos pés de Dilta. Em seguida, ele entrou no Fiat amarelo-ovo com a esposa e os filhos. Antes de dar partida no motor, ele testemunhou uma cena pra lá de absurda. Dilta pegou o pacote do chão, tirou o elástico que prendia as notas de 1, 5 e 10 reais e começou a distribuir o dinheiro em frente à igreja. O primeiro contemplado foi o morador de rua. Incrédulo, o indigente ganhou 10 reais e agradeceu aos céus. Dilta deu mais um pouco de cédulas para pessoas desconhecidas que estendiam a mão em sua direção. Quanto mais notas ela repassava às pessoas egressas da missa, mais o povo a cercava. "Olha o que eu faço com essa merda de dinheiro, seu monstro!", gritava Dilta, possuída por uma forte emoção. Cansada de dar nota por nota, ela teve um ataque histérico e jogou todo o dinheiro que restava em suas mãos para o alto enquanto gritava, causando um alvoroço ainda maior. O sem-teto também enlouqueceu ao ver tanto dinheiro caindo do céu. Wagner assistia a tudo, incrédulo. Com medo da reação explosiva da ex-namorada, ele ligou o carro, engatou a primeira e saiu em disparada com a sua família. Dilta ficou só com o dinheiro da passagem de volta. Retornou para Curitiba nadando num rio de raiva e noutro de lágrimas.

Agarrada à resiliência, Dilta conseguia superar suas desilusões amorosas tão rapidamente quanto um flash de máquina fotográfica. Na viagem de volta de Agudos do Sul, uma porta de esperança se abriu à sua frente. O ônibus em que viajava fez uma parada na rodoviária do município de Mandirituba, a 40 quilômetros de Curitiba. Entre os passageiros embarcados estava o serralheiro Francisco Gomes da Silva, de 36 anos na época. Por uma daquelas coincidências inexplicáveis da vida, o passageiro sentou-se ao lado de Dilta. Ela foi logo contando o seu dilema sentimental, dando ênfase aos 800 reais distribuídos a estranhos. Francisco, apelidado pelos amigos de Chico da Serra, ouviu tudo com paciência e consolou aquela pobre mulher. Quando teve uma brecha, ele também falou um pouco de si. Disse ser um homem solteiro, romântico, fiel, respeitador e gostava muito de trabalhar, segundo suas próprias palavras.

Chico era um homem feio de dar dó, principalmente quando comparado a Valter e Wagner. Alto e magro, ele chamava a atenção pelas orelhas proeminentes, chamadas popularmente de "orelhas de abano". Olhos enormes e fundos se destacavam em seu rosto. Aliás, nada na aparência daquele homem era delicado. Mas Dilta estava tão traumatizada com os amores do passado que beleza passou a valer pouco na sua nota de corte. Nessa época, Chico trabalhava numa oficina confeccionando, reparando e instalando peças em chapas de metal. Operava serras de policorte, furadeiras de impacto, motoesmeril e usava diversos insumos, entre eles a solda. Também fabricava esquadrias, portas, grades e armações para vitrais. Os raios brilhosos e nocivos emitidos nessa atividade, conhecidos como arco elétrico, deixaram os olhos grandes de Chico com manchas vermelhas e visão comprometida. Era comum o serralheiro levar do trabalho para casa, na periferia de Curitiba, uma serra apelidada de tico-tico, usada em trabalhos extras. O equipamento cortava com precisão madeira, plástico e até aço.

    O namoro de Chico e Dilta engatou rapidamente. Em poucos meses, os dois decidiram morar em Chopinzinho. Parte do terreno da família de Dilta havia sido desapropriada pela prefeitura para dar lugar a uma via. Ela ficou com uma das casas, embolsou parte do dinheiro da desapropriação e foi morar com Chico da Serra. Ela aproveitou esse recomeço para resgatar suas filhas, Elize e Adriana, da casa da avó materna, Maria Sebastiana Ramos Araújo, de 62 anos na época. Dilta arrumou emprego de serviços gerais na prefeitura de Chopinzinho. Para aumentar a renda do lar, ela também passou a fazer faxina em lojas do Centro, inclusive nos finais de semana. Em 1997, a família de Elize já havia prosperado. Fizeram uma reforma na casa. Era de alvenaria, coberta com telhas de fibra de cimento. Havia água encanada, chuveiro quente e geladeira nova. A TV da sala era em cores.

    Batalhadora, Dilta passou a ter renda mensal superior à de Chico. Para viver à custa da mulher, ele largou o posto de trabalho numa fábrica de esquadrias onde tinha carteira assinada e passou a fazer somente "bicos". Os familiares de Dilta criticavam o fato de ela sustentar a casa praticamente sozinha. Mas a mulher não dava a menor bola para a opinião alheia. Dizia para quem quisesse ouvir que amava o companheiro incondicionalmente. Aliás, ela amou demais todos os homens com quem se relacionou – esse era o seu maior defeito. Com o serralheiro não foi diferente. Nas raras vezes que ele saía para trabalhar, ela chorava de saudade. Quando o companheiro voltava, a mulher o abraçava como se ele estivesse fora de casa havia anos.

A irmã mais nova de Dilta, Roseli Araújo Camarotto, de 23 anos na época, era muito mais madura emocionalmente se comparada à mãe de Elize, 13 anos mais velha. Vinham justamente da caçula os alertas sobre a vida amorosa destrambelhada de Dilta. Os sentimentos dela por homens, segundo a irmã, eram viscerais. As paixões chamavam a atenção pela intensidade e descontrole. Eram amores doentios, segundo relatos de parentes. Dilta rebatia as críticas dizendo ser esse o seu único jeito de amar.

Em Chopinzinho, o diabo parecia não tirar férias. Com o tempo, Chico tornou-se alcoólatra. Passou a beber todos os dias a famosa pinga do capeta, a mesma apreciada por Valter. Quando tomava esse veneno, o serralheiro se transformava num monstro. Mudava o tom de voz e ficava agressivo dentro de casa. Dilta fazia alertas sobre a desgraça daquela aguardente, mas ele não lhe dava ouvidos.

Elize voltou a morar com a mãe quando tinha 13 anos. Chico dizia à companheira sempre ter sonhado em ser pai de família. Ele tinha o hábito inadequado de pôr a menina em seu colo. Ingênua, Dilta via no gesto do marido um simples carinho paterno. No entanto, não havia ternura nos movimentos de Chico. Dilta saía para trabalhar e o companheiro virava uma dose da tal cachaça. Bêbado, assediava a adolescente dentro de casa com frequência. Começou de forma sutil. A menina vestia roupas curtas e ele a elogiava. O assédio foi evoluindo. Certa vez, ela vestia um short jeans e se curvou para passar a vassoura no chão da sala. Chico se aproximou, encaixou-se por trás e puxou o quadril da menina para perto de si. Ele complementou a investida com um comentário ordinário:

– Já está na hora de você perder o cabaço.

– Se você repetir essa grosseria, vou contar tudo para minha mãe!

– Você não tem coragem – desafiou Chico.

– Experimente! – revidou Elize.

À noite, no jantar, Dilta percebeu Elize mais calada e retraída do que o habitual e tentou descobrir os motivos do comportamento *sui generis* da filha. Questionou a garota, mas não teve sucesso. Elize passou a evitar o padrasto dentro de casa. A mãe percebeu e abordou Chico mais tarde, na cama. O serralheiro falou à mulher sobre uma suposta "paixonite" da enteada por ele. Ainda amenizou a revelação dizendo para a companheira ficar despreocupada, pois ele via a menina como filha. Naquela noite, Dilta demorou a dormir. Ficou horas olhando para o teto, desconfiada. Ainda estava escuro quando Chico saiu para instalar uma esquadria de alumínio. Dilta confrontou a filha no café da manhã:

– Que história é essa que você está apaixonada pelo Chico?
– Quem te contou essa mentira?
– Eu mesma percebi.
– Esquece isso, mãe – encerrou Elize.

Depois da conversa, as duas sepultaram o assunto e a vida seguiu em frente. Chico deu um tempo nas investidas e a paz voltou a reinar na casa. Seis meses depois, porém, Dilta saiu para trabalhar e Elize ficou dormindo em casa. O serralheiro tomou duas doses de pinga do capeta e foi até o quarto da enteada. Apalpou os seios da garota. Elize, ainda desacordada, virou-se para o lado. O serralheiro, então, masturbou-se enquanto olhava a enteada. Esses abusos passaram a ser constantes. Bastava Dilta sair de casa para Chico beber e praticar esse tipo de crime contra a garota.

Para piorar, as investidas ficaram violentas com o passar do tempo. Certa vez, por volta do meio-dia, Elize acabara de voltar da escola e tomava banho sozinha em casa. No mesmo momento, Chico chegou para almoçar já embriagado. Ele percebeu a enteada no chuveiro. Seguiu até o quintal e subiu numa laranjeira para espiar a garota nua através de uma janelinha localizada na parte alta da parede externa do banheiro.

Elize percebeu estar sendo observada ao ouvir um barulho estranho e encerrou o banho imediatamente. Secou-se às pressas e se enrolou numa toalha. O padrasto desceu da árvore. Ao caminhar do banheiro para o quarto, a adolescente foi interceptada pelo serralheiro. Ela desviou pela lateral e apressou os passos para alcançar a porta da cozinha. Chico foi mais rápido. Segurou Elize com um braço e com o outro puxou a toalha violentamente, revelando o corpo da garota.

– Para com isso! Eu vou gritar! – ameaçou Elize.
– Vai nada! Eu sei que você quer! – rebateu Chico.

Em pânico, Elize pegou a toalha de volta. Enrolou-se nela mais uma vez e saiu em disparada pelo matagal em frente da casa para escapar das garras daquele demônio. A garota seguiu por uma trilha íngreme. Chico continuou em seu encalço. Cipós e folhas com bordas serrilhadas causavam ferimentos na pele delicada de Elize, inclusive em seu rosto, mas ela não parava de correr. Até que a garota tropeçou, caiu e foi alcançada por ele. Chico violentou Elize no meio do matagal.

Dessa vez, a perseguição de Chico foi testemunhada pela vizinha Cândida Maria do Valle, de 50 anos na época. Ela estendia roupas no varal quando viu Elize sair em disparada pela porta da cozinha com o padrasto logo atrás. Cândida também presenciou Chico voltando do matagal sozinho. A vizinha fez questão de cumprimentá-lo com um "boa tarde" para fazer um suspense sobre o que poderia ter visto. Na verdade, Cândida já observava os movimentos do serralheiro fazia tempo.

No início da noite, Dilta e Chico assistiam na TV da sala as emoções de uma novela das seis da TV Globo intitulada *Quem é você?*, de autoria de Ivani Ribeiro e Solange Castro Neves. Ironicamente, o folhetim contava a história de duas irmãs abandonadas pelo pai, causando a morte prematura da mãe. Na ficção, as irmãs eram interpretadas pelas atrizes Elizabeth Savalla e Cássia Kiss.

No melodrama da vida real, Elize entrou na sala aos prantos com marcas no rosto e pediu à mãe para acompanhá-la até o quintal. Chico suou frio tal qual um boi a caminho do abatedouro. Ele não conseguiu esconder a aflição e mandou Adriana, a mais nova, para o quarto. Do lado de fora da casa, Elize foi direta em sua denúncia:

– Mãe, o Chico me estuprou!

– O quê?! – indagou Dilta, incrédula.

– Ele abusa de mim faz tempo, mãe! Hoje eu estava tomando banho...

Descontrolada, a mãe deixou a filha falando sozinha no quintal e foi até a sala acertar as contas com o companheiro. Aos berros, ela o acusou de estupro e começou a se arrumar para seguir até a delegacia e registrar uma ocorrência. Chico levantou-se do sofá desesperado. Andava de um lado para o outro com as mãos na cabeça. Dilta gritava histericamente enquanto procurava a bolsa para sair. Cândida ouvia tudo de sua casa enquanto assava um bolo de laranja. Chorando, Chico pediu misericórdia à mulher. Dilta cedeu quando o serralheiro ofereceu a ela um copo com água e açúcar. Ele disse amá-la de forma tão insensata que, se fosse preso, iria se matar na cadeia. Pouco tempo depois, mais calma, Dilta ouviu a versão do companheiro:

– Eu *mexi* com a sua filha, sim. Não vou mentir. Mas não foi como você está pensando. Não teve estupro! Acredite! [...] Você conhece a Elize. Essa menina dá em cima de mim faz tempo. Eu falei para você sobre a paixão dela por mim, lembra? Eu sou homem! Não consegui segurar.

Paralisada, Dilta congelou sua expressão facial a ponto de ser impossível decifrar o que ela sentia ao ouvir a chorumela do companheiro. Elize entrou na sala e apresentou o contraditório, interrompendo o padrasto:

– Não acredite nele, mãe. Eu imploro!

O desfecho desse drama é surreal. Dilta preferiu acreditar na história contada pelo companheiro. Ficou possuída pela raiva. Para castigar Elize por ter supostamente seduzido o padrasto, a mãe sentou uma forte bofetada no rosto da filha. E pediu para ela sair de casa imediatamente "antes que fizesse uma besteira". Sugeriu que a garota pedisse abrigo novamente na casa da avó Sebastiana. Para parentes, a mãe justificou a decisão dizendo amar Chico como nunca havia amado na face da Terra. "Com tanto homem na rua a minha filha deu em cima do meu companheiro. Como pôde, meu Deus? O Chico me amparou no pior momento da vida, quando eu estava na merda por causa de um canalha que me humilhou em público na frente da igreja. [...] Foi Deus quem pôs ele naquele ônibus para me salvar. Além do mais, não sei viver sozinha". Após levar o tapa, Elize ficou estática no meio da sala. Dilta a pegou pelo braço e a arrastou para dentro do quarto, onde deveria arrumar suas coisas para deixar a casa ainda naquela noite. Dilta voltou à sala e ganhou um beijo de Chico na boca. Para acalmar a companheira, ele comentou cinicamente que adolescentes da idade da enteada costumavam seduzir o padrasto para competir com a mãe. Em seguida, os dois foram para a cama fazer amor.

Órfã de pai vivo, Elize conheceu ao lado da mãe a porção mais sombria da vida em família. Enojada com os gemidos sexuais que ecoavam da alcova materna e com medo do padrasto, a jovem resolveu cumprir as ordens de Dilta e saiu de casa imediatamente. Preparou uma mochila com poucas mudas de roupa, uma escova de dentes, um tubo de pasta e um sabonete. Despediu-se da irmã com um beijo e fugiu sem um tostão no bolso. Passou na casa da madrinha, Gelci Ruschel Barp, conhecida em Chopinzinho pelas causas em defesa dos animais. Contou que a mãe precisava urgentemente de dinheiro emprestado. Compadecida, Gelci deu 50 reais à afilhada.

Chico havia se esquecido do mexerico de Cândida. Funcionária da prefeitura de Chopinzinho e vizinha da família de Elize, ela era uma mulher de cabelos na altura dos ombros, tingidos de preto. Usava saias sempre abaixo do joelho e uma anágua por baixo. Decotes, nem pensar. Achava vulgar. Solteirona a vida inteira, Cândida dizia aos quatro ventos preferir mil vezes morrer sozinha a dividir a cama com um homem. "Nenhum deles presta", justificava. A vida solitária era preenchida carimbando papéis no trabalho, acompanhando novelas e fazendo muito fuxico. Cândida se orgulhava de ter uma rede de informantes no serviço público. Nada escapava ao seu conhecimento. Deu um furo de reportagem quando espalhou na cidade que o prefeito tinha um caso com uma vereadora da oposição.

Como o drama da família de Elize ocorrera debaixo do nariz de Cândida, a vizinha fofoqueira nem precisou de terceiros para montar a narrativa daquele crime. Ela tinha visto Chico perseguindo Elize no quintal no início da tarde, ouviu à noite a garota revelando à mãe ter sido abusada pelo padrasto e também viu com os próprios olhos a garota fugindo de casa com a mochila nas costas. Cândida aproveitou a amizade de longa data com Dilta para xeretar o escândalo *in loco*. Por volta das 20 horas, pôs a cara na janela da vizinha com o bolo de laranja num prato coberto com guardanapo. Naquele momento, a TV já exibia a novela das sete, chamada *Vira-lata*, de autoria de Carlos Lombardi. Cândida aproveitou a deixa:

– A novela já acabou, vizinha? – introduziu.

– Não, Cândida. Mas tá quase... – disfarçou Dilta.

A bisbilhoteira entrou na casa de Dilta mesmo sem ser convidada e foi até a cozinha guardar o bolo. Chico aproveitou a visita indesejada para ir a um bar tomar cachaça com amigos. Falando baixinho, Cândida revelou à amiga ter ouvido toda a tragédia familiar. Aconselhou Dilta a denunciar o marido e levar Elize imediatamente ao Instituto Médico Legal (IML) para fazer exame de corpo de delito, pois a menina poderia ter perdido a virgindade. Argumentou ainda haver outra adolescente em casa correndo perigo. Dilta começou a chorar como se o mundo estivesse se acabando diante dos seus pés. Com o rosto ensopado de lágrimas, entrou em contato com as suas próprias emoções para argumentar:

– Cândida, minha amiga, você optou por nunca ter um homem. Mas eu não sou assim. Não consigo viver sem um companheiro ao meu lado. Eu amo o Chico de uma forma inexplicável. Não espero a sua compreensão porque nem eu mesma entendo. [...] Você nunca viveu a experiência de amar de forma incondicional. Por isso você quer que eu denuncie o meu marido numa delegacia. Sabe quando farei isso? Jamais!

Ao ouvir as palavras da amiga, Cândida sentiu vontade de vomitar. Ela estava armada para contra-argumentar, mas a mãe de Elize não parava de falar. A vizinha, então, resolveu ficar calada para ver até onde aquele absurdo chegaria. Dilta arrematou sua fala com a seguinte afirmação: "Olha, Cândida, o homem tem certas necessidades que a mulher desconhece".

Perplexa, a vizinha pegou o bolo de volta e deixou a casa de Dilta escandalizada e ofendida por ter a sua solteirice associada à incompreensão daquele crime sexual. Àquela altura da noite, já passava na TV a novela das oito, intitulada *O fim do mundo*, de autoria de Dias Gomes e Ferreira Goulart. Cândida tomou uma decisão. Foi até sua casa pegar a carteira de identidade e seguiu para a Delegacia de Polícia de Chopinzinho, decidida a denunciar Chico. Dilta percebeu o movimento da vizinha. No caminho, Cândida cruzou com Elize em fuga, a pé, rumo à BR-158, uma estrada que atravessa o país de Norte a Sul. Às pressas, Dilta foi até o bar e falou para o serralheiro sobre a descoberta da vizinha. Ele saiu em disparada e conseguiu encontrá-la na calçada da delegacia. Dilta voltou para casa. Ao abordar Cândida, Chico foi linear. Aproveitou a coragem emprestada pelo álcool, segurou a mulher fortemente pelo braço, fez uma cara bem ameaçadora e disparou:

– Cândida! Se você entrar nessa delegacia, juro pela minha vida que, antes de ser preso, eu vou cortar o seu corpo em sete pedaços e colocá-los dentro de latões com cimento. Depois vou jogar as latas no fundo do rio e ninguém nunca te achará.

Desmantelada de medo, Cândida deu meia-volta e seguiu trêmula para casa. No dia seguinte, Chico saiu cedo para trabalhar. A vizinha fofoqueira pegou mais uma vez o bolo de laranja e foi tomar café bem cedinho na casa de Dilta. Antes de sentar-se à mesa, deu um jeito de bisbilhotar por todos os cômodos da casa como se tivesse perdido algo. Adriana, irmã de Elize, estava na escola. Depois de servir café numa caneca, Cândida fingiu demência e iniciou o interrogatório:

– Onde está o Chico? – quis saber.
– Saiu para trabalhar – respondeu Dilta, cínica.
– E Elize?
– Mandei para a casa da avó.

A bem da verdade, Elize já estava a léguas de distância de Chopinzinho. Ela saiu de casa tal qual Valter, o pai biológico, com intenção de nunca mais voltar. Elize começou a caminhar sem rumo. Na primeira noite, dormiu num cemitério. Na aurora, estava andando feito peregrina de Nossa Senhora Aparecida pelo acostamento da BR-158. Próximo a um posto de combustível, cansada, teria recebido a oferta indecorosa de um caminhoneiro. Ele propôs uma carona em troca de sexo oral. A carreta levava uma carga de soja. Elize começou a chorar e o motorista teve dó. A garota subiu na boleia e foi parar em Chapecó, Santa Catarina, a 240 quilômetros de casa, sem ser molestada no percurso.

Não demorou muito para os 50 reais dados pela madrinha minguarem. Para sobreviver, Elize começou a se prostituir com caminhoneiros aos 15 anos de idade. Cobraria 30 reais pelo programa completo. Numa outra carona, seguiu para o município de Passo Fundo, já no Rio Grande do Sul. À medida que a viagem sem destino seguia, ela se vendia no asfalto. A fuga acabou em Gravataí (RS), a quase 700 quilômetros de casa. Sozinha no mundo em plena adolescência, Elize experimentou a solidão existencial pela primeira vez na vida.

Com o sumiço da filha, Dilta passou a ser questionada pela família. A mãe ocultou a violência sofrida pela garota dentro de casa. Foi até a delegacia e registrou um boletim de ocorrência sugerindo sequestro. Cândida, com medo da serra de Chico, sustentou essa versão. A polícia do Paraná espalhou por postos de gasolina da BR-158 uma foto de Elize na qual se lia "desaparecida". O caminhoneiro Augusto Monteiro, de 42 anos na época, evangélico da Igreja Universal do Reino de Deus, fazia um carregamento de madeira de Santa Maria (RS) para o Porto de Paranaguá (PR). Ele encontrou Elize fazendo ponto num posto de gasolina, na BR-101:

– Quanto é o programa? – perguntou Augusto.
– Trinta reais – afirmou.
– Você é temente a Deus?

Elize balançou a cabeça para responder "sim" e subiu na boleia do caminhoneiro religioso. Augusto disse que faria sexo para purificar a alma da menina. Entraram num motel de beira de estrada, segundo relato dele. Ela não confirma essa história. Depois de transar, Elize se vestiu e cobrou o dinheiro. O cliente protelou o pagamento e iniciou uma pregação. Com a Bíblia na mão, falou: "Deus não aprova a prostituição, mas concede perdão e salvação a todos os que se arrependem verdadeiramente e confessam seus pecados ao Senhor". Em seguida, pediu para a garota ficar nua novamente e transaram pela segunda vez. Mais uma pausa no programa e o evangélico leu outro trecho do livro sagrado: "Porque os lábios da mulher licenciosa destilam mel e a sua boca é mais macia do que o azeite; mas o seu fim é amargoso como o absinto e agudo como uma espada de dois gumes. Os seus pés acabarão descendo à morte...". Diante das palavras inadequadas do caminhoneiro, Elize deixou claro que estava ali a trabalho: "O meu programa custa 30 reais a hora". Augusto avisou que pagaria por quatro sessões, ou seja, 120 reais. Já eram quase seis da manhã quando os dois caíram no sono. Cansada, Elize teria acordado por volta das 10 horas. Àquela altura, ela já estava fora de casa fazia duas semanas. Ao se virar para o lado, Elize viu que Augusto não estava mais na cama. Havia escapado sem pagar pelo serviço sexual e ainda teria deixado a conta do motel, de 40 reais, para ela quitar. A partir desse calote, Elize ficou mais esperta e passou a subir nas boleias das carretas só depois do pagamento.

Numa operação da Polícia Rodoviária Federal deflagrada em 1997 nas estradas da região Sul para combate à prostituição infantojuvenil, Elize foi apreendida e levada para o Conselho Tutelar de Gravataí (RS). Lá, ela foi identificada como a garota "raptada" em Chopinzinho. Um carro da Polícia Rodoviária devolveu a adolescente à família no dia

29 de setembro de 1997, dois meses antes de ela completar 16 anos.

Envergonhada, Elize escondeu de todos o que fez para sobreviver durante os 45 dias passados fora de casa. Para evitar a mãe, foi morar na casa da avó. Longe de Dilta, a adolescente teria deixado em *stand by* a experiência de vender o corpo para sobreviver. Focou a vida nos estudos. Em Chopinzinho, Elize passou pelos colégios estaduais José Armim Matte e Nova Visão e terminou o Ensino Médio fazendo um curso técnico em contabilidade no Cenecista São Francisco de Assis. Em todas as instituições de ensino ela só tirava notas boas. No Colégio Estadual Nova Visão, por exemplo, a estudante foi a primeira da classe. "Elize nunca deu problema. Mas, depois de um sumiço de um mês, ela voltou muito calada. Desfez os laços de amizade e vivia reclusa, circunspecta", disse a pedagoga Sandra Inês Bortolon, diretora da escola. Na caderneta de uma professora, está escrita a seguinte observação sobre Elize: "Aluna muito tímida e pouco questionadora. Não conseguiu se entrosar com os demais estudantes. Mas obteve excelentes notas. Isso é o que importa".

O perfil introspectivo de Elize na escola reverberava na casa da avó. Ela passava o dia sem falar uma palavra. Tia Rose, como Roseli era chamada, acostumou-se com a fase muda da sobrinha. Numa tarde de domingo, Elize recebeu a visita inesperada da mãe. Dilta pediu para ficar a sós com a filha. Os abusos sexuais sofridos pela adolescente estavam no passado fazia um ano, mas as feridas continuavam abertas. A mãe tentou convencê-la de que Chico era um novo homem. Havia mudado e estava carinhoso com a caçula. Segundo Dilta, o satanás entrava no corpo do marido por meio da cachaça. Mas ele não bebia mais fazia tempo. Elize nem precisava fazer esforço para se manter calada diante das palavras da mãe, pois a quietude era uma característica permanente naquela fase da sua vida. Dilta acabou de falar e a filha finalmente se manifestou:

– Mãe, tenho saudade da senhora e da minha irmã. Mas só volto se a senhora expulsar o Chico de casa – propôs.

– Nenhuma mulher deveria ter de escolher entre uma filha e o seu homem – relativizou Dilta.

– Então me faça um favor: esqueça que eu existo! – encerrou a filha.

Mesmo depois de resgatada das estradas, Elize continuava recebendo assistência do Conselho Tutelar. Técnicos da entidade encaminharam a garota para tratamento com a psicóloga Isabela Qader, esposa do ginecologista Riad Qader, um dos médicos mais respeitados de Chopinzinho. Em todas as sessões com a terapeuta, a adolescente se mostrava reticente em falar dos traumas da vida. Para tentar levantar a autoestima de Elize, Isabela pediu ao advogado Eladio Luiz Roos, amigo de longa data, que arrumasse um emprego para a garota. Roos a contratou como secretária e pagava a ela um salário mínimo por mês. No escritório, era sua função atender os clientes, fazer serviço de banco e faxinar o espaço de dois cômodos localizado no centro de Chopinzinho. No trabalho, Elize era calada e eficiente.

Com o certificado de conclusão do Ensino Médio em mãos, aos 17 anos, a garota resolveu deixar Chopinzinho para trás e seguir para Curitiba, onde pretendia estudar enfermagem e recomeçar a vida. Naquela época, em meados de 1999, Dilta já tinha uma filha de 9 anos com Chico, chamada Eliana Araújo. Elize faria 18 anos no dia 29 de novembro, mas ela resolveu ir embora de Chopinzinho antes do seu aniversário.

Elize pediu demissão do emprego e comprou uma passagem de ônibus só de ida para Curitiba. Embarcaria no Expresso Princesa dos Campos às 21 horas do dia seguinte. Sua partida foi melancólica, pois ela estava rompida com a mãe. A jovem odiava despedidas e impediu os parentes de irem até a rodoviária. Pela manhã, Elize fez questão de dar beijos e abraços nas irmãs, na tia Rose e na madrinha Gelci. A mãe foi ignorada. Chico, ela fazia de conta que nem existia. No início da noite, a jovem seguiu carregando uma mala rumo à rodoviária de Chopinzinho. Segundo relatos de familiares, sua partida teria ocorrido de forma dramática por causa do excesso de choro e do frio que castigava aquela noite.

Na rodoviária, Elize estava na plataforma ao lado do ônibus numa fila indiana, aguardando o sinal sonoro para iniciar o embarque. De repente, ela ouviu uma voz familiar chamar pelo seu nome. Virou-se e deu de cara com Dilta, toda enrolada numa manta e usando um gorro na cabeça. A filha saiu da fila e se aproximou da mãe, mas não o suficiente para ficar ao alcance de um toque:

– Vim dizer adeus, filha! – iniciou Dilta, tremendo dos pés à cabeça, tamanha a emoção.

Elize ficou muda e congelada feito uma estátua. Moveu-se para olhar as horas no relógio de pulso. A mãe, soluçando, teorizou sobre seus atos:

– Às vezes, filha, fazemos coisas horríveis para quem amamos. E isso nos consome por uma vida inteira. Mas você só entenderá o que estou sentindo quando tiver um homem e uma filha.

A sirene tocou pela primeira vez avisando o início do embarque e Elize entregou a sua mala para um funcionário da rodoviária acomodá-la no bagageiro do ônibus. Dilta continuou falando e falando sem parar. Fria, Elize ouviu as palavras da mãe sem demonstrar qualquer emoção. Como *flashback* de telenovela, ela se lembrou das cenas da violência sexual cometida pelo padrasto, da decisão da mãe em ficar ao lado do companheiro em detrimento da filha e do quanto foi humilhada por caminhoneiros enquanto seguia com fome e sem rumo nas estradas do Sul. Dilta derramava um oceano de lágrimas. Ainda assim, Elize não falava nem fazia nada.

A rodoviária soou a sirene pela segunda vez, comunicando que o ônibus já estava com a porta aberta para o embarque. A fila de passageiros começou a avançar, mas Elize não saiu do lugar. Aflita com os minutos finais, Dilta estendeu os braços e deu um passo à frente com a intenção de dar um abraço de despedida na filha. Elize deu dois para trás para evitar o carinho materno. Angustiada, a jovem espiou o relógio mais uma vez para ver quantos minutos faltavam para o ônibus partir. Restava somente um. Todos os passageiros já haviam embarcado, exceto Elize. O motorista avisou-lhe pessoalmente que partiria em questão de segundos.

Dilta não sabia mais o que fazer num espaço de tempo tão exíguo. Estava esgotada fisicamente e com muito frio. Tinha dificuldades para respirar e até mesmo para se manter de pé em razão do forte abalo emocional. Sem forças nas pernas, ela se ajoelhou na soleira da rodoviária. Pôs-se a chorar mais e mais, chamando a atenção de quem passava por ali. A sirene soou para dar o aviso final da partida do ônibus, que já estava com o motor ligado. A porta finalmente se fechou, deixando Elize do lado de fora. Ao ver a mãe tão humilhada, a filha finalmente chorou, mas não saiu do lugar. A cena atraiu curiosos. O ônibus iniciou lentamente uma manobra de ré para deixar a plataforma.

Desesperada, Dilta puxou o ar para os pulmões com muito sacrifício e fez uma pergunta categórica à filha usando somente três palavras:
– Você me perdoa?

CAPÍTULO 2
VÊNUS NUMA CONCHA

Sexo sem culpa e emoção

A enfermeira Estella Arnault, de 27 anos, abriu os olhos às 11 horas, mas não quis largar o aconchego das cobertas. Trabalhou por 12 horas ininterruptas no dia anterior no Hospital Nossa Senhora das Graças, um dos maiores da rede particular de Curitiba. Estava acabada. Às 14 horas, tinha de fazer um atendimento no Nomaa Hotel, um dos mais luxuosos da cidade, com diária acima de 500 reais. Estella é uma alcunha. Seu verdadeiro nome ela não revela nem pendurada no pau de arara.

Natural de Horizontina, Rio Grande do Sul, a enfermeira era uma personagem muito bonita. Sarcástica, altura mediana e cabelos castanho-claros longos, volumosos e sempre esvoaçantes. Tinha o hábito de se maquiar para o café da manhã e assim ficava até a hora de dormir, retocando o pó do rosto e o batom ao longo do dia. Herdou do avô materno o costume de ler. Preferia romances clássicos. Seus prediletos eram *O amor nos tempos do cólera*, de Gabriel García Márquez; e *Crime e castigo*, de Dostoiévski. Cultivava um defeito adquirido dos pais por osmose: falava muito palavrão. Porém, o vocabulário chulo não saía da boca de Estella de forma agressiva. Pelo contrário, era até engraçado e charmoso quando misturado ao sotaque gaúcho carregado. Seus colegas de trabalho e até os pacientes do hospital já estavam acostumados com a sua boca-suja.

Independente e carismática, Estella morava sozinha num *flat* de luxo na Visconde de Rio Branco, no centro de Curitiba. A soma do aluguel, condomínio e IPTU chegava a 5.800 reais mensais. Orgulhava-se de manter um bom padrão de vida sem precisar pedir um centavo aos pais. Ela também dava assistência em domicílio a pacientes. Era um tratamento VIP. Cada visita para aplicação de injeção, curativo e retirada de pontos custava 600 reais. A maioria dos pacientes da enfermeira era formada por idosos ricos.

Empreendedora, Estella era profissional da saúde e do sexo. Nesse dia em que acordou tarde, ela desceu para se exercitar na academia do condomínio com um *personal trainer*, almoçou rapidamente uma salada com filé-mignon, vestiu o uniforme branco, pôs um sobretudo e seguiu para o compromisso no hotel. Saciou os desejos de um cliente por duas horas e recebeu 800 reais em *cash*.

Em Curitiba, Elize Araújo tinha 18 anos em 2000. Nessa época, era aluna do curso profissionalizante da Escola Vicentina Técnica de Enfermagem Catarina Labouré, uma entidade religiosa mantida pela Província Brasileira da Congregação das Irmãs Filhas da Caridade de São Vicente de Paulo. A maioria das alunas era pobre. A escola administrada por freiras mantinha um alojamento com diversos beliches. Cada cama saía a 120 reais mensais. Elize dormia num quarto amplo com outras seis estudantes. Por causa das boas notas, a jovem ganhou das freiras uma indicação para estagiar como técnica de enfermagem no Hospital Nossa Senhora das Graças. Sobre sua atividade no hospital, Elize falou em 2016: "Eu trabalhava no centro cirúrgico. Não participava [diretamente] de cirurgias porque essa não era a minha função. A minha tarefa era receber o paciente, relatar como ele chegou, se estava bem, se não estava, se estava sedado ou não [...] Eu presenciava [todas] as incisões [feitas nos pacientes]". Nesse centro cirúrgico, a vida de Elize cruzou com a de Estella. As duas participavam de um procedimento vascular realizado por uma equipe médica em um paciente de 48 anos.

No início, o linguajar grosseiro da gaúcha chocou Elize. Mas rapidamente a paranaense se acostumou. Após um plantão no hospital, as duas saíram no final da tarde para tomar um drinque. No estacionamento, o queixo de Elize foi ao chão. Estella tinha um Jeep Cherokee avaliado em 300 mil reais na época. Enquanto comiam, falavam da vida. Elize fez um resumo da sua biografia: era pobre, família desestruturada, pai alcoólatra, mãe louca, e se referiu à tia Rose chamando-a de anjo. Também falou do coração bondoso da avó Sebastiana. Para não chocar a nova amiga, evitou contar a história dos abusos cometidos pelo padrasto e omitiu a passagem envolvendo a prostituição nas estradas do Sul.

Em pouco tempo, as duas tornaram-se amigas íntimas. A enfermeira convidou Elize para tomar um vinho em seu *flat*, e o queixo dela caiu pela segunda vez. O apartamento era incrível. Tinha piso de porcelanato, bancadas de granito preto e um sofá escuro enorme de couro bovino superconfortável. Estella abriu uma garrafa de vinho San Marzano Passito e o serviu em taças de cristal. Já eram íntimas e estavam levemente bêbadas quando Elize resolveu abrir os seus segredos de família. Falou aos prantos do pai ausente que apareceu em casa só para levar a TV, da violência sexual cometida pelo padrasto, pontuando inclusive a atitude negligente da mãe, e da experiência traumática em vender o corpo pelos postos de gasolina aos 15 anos. Finalizou com a história da mãe se humilhando em busca de remissão na rodoviária:

– Você acredita que ela teve coragem de pedir perdão na rodoviária? – indignou-se Elize.

– Barbaridade! Tu perdoou, caralho?

– Não consegui!

Para Elize, aceitar o perdão de Dilta naquele momento era uma provação ainda fora do seu alcance. Enquanto sua mãe estava ajoelhada na plataforma de embarque da rodoviária de Chopinzinho, implorando por uma indulgência, Elize bateu na porta do ônibus já em início de manobra para partir. A jovem suplicou ao motorista para entrar. Ele parou o coletivo e Elize embarcou, deixando a mãe e Chopinzinho para trás.

Não faltavam motivos para Dilta ter sido desprezada pela filha na rodoviária. Os abusos sexuais sofridos por Elize, o desdém da mãe num dos momentos em que ela mais precisava de apoio e a vida aviltante de prostituta na adolescência deixaram sequelas psicológicas que assombravam as noites de Elize. Sozinha no mundo, ela passou a ter distúrbios do sono, depressão, sentimento de degradação e perda da autoestima. Carregava consigo culpa, ansiedade e temor de andar ou ficar só. Elize tinha medo de pessoas estranhas e pesadelos repetidos recapitulando a violência sexual, além de síndrome do pânico e problemas com relacionamentos íntimos. A jovem passou a nutrir um sentimento de despersonalização e começou a desenvolver lentamente uma segunda personalidade para se proteger. Essas sequelas começaram ainda em Chopinzinho e se acentuaram em Curitiba.

Também egressa de um lar disfuncional, Estella sabia que alguns boletos sentimentais envolvendo família não eram quitados facilmente. Aos 14 anos, tinha beleza de modelo de capa de revista. Foi descoberta por um "olheiro" que prometeu catapultá-la dos cafundós do Rio Grande do Sul para as passarelas de Milão, Paris e Nova York de forma meteórica, feito uma Gisele Bündchen, sua conterrânea. Conseguiu se emancipar aos 15 e se mudou para São Paulo. Estella fez vários ensaios fotográficos, uns testes aqui, outros ali e acabou nas páginas do *book rosa* de uma grande agência de modelos localizada no bairro dos Jardins, um dos mais nobres da capital paulista. Um primo agropecuarista de Estella, de 28 anos, morador do município de Santa Rosa (RS), foi a São Paulo assistir a uma corrida de Fórmula 1 em Interlagos. No camarote do autódromo, recebeu de um *promoter* a oferta de sair com mulheres de luxo. Ao consultar o catálogo com fotos de modelos nuas em poses sensuais, o jovem descobriu que a sua prima estava no cardápio. Ele teve a coragem de marcar um encontro para transar com ela. Mas Estella recusou e implorou para que ele mantivesse segredo. O pecuarista fez o oposto. Foi até Horizontina e marcou uma reunião familiar com tias, avós e primos. Anunciou que Estella era "puta de luxo".

Soltando fogo pelas ventas, a mãe de Estella foi buscá-la em São Paulo e a levou de volta para casa. A garota tinha 16 anos quando levou uma surra de cinta no meio da rua. Os vizinhos acompanharam o escarcéu. No alvoroço, alguém perguntou em voz alta por que a adolescente apanhava tanto. A mãe respondeu para todo o mundo ouvir que ela havia jogado o sobrenome da família na lama.

Aos 18 anos, Estella mudou-se para Curitiba com um único propósito: esquecer a família e alcançar a sua independência financeira. Passou a se prostituir para juntar dinheiro, mas traçou uma meta: aos 30 anos deixaria de vender o corpo e abriria um negócio digno aos olhos da sociedade. Cursou enfermagem na Pontifícia Universidade Católica do Paraná (PUC-PR) e tornou-se uma excelente profissional.

Depois de ouvir a história triste da amiga, Elize foi até a sacada do *flat* de luxo. Olhou para o infinito da noite e tentou enxergar o futuro. Naquele momento, ela vivia com um salário de 1.200 reais, mais 300 reais que tia Rose e a avó Sebastiana mandavam de Chopinzinho com muito sacrifício. Quando voltou para a sala, a jovem se serviu de mais um pouco de vinho. O telefone de Estella tocou. A enfermeira saiu da sala para atender a chamada com privacidade. Elize conseguiu ouvir parte da conversa:

– Por onde tu andava, seu merda?

– [...]

– Faz o de sempre, guri. Entra pela garagem e sobe pela escada de incêndio.

– [...]

– Até mais tarde, seu puto!

A carteira de clientes de Estella era invejável. Ali figuravam deputados estaduais do Paraná, vereadores de Curitiba, prefeitos do interior paranaense, empresários, executivos, advogados e uma infinidade de pais de família ricos e integrantes da tradicional família brasileira. Enquanto Estella se arrumava para receber o próximo cliente, Elize perguntou se levava jeito para "esse negócio de luxo". Cheia de deboche, a profissional veterana parou o que estava fazendo, olhou fixamente para aquela figura triste e se aproximou. Passou a ponta dos dedos nos contornos do rosto pálido e delicado da amiga. Na época, Elize usava os cabelos naturais de cor castanho-escuro. Estella levantou as madeixas ressecadas da técnica de enfermagem pelas pontas e as soltou logo em seguida:

– Puta que pariu, Elize! Sério que você perguntou isso? Olha, vou ser honesta: você teria de morrer e nascer de novo para dar certo como uma profissional classe A!

Elize pescou a ironia fina e deu uma risadinha de canto de boca. Pegou a bolsa, despediu-se da amiga e saiu pensativa e desconcertada ao mesmo tempo. No alojamento das freiras vicentinas, deitou-se na cama de beliche e olhou em volta, fitando o rosto de cada uma das colegas de quarto. Era impossível apontar qual delas tinha o semblante mais sofrido. Uma de 16 anos era egressa da roça. A coitada pegou tanto sol no rosto que ficou com a pele toda enrugada. Sonhava com o magistério. A outra tinha 18 e era órfã de pai e mãe desde os 9. Viera de um abrigo para jovens disponíveis para adoção. Adulta, já não tinha mais expectativa de encontrar uma família para chamar de sua. No meio de tanto infortúnio, Elize resolveu seguir o conselho de Estella: nascer novamente. A primeira providência era sair daquele pensionato horroroso. Seus planos eram pra já.

Enquanto isso, Estella recebia em seu *flat* um velho cliente. Gilberto era narcotraficante do Primeiro Comando da Capital (PCC). Atuava numa rota internacional por onde escorriam toneladas de maconha prensada do Paraguai até o Porto de Paranaguá, no litoral do Paraná. Tinha 36 anos, era alto e magro. O cliente era adepto de um fetiche cada vez mais comum, o BDSM, práticas sexuais envolvendo disciplina, dominação, submissão, sadismo, masoquismo, além de *bondage* (amarrar alguém ou ser imobilizado). No BDSM raiz há consenso entre o casal praticante. Gilberto tinha ainda como *hobby* o polo, um esporte praticado a cavalo. Era vistoso, mas caminhava pela sombra em razão da atividade criminosa. Só transava com prostitutas de confiança e mulheres do tráfico. Não frequentava motéis nem hotéis, pois tinha pavor de câmeras de segurança. Ele se dizia apaixonado por Estella. A cada pernoite no *flat* da profissional, deixava entre 800 e mil reais em dinheiro vivo, além de presentes caros, como joias, perfumes, bebidas e acessórios para a prática de BDSM. No acordo entre o casal, Gilberto jamais poderia entrar com armas e drogas na casa de Estella. A relação era de extrema segurança. Ele tinha o controle remoto para abrir o portão da garagem e subir sem passar pela portaria. Para escapar das câmeras, nunca usava o elevador. Subia sempre pela escada de incêndio e chegava ao apartamento pela porta da cozinha.

Certa vez, Gilberto foi à casa de Estella e implorou para deixar duas malas grandes por uma semana. Estava até disposto a pagar bem pelo favor. A enfermeira nem quis saber o conteúdo da bagagem. Enérgica, deixou claro que o apartamento não era guarda-volumes. Em outra ocasião, o narcotraficante queria levar uma amiga para fazer sexo a três. Estella mais uma vez recusou a proposta, já sabendo que a terceira pessoa era do mundo do crime. Gilberto respeitava as negativas da amiga. Brincando, dizia que ela era a única puta de Curitiba com código de ética.

Do outro lado da cidade, Elize colocou o seu plano de renascimento em ação. O primeiro passo foi aumentar o limite do cartão de crédito para ter o capital necessário para dar início à carreira de garota de programa de luxo. Ela lançou mão de um cambalacho: falsificou o contracheque de 1.200 reais do Hospital Nossa Senhora das Graças. O valor dos rendimentos ficava descrito abaixo, à direita do documento. Ela pegou o holerite do mês anterior e recortou dele só o número 1. Com a habilidade de técnica em enfermagem, usou uma pinça de sobrancelha para colar o algarismo no contracheque mais atual no campo do salário líquido. Após a falcatrua, seus rendimentos do hospital naquele papel saltaram de 1.200 para 11.200 reais. Para a conta bater, ela teve de fazer outras colagens no campo destinado aos ganhos com adicionais noturnos e horas extras. Também houve adulterações nos descontos. Depois de completar a fraude, Elize tirou uma fotocópia do documento para camuflar as marcas discretas dos recortes. Em seguida, ligou para a administradora do cartão e pediu para aumentar o limite. A operadora solicitou um comprovante de rendimentos por fax e a técnica de enfermagem mandou sua obra de arte. Duas semanas depois, recebeu um cartão de crédito American Express categoria *platinum* com limite de 35 mil reais. Também ganhou uma maquineta de crédito da Visanet Brasil, hoje chamada de Cielo.

Elize ligou para Estella dizendo estar pronta para renascer e combinou de encontrar a amiga no Shopping Crystal. Foram às compras.

Escolheram minissaias e vestidinhos pretos, sapatos de salto agulha, calcinhas e sutiãs de grife. Elize selecionava só peças caras, enquanto Estella a repreendia dando dicas importantes:

– As roupas de uma guria de luxo não podem custar muito. Tem de parecer caras, mas custar pouco, entende? Tipo as peças da Zara: bonitas e tribaratas.

A professora falava e a aluna obedecia. Nada de gastar muito. Em três horas, a técnica de enfermagem já havia investido quase 5 mil reais apenas em roupas, sapatos e acessórios, mas nas sacolas só havia itens imprescindíveis. Estella teve de deixar a amiga no meio das compras e foi fazer um curativo em domicílio num paciente que havia sido submetido a um transplante cardíaco. As duas ficaram de se encontrar no *flat* à noite para jantar. Como Elize chegaria primeiro, ficou com a chave da porta. Ela ainda deveria passar num salão e mudar o visual. Estella ligou para um cabeleireiro de confiança e deu as coordenadas:

– Veado do céu! Estou mandando uma *amapô*. Faz um *extreme makeover* na racha. Mudança radical mesmo! Corta, pinta, repica, hidrata, harmoniza, cauteriza, arruma as sobrancelhas... Faz o diabo aí. Estamos em cima do laço! Deixa a caipira com cara de rica!

O salão escolhido era uma unidade do tradicional Torriton Beauty & Hair, considerado um dos mais cafonas da cidade. Orientada pelo profissional, Elize tingiu os cabelos castanho-claros de louro sueco e fez um corte moderno para ressaltar a beleza do rosto. Manteve a base reta e as pontas assimétricas. Deixou a franja repicada à altura dos olhos, proporcionando um visual arrojado. Em seguida, fez as unhas dos pés e das mãos. A conta ficou em 900 reais (valores da época), mas ganhou um desconto de 30%. No final do dia, Elize estava estupidamente linda. A nova aparência, no entanto, era apenas uma capa protetora. Os traumas e as feridas emocionais da garota tímida do interior continuavam escondidos embaixo daquele verniz.

Depois do banho de loja, Elize passou no supermercado e comprou com o seu cartão de crédito duas garrafas de vinho chileno Gato Negro, um cabernet sauvignon popular frutado e de taninos macios, cuja unidade à época custava 29,90 reais. Partiu para o *flat* de Estella. Usou uma de suas roupas novas. Escolheu um vestido preto sem alças e curtíssimo. Subiu num sapato scarpin vermelho de salto fino médio da Arezzo de 270 reais e abriu o vinho. Estella chegou em casa vestida de enfermeira e teve um espanto quando se deparou com a nova Elize. Tapou a boca com as duas mãos e destapou em seguida para soltar frases que deixariam as freiras vicentinas sem ar:

– Nossa Senhora do Cacete, a mãe de todas as fodas! Tu realmente nasceu de novo, guria!

– O que você achou? – quis saber Elize, tímida.

– Puta que pariu! Os homens vão saudar você como Vênus numa concha – brincou Estella, fazendo referência à pintura *O nascimento de Vênus*, do italiano Sandro Botticelli.

Estella tinha motivos para ficar boquiaberta. De fato, Elize parecia a Vênus, a deusa romana que emergiu do mar. Era outra mulher. Exalava sensualidade aos 19 anos. As duas brindaram com vinho a nova fase da estudante de técnica de enfermagem e bolaram planos. Estella lhe fez uma proposta para começar a carreira: passaria clientes para a aprendiz em troca de uma comissão de 60%. Elize topou, pois não queria fazer anúncio em jornais de grande circulação com receio de a família descobrir sua nova atividade. Mas, antes de começar a atender, a jovem teve aulas de expressão corporal com Estella. Sua postura era muito acanhada. "Uma garota do nosso naipe usa mais o corpo do que a fala para se comunicar. Por exemplo, braços cruzados podem indicar descontentamento. Ombros contraídos revelam insegurança, tudo o que uma acompanhante não pode transmitir. Até a forma como você se senta dará informações sobre você. Quando receber o cliente, fique sempre ereta e sente-se com as pernas cruzadas." Estella também repassou para Elize ensinamentos dos cursos de modelo feitos em São Paulo. "Trabalhe as expressões faciais. Deixe a cabeça erguida, mas o queixo apontado levemente para baixo. Mantenha os olhos focados no cliente. Ao caminhar, coloque sempre um pé na frente do outro e siga a passos largos. Nunca exagere nos movimentos com os braços, mas também não deixe eles duros. Faça sempre poses levemente sensuais."

A mentora também deu uma aula de etiqueta para Elize debutar no mundo da prostituição de luxo. Alguns dos conselhos de Estella repassados à novata eram: "Nunca dê o seu nome de batismo, isso a deixa vulnerável. Quando estiver com um cliente, não se refira ao seu trabalho com termos vulgares. Diga apenas que você é uma 'profissional'. Nunca tire a roupa antes do pagamento. Beba sempre com moderação em serviço. Prefira o vinho, pois ele deixa a mulher leve e solta. Se o cliente perguntar se você faz anal, diga 'não' logo de cara. Ele vai pressionar bastante. Depois de muita insistência, você cede dizendo que vai abrir a ele uma exceção pra lá de especial. Aí você valoriza o serviço cobrando a mais. Na nossa categoria, anal custa 500 reais. Higiene é fundamental. Camisinha sempre. Não aceite sexo sem proteção nem por todo o dinheiro do mundo. Se você contrair uma doença sexualmente transmissível (DST) ou engravidar, vai ficar parada e gastará muito dinheiro em tratamento médico, remédios, aborto... Finja sentimentos pelo cliente. Seja carinhosa, pois a maioria dos homens é carente. Alguns nem fazem questão de sexo, querem apenas um pouco de afeto e conversar, falar da vida... Entre nessa para empreender. Junte todo o dinheiro que conseguir para abrir um negócio decente. Mas marque no calendário uma data para abandonar a profissão. Quanto antes, melhor".

Os conselhos de Estella foram repassados para Elize em 2000. Atualmente, o termo "doenças sexualmente transmissíveis", assim como a sigla DST, está em desuso. A nomenclatura adotada pelos médicos passou a ser "infecções sexualmente transmissíveis", ou IST.

Madrugada adentro, as duas jovens beberam e conversaram amenidades. Elize dormiu no sofá. Quando acordou, às 9 horas, percebeu o quanto Estella era batalhadora. Ela já tinha passado num condomínio de luxo para dar assistência a um paciente com câncer, encontrava-se em São José dos Pinhais participando de uma cirurgia plástica e à tarde estaria no hospital. Na porta da geladeira havia um recado escrito num *post-it* verde-limão: "Seu primeiro cliente chegará no *flat* às 15 horas. Esteja linda feito Vênus na concha", dizia o texto enfeitado com o desenho de um coração.

Às 15 horas em ponto Elize estava com o mesmo figurino usado para surpreender Estella no dia anterior. Ansiosa, ficou plantada perto do interfone, aguardando o porteiro anunciar a visita. Mas o aparelho não tocou. De repente, a campainha da cozinha soou feito uma cigarra. Elize abriu a porta sentindo um frio na barriga. Era Gilberto, o narcotraficante. A neófita ficou encantada com a beleza do primeiro cliente. *Habitué* do *flat*, ele entrou sem fazer cerimônia e preparou dois drinques, um para ele e outro para Elize:

– Prazer, meu nome é Gilberto. E o seu?

– Kelly! – anunciou.

Gilberto era procurado pela Polícia Federal e até por traficantes de facções rivais do PCC. Mas a sua alta periculosidade destoava de sua *persona*. Era um homem educado, charmoso e carinhoso. A pistola calibre 38 presa no tornozelo não combinava com o seu excesso de gentileza. Ele percebeu o nervosismo de Kelly quando acariciou o rosto da garota. A jovem estava trêmula a ponto de o gelo sacolejar e bater nas laterais no copo de uísque, fazendo um barulho incômodo. O casal ficou conversando por horas sobre sexo. O bandido perguntou quais acessórios a garota de programa tinha. Ela respondeu nenhum. "Nem uma algema?". "Nada". Ele então se aproximou para dar um beijo. Kelly se lembrou dos ensinamentos da mestra e do caminhoneiro evangélico caloteiro:

– Vamos primeiro falar de negócios? – sugeriu a jovem.

– Claro!

Gilberto tirou de uma mochila 20 notas de 50 reais e pôs sobre o vidro da mesa de centro. No mesmo móvel, ele desenhou duas carreiras de cocaína. Ofereceu uma delas a Kelly, que recusou. O bandido, então, inspirou as duas de uma vez só. Transaram por uma hora e depois ficaram agarradinhos na cama feito namorados. O narcotraficante recebeu uma ligação inesperada e vestiu-se às pressas. Na despedida, o cliente aconselhou a garota de programa a providenciar acessórios sexuais. Ele deu um beijo longo e romântico nela, prometeu voltar e saiu em disparada pela mesma porta que entrou.

Kelly tomou um banho, pôs o uniforme branco, encarnou a técnica de enfermagem Elize Araújo e seguiu para o hospital, onde bateu ponto às 18 horas no centro cirúrgico para participar de uma cirurgia complexa. Nessa noite, acompanhou uma toracotomia posterolateral em um paciente de 42 anos com câncer de pulmão.

Sedenta por novos conhecimentos, Elize observou atentamente

o passo a passo daquele procedimento complexo e agressivo. Sua função começava com o preenchimento de prontuários. O cirurgião torácico começou os trabalhos anestesiando o paciente e ajeitando o corpo dele na posição lateral.

Os braços do doente foram imobilizados para o alto com ataduras. Em seguida, o cirurgião cortou a porção lateral do tórax, abaixo do mamilo, usando um bisturi. A incisão se estendeu até o ângulo inferior da escápula, passando por entre as costelas. Posteriormente, a borda anterior do músculo grande dorsal foi identificada, dissecada, descolada e separada por um instrumento chamado afastador autoestático, mantendo o talho aberto permanentemente, perfazendo no paciente uma incisão enorme de 20 centímetros. O afastador é um instrumento rústico que lembra uma chave inglesa e tem como finalidade ampliar o campo operatório, evitando lesão em outros órgãos.

Sem se dar conta, Elize aprendia no hospital técnicas cirúrgicas que seriam úteis no futuro. Ela observava fascinada o procedimento. Os médicos removeram a quinta costela do paciente para melhorar o acesso e proteger elementos neurovasculares intercostais. Aprofundaram a incisão com um bisturi elétrico até chegarem à pleura, que foi aberta. Seguiram o procedimento aumentando o corte até alcançarem o pulmão. Depois dissecaram a artéria pulmonar e seus ramos que escoam direto do coração. Nessa hora, um vaso foi lesionado, provocando sangramento excessivo. A equipe médica ficou apreensiva. O paciente perdeu um litro de sangue e teve de fazer uma transfusão de emergência.

Depois de contornar o incidente, parte do pulmão foi removida para tentar salvar a vida do doente. O que restou do órgão foi suturado com grampeadores cirúrgicos. Antes de fechar a incisão, os médicos drenaram o ar e o líquido da região. A toracotomia é uma das incisões mais doloridas da medicina. Em alguns casos, o paciente sente fortes dores no pós-operatório por meses. A cirurgia descrita acima durou aproximadamente quatro horas. Em 2021, a técnica para cirurgias pulmonares era mais avançada e podia ser realizada com vídeo e até por robôs.

Elize ficou chocada com a quantidade de sangue que o paciente verteu durante a operação. Coube a ela, como técnica de enfermagem, ajudar o enfermeiro-chefe em toda a cirurgia. Foram sua incumbência, por exemplo, a conservação e a manutenção dos equipamentos, inclusive dos instrumentos usados para cortar o paciente. Elize também etiquetou e encaminhou ao laboratório de análise o pedaço de pulmão retirado do paciente. No final, ela lavou alguns dos instrumentos usados na cirurgia: um bisturi de lâmina número 10 para incisão da pele e tecidos moles, uma faca e uma tesoura de curva *mayo* para dissecação em geral. Depois de limpar cada um desses instrumentos, ela os armazenou na estufa para esterilização. No final, a jovem recebeu elogios dos médicos pelo empenho e a forma delicada com que guardava os instrumentos cortantes.

Do hospital, a técnica em enfermagem seguiu para o *flat* de Estella. As duas tomaram vinho e Elize contou detalhes do programa feito com Gilberto. Ela usou adjetivos como "respeitador", "cortês" e "distinto" para descrever as qualidades do cliente narcotraficante. Repassou 600 reais à amiga a título de comissão e ouviu da cafetina um alerta:

"O Gilberto é um excelente cliente. Mas fazer um programa com ele é o mesmo que dormir com satanás! Toma cuidado, guria".

Ainda uma *trainee* na profissão, Elize sonhava em se encontrar só com clientes atraentes, educados e ricos. Estella tentava – em vão – mostrar que a vida na prostituição, mesmo na de luxo, não era tão encantadora como na imaginação. "Nesse tipo de trabalho, tu não tem a opção de fazer escolha nem o direito de ter nota de corte. Se quiser fazer dinheiro, tu tem de encarar o feio e o bonito, o alto e o baixo, o sujo e o limpo, o magro e o gordo, o cheiroso e o fedido, o rico e o pobre – desde que eles tenham dinheiro para pagar pelo programa", ensinou a veterana. Estella também aconselhou Elize a encontrar um local o mais rápido possível para atender com privacidade os clientes VIPs encaminhados futuramente. A novata já tinha, inclusive, um novo programa agendado para dali a dois dias.

Na manhã seguinte, a jovem foi ao curso de técnica em enfermagem e na hora do almoço alugou por 3.800 reais um *loft* mobiliado de 70 metros quadrados no bairro Cabral, um dos mais familiares de Curitiba. A moradia era moderna, combinando com a personalidade de Kelly. Pé-direito duplo na sala e uma vista de tirar o fôlego. Tinha conceito *open living*, ou seja, todos os ambientes eram integrados e ideais para reuniões sociais. O apartamento tinha móveis planejados, venezianas, aquecimento a gás, banheiros com ventilação natural e lavabo. No piso inferior havia uma sala ampla conjugada à cozinha. No piso superior, uma suíte com *closet*. O condomínio oferecia duas vagas de garagem, salão de festas, churrasqueira na cobertura, espaço *fitness* e portaria 24 horas. Tudo isso a poucos metros da Igreja Bom Jesus, onde Elize passou a acompanhar as missas de domingo à noite.

Para oferecer conforto aos clientes, ela caprichou nas roupas de cama e de banho. Gastou quase 4 mil reais comprando lençóis de fios egípcios, toalhas bordadas com gramatura 500 e roupões aveludados. Para proteger o sofá preto & *rosé gold* de quatro lugares, providenciou uma capa em tecido *acquablock*. Quem estreou o *loft* foi Josemar, o segundo freguês da novata. Ele foi anunciado pelo interfone ao meio-dia.

Ao abrir a porta pivotante de três metros de altura, Elize quase caiu para trás. Estella havia enviado um velho sexagenário. A ideia era mostrar a ela que a vida real no mundo da prostituição não era nem um pouco colorida. Os pelos do nariz do cliente eram tão grandes que se misturavam com o bigode. Josemar já entrou com a calça aberta e o pênis ereto à mostra, dizendo ter pressa porque o estimulante sexual (citrato de sildenafila) que havia tomado estava fazendo efeito. Agitado, o idoso sentia dor de cabeça, ondas de calor e a visão estava embaçada. Segundo ele, tudo à sua volta era azul. Elize, ou melhor, Kelly, teve vontade de evaporar. Ele era grotesco:

– Anda, vadia. Corre que não posso esperar. Tira a roupa! – exigiu.

– Mil reais! – cobrou.

– Tá louca? Com esse dinheiro passo a vara em atriz pornô!

O infeliz jogou no chão 200 reais em notas amassadas de 20 e 50, tirou a roupa toda, inclusive a fralda geriátrica. Kelly nem teve coragem de juntar o dinheiro. Foram direto para a cama *super king* novinha em folha. Josemar estava agitado. Quando ficou por cima da jovem, ele teve hiperemia ocular e congestão nos seios nasais. A frequência cardíaca disparou. Os olhos vermelhos assustaram a garota. Resiliente, ela continuou. Até que uma baba espessa começou a escorrer lentamente pelo canto da boca de Josemar. Quanto mais ele movimentava o corpo sobre a prostituta, mais a secreção asquerosa descia. Para evitar que a gosma pingasse em seu rosto, Kelly mudou de posição. Ele acabou se livrando da baba esfregando a boca na fronha de seda branca do travesseiro de plumas de ganso.

Entre uma posição e outra, Josemar tinha palpitações e reclamava de dor nas costas. Depois de tanto perrengue, acabou o serviço em meia hora de sexo sem ejacular. Por incrível que pareça, o festival de constrangimentos não havia acabado. Quando o velho se levantou da cama, Kelly percebeu que ele havia urinado no colchão. O cliente pareceu não se importar. Vestiu-se rapidamente e saiu com a mesma pressa com que chegou. Quando ele bateu a porta, Kelly concluiu o óbvio: não existe *glamour* no universo da prostituição. Decidiu desistir daquela vida e investir na carreira de enfermagem. Porém, lembrou-se da fatura do cartão de crédito, do aluguel do *loft*, das dívidas do dia a dia e até dos vinhos que bebia. Tomou um banho, passou um batom vermelho e seguiu em frente vendendo o corpo para qualquer um com o objetivo de pagar as contas e subir na vida.

Decidida a se aperfeiçoar na profissão, Elize seguiu um dos conselhos de Gilberto e foi a um sex-shop, no centro de Curitiba. Comprou um kit fetiche contendo chicote com tiras de couro, chibata de aço e cabo anatômico, algemas de metal, palmatória com rebites, coleira, venda e mordaça. Tudo de primeira. Gastou quase 3 mil reais na compra. Como bem escreveu Sigmund Freud, "todo mundo oculta a verdade nos assuntos sexuais".

* * *

Na praça da escola de enfermagem das irmãs vicentinas, Elize fez amizade com uma técnica estudiosa de 21 anos chamada Rovênia Soares. Séria e reservada, a garota chamava a atenção quando ria porque levava a mão à boca para esconder os dentes desgastados pelo bruxismo e emitia sons agudos parecidos com chiado de ratos. Uma enfermeira com poder de chefe no Hospital Nossa Senhora das Graças teria pedido para Elize indicar uma profissional recém-formada para uma vaga na unidade de terapia intensiva, e o nome da amiga veio à baila. Sondada, Rovênia ficou lisonjeada e agradeceu o convite, mas declinou da oferta. A garota conhecida pela delicadeza e semblante bondoso tinha planos muito mais ambiciosos do que fazer plantão em hospital particular ganhando 5 mil reais por mês. Sua especialidade era cuidar em domicílio de doentes terminais de câncer feito uma "doula da morte", definição da acompanhante que fica ao lado de pacientes terminais até o último suspiro.

Seletiva e articulada, Rovênia só tinha pacientes endinheirados. Visitava de forma sistemática oito doentes indicados pelas freiras vicentinas. Sua função era aplicar morfina e dar conforto espiritual aos doentes no fim da linha. Às vezes, ela passava tardes inteiras ao lado deles conversando e fazendo carinho com o intuito – aparente – de aliviar o sofrimento e proporcionar qualidade à morte.

Um ano antes de se especializar nesse tipo de atividade, Rovênia cuidou por oito meses de uma senhora de 70 anos com um câncer colorretal agressivo. Quanto mais a paciente definhava, mais os familiares se afastavam. Aliás, esse tipo de abandono é mais comum do que se imagina, principalmente nas famílias ricas. No último mês de vida, a tal senhora recebia cuidados e atenção somente de Rovênia e de duas enfermeiras. Numa das visitas da técnica, a senhora agradeceu o carinho dispensado pela jovem. Espontaneamente, a paciente passou a ela algo embrulhado com papel de pão e amarrado com barbante. Rovênia desatou o nó, abriu o pacote e se emocionou quando se deparou com 30 mil reais em notas de 100 amarradas com elásticos. "Você merece mais do que qualquer filho. [...] No momento em que mais precisei, só você esteve ao meu lado", justificou. A técnica aceitou o presente. Uma semana depois, a doente morreu.

Esperta feito uma raposa, Rovênia descobriu um filão nesse tipo de atendimento. Passou a cuidar só de doentes terminais com idade avançada e renegados pela família. O objetivo era se dar bem na vida. Em um ano, ela mostrou sinais de prosperidade. Tinha um Honda Fit automático zero-quilômetro avaliado na época em 50 mil reais e morava em um apartamento de dois quartos no bairro Cidade Industrial, em Curitiba. Um dos seus pacientes era um senhor de 72 anos com expectativa de apenas seis meses de vida e cujo câncer iniciado no pâncreas estava espalhado pelo fígado, pulmões, cérebro e até pelos ossos. O paciente ficava prostrado na cama e Rovênia cuidava dele como se fosse um anjo. Para tentar sensibilizá-lo, ela inventava histórias tristes envolvendo falta de dinheiro para comprar comida, despejo na família por causa de inadimplência no carnê da casa própria e até dívida com agiotas para comprar remédios para a avó. Comovido, o doente sem amparo familiar repassou à técnica em enfermagem com cara de santa um cartão de débito de sua conta no Banco do Brasil e uma senha de seis dígitos anotada em um papel. Foi autorizada a retirar 500 reais.

No dia seguinte, obediente, Rovênia sacou num Banco 24 Horas somente o valor combinado e devolveu o cartão e o comprovante da operação ao paciente. Sagaz, ela ficou de olho onde ele o guardou. Dois meses depois, o senhor morreu e foi velado em casa. Cínica, a técnica em enfermagem foi ao funeral e chorou abraçada aos parentes do morto. Na primeira oportunidade, seguiu ao quarto onde o seu paciente ficava acamado. Pegou o cartão e o escondeu na bolsa. A estelionatária sacou diariamente 1,5 mil reais da conta do falecido por quase duas semanas, totalizando o furto em 18 mil reais. Só parou quando a tela do caixa eletrônico deu alerta de cartão bloqueado. Aplicando esse tipo de golpe, Rovênia foi engordando os rendimentos ao longo do tempo. De uma senhora, ela ganhou um terreno avaliado em 120 mil reais deixado em testamento com anuência da família. De outra, recebeu um carro e vendeu para aplicar o dinheiro em ações da Vale do Rio Doce.

Para diversificar os negócios, Rovênia virou uma espécie de prostituta especial. Atendia somente pacientes paraplégicos afortunados. O primeiro deles foi um empresário chamado Flávio, de 29 anos. Bêbado, ele bateu o carro num poste na saída da balada e sofreu uma lesão na medula espinhal. Ficou sem os movimentos nas pernas e em parte do tronco. Ela recebia 2.200 reais dos pais a cada mês para cuidar do jovem cadeirante três vezes na semana. A atividade da técnica começava quando a do fisioterapeuta terminava. Sua função era dar banho no paciente, enxugá-lo, pôr uma roupa e acomodá-lo na cama ou na cadeira de rodas. Antes, porém, Rovênia oferecia uma atividade extra: fazia sexo oral até o paciente ejacular. Segundo os médicos, mesmo sem os movimentos da cintura para baixo, alguns pacientes têm ereção por reflexo e conseguem uma intensa sensação de prazer conhecida como paraorgasmo. Além do pagamento recebido dos pais do jovem, a técnica cobrava diretamente do cliente 900 reais pelo serviço sexual de uma hora. Sua agenda tinha nove clientes com esse tipo de atendimento.

Com uma lista de compromissos abarrotada de pacientes terminais e paraplégicos, Rovênia ficou sem disponibilidade para pegar novas demandas. Ela ofereceu a Elize alguns clientes com potencial de aceitar serviços sexuais. Antes de dar a resposta, a jovem teria pedido a opinião da sua mentora. Estella teve uma síncope quando ouviu tamanho absurdo:

– Bah, tu ficou louca?
– Melhor do que fazer programa com velhos nojentos!

Estella aconselhou Elize a não aplicar golpes em pacientes terminais por uma questão moral. Deu um sermão longo, explicando que ser garota de programa não era motivo para violar o caráter. "Porra, sua doida. Como tu tem coragem de pensar em fazer algo tão vil? Não deixa a vida escrota que tu levava no interior destruir a tua índole. Pensa na humilhação pública que passarás quando tu for denunciada e presa. Tua família, os médicos do hospital, vizinhos, todos os homens com quem tu transou, o cu do mundo onde tu nasceu e Curitiba inteira vão descobrir pela TV de uma tacada só que, além de puta, és uma bandida desumana e sem qualquer escrúpulo. Puta que pariu!", esculachou.

Seis meses depois de a enfermeira passar o sermão em Elize, Rovênia foi denunciada, algemada e presa. A polícia descobriu que ela fazia parte de uma quadrilha especializada em furtar idosos doentes e fraudar seguro de vida e testamentos, mediante falsificação de documentos, coação e até ameaça. A investigação começou com a denúncia da família do paciente cujo cartão de débito foi surrupiado pela técnica em enfermagem. A primeira queixa foi registrada na Delegacia de Furtos e Roubos, no bairro Cristo Rei. O Banco do Brasil forneceu aos policiais todas as gravações feitas pelas câmeras de segurança mostrando imagens da criminosa realizando os saques. Depois do escândalo, Rovênia passou a ser chamada pelos colegas de profissão de hiena, animal conhecido por emitir um som idêntico a uma risada e por seguir suas presas doentes até elas sucumbirem à morte.

Além de devolver todo o dinheiro roubado, a técnica foi processada e teve a cara exposta em programas policiais. Feito espiral, outras vítimas procuraram a polícia para reclamar dos golpes da bandida. Rovênia Soares acabou recolhida à Penitenciária Feminina de Piraquara, na Região Metropolitana de Curitiba. Julgada, pegou 12 anos de cadeia por furto com uma série de agravantes. Quando a casa da salafrária caiu, Estella fez questão de mostrar para Elize a cilada da qual ela havia escapado. "Na nossa profissão, uma escolha errada nos leva para o inferno", advertiu.

Com a hiena na cadeia, as freiras vicentinas passaram para Elize alguns pacientes terminais para doulagem. As religiosas fizeram recomendações para as profissionais da saúde nunca receberem dinheiro extra ou presentes caros dos pacientes, mesmo com consentimento da família. Elize começou cobrindo folgas de uma enfermeira cuidadora em tempo integral na mansão de Glória Fakhry, uma viúva milionária de 66 anos. A idosa sofria com um câncer no ovário. A paciente morava no bairro do Batel, o mais sofisticado de Curitiba. Cada diária na casa da ricaça rendia 800 reais a Elize. Com dinheiro entrando, ela tomou uma decisão sensata: ligou para a avó Sebastiana e avisou que não queria mais o dinheiro da família.

No fim de semana, a técnica em enfermagem vestiu-se de branco e seguiu para a casa de Glória. A senhora era simpaticíssima, apesar do sofrimento sem fim. O marido da paciente havia morrido dois anos antes, aos 74, também vítima de câncer. A viúva tinha um único filho, Cláudio Fakhry, de 40 anos, executivo do ramo petroquímico. O tumor de Glória, considerado raro, provocava dor abdominal e náuseas. Sua barriga ficou inchada e ela perdeu muito peso. Estava esquelética na fase final da vida. Mesmo assim, mantinha o bom humor. Quando Elize entrou no quarto, a paciente exclamou: "Como você é bonita! O meu filho deve ter adorado você. Ele tem fetiches por enfermeiras", brincou.

Orientada justamente por Cláudio, Elize tinha de passar informações detalhadas do estado de saúde da mãe a cada visita. O filho dizia não suportar vê-la definhando sobre uma cama por um tempo tão longo. Mesmo com todo esse zelo, ele não visitava Glória havia meses. Segundo um prognóstico médico repassado à família, a paciente terminal não viveria até o fim do mês porque as células cancerígenas haviam se espalhado para o esôfago, pulmões e fígado.

Faltavam duas semanas para o dia 30. Engraçada, a senhora brincava até com a própria morte. Uma vez, Elize perguntou do que ela precisava e a doente respondeu: "De um caixão".

Logo após ouvir dos médicos que entraria em fase paliativa, Glória fez reuniões com Cláudio, a nora e advogados especializados em sucessão. No testamento, ela deixava todos os bens para o filho e dois netos, além de uma alta quantia em dinheiro para uma amiga de Vitória, no Espírito Santo. Certo dia, Glória perguntou pelo passado de Elize e ouviu dela algumas histórias da sua vida miserável em Chopinzinho. Sensibilizada, a paciente mandou a técnica pegar a sua bolsa no armário. Elize lembrou dos conselhos de Estella, dos crimes da hiena, das orientações das freiras, e disse: "Nem pensar". Agradeceu a preocupação e encerrou o assunto.

É muito comum pacientes terminais resolverem questões importantes da vida às pressas. Certo dia, Glória, no leito de morte, pegou o telefone e entrou em contato com o gerente do banco, com o contador, e chamou ainda um dos seus advogados. Pediu uma reunião urgentemente. Quando o gerente chegou, a senhora exigiu que ele fizesse a transferência de 150 mil reais para a tal amiga capixaba naquele instante, deixando claro se tratar de uma herança. Com intenção de reter o valor num investimento, o gerente tentou convencer Glória de que a tal amiga seria beneficiada por meio de uma TED (Transferência Eletrônica Disponível) logo após a abertura do testamento. "Nem pensar. O senhor só sai daqui depois de efetuar essa transação", avisou, enquanto tossia com expectoração. A imagem tocante da senhora deitada na cama fez o bancário obedecê-la de imediato.

Mais dois meses se passaram e nada de Glória partir, contrariando as previsões médicas. Cláudio ficava incomodado com aquela agonia indefinida e perplexo com os altos custos da estrutura semi-hospitalar montada na casa da mãe, apesar de ela própria bancar o tratamento com recursos herdados do marido. A resiliência da paciente era admirável. O médico dizia "não passa desta semana". O mês virava e Glória continuava respirando com auxílio de um aparelho conhecido como concentrador de oxigênio, aquela mangueirinha de plástico acoplada ao nariz.

Glória se queixava mais de solidão do que propriamente das dores trazidas pela doença. As enfermeiras, a pedido da paciente, faziam *playlists* longas com canções melancólicas da cantora irlandesa Enya e do multi-instrumentista japonês Kitaro. Ao ouvir as músicas, Glória fechava os olhos e adormecia suavemente até chegar a um sono profundo. Certa vez, uma enfermeira abaixou o volume do som lentamente até o quarto ficar em silêncio absoluto. Sem abrir os olhos, Glória pediu que as músicas voltassem a tocar e a paciente continuou inerte.

Era sábado de manhã. Elize chegou para cobrir mais uma folga das enfermeiras na casa de Glória. Ficou surpresa quando viu corretores de imóveis entrando em todos os cômodos da mansão, batendo fotos para avaliar e anunciar a venda da casa. Como a paciente havia criado laços afetivos com Elize, ela aproveitou para perguntar quem eram aqueles homens. A técnica em enfermagem desconversou e foi até a cozinha acertar um programa com Gilberto por telefone. Ao retornar, meia hora depois, a senhora encontrava-se estática sobre a cama. O monitor do medidor de pressão indicava ausência de sinais vitais. Elize, então, encostou dois dedos no pescoço da paciente para conferir a artéria carótida e concluiu que Glória estava morta. Em seguida, pôs o ouvido no tórax para tentar escutar os batimentos. Nada. Nervosa, a técnica ligou para Cláudio e anunciou o falecimento da mãe. O filho recebeu a notícia com naturalidade. Elize ficou observando por um longo tempo o corpo imóvel da senhora e teve a impressão de ouvir um barulhinho. Ela pegou um espelho na bolsa e o aproximou das suas narinas. Levou um susto quando viu a superfície do vidro embaçar. Em seguida, Glória despertou: "Ainda estou viva!".

Segundo os médicos, Glória pareceu ter morrido porque teve uma bradicardia, quando os batimentos do coração diminuem a ponto de ficarem imperceptíveis. Com isso, ela sentiu falta de ar e tontura. Mas resistiu. Por uma mensagem enviada a Cláudio pelo celular, Elize desmentiu a notícia da morte da mãe. O executivo enviou à mansão um geriatra de sua confiança. Ele examinou Glória naquele mesmo dia e avisou que iria intubá-la na manhã seguinte. Elize tentou evitar o procedimento, pois a paciente ainda se alimentava com a ajuda das cuidadoras e dava conta de respirar sozinha. Glória interveio dizendo não se importar com a sedação, desde que não acordasse mais. Queixava-se da humilhação de defecar involuntariamente a cada três dias. Mesmo assim, Elize argumentou com o doutor: "Introduzir um tubo ou uma cânula na traqueia de uma paciente com câncer no esôfago e pulmões era um procedimento muito cruel". O médico a provocou, perguntando qual era a sua formação profissional. Quando ela disse ser técnica de enfermagem, o geriatra deu um riso de desprezo e a dispensou: "Seu trabalho nesta casa acaba aqui! Obrigado!".

Usando seringas enormes, o médico aplicou duas injeções na paciente. Uma contendo glicocorticoide e outra com morfina. E saiu sem se despedir. Glória já estava perdendo o apetite e sentia dores horríveis no rosto, na fase final do tratamento. Ainda assim, pediu que Elize fosse à cozinha preparar um brigadeiro e o servisse ainda quente numa colher de madeira. Quando a técnica voltou, a senhora parecia levemente vívida na cama. Tentava sem sucesso sentar-se. Elize pôs dois travesseiros por trás da cabeça da senhora, pegou a colher e a aproximou da boca de Glória, mas não teve coragem de encostar por causa da quentura. A senhora pegou a colher ardente e abocanhou o doce de chocolate e leite condensado. Engoliu um pedaço grande com facilidade. Elize ofereceu água e ela recusou. "Preciso ficar com o gosto desse brigadeiro na boca por muito tempo", justificou.

Segundo a enfermeira Tatiana Barbieri Santana, especializada em doulagem da morte, os pacientes terminais costumam pedir comidas específicas na fase final da vida para tentar resgatar momentos felizes do passado. Esse tipo de pedido geralmente é feito muito próximo da partida, pois o paciente deseja seguir do leito de morte diretamente para um lugar tão agradável quanto aquele que está recordando.

Depois de comer o brigadeiro, Glória pediu que Elize não a deixasse sozinha, apesar da dispensa do médico. A técnica ficou e deu *play* nas músicas de Enya. Pôs cobertas sobre a senhora e acariciou seus cabelos brancos até ela adormecer. Elize foi até a sala ligar para uma freira vicentina. Contou sobre o procedimento agressivo a ser feito na senhora no dia seguinte. Ouviu da religiosa que, pelo protocolo, a decisão de intubar um paciente terminal em tratamento paliativo em casa era exclusivamente da família. Elize ficou horrorizada. Ela voltou ao quarto para confortar a senhora, quando ouviu um desabafo:

"Meu marido foi um homem engraçado e cheio de vida. Teve essa maldita doença e morreu nesta mesma cama. Seu último suspiro foi uma clemência". Elize ficou sem saber como agir. As duas ficaram em silêncio por horas até Glória fechar os olhos tão lentamente quanto o pôr do sol na linha do horizonte. A senhora costumava dizer às cuidadoras que encontraria o marido no outro lado da vida. Durante a partida, o aparelho de som tocava a canção "*I want tomorrow*" (Eu quero o amanhã), de Enya, cujo trecho da letra em tradução livre diz: *Agora você está aqui / Posso ver a sua luz / Esta luz que devo seguir / Você pode levar a minha vida para longe.*

Num impulso, Elize ligou apressada para o médico. Ele disse não ter condições de voltar. E, se tivesse, não teria muito o que fazer. Glória balbuciou para a técnica em enfermagem ficar quieta. A jovem obedeceu. Segurou a mão da paciente enquanto a vida dissipava-se suavemente. Quando Glória finalmente morreu, Elize chorou. Pela primeira vez, ela viu a vida esvair-se diante dos seus olhos. Na lápide do túmulo da senhora lia-se um epitáfio: "Glória morreu como viveu: bravamente. Por Deus, nós a amamos e sabemos quão sortudos fomos em tê-la em nossas vidas. Ela brilhou tão intensamente quanto o Sol. Siga em direção ao infinito". A morte, de fato, é a rainha da vida!

* * *

Três meses depois do enterro de Glória, Elize recebeu uma mensagem do filho dela, Cláudio, pelo celular. Era um convite para sair. Casado, ele pediu sigilo e falou do seu fetiche por enfermeiras. A jovem supôs que o executivo havia descoberto a sua outra atividade e marcou um encontro em seu *loft* para a hora do almoço. Cláudio aceitou e exigiu que a garota o recebesse de branco. A pegação começou com beijos no sofá. Esquentou rapidamente e o casal foi para a cama. Quando ele começou a tirar a roupa, Elize anunciou:

– São 800 reais!
– O quê?! – espantou-se.
– Meu trabalho custa 800 reais!
– Como assim? Que trabalho?!
– Sou garota de programa! Meu nome é Kelly...

Enfurecido, Cláudio abotoou a camisa social enquanto esbravejava, dizendo não transar com prostitutas – "em hipótese alguma", reforçou. Ele afivelava o cinto quando ameaçou denunciar Elize ao Conselho Regional de Enfermagem (Coren) por usar a profissão como canal para arrumar clientes. Kelly, ou melhor, Elize, implorou para ele não levar a história adiante. O executivo lembrou-se do escândalo envolvendo Rovênia e avisou que iria à delegacia – mesmo sem haver crime algum naquele apartamento. Para resolver o conflito, a jovem propôs transar de graça. Ele aceitou e tirou a roupa novamente.

O homem fez de tudo um pouco com a garota: sexo convencional, anal, oral, beijo grego, chuva negra (defecar no parceiro), chuva de prata (ejacular no rosto) e ainda pediu para a profissional realizar fetiches como *ballbusting* (levar chutes nos testículos) e o tão desejado fio terra (introduzir o dedo no ânus do homem durante o ato sexual). Eles transaram no chão, no sofá, na cama, na sacada, na parede... No final, após quatro horas, Cláudio havia gozado três vezes. Com medo dele, a garota fez tudo sem reclamar. Cláudio tomou uma ducha demorada, enquanto Elize arrumava o *loft*, pois ainda teria outro cliente às 23 horas.

Quando o executivo saiu do banheiro e começou a se vestir, Elize havia se transformado na destemida Kelly. O *alter ego* da enfermeira vestia apenas duas peças curtíssimas de couro preto. A calcinha era modelo *string* fio dental com tiras duplas de elástico nas laterais. Na frente, havia uma gravata borboleta em fita de cetim. Cláudio chegou a se empolgar, achando que haveria um novo *round*. Ledo engano. Kelly, tal qual uma *dominatrix*, pegou uma chibata com tira de couro e sentou um golpe vibrado e sonoro no braço do sofá, bem perto de Cláudio, assustando-o. Ela puxou um assunto espinhoso. Falou de Glória, a mãe dele falecida recentemente sob seus cuidados. A acompanhante contou das suas desconfianças envolvendo a possibilidade de a paciente ter tido a vida abreviada pelo médico a pedido do filho. Cláudio ficou pálido quando foi questionado:

– Afinal, o que aquele geriatra fez com a sua mãe?

– Que história é essa, sua cadela?! – esquivou-se.

Na pele de Kelly, a técnica em enfermagem alternava a personalidade em dois extremos. Ora era delicada, ora era agressiva. Ela aproveitou que

Cláudio estava nervoso e deu outra chibatada estrondosa no chão de granito. Em seguida, Kelly exigiu que o cliente pagasse a quantia de 8 mil reais pelo programa especial e saísse do *loft* mudo como uma girafa. Ele aceitou sem contestar, mas ponderou que iria a um caixa eletrônico sacar o dinheiro. Nem precisou. Kelly foi até o *rack* da sala e abriu uma gaveta. De lá, tirou a máquina de cartão e perguntou:
– Débito ou crédito?
– Puta que pariu. Era só o que me faltava! – espantou-se Cláudio.
Esperta, Kelly enfiou o cartão do cliente no equipamento, digitou 8.160 reais nas teclas e selecionou a opção débito. Quando surgiu na tela o pedido da senha, passou a máquina para ele. Cláudio digitou o segredo numérico para finalizar a operação. Depois perguntou por que o acréscimo de 160 reais. Elize imprimiu a via do cliente e teria dado a ele a seguinte explicação:
– A sua tentativa de transar comigo de graça me trouxe uma lembrança desagradável. Quando eu tinha 15 anos, subi na boleia de um caminhoneiro tão escroto quanto você. Ele me comeu a noite inteira e fazia pausas para ler versículos da Bíblia. No final, ele deveria me pagar 120 reais mais 40 da conta do motel. Mas o safado desapareceu enquanto eu dormia. Nunca achei que aquela noite tivesse sido um total desperdício, porque falar em Deus enquanto eu era subjugada parecia reconfortante. Mas, hoje, decidi repassar esse pequeno prejuízo a você.
Cláudio ejetou-se do *loft* feito foguete e esqueceu aquele dia. Elize descobriu que seu *alter ego* era uma mulher de várias camadas e contrastes. Seu sexo era sem culpa e emoção. A matuta de Chopinzinho tinha tom pastel, enquanto Kelly era vermelho-sangue. A partir dali, todas as vezes que vendesse o corpo, a sua segunda personalidade entraria em cena. Não era uma maneira muito texturizada de pensar. No entanto, se não fosse assim, Elize Araújo jamais sobreviveria num universo altamente tóxico e insalubre como o da prostituição.

* * *

Em 2003, Elize tinha 22 anos e seguia cada vez mais linda. Com uma agenda sólida de clientes e pacientes, saldava suas dívidas com facilidade. Comprou um Fiat Palio zero-quilômetro, enviava dinheiro todos os meses para a família, em Chopinzinho. Seu registro no Conselho Regional de Enfermagem do Paraná como auxiliar de enfermagem era 473.708. Quando concluiu o curso de técnica, mudou a matrícula para o número 148.419. Mesmo ganhando quase 8 mil reais por mês vendendo o corpo, mantinha ativa a paixão pelo trabalho de profissional da saúde. Seguia cuidando de pacientes e atuando em centros cirúrgicos de dois hospitais em Curitiba. A jovem administrava a vida dupla com habilidade. Os colegas de profissão não desconfiavam da existência da Kelly. Muito menos seus familiares. Naquela época, Estella era a melhor amiga, confidente e continuava aconselhando Elize nos negócios, além de encaminhar clientes a ela. Em troca de comissão, a gaúcha apresentou à amiga deputados estaduais do Paraná e vereadores de Curitiba e do interior chegados aos serviços de garotas de programa de luxo. Raramente os políticos entravam em contato diretamente com as profissionais. Quem se encarregava da abordagem inicial eram os chefes de gabinete. Eles marcavam os encontros e faziam os pagamentos. Assim, os políticos tentavam se blindar de escândalos.

    Prestando serviços sexuais para parlamentares, Elize conheceu o então deputado estadual do Paraná Mário Sérgio Zacheski, do antigo PMDB. Conhecido como delegado Bradock, ele tinha 50 anos quando seu assessor fez o primeiro contato com Kelly. No início, os dois se encontravam no *loft* dela uma vez por semana ao preço de 800 reais o programa. Desse cachê, a jovem ficava somente com 320 reais. O restante (480 reais) era repassado para Estella. Com o passar do tempo, o delegado se apaixonou e ficou mais assíduo, chegando a visitar a garota por até quatro vezes na semana. Os dois, então, passaram a manter um romance sob sigilo. O deputado-delegado pediu para Elize largar a profissão e tornar-se exclusiva. A jovem pediu uma mesada de 10 mil reais para ser só dele. O político prometeu mais à prostituta: um cargo comissionado de meio expediente na Assembleia Legislativa do Paraná. Elize aceitou. Eles comemoraram a nova fase. Elize finalmente largaria a vida de *call girl* e passaria a conciliar a vida de funcionária pública e técnica de enfermagem.

    Estella não apoiou o romance de Elize com Bradock, muito menos sua nomeação como funcionária da Assembleia Legislativa. O local era um covil, segundo a veterana definiu. Sem falar que o deputado era casado. Elize dizia-se apaixonada e tentava mudar de vida mantendo um relacionamento "estável" com o parlamentar. A amiga resolveu deixá-la quebrar a cara para ela aprender com as próprias burradas.

A primeira briga do casal aconteceu quando saiu a nomeação de Elize no Diário Oficial. Bradock empregou a "namorada" no próprio gabinete como secretária com salário mensal de 800 reais, bem inferior aos 10 mil reais combinados. Elize ficou possessa quando recebeu o primeiro contracheque. Houve um chilique. "Sou mulher de luxo para trabalhar todo dia e receber só oito notas de 100 no final do mês. [...] Ontem comprei quatro garrafas de vinho a 2,4 mil reais", esbravejou. O político-delegado conseguiu amansar a garota pagando um extra por fora e dando um mimo aqui, outro ali. O primeiro deles teria sido um Honda Fit novinho em folha.

No gabinete do delegado-cliente, Elize assumiu o papel de primeira-dama. Dava ordens a subordinados, exigindo limpeza, café quente e reclamava do excesso de pedintes que batiam na porta do deputado. A maioria era de eleitores cobrando promessas de campanha. O tempo fechou quando um dossiê conhecido no mundo político como "relatório de crise", descrevendo denúncias graves contra Bradock, sumiu da principal gaveta de sua mesa, mesmo trancada à chave. O documento tinha sido elaborado por advogados e assessores do parlamentar, apontando justamente seus pontos sensíveis que certamente seriam explorados publicamente por inimigos políticos. Entre as denúncias contra Bradock relatadas no dossiê constavam acusações de tortura, tentativa de homicídio, fraude processual e porte ilegal de arma. Todas tinham como fonte a Promotoria de Investigação Criminal do Ministério Público do Paraná e corriam sob sigilo. Bradock teve um faniquito quando deu pela falta dessa papelada. Imediatamente, a suspeita recaiu sobre Elize.

À noite, Bradock foi ao *loft* da "namorada" na expectativa de resgatar o dossiê e ficou surpreso quando viu um cliente saindo da alcova de Elize. Os dois discutiram e a jovem reiterou que recebia muito pouco para manter exclusividade. Irritado, o delegado vasculhou o apartamento dela em busca do dossiê, mas não o encontrou. Bradock teria encerrado a conversa e a relação, dando uma bofetada em Elize e demitindo-a do cargo comissionado e dos serviços sexuais.

No outro dia, ela passou no gabinete para pegar suas coisas e assinar a papelada da demissão no departamento de Recursos Humanos. Pouco depois, o ex-casal se encontrou nos corredores da Assembleia Legislativa e houve outro bate-boca, inclusive na presença de jornalistas. Segundo funcionários da Casa, o *affair* teria sido pontuado por brigas em público. Apaixonado, o político deu a Elize, além do carro, joias e roupas caras. Uma reportagem da revista *Veja*, publicada em 8 de junho de 2012, assinada pela repórter Thais Arbex, relata detalhes do romance de Bradock com a garota de programa.

O deputado-delegado jurou de pés juntos que essa história foi "uma montanha de mentiras". Segundo ele, a injúria foi arquitetada por inimigos políticos em 2004, ano eleitoral. "Essa mulher nunca trabalhou no meu gabinete!", jurou o parlamentar. Entretanto, consta no setor de Recursos Humanos da Assembleia Legislativa do Paraná que Elize foi contratada em 1º de junho de 2004 e lotada no gabinete de Bradock para assumir a função de secretária comissionada para trabalhar meio expediente. Em abril de 2021, o RH confirmou que o salário de Elize era, de fato, de 800 reais, e sua matrícula na época era de número 301.735.

Apesar de Bradock negar com veemência seu envolvimento com Elize, a briga do casal ocorrida nos corredores da Assembleia também foi relatada com detalhes no jornal *Folha de Londrina*, em 25 de junho de 2004. Em entrevista ao periódico, Elize acusou o ex-namorado de violência doméstica numa fúria de ciúme. "Ele me bateu na cara várias vezes", denunciou. Em sua defesa, na mesma edição do jornal, o político garantiu que Elize era histérica, agressiva, recalcada, descontrolada e promíscua.

Em outro barraco, Bradock foi visto aos berros nos corredores da Assembleia exigindo que Elize devolvesse o carro dado de presente, as chaves e os documentos do veículo. Ao contestar o romance, o deputado disse de forma enfática: "Nunca namorei essa mulher, até porque sou casado. E não sou Papai Noel para dar carro de presente para amantes". Quando foi pedido para o político contar a sua versão da história, ele se contradisse: "A verdade é que ela [Elize] trabalhava no meu gabinete. Vou assumir. Mas foi demitida quando descobrimos que era prostituta. Ela também havia furtado documentos das minhas gavetas". Apesar de sustentar não ter se relacionado com Elize, Bradock demonstrou conhecê-la bem. "Ela era muito fechada, meio fria, sabe? Era estranha e individualista. Tá muito na cara que ela não terá um final feliz", previu na época.

Estella repreendeu Elize pelo escândalo sexual na Assembleia Legislativa. Ressabiados, os políticos do Paraná fugiram das duas garotas de programa como o diabo foge da cruz. Tinham pavor de ver suas estripulias sexuais estampadas nas páginas dos jornais.

Algumas semanas depois, Estella completou 30 anos e chamou Elize para um jantar especial no restaurante *Ile de France*, no centro de Curitiba. Entre beijos, abraços e muito vinho, a enfermeira gaúcha anunciou, emocionada, estar largando a prostituição. Na sua nova fase de vida, ela não teria mais contato com nenhuma garota de programa, incluindo Elize. Estella iria se mudar para o município de Almirante Tamandaré, na Região Metropolitana de Curitiba. Na cidade, montaria um posto de gasolina com seis bombas de bandeira branca. O investimento na época foi de 800 mil reais. Elize chorou de tristeza e alegria, pois a amiga repassaria a ela todos os clientes. As duas estavam embriagadas quando Estella relatou ter juntado muito dinheiro ao longo de doze anos na prostituição de luxo. Conseguir uma concessão para explorar o posto de combustível era um sonho antigo. O sucesso da amiga fez Elize ter esperança de um dia também escapar da vida degradante que levava. Estella, bêbada, passou a dar conselhos para a jovem como se fosse sua mãe:

– Você não tem ideia de quanto pau nojento eu tive de chupar para chegar até aqui. [...] Olha, eu não lembro quando foi a última vez que dei um beijo de amor num homem. A minha vida era uma merda daquelas que não descem com a descarga, sabe? [...] Sim, estou chorando e vou deixar rolar. É um choro de liberdade, porra!

Elize se levantou da cadeira oposta e sentou-se ao lado da amiga para ampará-la. Estella continuou despejando verdades com palavras chulas em meio a mais lágrimas:

– Mete uma coisa na sua cabeça, sua arrombada! Uma prostituta só tem dois destinos na vida: a glória ou a desgraça. Não tem meio-termo, caralho! [...] Eu cheguei ao cume da montanha, cacete! Vou abrir um negócio decente. Cada centavo dessa merda foi conquistado com muito suor. Vou empregar 12 funcionários, filho da puta! – gritava com o rosto encharcado.

Um garçom pediu para Estella falar baixo e evitar palavrões, pois havia famílias na casa. Desobediente, fez o contrário: falou ainda mais alto para todo o mundo ouvir:

– Pau no cu das famílias! Já tenho todas as licenças exigidas, seus bostas! O tanque subterrâneo é todo de aço-carbono e tem capacidade para até 30 mil litros só de gasolina! Sabe quando vou me vender para um homem? JAMAIS!

Por fim, Estella já estava na mão do palhaço quando citou o romance de Elize com o deputado Bradock para dar mais um conselho à amiga:

– Você nunca vai mudar de vida se envolvendo com clientes! Sabe por quê? Porque eles vão te ver eternamente como uma prostituta. Mesmo dormindo agarradinha a ele todos os dias numa cama de casal confortável, você será sempre uma vadia sem valor.

As palavras de Estella mexeram emocionalmente com Elize. Ela saiu do restaurante francês cambaleando. Antes de se despedir de forma definitiva, a ex-garota de programa reforçou ter repassado a todos os seus clientes fixos o contato da amiga. Estella fez um resumo do perfil de cada um, das preferências deles na cama e dos horários, pois boa parte era casada e gostava de ser atendida na hora do almoço. Estella fez uma série de ressalvas sobre Gilberto, o narcotraficante. "Ele é um homem muito inteligente, bonito e carinhoso. Mas é perigosíssimo. Quando ele pedir para deixar pacotes na sua casa, recuse de forma incisiva porque ele é insistente. Também não permita a entrada de amigos dele no seu *loft*. Se eu fosse você, na verdade, nem o atenderia mais. Você é muito bobinha e ele é um barril de pólvora com pavio aceso", finalizou Estella, desaparecendo tal qual uma estrela cadente.

Um mês depois, Elize estava deprimida no sofá com saudade de Estella, quando recebeu a ligação de um cliente. Era Gilberto, o narcotraficante. Marcaram um encontro para as duas da manhã. Ele disse que levaria bebida, dois amigos e uma amiga. Elize orçou a orgia em 5 mil reais. Na hora marcada, eles fizeram uma balada no *loft*. Tinha cocaína, uísque, cerveja, vodca, música alta, trenzinho e muito sexo. Todo mundo beijava todo mundo. Elize teria transado com os dois bandidos e com a garota, mas não usou drogas. Exageraram no álcool, misturando bebidas destiladas com fermentadas. Aspiravam maconha e ópio pela mangueira de um narguilé. O vapor das drogas empesteou o *loft* e invadiu os apartamentos vizinhos. O telefone celular de Gilberto tocou e ele foi atender na varanda. Incomodados com o barulho, moradores ligaram pelo interfone para reclamar. Os bandidos atendiam e mandavam os condôminos à merda. Elize estava bêbada, caída nua no tapete. Quase cinco da manhã, a balada ainda fervia. Havia pistolas e metralhadoras espalhadas pela casa e fileiras de cocaína na mesa de centro. O interfone tocou novamente. Dessa vez, Elize despertou desorientada e pediu silêncio. Ela reduziu o volume do som e foi atender a chamada. Era o porteiro, apreensivo:

– Dona Elize da minh'alma, tá cheio de polícia aqui embaixo. Eles mandaram avisar que estão subindo!

CAPÍTULO 3
É LUXO SÓ!

O programa aqui custa 8 mil reais, filha

Evangélica da Igreja Cristã Discípulos de Cristo, Tatty Chanel, de 28 anos, era uma prostituta bastante conhecida no centro de São Paulo, apesar de nunca ter feito programas em calçadas. Prospectava a maioria dos clientes pela internet. Na década de 2000, mantinha no ar um blog profissional com 36 fotos sensuais bem produzidas e divulgava um número de telefone celular para contato. Tatty tinha borogodó para os negócios. Era baixinha, 1,50 m de altura e cabelo originalmente crespo, mas todo alisado à base de chapinha. Espinhas da adolescência deixaram seu rosto marcado com protuberâncias. As cicatrizes em sua face lhe renderam o apelido maldoso de "areia mijada". Nunca foi magra e ganhou mais um pouco de peso depois de abandonar as atividades físicas diárias. Seu maior trunfo na profissão, segundo ela mesma fez questão de ressaltar, era a bunda grande e cheia, dura e redonda. Nela não havia nenhuma marca de estria ou celulite. "Se tivesse, não seria problema, pois os meus clientes não eram exigentes", frisou Tatty, rindo.

Para atrair clientes estrangeiros de passagem pelo Brasil, a prostituta anunciava seus serviços sexuais em classificados de jornais. Nessa parcela específica de fregueses, ela aplicava toda sorte de golpes. Quando os homens pediam fotos por telefone, por exemplo, Tatty costumava enviar imagens de dez anos antes, quando era bem mais atraente. A desonestidade era impulsionada pelo *Photoshop*. No programa de computador, ela afilava falsamente o corpo e o rosto. Até seus dentes quebradiços, tortos e amarelados ficavam inteiros, alinhados e reluzentes por obra de efeitos especiais. Às vezes, suas picaretagens iam além.

Certa noite, um cliente norte-americano de 50 anos leu o anúncio de Tatty e pediu-lhe fotos. A profissional enviou imagens tão modificadas que ele duvidou se tratar da mesma pessoa quando a viu pessoalmente na esquina da Rua Bela Cintra com a Avenida Paulista. Mas o gringo não se importou com a discrepância. No ponto de encontro, afoito, ele agarrou a garota sem a menor cerimônia e passou a mão por onde alcançou. Tatty interrompeu as preliminares em público e pediu 100 dólares conforme combinado previamente. Após o pagamento, seguiram para a suíte do Hotel Renaissance, nos Jardins, um dos bairros mais nobres de São Paulo. Ousado, o casal passou pelo *hall* do hotel de luxo de mãos dadas.

Apesar de ser uma mulher corajosa, Tatty cultivava um receio assombroso de sua família cristã descobrir a sua profissão pecaminosa aos olhos de Deus. Natural do município de Ananindeua, Região Metropolitana de Belém do Pará, ela seguiu para São Paulo em 1999, com a bênção dos pais protestantes. Prometeu entrar na faculdade de medicina, trabalhar em hospitais e servir ao Senhor. Frequentemente, Tatty mandava fotos para os pais fazendo poses em cadeiras da Universidade de São Paulo (USP) e estudando em bibliotecas públicas rodeada de pilhas de livros. Tudo *fake*. Na verdade, ela nunca foi aprovada no vestibular, apesar de ter tentado três vezes.

A agenda profissional de Tatty era eclética. Havia contatos de pastores evangélicos, delegados, investigadores e escrivães, além de uma variedade de comerciários do centro de São Paulo conquistada em aulas noturnas de forró. Apesar de ter uma clientela vasta e fiel, a garota investia mesmo era na desonestidade. Ela furtava dinheiro em momentos de descuido dos clientes. Quando não tinha sucesso com esse tipo de artifício, fazia pequenos escândalos em recepção de hotéis para forçar o homem a abrir a carteira em troca de silêncio. Se houvesse oportunidade, surrupiava dados de cartões de crédito dos incautos e fazia compras pessoais. O "boa-noite Cinderela" era manjado em sua lista de fraudes. Nas poucas vezes em que foi pega, Tatty recorria aos amigos policiais. Beneficiada com esses laços de amizade, a vigarista nunca foi fichada nem sequer passou mais de 24 horas no xilindró, apesar de ser tão suja quanto o pau do padre.

Na suíte de 30 metros quadrados do Renaissance, cuja diária custava 194 dólares, Tatty e o gringo se beijavam loucamente quando ela reclamou de sede. Por telefone, o cliente pediu duas garrafas de vinho La Joya Gran Reserva Carménère e pegou água mineral no frigobar. Hidratado, o casal transou por duas horas. A profissional recebeu adicional de 100 dólares pelo tempo extra. Exausto, o cliente cometeu a tolice de adormecer. A estelionatária não perdeu a oportunidade. Tatty abriu a carteira dele e subtraiu mais uma nota de 100 dólares. Pegou um cartão de crédito internacional, tirou fotos da frente e do verso e o devolveu. Em seguida, tomou um banho, matou uma taça de vinho, vestiu-se e saiu de fininho. No dia seguinte, Tatty entrou em sites de lojas virtuais e comprou louças para a casa e presentes para os pais com os dados do turista. Para evitar investigação das empresas de cartões, essas compras fraudulentas nunca passavam de 700 reais. A garota também se beneficiava do fato de nem toda vítima ter coragem de confessar numa delegacia que dormiu com uma prostituta e ainda foi passada para trás.

Faltavam poucos minutos para a meia-noite de uma quarta-feira quando Tatty recebeu mais uma mensagem pelo celular. Do outro lado do telefone, um novo cliente fazia sondagens:

– Quanto você cobra? – quis saber.

– Duzentos reais a hora – respondeu.

– Tem fotos para enviar?

A jovem recorreu às suas artimanhas e mandou três fotos ao interlocutor. Em todas as imagens Tatty estava nua e com o rosto à mostra. Ele duvidou da beleza estonteante da prostituta e a questionou ainda por mensagem:

– Essa na foto é mesmo você?

– Sim, amor. Sou eu!

– Não acredito!

– Juro pelo que há de mais sagrado! – insistiu.

– Vamos fazer o seguinte: vem ao meu local. Se você estiver idêntica à foto, eu te pago os 200 reais e a gente transa por uma hora. Caso contrário, te dou 50 reais e você vai embora.

– Combinado!

A astúcia de Tatty nos negócios era conhecida entre as colegas de profissão. Certa vez, ela foi ao Shopping Eldorado, no bairro de Pinheiros, e comprou uma dezena de roupas novas em diversas lojas de apelo mais popular, como C&A, Renner e Riachuelo. Pagou tudo com o próprio cartão de crédito. Passou uma tarde inteira com outra garota de programa experimentando e escolhendo sainhas e miniblusas. Das lojas, as duas seguiram para um estúdio em Santa Cecília e fizeram diversas fotos com um profissional usando as roupas novas. Nenhuma etiqueta foi retirada das peças. O ensaio varou a madrugada. Tinha produção com luz, rebatedores e muita maquiagem. No dia seguinte, ela voltou com a mesma amiga em todas as lojas para devolver tudo. Para algumas vendedoras, alegava que sofria de um transtorno chamado de oneomania, caracterizado pelos gastos compulsivos seguidos de crise de arrependimento e depressão. A amiga ajudava contando que Tatty estava em tratamento com psiquiatra para se curar. Algumas lojas aceitavam e faziam o estorno da compra. Quando os gerentes botavam empecilhos, a prostituta puxava da bolsa o Código de Defesa do Consumidor e citava o Artigo 49, que prevê devolução do dinheiro em até sete dias sem precisar expor os motivos. Volta e meia, as funcionárias do departamento de troca alegavam que tal benefício só valia para compras feitas na internet. Tatty, então, iniciava uma confusão e a devolução acabava se consumando. Às vezes, nenhuma desculpa dava certo e ela acabava ficando com a compra.

Depois de enviar fotos para o cliente pelo celular, Tatty seguiu para encontrá-lo. O lugar marcado era um apartamento na Rua Almirante Marques Leão, no bairro da Bela Vista, região central de São Paulo. O prédio de quatro andares não tinha porteiro nem elevador. Ela tocou o interfone. Quem atendeu e liberou a entrada foi o empresário Marcos Kitano Matsunaga, de 31 anos na época. Educado, ele cumprimentou a garota com um beijinho no rosto. O local era amplo, arejado e limpo. Tinha um único ambiente de cerca de 80 metros quadrados com uma cama de casal, banheiro, frigobar, TV de 29 polegadas afixada na parede, duas poltronas e um armário grande, além de refrigerador de ar. Cabeças de diversos animais empalhados, como cervos, antílopes e veados, ficavam penduradas nas paredes escuras, dando um aspecto macabro ao ambiente. No meio da sala aberta era possível ver uma mesa de sinuca de seis pés toda confeccionada em madeira maciça com pranchas de quatro centímetros de espessura. Os tacos artesanais com telescópio de alumínio ficavam pendurados no suporte da parede, ao lado de um conjunto completo de dardos profissionais com alvo feito de sisal. Dois janelões davam acesso à mesma varanda. Olhando em volta, era fácil concluir que o local era uma *garçonnière*. Tatty entrou, sentou-se numa poltrona e Marcos ocupou a outra no lado oposto. Havia uma garrafa de vinho aberta na mesa lateral e duas taças. Apenas uma estava com bebida. Por alguns minutos, reinou um silêncio incômodo naquele lugar. Tatty quebrou o gelo levantando-se e fazendo um pedido retórico:

– Posso me servir?

– Então... Você é bem diferente da foto, né? Vou pagar os 50 reais e você vai embora, conforme o combinado – anunciou Marcos.

– Pois é, querido... Você tinha de ter dito isso tão logo abriu a porta e me viu. Agora que entrei, terá de pagar o preço cheio.

Atrevida, a garota de programa pegou a garrafa de vinho e serviu-se. Deu um gole grande. Sentou-se na poltrona novamente. Marcos levantou-se, tomou a taça da mão de Tatty e insistiu que ela saísse. Abriu a carteira, tirou uma nota de 50 reais e jogou sobre o colo da moça. A profissional guardou o dinheiro na bolsa e bateu pé: só iria embora se recebesse os 150 reais restantes. A tensão aumentou quando Marcos se negou de forma categórica a fazer o pagamento. Tatty, então, se levantou, passou por uma das portas e alcançou a varanda, onde fez uma ligação pelo celular. Fez questão de falar em voz alta, dando as costas para Marcos:

– Delegado Gusmão? Como vai o senhor? [...] Preciso de um favorzinho. Poderia me mandar uma viatura aqui na Bela Vista para resolver um BO? [...] Um homem me contratou e está se recusando a pagar, acredita? [...] Anote o endereço...

Antes mesmo de falar o local da ocorrência, Tatty sentiu um objeto pontiagudo e gelado espetando a sua nuca. Marcos embicou na altura da terceira vértebra cervical da garota o cano comprido de um fuzil AR-15, o mesmo modelo usado pelas polícias Civil e Militar de São Paulo. Era também um armamento muito comum em poder de bandidos do crime organizado. A arma portátil custava na época 45 mil reais e fazia parte do acervo bélico de 33 itens do empresário, avaliado até então em 300 mil reais. Só as munições do fuzil custavam 10 mil reais. Parte desse arsenal pesado ficava guardada em armários do apartamento usado como *garçonnière*. Considerado de uso restrito, o AR-15 pode ser adquirido no Brasil por colecionadores, beneficiados graças à benevolência do Estatuto do Desarmamento (Lei Federal nº 10.826/2003).

Tatty virou-se de frente e levou um susto tão grande quando viu o fuzil que não conseguiu pronunciar uma palavra. Pálida feito uma defunta, passou a tremer, suar em bicas e chorar ao mesmo tempo. Marcos tomou o celular da mão dela e o jogou com tanta força contra a parede que o aparelho se desmantelou. Em seguida, mirou a arma de grosso calibre em seu peito a uma distância de dois metros. Tatty se ajoelhou de tanto pavor. "Não faça isso, eu imploro!".

O fuzil estava carregado. Para deixá-lo pronto para o disparo, o empresário puxou a alça de manejo. Essa ação produziu um estalo forte. Tatty repetia aos prantos: "Deus misericordioso, eu não quero morrer!". Marcos soltou a alça do fuzil, fazendo a primeira bala subir até a câmara. Houve outro estalo mais forte ainda. O armamento estava a ponto de bala. As lágrimas de desespero jorradas dos olhos da mulher diluíram o rímel barato que contornavam seus olhos arregalados. A água descia pelo rosto com coloração escura.

O empresário seguiu com a tortura psicológica contornando o rosto molhado da estelionatária com o cano de 16 polegadas. Tatty começou a rezar em voz alta. A prece da prostituta foi atendida. Marcos baixou o fuzil e rasgou a parte de cima da roupa da garota, deixando-a nua da cintura para cima. Em seguida, ele a pegou à força pelos braços. Desceu dois lances de escada até a portaria, deixando-a na calçada da rua deserta. Do alto da sacada, ele jogou os seus pertences, incluindo a blusa. Com medo de morrer, Tatty decidiu nunca mais enganar seus clientes com fotos adulteradas no *Photoshop*.

* * *

Tal qual um disco de vinil, a vida de Marcos Matsunaga tinha dois lados. Na face nobre, assumia a identidade de pai de família e empresário de respeito. No lado B, era extremamente violento e viciado em prostitutas. Seu apelido no meretrício era *Whore Rider*, algo como "montador de putas", em tradução livre. Na hora de escolher uma profissional, o executivo ia do luxo ao lixo. Saía tanto com garotas baratas, a exemplo de Tatty Chanel, quanto com as de alto padrão, cujas despesas diretas e indiretas poderiam chegar a 10 mil reais num único encontro. Ele também apreciava as de nível intermediário com perfis mantidos em sites de acompanhantes. Marcos recebia as mulheres de preço baixo no apartamento simples mantido no centro de São Paulo. Já as modelos sofisticadas eram levadas ao em seu *flat*, de número 156, no Transamerica Classic Victoria Place, localizado na Rua Pedroso Alvarenga, 1.088, no bairro do Itaim Bibi, zona sul de São Paulo. Por uma questão de segurança – ele tinha pavor de sequestros –, o empresário não abordava prostitutas em calçadas e raramente frequentava motéis.

No lado A da vida, Marcos era o filho mais velho dos empresários Mitsuo e Misako Matsunaga – casal que, juntamente com Yeda Kitano Cherubini, irmã de Misako, detinha a maior parte das ações da indústria de alimentos Yoki. A fábrica produzia pipoca, amendoim, farinha, farofa, fubá, bebidas de soja, além de uma infinidade de outros itens alimentícios. A sede da empresa localizava-se na capital paulista, mas a produção se espalhava por oito cidades: Marília e São Bernardo do

Campo, em São Paulo; Cambará, Paranavaí e Guaíra, no Paraná; Nova Prata, no Rio Grande do Sul; Campo Novo do Parecis, em Mato Grosso; Pouso Alegre, em Minas Gerais; e mais uma unidade no Recife.

Na década de 2010, a Yoki faturava, em média, 1,1 bilhão de reais por ano e empregava 5.200 trabalhadores. Os negócios da família de orientais começaram diminutos. A pedra fundamental foi lançada pelo avô materno de Marcos, o imigrante japonês Yoshizo Kitano, em 1960. Mas a marca Yoki surgiu, de fato, na década de 1980, derivada da junção da primeira sílaba do seu nome (Yo-shizo) com a primeira sílaba do sobrenome (Ki-tano). Cinquenta e dois anos depois, em 2012, a empresa foi vendida por 1,75 bilhão de reais para a americana General Mills, considerada a quinta maior empresa de alimentos do mundo e dona de marcas importantes no mercado, como o sorvete Häagen-Dazs.

Antes de trabalhar na Yoki, Mitsuo era diretor da *joint venture* Nakata-Tokico e atuava no mercado com fabricação de amortecedores para veículos leves, pesados e motocicleta. Com o tempo, ele se desfez do negócio e investiu o capital na empresa da família da esposa, tornando-se sócio – ele tinha 12,5% das ações. Mais tarde, foi elevado ao posto de CEO (*Chief Executive Officer*) da Yoki. Segundo ex-executivos da companhia, foi a visão vanguardista de Mitsuo e do vice-presidente da empresa, Gabriel Cherubini, ex-executivo da Unilever e marido de Yeda Kitano, que transformou a fabriqueta de fundo de quintal da família de Marcos numa das maiores empresas do ramo alimentício do país. Yoshizo morreu depois de bater a cabeça na carroceria de um caminhão enquanto andava na rua, em 6 de setembro de 1992, aos 77 anos.

No conglomerado da família Matsunaga, Marcos exercia a função de diretor-executivo, com foco na área agrícola. Tinha uma participação simbólica – menos de 1% – nas ações das empresas subsidiárias do grupo, ou seja, ele não participava das tomadas de decisões importantes. Segundo funcionários da diretoria da Yoki, ele era um chefe metódico, organizado e respeitador. Falava baixo e costumava ser calmo, mas se alterava com facilidade principalmente quando seus subordinados cometiam erros. Fora do prumo, ele esmurrava a mesa e gritava com funcionários. Mantinha a vida pessoal reservada. No trabalho, por exemplo, só os executivos mais próximos sabiam se ele estava solteiro ou namorando.

Já o caçula da família, Mauro Kitano Matsunaga, dois anos mais novo, foi diretor de logística e depois encarregado da área industrial. Os irmãos tinham personalidades absolutamente opostas. Marcos era o preferido da mãe, que tinha conhecimento das loucuras do filho e as acobertava. Na adolescência, por exemplo, o primogênito usava o cartão de crédito de Misako para bancar viagens e farras com prostitutas de luxo. Mauro, por sua vez, era um homem discreto, sério e bem mais próximo do pai. Enquanto o mais velho era extrovertido, cheio de saúde e hábil em alternar uma vida mundana na noite com a de pai de família, o mais novo era caseiro, tímido e tinha a saúde frágil. Antes de completar 40 anos, Mauro já tinha feito duas cirurgias cardíacas para tratar uma arritmia grave. Ele não bebia, estava casado com uma namorada da adolescência e raramente saía à noite.

A forma diferente com que os irmãos levavam a vida acabou criando um abismo entre eles. Marcos e Mauro não frequentavam a vida um do outro, raramente se falavam por telefone e só se encontravam nas reuniões de diretoria da Yoki, ainda assim trocavam poucas palavras. Na empresa, o salário bruto de ambos era de 31 mil reais. Esse valor não bancava nem 1% da vida nababesca de Marcos. Para engordar os rendimentos, o executivo montou escondido da família uma empresa de exportação dentro da própria Yoki. Era com o dinheiro dessa empresa, cujo faturamento médio anual chegava a 32 milhões de dólares, que ele custeava a compulsão por garotas de programa e *hobbies* caros, como colecionar armas de fogo, relógios de luxo, vinhos nobres, charutos, além de viagens excêntricas ao redor do mundo.

Bem antes de fundar a Yoki, a família de Marcos era dona da marca Kitano, cujo catálogo continha cereais, chás e farináceos. A marca foi a primeira a vender temperos embalados em sacos plásticos no Brasil, o que impulsionou os negócios. Todo o processo de seleção, secagem e embalagem era feito manualmente, e os produtos eram armazenados na fazenda da família japonesa, no município de Ibiúna (SP). Em 1989, a Kitano foi vendida por 10 milhões de dólares para a Refinações de Milho Brasil (Unilever), fabricante da famosa Maizena. Como a marca Kitano era denominação do sobrenome da família do fundador e o clã se sentia incomodado em ver seu nome numa empresa de terceiros, ela foi recomprada em 1997 por 7 milhões de dólares, ou seja, 30% a menos em relação ao valor da venda. Com a aquisição, o selo passou a ser apenas uma linha de produtos no portfólio da Yoki. Em 2018, quando estava nas mãos da General Mills, a Kitano passou por um vexame no mercado. Um lote (D17BRMP08-5) de pimenta-do-reino preta em pó teve de ser recolhido das prateleiras e das casas dos clientes por causa da presença de uma bactéria conhecida como *Escherichia coli*, causadora de diarreia, gastroenterite e até infecção urinária. Na época, a Kitano aconselhou os consumidores a não utilizarem o tempero.

No papel de chefe de família, Marcos morava com a esposa, Lívia de Sousa Pontes, numa mansão no Alto de Pinheiros, área nobilíssima de São Paulo. O casal tinha uma filha pequena. Depois de uma tentativa de assalto na residência, o executivo passou a andar armado o tempo todo e iniciou a sua coleção bélica, além de frequentar aulas de tiro. Nos programas familiares, no trajeto de casa para o trabalho ou mesmo quando ia ao encontro de garotas de programa de alto padrão, ele dirigia uma BMW 850i preta e blindada, cujo preço do modelo novo beirava os 800 mil reais. O Rolex no pulso do executivo, modelo GMT Master II, custava 60 mil reais. Os itens de luxo eram deixados de lado quando Marcos seguia ao encontro de prostitutas em seu apartamento no centro de São Paulo ou na boate Love Story, na Praça da República, também na região central. Nesses momentos, a BMW era substituída por uma Pajero TR4 – 4x4 blindada, avaliada em 100 mil reais. O executivo era hábil na vida dupla. Mantinha dois números de telefone celular, sendo que o aparelho usado para marcar encontros com prostitutas nunca era levado para casa. Seus amigos da alta roda e os colegas de trabalho, assim como os seus familiares, não sonhavam com a existência do *Whore Rider*. Já os amigos do meretrício, por sua vez, tinham perfil ambíguo parecido com o de Marcos. Com isso, o segredo entre eles era mantido sob o mais imperioso sigilo até por uma questão de sobrevivência da vida em família.

O vício de Marcos em prostitutas escondia uma patologia conhecida como ninfomania – obsessão com pensamentos, impulsos ou comportamentos sexuais que causam sofrimento e afetam negativamente a saúde, o trabalho e os relacionamentos. Nos homens, esse transtorno é chamado de satiríase – referência aos sátiros, figuras da mitologia grega metade homem, metade bode. Já as mulheres viciadas em sexo são chamadas de ninfomaníacas, em alusão às divindades conhecidas pelo nome de ninfas, cuja função era saciar a luxúria dos sátiros. Recentemente, os manuais de psiquiatria rebatizaram a ninfomania com o nome de "impulso sexual excessivo". No livro *Psicopatologia e semiologia dos transtornos mentais*, o psiquiatra e doutor em antropologia social pelo Instituto de Filosofia e Ciências Humanas da Universidade de Campinas (Unicamp), Paulo Dalgalarrondo, descreveu a ninfomania da seguinte forma: "É a busca incessante do indivíduo pelo prazer nas relações sexuais, tendo como consequência o consumo excessivo de pornografia, masturbação de forma exagerada e uma intensa e insaciável vontade de se realizar sexualmente, principalmente com pessoas desconhecidas".

Marcos também era portador de uma síndrome chamada "timidez do amor", cuja maior característica é a incapacidade de seduzir uma pessoa de forma natural por causa de ansiedade crônica e excesso de acanhamento. O termo foi criado pelo psicólogo americano Brian G. Gilmartin justamente para descrever um tipo específico de vergonha que inibe a capacidade de conquista amorosa. Segundo o psicólogo Ailton Amélio da Silva, coordenador do Centro de Estudos da Timidez do Amor do Instituto de Psicologia da Universidade de São Paulo (USP), os portadores dessa síndrome podem apresentar na hora do *approach* sintomas como gagueira, coração disparado, aumento da pressão sanguínea, tremedeira, preocupação e, principalmente, medo de ser rejeitado. Esses problemas acabam atrapalhando o início de uma relação amorosa. A timidez excessiva de Marcos, somada ao impulso sexual excessivo, explicaria o seu envolvimento com garotas de programa. "Quem sofre de 'timidez do amor' geralmente tem aversão ao ritual da conquista", observou o psicólogo da USP. Segundo amigos de infância de Marcos, ele pagava sistematicamente pela companhia de mulheres desde os 15 anos.

Convivendo diariamente com prostitutas, o empresário da Yoki costumava se apaixonar por elas. As profissionais também se envolviam emocionalmente com o executivo. Em meados de 2002, ele contratou por 600 reais uma profissional chamada Luzia Savoia, mais conhecida na zona pelo singelo codinome de Luluzinha. Seu currículo era invejável. Ela já havia posado na seção *Pimentinha* da revista *Sexy* e atuava como dançarina do *Programa Raul Gil,* atração popular exibida na época pela TV Record. Depois do quinto encontro, Luluzinha e Marcos estavam enlaçados de amor. Afrodescendente, a profissional era adepta do candomblé. A jovem tinha 27 anos e o empresário, 33, quando o romance começou. Luluzinha era filha de Iansã, o orixá dos fenômenos climáticos que se materializa quando o céu se precipita em água e ventania para formar tempestades colossais. Ela jurava incorporar a pomba gira, a entidade símbolo da mulher livre da submissão imposta ao sexo feminino por uma sociedade machista ao longo dos séculos. "Sou uma força da natureza. Homem nenhum me segura", dizia a profissional em um anúncio publicado nos classificados do jornal *Folha de S. Paulo*, em 2002.

Luluzinha era linda, simpática e extrovertida, mas tinha um defeito considerado grave num mercado onde a discrição valia ouro: a moça se descontrolava com facilidade. Fazia escândalos em público, tal qual Tatty Chanel. Ela recorria às divindades do candomblé para conter as emoções mais básicas, como ciúme, raiva e possessão. Mas essas entidades vinham fracassando na missão. Marcos, literalmente, relevava os barracos da sua "amada" no início da relação. Romântico, ele conduzia a sua Lulu ao Parque Ibirapuera para tomar sorvete. Faziam compras juntos no shopping e frequentavam até salas de cinema. Quando o "namoro" completou seis meses, ele deu de presente a ela uma Pajero TR4 novinha em folha. Luluzinha quase desmaiou tamanha era a emoção quando recebeu as chaves do utilitário esportivo da Mitsubishi. Para agradecer o mimo, ela levou o empresário em seu carro novo a uma festa litúrgica no templo de candomblé de Itapecerica da Serra, na Região Metropolitana de São Paulo.

No pequeno dicionário amoroso de Marcos não constavam palavras como "fidelidade", "honestidade", "sinceridade" ou "retidão", principalmente quando se falava em relacionamentos com garotas de programa. Mesmo saindo frequentemente com uma *call girl* e fazendo-lhe juras de amor, o empresário encontrava-se escondido com outras profissionais e ainda conseguia tempo para se dedicar ao casamento com

Lívia. Por outro lado, ele exigia exclusividade das prostitutas quando o "namoro" engatava. Ou seja, elas não poderiam sair com outro cliente. Essa fidelidade custava caro. O executivo pagava mesadas de até 30 mil reais para bloquear a agenda das prostitutas. O "salário" era uma forma de compensar o prejuízo que elas tinham ao deixar de fazer outros atendimentos.

Enrabichada com Marcos, Luluzinha teve oportunidade de fuçar o celular dele enquanto jantavam na churrascaria NB Steak House. Lendo mensagens, ela descobriu estar sendo "traída". Fez um escândalo homérico. Num ataque de ciúme e fúria, ela socou fortemente a mesa. Talheres foram jogados no chão, chamando a atenção de outros clientes. A garota gritava para quem quisesse ouvir que aceitava o fato de o seu "namorado" ser casado, mas não admitia "de jeito nenhum" encontros com outras prostitutas. Quando ouviu a palavra "prostituta" dita em voz alta e em público, Marcos quis evaporar da mesa. A marcação cerrada da garota e os vexames foram aumentando com o passar do tempo, fazendo o empresário perder o encanto. Aos poucos, ele foi se afastando e acabou trocando o número do celular para não ficar ao alcance imediato de Luluzinha. Ela ficou com a TR4, mas perdeu a mesada. Mesmo rejeitada, dizia para as colegas de profissão amar Marcos eternamente. Admitia ser possessiva, ciumenta e altamente descontrolada. Mas estava disposta a mudar para reconquistá-lo. Luluzinha estava agarrada num fiapo de esperança: Marcos nunca havia verbalizado o ponto final no "relacionamento".

* * *

Era manhã de quinta-feira quando Marcos comentou com a esposa Lívia sobre uma reunião externa de trabalho. Justificou a viagem com uma inspeção de última hora na fábrica da Yoki, em Marília. Era mentira. De casa, ele seguiu para o Gero, restaurante italiano localizado no bairro dos Jardins. No salão, encontrou-se com Gizelle, de 26 anos, uma garota de programa de alto luxo, estudante de Arquitetura e Urbanismo da Universidade Presbiteriana Mackenzie (UPM). Os dois almoçaram feito casal e de lá seguiram para o Shopping Pátio Higienópolis. Passearam de mãos dadas pelos corredores.

Gizelle era uma mulher linda, elegante e de gestos delicados. Falava de forma tão macia que, às vezes, não era ouvida. Tinha cabelos castanhos longos meio cacheados e só usava grifes, tanto nas roupas quanto nos acessórios. Oriunda de família classe média alta, era emocionalmente fria. Morava no bairro de Pinheiros e dirigia um Citröen C3 novo. Além do português, falava inglês e espanhol fluentemente. Seu esquema era refinadíssimo. Ela não anunciava em lugar nenhum. Recebia indicações de clientes por um *booker* (cafetão) extremamente discreto, cujo portfólio contava com atrizes, modelos e garotas da alta sociedade paulista acima de qualquer suspeita. O agente ficava com 50% do valor básico do programa. Exigente e muito solicitada, Gizelle chegava a recusar encontros alegando não ter sentido energia boa no pretendente. Ainda assim, a garota fazia três programas por semana ao preço-base de 2 mil reais. Preço-base porque ela faturava num encontro bem mais lançando mão de pequenos truques.

No shopping, Marcos e Gizelle pararam em frente à joalheria Vivara. Enquanto observavam as preciosidades na vitrine, a profissional contou uma história triste envolvendo um drama familiar. Sua mãe estava doente e passaria por uma cirurgia de alta complexidade na cabeça. O casal entrou na loja com os braços trançados e Gizelle continuou a falar da tragédia. A mãe estava com ovos de tênia *(Taenia solium)* no cérebro prestes a eclodirem. O problema de saúde teria ocorrido porque a paciente comeu carne de porco contaminada ao longo de uma década. Para retirar os ovos do parasita, os médicos teriam de serrar os ossos do crânio. O procedimento é conhecido como craniotomia. Gizelle deu ênfase à palavra "morte" quando relatou que a mãe poderia sucumbir na mesa de cirurgia e deixou escorrer duas lágrimas para hidratar a sua dor. No melhor dos prognósticos, a mulher sairia do hospital com sequelas motoras e neurológicas irreversíveis.

Já na frente de uma vendedora e diante do mostruário de joias, a garota falou que, para salvar a mãe, estava agarrada com todas as forças a Nossa Senhora Aparecida, padroeira dos brasileiros. Em seguida, ardilosa, Gizelle pediu à vendedora para experimentar justamente um pingente com a imagem de Aparecida, moldado delicadamente em ouro amarelo 18 quilates, safira e diamantes. A etiqueta mostrava o preço de 3.190 reais. Com a joia no pescoço, a profissional rezou em silêncio movendo os lábios como se fosse muda, deixando escapar assobios bem baixinhos. Finalizou o ato religioso com o sinal da cruz. Enquanto isso, Marcos foi ao caixa e passou o cartão de crédito para pagar pela joia sem que a garota pedisse. "Aceite o presente. [...] Você poderá rezar em casa pela saúde da sua mãe", justificou o executivo. Gizelle agradeceu a gentileza com um beijo longo e saiu de lá com o pingente no pescoço diretamente para o *flat* do empresário, no Itaim.

Na cama, Marcos investiu em preliminares, principalmente em oral. Nesse tipo de sexo, aliás, o empresário tinha uma peculiaridade, segundo relatou Gizelle. Ele gostava de ser chupado lentamente e por bastante tempo no começo da transa. No entanto, depois, ele não se deixava ser beijado pela garota porque não gostava do sabor do próprio pênis. Outras profissionais (Tatty Chanel e Luluzinha) também relataram esse traço particular do cliente. "Ele dizia que tinha 'nojinho' e não beijava mais de jeito nenhum. Mas que a verdade seja dita: essa característica não era só do Marcos. Muitos homens não beijam as mulheres depois de serem chupados", advertiu Lulu.

Ainda no *flat* de Marcos, ocorreu um contratempo. Depois do sexo oral, o executivo deitou-se por cima de Gizelle e sobre ela não passou nem um minuto porque não conseguiu ereção suficiente para um ato sexual longo e satisfatório. Ejaculou antes mesmo de penetrá-la. A universitária encarregou-se de eliminar qualquer possibilidade de constrangimento calando-se sobre o tema. Encostou a cabeça no ombro do cliente e o casal dormiu nu, agarrado como se dois anjinhos fossem.

Gizelle era garota de programa classe AAA, ou seja, uma das mais caras do mercado. Fazia parte de um grupo seleto de profissionais com cachê elevado não só pela beleza, mas principalmente pela forma educada, discreta e romântica de conduzir os encontros e administrar contratempos associados à disfunção erétil dos parceiros. Em nenhum momento a relação parecia de consumo, o que deixava os clientes mais exigentes bem à vontade. Essas mulheres eram conhecidas no mercado de luxo por um termo chique: *fiancée,* pois saíam mais de uma vez com o cliente e adoravam receber presentes caros. Elas não figuravam em *book*, revistas, campanhas publicitárias, colunas sociais ou sites de acompanhantes. Também não enviavam fotos nuas sob qualquer hipótese. Muito menos frequentavam casas de prostituição. Investiam muito em carinho e atenção e tratavam o cliente feito um noivo. O pagamento era sempre feito de forma indireta, dissimulando o caráter comercial da relação. A história dos ovos de tênia na cabeça da mãe de Gizelle, por exemplo, era pura lorota.

O segredo desse tipo de prostituição era camuflagem e talento para representar. Em nenhum momento se associavam os valores pagos aos serviços sexuais. Gizelle era uma acompanhante no sentido mais poético da palavra. O sexo com ela, muitas vezes, era uma relação metonímica. No café da manhã, esperta, a profissional chorou um pouco mais as pitangas da vida para descolar mais um trocado. Nessa oportunidade, reclamou do atraso da mensalidade do seu curso no Mackenzie. Logo mais ela seria impedida de fazer as provas. O executivo quis saber o valor para quitar o carnê atrasado da faculdade. "Pouca coisa, amor. Uns três mil reais", estimou a profissional. Depois de mencionar o valor da suposta dívida, ela derramou outras lágrimas tão falsas quanto os cílios colados ao redor dos olhos. Marcos abriu uma pasta, tirou de lá trinta notas de 100 reais e deixou sobre a mesa de cabeceira. Gizelle pegou o dinheiro discretamente e – sem conferir – o guardou em sua bolsa Gucci. Cobriu o cliente de beijos e fizeram sexo pela segunda vez no mesmo encontro. Para obter um bom desempenho, dessa vez o empresário da Yoki recorreu a um comprimido de Viagra. Somando a conta das refeições à nota do pingente e ao bônus no final, a despesa com a prostituta ficou perto de 8 mil reais. Desse total, o *booker* ficava com apenas 1 mil reais. Marcos saía com a sua *fiancée* pelo menos uma vez por mês. E cada um desses encontros parecia uma lua de mel. Era um luxo só!

* * *

Em Curitiba, a carreira de prostituta de luxo de Elize Araújo despencava. O escândalo na Assembleia Legislativa do Paraná envolvendo o deputado Mário Sérgio Zacheski, o Bradock, havia estampado as páginas dos jornais. Com isso, seus clientes fixos simplesmente desapareceram. Outro motivo para sua decadência foi a partida de Estella. Sem a mentoria da profissional veterana, a jovem só fazia besteira. A última delas foi a festa no *loft* com Gilberto, o narcotraficante, e mais três bandidos. O porteiro avisou pelo interfone que os policiais estavam subindo para o apartamento e Elize se apavorou. Ela tentou esconder as armas e a cocaína às pressas, mas Gilberto a tranquilizou. Não seria naquele momento que a jovem receberia um par de algemas nos pulsos. Todos os policiais trabalhavam para Gilberto e foram até o *loft* a convite dele. Cinco PMs fardados se juntaram à balada privê. Um deles, sargento Paulo Sérgio, teria transado com Elize na área de serviço. O militar de 35 anos era casado, mas se apegou à jovem e foi correspondido. Em outros encontros, Paulo alertou Elize sobre os riscos de se relacionar com bandidos do PCC, citando Gilberto, o narcotraficante, como exemplo. Segundo previsão do policial, mais cedo ou mais tarde ela seria enredada pelo tráfico. Desiludida com a vida em Curitiba e decidida a prosperar casando com um homem rico, Elize resolveu se mudar para São Paulo em agosto de 2004, quando tinha 23 anos. De Gilberto, ela teria recebido a indicação de uma cafetina sofisticada chamada Arethuza Becker, agente de acompanhantes de luxo e proprietária de uma mansão no bairro de Moema. Elize entregou o apartamento de Curitiba e se instalou em um *flat* mobiliado no Itaim, em São Paulo, com aluguel de 4,9 mil reais.

Numa manhã de segunda-feira, Elize bateu na porta do casarão de Arethuza, na Rua das Gaivotas, em Moema, um dos bairros mais familiares de São Paulo. Local discretíssimo, era cercado por uma muralha toda camuflada com plantas aéreas, como jiboia, filodendro, heras, falsa-vinha e diversas trepadeiras. No meio desse matagal havia 12 câmeras de segurança. A vizinhança não imaginava o que aquela cerca verde de sete metros de altura escondia. Mesmo quando as duas bandas do portão basculante todo feito de peroba maciça eram abertas para entrada de carros, não era possível avistar a mansão de dois pavimentos e 582 m² de área construída encravada num terreno arborizado de cerca de 2.000 m². Um outro muro verde impedia a visão de quem estava na rua. No quintal, um viveiro enorme abrigava tucanos, roselas, saíras-sete-cores e calopsitas. Oito filhotes de emas passeavam pela área externa. Era possível ver três pavões soltos no gramado – dois machos e uma fêmea. As aves de penas exuberantes chamavam a atenção porque os machos estavam sempre rivalizando pela fêmea. Nas lutas, eles abriam o leque de plumas de cores garridas para cortejar a pavoa. Como nem sempre essa pavulagem dava resultado, as aves partiam para o "vamos ver" e se engalfinhavam usando as esporas e soltando um som estridente.

Além de aves exóticas, empresários, políticos, atores famosos, turistas estrangeiros, pilotos de Fórmula 1, agentes esportivos, jogadores de futebol e cantores internacionais batiam ponto lá de quarta a sábado. O salão principal tinha diversos sofás de canto de couro legítimo avaliados cada um em 40 mil reais. Um bar central e diversos garçons uniformizados circulavam com bebidas. Tudo na casa custava os olhos da cara. A maioria dos clientes fixos mantinha na mansão a chamada taxa de rolha, um esquema no qual o consumidor levava a própria bebida sob pagamento de 450 reais por garrafa. Quem não tinha a própria bebida comprava no balcão. A que mais saía era o uísque. O cliente comprava, bebia a quantidade desejada e deixava o restante lá. O mais barato era o Johnnie Walker 18 anos de 750 ml, cujo preço em 2021 era de 1.400 reais. No mercado, essa mesma garrafa podia ser levada da prateleira por 350 reais. Além de destilados, o bar da mansão de Arethuza vendia cerveja, vinho e fazia drinques. Um gim-tônica (*Tanqueray*) custava 95 reais. Um gim significa a taça, e não a garrafa – frise-se. A cozinha não preparava pratos. Fazia apenas petiscos.

O casarão de Arethuza era apenas um ponto de encontro. Apesar de ter quatro amplos dormitórios no piso superior, os clientes não tinham acesso a eles. A cafetina reservava os cômodos para hospedar modelos de outras cidades. O programa com uma das garotas, dependendo do naipe, custava até 8 mil reais. Mas só era repassado às jovens 40% desse valor. A maior parte (60%) ficava no caixa de Arethuza.

A partir das 20 horas, o salão se transformava em um evento parecido com um *vernissage*, tal era o número de obras de arte espalhadas pelas paredes. Havia pinturas de Pierre-Auguste Renoir, Johannes Vermeer, Claude Monet e muitas outras. Exposta em um dos corredores amplos, estava uma obra do escultor pernambucano Abelardo da Hora – segundo Arethuza, dada de presente pelo próprio artista em uma das passagens dele pela casa. Considerado um dos maiores nomes da escultura no

Brasil, Abelardo esculpia temas regionais e da cultura popular. A peça sem nome na mansão da empresária mostrava um corpo feminino nu em tamanho real e com toque expressionista. Uma peça semelhante, em pose diferente, encontrava-se exposta no Shopping Center Recife, na capital pernambucana. Invejosos diziam que todas as obras de arte da cafetina eram falsificadas. Ela jurou serem todas autênticas e adquiridas em leilões da Receita Federal.

A dinâmica na mansão era simples. Os clientes, a maioria homens de meia-idade, circulavam pelo salão em grupos, enquanto as garotas borboleteavam entre eles até dar *match*. Elas não tratavam de valores. Acertavam apenas o encontro e saíam de lá com o cliente. A fatura do bar e do programa era cobrada discretamente no dia seguinte pela equipe de Matheus, de 34 anos, um ex-modelo e braço direito de Arethuza. "Era tudo no fio do bigode", contou a cafetina. Em 20 anos de carreira na noite, a empresária levou apenas um calote do produtor norte-americano de uma famosa banda irlandesa que fez show no Estádio do Morumbi em 2006. Geralmente os pagamentos eram feitos por assessores ou secretárias dos clientes. Alguns não se davam ao trabalho de ir à mansão e ligavam para pedir garotas. A maioria das dívidas era quitada por transferência bancária ou cartão de crédito empresarial e posteriormente pelo PIX. "Noventa por cento dos clientes eram fixos e frequentavam a casa havia anos. Quando chegava algum novato, vinha com alguma indicação", explicou o gerente.

Nos anos 2000, a maior concorrente de Arethuza no ramo da prostituição de luxo era Jeany Mary Corner, uma cafetina famosa cujo negócio era centralizado em feiras realizadas em centros de exposições, convenções de partidos políticos, congressos de empresários e encontros de prefeitos. O cachê das modelos agenciadas por Jeany beirava os 10 mil reais, e 70% do valor ficava com ela, segundo investigação da Delegacia Especial de Atendimento à Mulher (Deam) do Distrito Federal. Foi no Planalto Central, aliás, que a cafetina expandiu os seus negócios no auge da carreira. O preço salgado cobrado pela empresária do sexo era justificado com a oferta de garotas de programa famosas e exclusivas, já estampadas em capas das revistas *Sexy* e *Playboy*.

Para não disputar clientes com Jeany, Arethuza nunca apostou em eventos sazonais e cresceu no ramo investindo em clientes fiéis que torravam na mansão de Moema até 40 mil reais por mês entre consumo no bar e noitadas com prostitutas de alto padrão. Quando Jeany deslocou seus negócios para Brasília, Arethuza expandiu as atividades em São Paulo. A cafetina diversificou os investimentos associando-se a um ex-produtor de moda chamado Joel, e montou uma boate no Baixo Augusta voltada a quem tinha pouco dinheiro para investir em luxúria. Na casa alternativa, o programa variava entre 300 e 400 reais a hora. As concorrentes acusavam Arethuza de usar essa segunda casa para lavar o dinheiro arrecadado na mansão. Na prefeitura de São Paulo, o estabelecimento do Baixo Augusta era legalizado na Junta Comercial de São Paulo como casa de shows. Ela também negou a acusação de práticas econômico-financeiras ilícitas. "Nunca entrei numa delegacia", vangloriava-se. O comentário foi uma alfinetada à sua adversária. Jeany se enrolou toda nos desdobramentos do escândalo do Mensalão, em 2013, e acabou presa em Brasília na Operação Red Line sob acusação de agenciar garotas de programa. Ao ser algemada, Jeany acabou envolvendo no escândalo sexual o ex-ministro da Fazenda, Antonio Palocci. O petista teria sido um dos principais clientes da cafetina e – supostamente – organizava festas badaladas com prostitutas de luxo em sua mansão, no Lago Sul, em Brasília.

Em 2004, Arethuza tinha 50 anos e era uma mulher refinada. Além de negócios na noite e na moda, entendia de vinhos, gastronomia e artes. Todo final de ano ela deixava o casarão sob os cuidados de Matheus e passava uma temporada no exterior. Seus destinos preferidos eram Paris e Madri. "Sempre achei os Estados Unidos um lugar altamente cafona", desdenhou. A empresária perdeu completamente os laços familiares ainda na juventude. Solteira, não tinha filhos. Delgada e pálida, tinha os olhos grandes e expressivos, reforçados com maquiagem feita a lápis bem preto na linha d'água e sombras escuras. Os mais chegados a chamavam de Mortícia, em referência à matriarca da família Addams. Ela nem ligava.

Paulista de Itapetininga, a cafetina era filha e neta de fazendeiros latifundiários produtores de hortifrutícolas e de cana-de-açúcar para a fabricação de álcool. Tinha barões, baronesas e até um ministro do Império entre os seus antepassados. Apesar do berço de luxo, sua história daria um filme bem mexicano, como ela mesma definiu. Aos 9 anos, passou a ser rejeitada sem motivo aparente pela mãe, Maria Emília. Tudo que fazia ou deixava de fazer era motivo de crítica e até violência. As humilhações aumentaram na adolescência. Era chamada de feia, espantalho, gorda e aberração. Às vezes, flagrava o pai e a mãe Maria Emília discutindo por sua causa, mas não conseguia entender claramente os motivos das desavenças. "Um dia, estava tomando banho com uns primos e minha mãe mandou eles saírem do chuveiro porque eu já era mocinha. Fiquei sozinha no box. Do nada, ela pegou uma ripa de madeira e me deu uma surra. Meu pai estava em casa e não fez nada. Ele só dizia assim: 'Ela não tem culpa! Ela não tem culpa! Para com isso!' Eu não entendia nada", recordou-se.

Arethuza viveu a infância ao lado de dois irmãos. Um deles era dois anos mais novo. O outro somente sete meses mais velho. Paradoxalmente, os dois recebiam muito carinho da mãe. Havia outro fato esquisito na casa. A garota ganhava afagos do pai na ausência da mãe e maus-tratos dele na presença materna, o que causava mais confusão na cabeça da criança. De tanto ser massacrada em família, Arethuza passou a frequentar a fazenda vizinha, conhecida pela produção de lenha e madeira em tora, de propriedade de tia Nicete – irmã mais nova de sua mãe. Lá, além de brincar com duas primas da mesma faixa etária, Arethuza recebia o amor e o afeto que lhe faltavam em casa. Ela tinha 14 anos quando a mãe Maria Emília a expulsou definitivamente da família. Ela acabou pedindo abrigo permanente na fazenda da tia Nicete. Um ano depois, sua mãe morreu de um ataque cardíaco fulminante. O funeral foi constrangedor. Os irmãos choravam copiosamente e Arethuza não conseguia verter uma única lágrima. Pelo contrário, em determinado momento, feito louca, ela começou a gargalhar. A avó materna sentou uns tapas na cara da neta para cessar o ataque de riso e a tirou da capela para evitar um vexame maior. "Essa menina ficou doida!", gritava a mãe da falecida.

Aos 16 anos, Arethuza ficou sem chão. Tia Nicete morreu vítima de um câncer agressivo no fígado. Entre a descoberta da doença e a sua morte, passaram-se apenas 38 dias. Nos momentos finais da tia, Arethuza entendeu os motivos da rejeição materna. Nicete a chamou ao leito hospitalar para uma conversa definitiva. A avó tentou impedir, mas Nicete foi categórica em contar a verdade. A sós com a tia, Arethuza ouviu a história que mudaria a sua vida para sempre. Nicete fez o seguinte relato à sobrinha: "Um ano depois que o seu pai se casou com minha irmã [Maria Emília], eu me tornei amante dele. Tenho muita vergonha disso, filha. [...] Assim que o seu primeiro irmãozinho nasceu, descobri que estava grávida do seu pai. Sua mãe soube e fez um escândalo. Então, a sua avó resolveu o conflito familiar determinando que eu desse o meu bebê [Arethuza] para a Maria Emília criar como se fosse dela. Todo o mundo concordou, menos eu. Mas não tive escolha. Minha irmã criou você como filha, mas eu nunca deixei de te amar como mãe". No dia seguinte a essa revelação, Nicete morreu e finalmente Arethuza derramou as lágrimas represadas desde o enterro da falsa mãe.

Com o tempo, o drama pessoal de Arethuza foi se transformando em insubordinação. A garota tornou-se agressiva com o pai e com as tias. Logo após a missa de 30 dias de Nicete, ela teve uma atitude insana movida por uma profunda revolta. Na madrugada, foi até o cemitério com um galão de querosene e incendiou a capela onde jaziam a mãe e a tia. Enquanto os túmulos eram destruídos pelo fogo, ela fez as malas e fugiu de casa. Os bombeiros foram chamados e suspeitaram de um incêndio provocado por excesso de velas. "Fiquei com ódio das duas. Me sentia profundamente enganada. Queimá-las mesmo depois de mortas foi uma forma de me livrar desse sentimento ruim", justificou.

Em São Paulo, Arethuza começou a carreira de garota de programa em meados dos anos 1980. Empreendedora, já administrava a mansão de Moema no início da década de 1990. O negócio começou com um sócio. Em 2000, o parceiro vendeu a sua parte no prostíbulo de luxo e Arethuza passou a dar as cartas sozinha no local. "No início, minha autoestima vivia no subsolo. Eu fazia sexo por dinheiro e me envolvia emocionalmente com os clientes. Isso é um erro que uma profissional não pode cometer. No meu caso, bastava eles me fazerem um cafuné para eu me apaixonar perdidamente. Ficava arrasada quando eles não me queriam pela segunda vez, mesmo me oferecendo de graça. Foi preciso fazer terapia por dez anos para descobrir que terceirizava para os meus clientes as esperanças de compreensão, segurança e até mesmo um motivo para existir. [...] Esses dilemas me tiraram a vontade de formar uma família", confessou Arethuza. A sua vida prosperou com o tempo. Formou-se em Administração na Pontifícia Universidade Católica de São Paulo (PUC-SP), estudou idiomas até se tornar poliglota e enriqueceu no ramo da prostituição, tornando-se uma das mulheres mais requisitadas de São Paulo quando a demanda é garota de luxo. Os traumas do passado a transformaram numa mulher fria, ácida, insensível e, às vezes, agressiva. Mas, segundo ela, essas características negativas são o seu escudo de proteção. "Vivo num mundo muito hostil", definiu.

Elize tocou o interfone da mansão de Arethuza às 11 horas, e uma secretária atendeu. Pelo sistema de som, a jovem disse que pretendia trabalhar na casa e contava com uma indicação do "Gilberto de Curitiba". A funcionária pediu um momento. Quinze minutos depois, Elize recebeu a orientação para entrar pelo portão de serviço, localizado na rua lateral. Ela deu a volta e acessou o interior da mansão. Ficou boquiaberta com a suntuosidade do lugar. Na garagem havia quatro carros de luxo. Ela caminhou por uma calçada de pedras nobres miracema e foi abordada por Matheus, o gerente. Ele a conduziu até uma varanda lateral. A garota esperou sentada numa poltrona. Um garçom ofereceu café e água. Elize aceitou os dois. Meia hora depois, Arethuza adentrou a varanda vestindo um *kaftan* indiano de seda, modelagem godê, com estampa floral em ferrugem dourada e mangas curtas. Foi logo se justificando:

– Desculpa pela demora, filha. Fazer esperar é a maior falta de respeito que existe.

– Imagina, dona Arethuza...

– Dispenso esse "dona"! Vamos logo ao que interessa: o que você veio fazer aqui?

– Vim trabalhar.

– Trabalhar com o que, menina?!

– Eu sou pros-ti-tu... – Elize falou baixinho e não terminou a frase por constrangimento.

– Você é o que, criatura?!

– Prostituta! – pôs pra fora.

– Nunca fale essa palavra suja aqui dentro. Nunca! Ouviu bem? Fale "acompanhante" ou simplesmente diga que você é uma "profissional". Isso que vocês fazem é um trabalho. "Prostituição" passa a ideia de algo criminoso, imoral e depravado – ensinou Arethuza em voz alta.

O garçom serviu chá para a cafetina, enquanto ela perguntava pela vida de Gilberto. Elize contou sobre a festa no *loft* com o traficante e a cafetina resenhou: "Ele é um bom cliente. Bonito, romântico, educado e tem bom gosto. Mas é muito inconsequente". Arethuza continuou com a entrevista e ouviu de Elize repetidamente a intenção de trabalhar na mansão. Enquanto as duas conversavam, uma das maiores estrelas da casa, Penélope, foi ao encontro da empresária puxando uma mala pequena de rodinhas. A profissional estava impecável numa minissaia matelassê *black gold* da Diesel e uma camisa feminina branca social de mangas longas da grife francesa Givenchy. Ela fazia da varanda uma passarela ao desfilar com passos trançados. De fato, era modelo. Tinha 1,80 m de altura e no currículo ostentava fotos em catálogos de moda feminina de lojas caras. Sorridente, Penélope, de 25 anos, deu um beijo na testa de Arethuza e seguiu para Cuiabá a trabalho. A cafetina desejou "boa sorte" à garota e continuou a prosa com Elize:

– Eu só trabalho com profissionais de alto padrão – advertiu Arethuza.

– Eu sou de luxo... – ponderou a técnica em enfermagem.

– Você é o que, garota? – debochou a empresária, rindo.

– Luxo! – insistiu Elize.

– Luxo onde?!

– [silêncio]

– Fique em pé, por favor – ordenou a anfitriã.

Elize obedeceu e ouviu mais um comando: que desse uma volta no próprio eixo. A jovem vestia uma calça jeans desbotada bem coladinha e uma blusa com estampa colorida comprada na Calvin Klein. Arethuza descartou a paranaense de Chopinzinho usando de proselitismo:

– Olha, filha, não se ofenda, tá? Mas preciso te dizer a verdade. O luxo lá em Curitiba é bem diferente do requinte aqui de São Paulo. Meus clientes exigem selo de alta qualidade das minhas modelos. Pagam caro, mas não se contentam com uma profissional menos que excelente. Aqui, as garotas leem jornal todo dia. São antenadas com os acontecimentos do mundo. E você? Como se informa? Me fale o que o governo está fazendo para conter a inflação. Você tem diploma de quê? Quantos idiomas você fala? De qual campanha publicitária você já participou? Penélope, essa garota que acabou de sair, está estampada nos painéis de propaganda da Oscar Freire. E você? Está estampada onde?

O silêncio de Elize foi uma resposta negativa para todas as perguntas incômodas de Arethuza. Ela baixou a cabeça para se esconder da humilhação. Sem se comover, a empresária continuou a entrevista de emprego enquanto tomava um chá chinês fino conhecido como *da hong pao* em uma xícara preta e dourada de porcelana Wolff:

– Quanto você cobrava em Curitiba?

– Variava, mas chegava a 1.000 reais.

– Só isso? Aqui nesta casa você não tem a menor chance. Sua cara de mulher sofrida do interior não despertaria desejo nos meus clientes. Você precisa galvanizar seu rosto, afilar o nariz, clarear os seus dentes e passar uma tintura cara nos cabelos mesmo para trabalhar em bordéis para homens de classe média. Meus clientes pagam caro por mulheres sorridentes de *outdoor*, espontâneas, bem pra cima, sabe? O menor cachê aqui na minha casa é 8 mil reais, filha. Você está longe de merecer um quarto desse valor. Você também não teria como atender a minha clientela porque tem muito estrangeiro que não fala português.

– Eu entendo... – resignou-se Elize.

– Você já comeu *foie gras*?

– Não senhora.

– Você até que é bonitinha de longe. Mas de perto surge um defeito crucial para o mercado de luxo: você é uma mulher comum. Não tem cultura no paladar. Sem estilo. Minhas garotas são gloriosas na cama, mas elas também têm de mostrar talento da cintura para cima – encerrou Arethuza.

Ao ouvir aquele diagnóstico, Elize derreteu feito as paredes de Jericó. A conversa torturante foi finalizada com Arethuza passando a ela o endereço da sua casa de prostituição do Baixo Augusta escrito num pedaço de papel junto com o nome e o telefone de Joel, o gerente. Na noite seguinte, Elize vestiu-se com figurino de profissional e foi até a boate. Na porta, chocou-se com o ambiente. O local tinha uma pista de dança ampla com som nas alturas, luzes coloridas piscantes e dezenas de mesas e cadeiras de plástico, além de três mastros de *pole dance* e um palco para performances. Estava lotada. Nos fundos, havia oito quartos para atendimento. Joel explicou que o programa custava a partir 300 reais a hora e metade do valor ficava com a casa. Se os cômodos dos fundos fossem usados, a conta de 40 reais pelo aluguel ficava com o cliente. O gerente aconselhou Elize a beber tequila no trabalho para se soltar e chegar nos clientes. A bebida era cortesia da casa, porém, quando as prostitutas estavam acompanhadas, o valor era embutido na conta dos fregueses sem que eles percebessem. Ela também teria de aprender a dançar, usar o *pole dance* e atuar como garçonete ou na cozinha nas horas vagas para engordar os rendimentos no final do expediente.

Quem abriu os trabalhos na noite foi Chantall, uma garota de programa goiana de 23 anos. Ela subiu ao palco usando apenas um *hot pant* roxo todo franjado, uma roupa de duas peças especial para performance no *pole dance*. A profissional dançava de salto alto na barra, explorando a sensualidade e fazendo muito contato visual com os clientes. O público, eufórico, batia palmas. Ela fazia caras e bocas para seduzir e abusava do *floor work* (movimentação no chão). No final, a apresentação lhe rendeu quatro programas e mais as gorjetas. Com a comissão do atendimento no bar, a garota saiu do prostíbulo naquela noite, às 6 horas da manhã, com 800 reais líquidos na bolsa.

Poucas garotas de programa batalhavam de forma incansável como Chantall. Nascida em Aporé (GO), ela dizia ter uma missão: ajudar a família a sair da merda. O pai, agricultor, morreu quando ela tinha 12 anos. Deixou de herança uma casa de três quartos financiada por 30 anos pela Caixa Econômica Federal, com prestação mensal de 1.230 reais e um saldo devedor infinito. Pelas regras do financiamento, a dívida foi quitada com a morte do mutuário. Mas nem por isso as dificuldades desapareceram. A mãe, Damiana, de 62 anos, era dona de casa e não tinha renda. Teve de aprender a costurar para trabalhar e alimentar a família. No ano de 2000, a vida começou a mudar. Chantall migrou para São Paulo e começou a se prostituir. O irmão mais novo, Lucas, passou no curso de Odontologia na Universidade Federal de Goiás (UFG). A garota viu nos estudos do caçula a tábua de salvação da família. Passou a investir todas as fichas nele. Em 2004, ela já havia mandado cerca de 20 mil reais para ele comprar livros, instrumentos e insumos básicos usados nas aulas da universidade. O futuro dentista já tinha kit clínico, peças de mão, seringa carpule, brocas diamantadas e até um fotopolimerizador. Tudo comprado com dinheiro enviado por Chantall. "Ele nem queria receber. Foi uma luta convencê-lo. Mas eu insisti porque era uma forma de eu me realizar através dele. [...] Eu prometi a mim mesma que largaria essa vida tão logo o Lucas se formasse", contou. No Natal de 2003, ela foi visitar a família e chorou emocionada quando sentou na cadeira de dentista da Faculdade de Odontologia da UFG e fez uma profilaxia (limpeza nos dentes) com o irmão. Nem Lucas, nem ninguém na família imaginava a origem da receita da garota. Para todos os efeitos, ela trabalhava como vendedora, "o que não deixava de ser verdade", brincou.

Chantall conseguia fazer muito dinheiro, apesar de ser explorada por Joel, por duas razões. Eclética no trabalho, ela era uma das garotas mais belas do Baixo Augusta. Seu rosto tinha forma de coração. Os lábios eram carnudos, e o nariz, pequeno e magro. Os olhos castanhos e amendoados chamavam a atenção dos clientes. As sobrancelhas tinham forma arqueada. A harmonia do rosto era acentuada com os cabelos compridos e morenos. O que sobrava em beleza, faltava em estudo. Ela abandonou a escola na 6ª série do Ensino Fundamental para ajudar a mãe a sustentar a casa. Com pouca instrução, falava português errado.

Na noite em que Chantall deu um show no *pole dance*, Elize finalmente debutou na profissão, em São Paulo. Mas a primeira experiência não foi lá essas coisas. A princípio, ela acompanhou sentada a dinâmica da boate, tomando refrigerante numa mesa de canto. No meio da madrugada, Joel lhe deu uma boa notícia: um jovem e um senhor de 60 anos estavam interessados nela. A paranaense tabelou o programa em 400 reais. O idoso não quis. O jovem barganhou e acabou fechando por 200. Foram para o quarto dos fundos. O cliente de 23 anos era jogador de basquete do Clube Pinheiros, tinha 1,96 m de altura e era forte. Estava tão bêbado que mal conseguia ficar de pé. No cômodo apertado, ele não coube na cama. Mas se deitou nela mesmo assim. Pediu para Elize ficar nua. Ela obedeceu. Na sequência, a garota começou a tirar a roupa dele. Quando ainda tentava abrir o botão da calça do rapaz, a jovem levou um sobressalto. Ele virou a cabeça para fora da cama e vomitou nos pés de Elize todo o jantar e mais as bebidas consumidas havia pouco tempo. E desmaiou. Irritada, ela pegou a carteira do cliente, tirou de lá os 200 reais combinados, deixou a comissão de 100 reais com Joel e escafedeu-se.

No Baixo Augusta, Elize fez amizade com Joel e Chantall. Num café, a paranaense contou para os dois amigos como foi humilhada e pisoteada por Arethuza na entrevista, na mansão de Moema. Joel contemporizou, dizendo que os clientes da cafetina eram, de fato, muito exigentes. Chantall mostrou a Elize os sites de prostituição Master Class, Club Model e SP Love, voltados para profissionais que orbitavam entre a prostituição de luxo e a praticada em casas noturnas. A jovem afirmou ter medo de se expor numa página virtual e ser descoberta pela família. Joel prontificou-se a agenciar Elize por fora com alguns clientes endinheirados em troca de uma comissão de 30%, até modesta se comparada aos 50% cobrados na boate. Ela topou. Chantall levou Elize ao seu apartamento, um quarto e sala na Rua Antônia de Queiroz, na região da Consolação. Na conversa, Elize externou o medo de não sobreviver em São Paulo no ramo da prostituição de luxo a ponto de ficar sem dinheiro para bancar suas despesas básicas – citando o aluguel do *flat* do Itaim.

Chantall aconselhou Elize a esquecer essa história de luxo. A goiana falou como sustentava a família: mandava dinheiro para a mãe idosa, custeava o curso do irmão e ainda se mantinha em São Paulo. Ela atuava em várias frentes de trabalho e só batia ponto na boate do Baixo Augusta quando não tinha programas agendados. Sugeriu que a amiga desenvolvesse algum talento para se diferenciar das demais profissionais. A paranaense falou do sonho de se casar com um cliente rico. Chantall riu. "E quem não quer?", debochou. E mostrou o seu diferencial na profissão. Pegou uma mala grande do armário e apresentou a Elize uma infinidade de acessórios. "Minha especialidade é realizar fetiches. Dos mais simples aos mais bizarros. Já transei em cemitério, em banheiro de supermercado, dentro de um poço e até na pista do Aeroporto Campo de Marte. Quanto mais esquisito, melhor", brincou. Elize tinha acessórios básicos, como chicote, algemas e coleiras. Chantall menosprezou os itens da amiga e apresentou o seu arsenal, incluindo uma cinta peniana cujo falo sintético media 20 centímetros de comprimento e oito de diâmetro. A cinta possuía alças elásticas ajustáveis facilmente em qualquer corpo. A prótese era bem realista. Tinha glande definida e textura suave de veias, confeccionada em PVC atóxico. "Isso aqui tá fazendo o maior sucesso", observou. Elize riu. Em seguida, a garota mostrou outras peças. A paranaense ficou pasma quando viu um *plug* anal com pedra brilhante, vibradores sem fio e bolinhas tailandesas.

Por telefone, horas depois, Gilberto mandou uma mensagem para Elize anunciando que estava em São Paulo. A paranaense deu o endereço do seu *flat* e lembrou-se do interesse do traficante por brinquedos sexuais. Pegou alguns itens emprestados com a amiga e os levou consigo. Marcou o encontro para as 20 horas, passou no mercado para comprar o jantar e o vinho. Chegou em casa no fim da tarde, deixou as compras e correu ao salão. Gilberto era um cliente pra lá de especial. Elize fez as unhas, escovou o cabelo e saiu de lá maquiada. A noite prometia. No horário marcado, Gilberto bateu em sua porta usando boné e óculos escuros. Os dois jantaram e tomaram uma garrafa de vinho. O traficante começou a se livrar das roupas na sala e Elize seguiu para o quarto. Quando ela voltou, Gilberto estava nu, sentado no tapete. A jovem já havia incorporado a destemida Kelly, seu *alter ego*. Usava somente a cinta peniana com prótese de 20 centímetros e tinha uma chibata nas mãos. Gilberto enlouqueceu, literalmente. A festinha a dois durou quase quatro horas. No final, o traficante deixou com Elize 4 mil reais e prometeu voltar àquele paraíso todas as vezes que estivesse na terra da garoa.

Do outro lado da cidade, na Vila Mariana, Chantall também atendia um cliente antigo chamado Salim, um tabelião de 46 anos. Todas as vezes que chamava a profissional, ele propunha algo diferente para obter prazer sexual. Nesse dia, a produção foi caprichada. Ele pôs um caixão dentro de casa com quase todos os acessórios fúnebres usados em um velório, incluindo um conjunto provençal de bronze, velas e cavaletes para sustentar a urna. Quando Chantall viu o aparato, soltou um grito de alegria. Salim pôs a garota nua dentro da urna, cobriu o seu corpo com pétalas, apagou as luzes e acendeu 20 velas. Em seguida, pediu que ela se fingisse de morta. O cliente, então, começou a rezar enquanto dava voltas ao redor da defunta de mentira. Para finalizar o teatro, Salim se masturbou sem ao menos tocar na profissional. No final, o cliente pagou a ela um cachê de 1 mil reais pela bizarrice.

Depois da brincadeira, os dois, nus, jantaram comida chinesa no chão, beberam cerveja e riram relembrando de outras fantasias realizadas no passado. O dia já estava quase clareando quando Salim, bêbado, acendeu uma das velas usadas no velório cênico. Com o acessório incandescente nas mãos, ele ordenou que a garota deitasse de costas no tapete. Na sequência, o tabelião pingou cera quente na pele da jovem. Os gemidos de dor o excitaram e os dois transaram no chão. Já no finalzinho do encontro, quando Chantall estava se vestindo, Salim a surpreendeu com um tapa violento em seu rosto. Ela ficou assustadíssima com a ação repentina e começou a chorar. O homem pediu mil desculpas e associou a violência a uma nova fantasia. A garota exigiu mais 300 reais de cachê pelo fetiche inédito. Salim desembolsou mais 900 reais e sentou outras duas bofetadas violentas na profissional, deixando seus lábios inchados e levemente ensanguentados. Chantall saiu da casa do tabelião com 1.900 reais e hematomas em seu rosto de linhas perfeitas. Nelson Rodrigues já havia advertido: o problema do tapa não é o tapa. É o barulho.

* * *

Marcos Matsunaga era um homem de poucos amigos. Como vivia em dois mundos completamente antagônicos, também se tornou uma pessoa fechada. O Marcos no papel de homem de família era caseiro e raramente fazia programas sociais com a esposa, Lívia. Esporadicamente acompanhava os colegas do trabalho em *happy hours,* em bares nas proximidades da sede da empresa, no bairro de Pinheiros. Já o Marcos amante de prostitutas tinha apenas dois amigos: Paolo, um engenheiro bonitão de 39 anos, sócio de uma construtora de grande porte especializada em edificações de hospitais e clínicas médicas; e Lincoln, um supermercadista também viciado em sexo remunerado. Em 2000, Paolo morava nos Emirados Árabes fazia dois anos. Nessa época, o único companheiro de Marcos para a vida mundana era Lincoln, com quem tinha uma cumplicidade canina. Juntos, batiam ponto pelo menos uma vez por semana na casa de Arethuza, passavam pelas boates Love Story, conhecida como "a casa de todas as casas", e na W.E., um prostíbulo de luxo localizado na Rua Peixoto Gomide, nos Jardins, a duas quadras do prédio da Procuradoria da República. Também faziam viagens para o Rio de Janeiro com frequência em busca de garotas com características de frequentadoras de praia. A Justiça de São Paulo decretou a falência da Love Story em fevereiro de 2021, depois de a boate dar calote numa dívida de 1,7 milhão de reais com fornecedores e folha de pagamento.

Tanto Marcos quanto Lincoln eram *habitués* em sites de acompanhantes. Era comum um deles sair com uma garota e indicá-la ao outro, caso o desempenho da profissional fosse bom. Volta e meia, Marcos e o amigo contratavam uma garota para fazer *ménage à trois*. Para facilitar a escolha das prostitutas, eles entraram numa rede social cuja única finalidade era avaliá-las com elogios ou críticas. A página virtual possuía um fórum fechado chamado Guia de Garotas de Programa (GGP), exclusivo para acompanhantes de São Paulo. Funcionava como uma espécie de "reclame aqui". Entre os clientes, o roteiro era apelidado de "guia das putas". O espaço possuía quase mil assinantes nas décadas de 2000 e 2010. Funcionava mais ou menos assim: os clientes saíam com uma profissional e depois iam à página dar estrelinhas ou nota de zero a dez para avaliar os serviços da garota, como se faz atualmente no aplicativo da Uber. Para facilitar o julgamento, o usuário começava marcando "sim" ou "não" para perguntas básicas: Faz sexo oral sem camisinha? Sexo anal? Beija na boca? Depois de responder a essas questões básicas, ele podia escrever uma resenha sobre o encontro. Alguns não ligavam para sigilo e chegavam a publicar fotos do próprio rosto no perfil e até o número do telefone celular.

No guia, Marcos usava o apelido *Hore Rider*. Nesse caso, *Hore* seria uma abreviação de *whore*, prostituta em inglês. No dia 6 de fevereiro de 2005, ele foi ao fórum escrever sobre Gizelle, sua *fiancée*. Marcos era machista, chulo e extremamente misógino ao se referir às garotas nas resenhas publicadas por ele: "Ela [Gizelle] não sai com qualquer um, vou logo avisando. Moça elevada à quinta-essência, é ideal para encontros de negócios no exterior. Nasceu para satisfazer o homem na cama. Faz você realmente pensar em largar tudo e se casar novamente. [...] Faz anal sem reclamar e tem um rabo bem limpinho. Mulher que não dá o cu não deveria ser chamada de mulher. [...] Mas prepara o bolso que ela vai ordenhar seu pau com uma mão, enquanto pegará o seu dinheiro com a outra. Mas valeu cada real investido. [...] Seu boquete me levou à Lua e me trouxe de volta à Terra em fração de minutos".

Marcos se queixou no guia de uma garota de programa xenofóbica e racista, segundo ele. "Uma vagabunda chamada Karina anunciou na internet dizendo ser loirinha delícia e ter 1,60 de altura. Liguei e marquei em seu *flat* na Alameda Franca, esquina com a Rua Augusta. O seu programa custava 300 reais a hora. Ela disse que fazia de tudo. Combinamos que eu ligaria quando chegasse na portaria, para ela descer e me buscar. Fiquei lá embaixo esperando por 40 minutos. A safada desceu, me viu, fez a louca, deu meia-volta e entrou no elevador. Depois me ligou se desculpando. Disse que tinha pavor de homens orientais. Em que mundo essa cadela preconceituosa vive? Me fez perder tempo e dinheiro, pois gastei 20 reais de estacionamento", finalizou, dando nota zero à profissional.

Era comum os clientes usarem o fórum virtual para reclamar de prostitutas que não tomavam banho antes do programa, de profissionais que usavam o telefone celular para marcar outros encontros durante o atendimento e até dos animais domésticos. "A puta era gostosa, mas tinha a porra de um gato chato que insistia em pular na cama na hora que estávamos fodendo. Ela interrompeu o serviço para pôr o bicho para fora do quarto, mas ele miava na porta tão alto que parecia também estar levando rola. [...] Aliás, a casa da vadia fede a urina de gato. Não recomendo!", escreveu um cliente identificado pelo apelido de *Rolo Compressor28*. O espaço também servia para fazer outros tipos de alerta. Uma semana antes de elogiar Gizelle, Marcos havia registrado uma reclamação de Tatty Chanel, a prostituta paraense que tentou enganá-lo com fotos modificadas no computador. "Tem muita fêmea pública desonesta nesse mundo. Tem uma 'micheteira' criminosa chamada Tatty anunciando na internet. Ela publica e envia fotos em que está gata. Mas pessoalmente parece um diabo-da-tasmânia de tão feia. Olha, meu pau não subiria para essa andorinha nem com uma cartela inteira de Viagra.

Ainda queria me cobrar sem eu ter passado a vara. Botei para correr", relatou. Em seguida, um outro usuário identificado como *Li Shang* endossou a reclamação contra Tatty. "Eu não caí na lábia dessa piranha. Eu pedi umas fotos pelo celular e ela me mandou só imagens do seu traseiro delicioso. Então falei: poderia me enviar fotos do rosto? Ela não mandou e ainda foi grosseira ao responder: "Meu rosto é a minha bunda".

Certa noite de sexta, Marcos e Lincoln marcaram uma farra na mansão de Arethuza. Inventaram para a família que fariam reuniões em outra cidade e passariam a noite fora. A cafetina dava à dupla tratamento especial por conta dos altos valores pagos após cada noitada. Os rapazes sentaram-se à mesa à esquerda do salão. Lincoln ficou encantado com a beleza de Penélope, que desfilava pelo ambiente com seu sorriso sedutor. Marcos já havia saído com ela duas vezes. Segundo ele, a modelo era uma das melhores da casa. Arethuza reforçou o elogio. Ela escreveu num guardanapo de papel o número 8 e pôs no bolso da camisa social de Lincoln, indicando que o programa com Penélope naquela noite custava 8 mil reais. E ainda aconselhou o supermercadista a agir rapidamente, caso houvesse interesse, pois a modelo não ficava muito tempo disponível, tamanha era a procura. Lincoln abordou a garota no balcão do bar e sugeriu um encontro numa suíte do Hotel Emiliano, na Oscar Freire. Lá, a diária mais em conta custava 1.800 reais.

Lincoln era um homem atraente. Tinha 40 anos, 1,90 m de altura e lutava jiu-jítsu. Tinha o corpo musculoso e cabelos pretos ondulados. Sócio de uma rede de supermercados, estava sempre elegante. Vestia camisas de mangas compridas assinadas pelo alfaiate Ricardo Almeida e calças sociais Armani, Diesel e Reserva. Assim como Marcos, ele nunca, nem quando estava com prostitutas, tirava a aliança do dedo. Conseguia administrar a vida dupla com facilidade porque, mineiro de Belo Horizonte, não tinha parentes em São Paulo. Sua esposa era uma dona de casa tão ingênua quanto uma criança. Nunca suspeitou das aventuras mundanas do marido. Ele conheceu Marcos numa rodada de negócios para aquisição de produtos da Yoki. Na suíte do Emiliano, a noite não saiu como ele imaginava. Lincoln e Penélope jantaram no restaurante do hotel no maior clima de romance. Comeram pirarucu com vegetais defumados acompanhados de uma garrafa de Moët & Chandon Brut

Imperial. A garota estava afável e risonha durante a refeição. O clima pesou na suíte. Lincoln foi tomar um banho enquanto ela tirava a roupa. Na cama, os dois começaram com sexo oral nela. Penélope demonstrou desconforto. Ele, então, partiu para cima da acompanhante. Enquanto estava sendo penetrada por trás, a garota começou a chorar. Lincoln parou imediatamente, acreditando ter machucado a modelo. Pedindo desculpa por não conseguir terminar o serviço, ela se vestiu sem dar qualquer explicação. Lincoln se prontificou a levá-la de volta à mansão de Arethuza ou a qualquer outro lugar que desejasse. Penélope agradeceu a gentileza e saiu da suíte aos prantos, sem deixar claro se o cliente seria cobrado pelo programa. Lincoln era um *gentleman*. Nem pensou no prejuízo. Ficou mais preocupado do que chateado pela noite interrompida sem motivo aparente.

Penélope, estrela da prostituição de luxo, era filha de família de classe média alta. Uma de suas características mais marcantes era a alegria contagiante. Comunicativa e engraçada, todo o mundo queria estar perto dela. Modelo de currículo invejável, tinha fotos em diversas campanhas de moda, mas faturava alto mesmo saindo com homens endinheirados. Em todos os painéis de propaganda ela expunha o sorrisão. No entanto, sua alegria era tão falsa quanto as fotos de Tatty Chanel. Com o passar do tempo, a modelo começou a desenvolver transtornos mentais que a afastaram dos holofotes paulatinamente. O caminho da prostituição começou por acaso. Um produtor de moda reclamou do seu desempenho em um ensaio. Segundo ele, não havia mais vida em suas fotos e aconselhou a garota a enveredar para o meretrício de alto padrão. Esse mesmo produtor a indicou para Arethuza, que soube logo de cara dos problemas emocionais da modelo. A cafetina sugeriu terapia, pois no mundo da prostituição de luxo não havia lugar para a tristeza. Com ajuda profissional, Penélope conseguiu se reerguer, mas volta e meia apresentava recaídas.

Os transtornos de Penélope tinham raízes profundas. Filha de um engenheiro com uma arquiteta chamada Marieta, ela ainda não havia completado 10 anos quando começou a sonhar com aranhas-caranguejeiras pelo menos duas vezes na semana. Em seus delírios, os aracnídeos entravam no quarto passando por debaixo da porta, por frestas da janela, pelo duto do aparelho de ar-condicionado e saíam até pelos buracos das tomadas. Eram centenas de aranhas peludas. Aos montes, elas corriam pelo chão e subiam na cama. Passeavam pelo seu rosto e desciam pelos seios até alcançar o sexo. No meio da noite, Penélope dava gritos e seus pais corriam para socorrê-la. Esse tormento continuou na adolescência. Mas, para a sua família, tudo não passava de fantasia. Aos 15 anos, ela não conseguia se relacionar com garotos e a mãe ficou intrigada, acreditando na possibilidade de a filha ser lésbica. Certa vez, Marieta levou a filha a uma ginecologista para exames de rotina. Na consulta, foi revelado que Penélope não era mais virgem. A adolescente ficou surpresa com a revelação, pois nunca havia transado. A médica ponderou que o hímen poderia ter sido rompido com a introdução de algum objeto. Penélope perguntou se as aranhas dos seus sonhos poderiam ter relação com a perda da virgindade. Ao ouvir pergunta tão estapafúrdia, a ginecologista a encaminhou ao psiquiatra. Depois de realizar uma bateria de exames, o médico lhe deu o primeiro diagnóstico de depressão e bulimia. O mistério da perda da virgindade, porém, continuava.

    Penélope começou a escrever na adolescência um diário no qual narrava com detalhes os fatos marcantes da vida. O caderno continha fotos dos bastidores de trabalhos importantes de modelo, tíquetes das viagens internacionais feitas a trabalho e muitos canhotos de ingressos de shows de astros internacionais, como U2, Rolling Stones e R.E.M. Fã de Chico Buarque, Penélope recheava o diário com estrofes das músicas do artista. Havia no caderno também passagens tristes, incluindo os pesadelos com as aranhas. Em determinado momento, Marieta pensou em ler as anotações secretas da filha para descobrir algo sobre a sua sexualidade. O diário era preso somente com um elástico e ficava guardado no fundo de uma gaveta da cômoda do quarto da menina. Depois de muito refletir, a mãe desistiu de ler o diário para não romper o precioso laço de confiança existente entre as duas.

    Aconselhada por uma amiga, Marieta levou a filha a uma psicóloga especializada em hipnoterapia. No consultório, a garota finalmente desvendou o enigma dos sonhos. Marieta ficou aflita na sala de espera enquanto a filha começava a ser hipnotizada pelo método *ericksoniano*, cujo modelo se baseia na construção de uma conexão empática com o paciente. Nessa técnica, a terapeuta sobrecarregou a atenção consciente de Penélope para distraí-la. Em sessão, quando estava na fase leve da hipnose, a modelo imaginou-se criança, deitada em seu próprio quarto. Para deixar a mente da paciente virtualmente em piloto automático, a terapeuta apertou a sua mão.

Em alguns minutos, Penélope começou a enxergar as malditas aranhas se espremendo para passar pelo buraco da fechadura. Subiram pelo pé da cama. Umas estavam tão apressadas que davam saltos para chegar até ela com mais rapidez. No estado médio do transe, a jovem se materializou como espectadora da própria vida e ficou sentada numa cadeira dentro do seu quarto. Dessa ótica, era possível ela se ver deitada na cama cercada pelos bichos peludos.

No estado mais profundo da hipnose, uma verdade estarrecedora se revelou diante dos olhos de Penélope. Não existia aranha nenhuma. Quem entrava em seu quarto na calada da noite por anos e anos era seu pai. No escuro, ele a dopava levemente usando uma chupeta melada com xarope. Em seguida, o engenheiro acariciava o sexo da menina com as mãos. Quando a filha entrou na adolescência, o monstro que ela chamava inocentemente de pai passou a praticar os atos sexuais com penetração. As aranhas eram uma alusão ao corpo muito peludo do estuprador. Ao descobrir quem havia tirado a sua virgindade, Penélope deu um grito e despertou da hipnose. Apavorada com as consequências daquela revelação, ela nunca contou o fato para a mãe. Passou a trancar a porta do seu quarto e a hostilizar o pai sem dar explicações.

Aos 18 anos, já com a carreira de modelo consolidada, Penélope saiu de casa e levou consigo esse segredo, mas acabou registrando-o com detalhes em seu diário. Passou a se prostituir quando as portas do mundo da moda começaram a se fechar. Mergulhou numa depressão tão profunda quanto um oceano. Também teve esquizofrenia, distúrbio caracterizado por pensamentos ou experiências descoladas da realidade. Em suas crises, ela delirava ao conversar com uma criança de 8 anos chamada por ela de Ariel, uma espécie de confidente que habitava apenas a sua imaginação e as páginas do seu caderno secreto. Quando Penélope não conseguiu fazer o programa com Lincoln no Hotel Emiliano, a sua carreira de garota de programa de luxo começou a se apagar de forma irreversível, tal qual a sua vida.

Numa manhã de sábado, Lincoln telefonou para falar com Marcos sobre o encontro malsucedido com Penélope. O empresário estava com uma prostituta dos velhos tempos, conhecida pelo nome de Elyette – Ely para os íntimos. Baiana de Xique-Xique, a profissional operava no modo superlativo. Tinha uma beleza toda trabalhada na baianidade nagô. A vasta cabeleira negra, brilhante e ondulada, lembrava a cantora Gal Costa. As unhas pontiagudas de acrílico eram multicoloridas. O batom vermelhão parecia fluorescente por causa da combinação de pós esféricos e óleos sedosos. Marcos costumava reclamar da extravagância da profissional. Ely era requisitada com frequência para trabalhar como dançarina e ajudante de palco do programa *Domingo Legal*, no SBT.

O primeiro encontro de Marcos com Ely foi inesquecível, segundo ela contou. Mas, quando o assunto era sexo comercial, era impossível ver nobreza ou cavalheirismo no empresário. Os dois foram transar no apartamento do bairro da Bela Vista. No meio do programa, ele tentou fazer sexo anal e a profissional se negou, dizendo ter deixado claro em seu anúncio não praticá-lo. Não contente com a negativa e já muito bêbado, ele insistiu:

– Quanto é o seu programa, sua vagabunda? – perguntou o empresário.

– Trezentos reais!

– Você acha mesmo que vou pagar isso tudo sem meter no seu rabo?

– Eu já disse que não faço anal!

– Toda piranha faz!

– Menos eu!

– Te pago o dobro! – insistiu ele.

– Nem pelo triplo.

– Se te pagar 5.000 reais, você libera o cuzinho?

– Não, não e não!

Irritada com a insistência, Ely se levantou da cama e começou a se vestir. Quando ela tentava pôr o sutiã, Marcos abriu um baú e tirou de dentro uma submetralhadora e apontou a arma para a testa de Ely. "E agora? Me responda! Você faz ou não sexo anal?", perguntou o empresário. Com medo de morrer, ela acabou cedendo. "Nunca senti uma dor tão forte. Gritei horrores. Mas depois acabei aprendendo a fazer para segurar o cliente", contou a prostituta.

Marcos não gostava de andar em público com Ely, pois achava suas roupas esquisitas. Para os amigos, ele classificava a profissional como "um poço de vulgaridade". Ainda assim, certo dia, ele a levou para comer bacalhau à portuguesa no tradicional restaurante Senzala, um dos preferidos do ex-presidente Michel Temer. Para esconder a cabeleira e agradar o cliente, Ely usou um turbante branco na cabeça. A peça tem origem nas culturas afro-orientais. No Brasil, o item é um ornamento do candomblé, religião de matriz africana.

Marcos convidou Lincoln para o almoço com Ely. Assim, os dois falariam das crises de Penélope. O supermercadista chegou ao restaurante fazendo uma crítica ao amigo, que estava numa mesa central. Lincoln considerava uma ousadia o empresário levar uma garota de programa ao Senzala, um estabelecimento localizado no mesmo bairro em que morava com a esposa. Lívia, inclusive, também frequentava o local. Marcos contemporizou dizendo que a sua mulher não saía de casa nem para ir à padaria comprar pão. Lincoln sentou-se, pediu um drinque e linguado à jangadeiro.

Naturalmente, Marcos costumava ser romântico com as mulheres cuja companhia remunerada fosse agradável. O carinho dispensado a elas tornava-se mais explícito quando o empresário bebia. Com Ely não foi diferente. Depois de três copos de caipirinha, o executivo fazia juras de amor e levava azeitona à boca da profissional. Lincoln perguntou se ele não estava exagerando. Marcos revidou, acusando o amigo de invejoso e ciumento. Ely, também alterada pelo álcool, começou a gargalhar alto, chamando a atenção dos clientes do restaurante. Marcos também ria. Abusada, a garota se levantou da cadeira cambaleando, puxou um pouco a saia para cima e sentou-se no colo do cliente. Deram-se um beijo de língua tão longo que parecia não ter fim. Lincoln, envergonhado, moveu a cabeça de um lado para o outro como se procurasse por alguém. De repente, o supermercadista largou o prato com peixe pela metade e correu para o banheiro meio agachado. O empresário e a garota de programa continuavam coladinhos quando um grito histérico ecoou no meio do salão, revelando o motivo da fuga em disparada de Lincoln. Uma mulher se aproximou do casal e vociferou:

– Marcos! Quem é essa puta?!

CAPÍTULO 4

A VOLÚPIA DA MULHER DISCRETA

Sexo doce, intenso e metafísico

Elize Araújo tinha 16 anos quando conheceu o seu primeiro namorado, um jovem da mesma idade chamado Pedro. O casal se viu pela primeira vez numa festa em Chopinzinho, terra natal de ambos. Na época, ela havia acabado de ser resgatada das estradas do Sul pela Polícia Rodoviária Federal e devolvida ao lar pelo Conselho Tutelar. A experiência traumática de se prostituir com caminhoneiros e os abusos sexuais sofridos nas mãos do padrasto fizeram de Elize uma jovem calada e retraída dentro de casa e extrovertida na rua. Essa segunda característica marcou a primeira fase do seu namoro com Pedro. Segundo a psicóloga Isabela Qader, adolescentes vítimas de abuso podem ter comportamentos antagônicos quando se trata de sexualidade. "Ou eles se fecham, ou desenvolvem uma hipersexualização", destaca a especialista. Isabela atendeu Elize logo após a jovem passar 35 dias longe de casa.

A balada em que Pedro e Elize se conheceram ocorreu na casa de um amigo em comum. Extremamente tímido, ele não foi ousado o suficiente para se aproximar. Os dois passaram a noite inteira trocando olhares e sorrisos. Mas nenhum deles tomava a iniciativa. Já na hora de ir embora, quase 3 da manhã, ele se aproximou. Respirou fundo e lançou a primeira pergunta:

– O que você faz da vida?

Como já havia bebido cerveja, Elize respondeu o questionamento trivial com um beijo longo no rapaz. Pedro ficou assustado, mas correspondeu. Ela logo percebeu se tratar de um garoto inexperiente. "Eu era virgem quando conheci a Elize. O nosso primeiro encontro me deixou sem ar", contou Pedro, em dezembro de 2020. O aprendiz tinha outro problema. Era ansioso, estressado e ciumento. Depois da festa, o casal marcou de tomar sorvete. No banquinho da praça, no dia seguinte, Elize avançou para beijar Pedro e ele recuou. Ela quis saber o motivo da recusa e ouviu uma resposta inusitada: só a beijaria depois de tomar todo o sorvete. Na verdade, ele protelou porque estava uma pilha de nervos. Alguns minutos depois, Elize aproximou novamente seus lábios. Quando ele começou a se esquivar, ela segurou o seu queixo firmemente e tascou-lhe um beijo de língua. O jovem correspondeu do jeito que pôde. Depois da troca de carícias, Pedro disfarçou. Virou o rosto para o lado e limpou a boca discretamente. Elize percebeu. Na sequência, ela segurou a cabeça dele firmemente com as duas mãos e deu outro beijo no mesmo estilo. Já no primeiro encontro houve a primeira DR (discussão da relação):

– Você tem de controlar a sua baba – ensinou Elize.

– É você quem está babando em mim – devolveu ele.

– Quantas garotas você já beijou?

– Duas!

– Só duas? – riu a jovem.

– Contando com você... – acrescentou.

A discussão foi interrompida quando um colega da escola de Elize passou perto do casal e perguntou por que ela havia faltado às aulas por mais de um mês. A garota inventou uma desculpa qualquer. Pedro teve um ataque de ciúme e chegou a ser grosseiro:

– E você? Com quantos caras já ficou? Um? Dois? Três? Dez? Cem?

– Você não faz ideia... – ironizou Elize.

Pedro era um jovem charmoso. Alto, corpo atlético e cabelos pretos ondulados. Tinha os olhos tão grandes e arregalados que pareciam estar sob efeito permanente de um susto. As sobrancelhas eram bem grossas e o nariz, adunco, aquele tipo proeminente e curvado para baixo feito bico de falcão. Já no segundo encontro na praça, Elize se dispôs a ensinar o namorado a beijar. Na primeira aula, ao tocar os lábios dele com a sua boca, ela pediu que ele relaxasse e explorasse o beijo. A princípio, o novato travou tal qual uma tela azul. Deixou a boca dura e mexeu somente a língua. Lá pelo final da lição, Pedro deu uma mordida nos lábios da menina e Elize desistiu. Ele, então, começou a treinar em casa usando frutas, como maracujá e caqui. Algumas semanas depois, Pedro já estava *expert*. Na praça, ele ficava excitado todas as vezes que era beijado. Elize percebeu e sugeriu transar. Combinaram de se encontrar na casa dele na noite do dia seguinte. Virgem, Pedro teve receio de decepcioná-la. No dia D e na hora H, ele entrou em pânico e começou a tremer. Elize o empurrou na cama e assumiu o controle. Segundo relatos dele, foi a noite mais impactante de toda a sua vida. "Nunca estive nas mãos de uma mulher tão inflamável", resenhou.

O namoro dos dois engatou mesmo envolto em adversidades. Pedro tinha choques de insegurança e ciúme. Apesar de ele ser um jovem atraente, achava a namorada muito acima das suas possibilidades. "Elize tinha uma energia sexual muito forte e eu era um 'bananão' virgem que se masturbava todos os dias vendo revistas de mulher pelada. Ela era um mulherão. Os caras olhavam como se quisessem comê-la e eu não segurava a onda", relatou Pedro. O excesso de sentimentos possessivos do rapaz a incomodava. Elize trabalhava na função de secretária no escritório do advogado Eládio Luiz Roos, um dos mais conhecidos de Chopinzinho. O emprego foi conseguido graças à indicação de sua psicóloga, Isabela Qader, amiga da família Roos. No escritório, um dos seus chefes era o filho de Eládio, o estudante Diego Roos. Enciumado, Pedro teria feito uma cena ao perguntar no meio da rua se Diego estava de olho em sua namorada. Elize ficou chocada e constrangida com a atitude, mas como já estava com planos de se mudar para Curitiba, resolveu não pôr um ponto final na relação naquele momento. O namoro, aliás, nunca teve um fim oficial. Elize fazia juras de amor ao mesmo tempo que planejava deixar Chopinzinho para trás. Certa vez, ele passou na floricultura, comprou um buquê de pinóquio marsala e foi entregar à sua amada todo contente. Na porta da casa dela, Pedro fez uma descoberta indigesta: Elize havia se mudado de vez para a capital. A garota foi embora sem se despedir do namorado. Não deixou nem um bilhete. Pedro ficou destruído emocionalmente.

Seis meses após a partida de Elize e rasgando-se de paixão, Pedro resolveu viajar para Curitiba atrás da amada. Quando ele desembarcou na capital do Paraná, a jovem já morava no *flat* alugado para atender clientes. Depois de muita pesquisa, ele descobriu o endereço. Foi até lá sem avisá-la. Não passou da portaria. Pedro pediu para falar com Elize, e o funcionário do prédio garantiu não ter ninguém com esse nome entre os moradores. Da calçada, ele viu sua namorada saindo rapidamente de carro pela garagem. Ela estava com novo visual, tinha os cabelos presos e usava óculos escuros. Pedro teve dúvida se era mesmo Elize naquele carro. Ele gritou, mas não foi ouvido porque as janelas estavam fechadas. O jovem queria fazer apenas uma pergunta: "Por que você não terminou antes de ir embora?". A resposta só veio alguns anos depois, quando os dois se encontraram em São Paulo. Pedro, já adulto, tornou-se representante comercial de equipamentos médicos e foi a um evento no Centro de Convenções Anhembi, na zona norte da capital paulista, em 2003. Na saída, foi abordado por uma cafetina disfarçada de recepcionista oferecendo diversão numa boate do Baixo Augusta. Solteiro, ele pegou o *folder* e foi até lá. Na hora mais fervida da noite, o rapaz viu uma moça muito parecida com Elize tomando um drinque no balcão. Joel, o gerente da casa, aproximou-se e Pedro perguntou o nome daquela mulher. A resposta o deixou intrigado:

"Chama-se Kelly. Cobra 300 reais a hora. É uma das melhores garotas da casa. Lindíssima, bumbum de ouro, nível universitário, educadíssima e supercarinhosa. Tem tantas qualidades que nem sei por que virou mulher da vida...", descreveu Joel, agente de Elize.

Bêbado, Pedro não acreditou quando se aproximou do seu primeiro amor. Elize estava irreconhecível aos seus olhos. Quando eles namoravam, ela fazia a linha acanhada e fogosa; mantinha os cabelos castanhos e usava roupas cafonas. Kelly era altiva, estava loiríssima e bem vestida. Tinha pele diáfana, quase transparente. Os olhos eram claros e desbotados naquela noite, graças a uma lente de contato gelatinosa. O olhar da garota estava um pouco gelado, mas fazia os homens derreterem. Kelly tinha várias personalidades. Na boate, era uma mulher de volúpia discreta e reservada na aparência. Usava um vestido de festa de malha com aplicações de paetês com decote e fenda profundos, emprestando um ar sexy. O batom era escuro. Pedro se aproximou e Kelly o reconheceu. Ele ficou ruborizado. Ela fingiu ser outra pessoa. Não colou. Embriagado, o rapaz teve um faniquito na boate:

– Então é isso? Você é prostituta? Bumbum dourado? Fala, porra! Trezentos reais a foda?

– Para! – implorou Elize, já fora da personagem.

– Vou contar para Chopinzinho inteira que você virou puta! – ameaçou aos prantos.

Elize levou Pedro para o *flat* e resolveu abrir o seu baú de segredos. Contou os reveses da vida desde que era abusada sexualmente pelo padrasto. Confidenciou em prantos e com riqueza de detalhes como foi humilhada por caminhoneiros nas estradas do Sul enquanto passou 45 dias fora de casa. "Eu me vendia de manhã para comprar o almoço à tarde. E me oferecia de tarde para tentar jantar à noite. Dormia em cemitérios...", relatou. À família, Elize havia contado ter sido acolhida por uma família enquanto esteve fora de casa por um mês e meio. A conversa com Pedro foi tão triste e pesada que não sobrou clima para namoro. Pedro perguntou insistentemente por que ela tinha ido embora de Chopinzinho sem se despedir. Elize respondeu à pergunta com um balde de lágrimas. Os dois foram dormir na aurora. Quando ela acordou, seu ex-namorado havia sumido sem dizer tchau. Ficou em suspense se ele cumpriria a promessa de propagar em Chopinzinho o fato de Elize ser garota de programa em São Paulo. Compadecido, ele manteve a revelação sob o mais absoluto sigilo. Nunca contou nem à sua sombra ter iniciado a vida sexual com uma profissional. "A população de Chopinzinho é muito conservadora. Ter namorado uma prostituta prejudicaria a minha imagem na cidade. Por isso fiquei calado. [...] Pensava o seguinte: Deus vai se encarregar de mostrar quem ela foi a vida toda", justificou.

Pedro pôs em xeque a tese de que Elize fora abusada pelo padrasto. "Ela mente com a mesma naturalidade com que respira. [...] Essa história não é consenso nem na família dela. Suas irmãs duvidam desse estupro", acusou o rapaz. Religioso, o jovem evocou a Bíblia para justificar a decepção amorosa com a mulher com quem aprendeu a beijar: "Deus é nosso refúgio e força, uma ajuda sempre presente em tempos de angústia". [Salmos 46:1]. Ele se casou, teve um filho, se separou, casou-se novamente e já se divorciou da segunda esposa. Estava namorando uma enfermeira em 2020. Amigos de longa data arriscaram um palpite: Pedro jamais tirou Elize do coração. Ele riu dessa afirmação, apesar de ter cancelado um compromisso com a atual namorada para falar de Elize por mais de três horas com os olhos marejados, em Chopinzinho, em dezembro de 2020. "Mentir para si mesmo é sempre a pior mentira", cantou Renato Russo na canção "Quase sem querer", da banda Legião Urbana.

* * *

Uma semana depois de ter reencontrado Pedro, Elize foi até a casa de Chantall e ficou chocada quando viu a amiga com os hematomas no rosto, frutos das porradas desferidas por Salim. As marcas primeiro apresentaram uma coloração roxo-escura quando o local estava inchado. Compressas de água morna ajudaram a remover coágulos e deixaram a pele esverdeada. As marcas se concentravam ao redor dos olhos, na lateral do queixo e próximo aos lábios. Elize sugeriu denunciar o agressor na Delegacia da Mulher. A prostituta goiana confessou ter consentido com o espancamento, pois havia recebido 1.900 reais pelo programa especial com Salim. Mas ela se dizia "meio arrependida" porque teve de ficar parada por uma semana até seu rosto desinchar, amargando prejuízo.

Quando Chantall voltou a atender, as marcas em seu rosto lindo ainda estavam meio marrons. Ela marcou um programa com um engenheiro civil chamado Mathias, de 37 anos. Era um cliente antigo e o encontro ocorreu numa suíte do Hotel Ibis, no Ibirapuera, zona sul de São Paulo. Para tentar disfarçar os hematomas, a profissional abusou da maquiagem. Ela passou primeiro uma demão de corretivo mais claro do que o tom natural da sua pele, seguido de uma camada de base e um pouco de pó compacto translúcido. O truque não deu muito certo. É muito comum os clientes exigirem que as garotas de programa tomem banho momentos antes de transarem. Chantall foi para o chuveiro sozinha e Mathias chegou logo depois. Ela evitou molhar o rosto, mas ele jogou água e sabão na face machucada da parceira. A maquiagem se esvaiu pelo ralo e revelou as marcas da violência do último programa. Mathias ficou surpreso e excitado quando viu os hematomas. Ele perguntou quanto ela cobrava para levar uns murros. Constrangida, a jovem avisou que estava de saída. O cliente a segurou pelo braço e pediu desculpas pela abordagem, mas insistiu no assunto. Ele se revelou sadomasoquista e dominador. Propôs pagar 2 mil reais para transar com ela e dar um único murro em seu rosto no momento em que estivesse gozando. Ainda debaixo do chuveiro, a profissional contrapropôs um cachê de 2.500 reais. Mathias aceitou, levou a mulher para a cama e fez o combinado. Chantall, a profissional dona de um dos rostos mais belos do Baixo Augusta, voltou para casa com 25 notas de 100 reais na bolsa e mais um hematoma enorme no rosto.

Após ser espancada por dois clientes num intervalo de dez dias, Chantall passou a achar que não valeria a pena ficar parada à espera do sumiço das marcas, mesmo ganhando entre 2 mil e 3 mil reais pelo sexo regado a pancadas. Depois de apanhar de Mathias, ela aproveitou o intervalo no trabalho para visitar a mãe, Damiana, em Aporé (GO). Em casa, descobriu que a genitora estava com Alzheimer. A jovem ficou estarrecida quando abriu a porta da sala e se deparou com uma das cenas mais tristes de toda a sua vida. A casa da mãe, onde passou a infância e a adolescência, estava toda bagunçada, imunda e fedida. Havia um mês que não se fazia uma faxina no local. As galinhas do quintal ciscavam pelo chão da cozinha e defecavam em cima da mesa de refeições. A idosa não tomava banho fazia cinco dias. O cabelo estava seboso. Já com 63 anos de idade, Damiana encontrava-se sentada numa cadeira de balanço no quintal na companhia de Edna, uma vizinha desempregada de 42 anos. Ao ver a filha, a mãe não esboçou nenhuma reação. Abatida, perguntou para a amiga cuidadora: "Quem é essa mulher?"

Chantall começou a chorar, mas não perdeu muito tempo com o pranto. Levou a mãe ao banheiro e deu-lhe um bom banho. Fez uma limpeza pesada na casa e foi às compras para abastecer a geladeira e a despensa. Pegou duas aves do quintal e preparou uma galinhada goiana com pequi para o almoço, servido quase às 16 horas. No dia seguinte, levou a mãe ao neurologista e descobriu que ela estava na fase 3 do Alzheimer, quando já há declínio cognitivo moderado. Nesse período, considerado intermediário, os pacientes apresentam problemas no pensamento e raciocínio. Damiana, por exemplo, já esquecia detalhes sobre si, não reconhecia quem não a visitava com frequência e era incapaz de andar de transporte público desacompanhada. Ela esquecia datas e só reconhecia Lucas como filho, que a visitava nos fins de semana. O médico explicou ser mais comum o paciente primeiro se esquecer dos parentes que moram longe. Quando ouviu isso, Chantall caiu em prantos mais uma vez. O neurologista aconselhou a não deixar Damiana usar o fogão. A família também deveria ficar atenta aos golpistas, pois os pacientes de Alzheimer da fase 3 são os mais vulneráveis e costumam ser vítimas de desfalques financeiros.

Comovida, Chantall teve vontade de nunca mais sair de perto da mãe, mas se lembrou que faltava apenas um ano para o irmão, Lucas, formar-se em Odontologia. Em São Paulo, a vida de garota de programa era muito mais promissora financeiramente. Ela, então, se endividou em nome da família. Contratou Edna para cuidar da mãe em tempo integral por 900 reais ao mês. Depois dessas providências, a jovem viajou para Goiânia para encontrar o irmão, cujo sustento dependia dela. O jovem já sabia da doença de Damiana, mas havia decidido não contar à irmã para não preocupá-la. Lucas propôs parar o curso universitário para trabalhar de protético no interior e ficar junto da mãe doente. Chantall o impediu. "Você tem de terminar esse curso logo. Aí a gente monta um consultório para você trabalhar e, juntos, passaremos a cuidar da nossa mãe. Esse plano depende do seu diploma", afirmou a irmã, que continuou a sustentá-lo como se pagasse uma promessa.

Havia um outro problema na família de Chantall. A casa de três quartos em que Damiana morava estava com Imposto Predial e Territorial Urbano (IPTU) atrasado fazia 20 anos e a dívida já havia sido ajuizada. Eles deviam quase 20 mil reais para a prefeitura. Se o tributo acumulado não fosse pago em um mês, o imóvel seria leiloado. Lucas havia ouvido de um vizinho o conselho de ir até a Divisão de Cadastro e

Tributação da prefeitura de Aporé para tentar negociar a dívida. Chantall conseguiu parcelar os valores atrasados em 24 prestações de 850 reais e assim evitar o leilão da casa. Com Edna, a vizinha, ficou combinado o envio do dinheiro para pagamento da dívida mais o serviço de cuidadora, somando um total de 1.750 reais a cada mês. A profissional também enviava dinheiro extra para uma dieta especial da mãe e ainda ajudava Lucas, o irmão. Depois de passar duas semanas em Goiás resolvendo problemas de família, a garota de programa com rostinho de boneca viu a sua conta bancária minguar. Com tantas dívidas assumidas, ela pegou um avião e voltou para São Paulo decidida a se especializar nas técnicas de masoquismo. Trata-se de uma pulsão sexual derivada do sadismo na qual o indivíduo se propõe a ser objeto de dor, sofrimento e prazer causados não por si, mas por outra pessoa.

Para levantar capital o mais rápido possível, Chantall ligou para Salim, um dos seus clientes mais excêntricos e ricos. O programa foi tenebroso. Num quarto de motel, ela se deitou nua sobre a cama na posição de bruços. Para mostrar poder e posse, o cliente pôs nela uma coleira de couro bem justa. Em seguida, imobilizou os braços da garota com algemas e as pernas com duas tornozeleiras. Usou uma mordaça para abafar os gritos. Por fim, pôs uma venda nos olhos dela para envolvê-la numa aura de mistério, tensão e surpresa. Todos os acessórios faziam parte de um kit de *bondage*. Chantall estava trêmula. Salim tomava uísque enquanto acendia um charuto culebra, um modelo feito com três charutinhos trançados. O homem começou o ritual com um beijo suave nas costas da prostituta. No mesmo ponto onde tocou seus lábios, Salim apagou o charuto de ponta grossa, deixando uma ferida em carne viva na profissional, que se contorcia com gritos sufocados. Em seguida, para completar a violência, Salim urinou sobre o ferimento.

Sofrendo feito burro de carga, Chantall queria parar. Mas não conseguia se comunicar porque estava imobilizada e usava a mordaça cuja bola de plástico do tamanho de um ovo de galinha estava enfiada em sua boca. Depois de apagar a terceira bituca, Salim finalmente transou com a jovem. No final da sessão de tortura, ele pagou 2.500 reais à vista. O casal se encontrava toda semana para realizar todo tipo de fetiche envolvendo sexo e dor. Mais tarde, ela estudou o tema e tornou-se especialista em sadomasoquismo. Sua posição era sempre de dominada, ou seja, cabia a ela dar prazer sexual ao parceiro por meio de castigos físicos e morais. Trocando em miúdos, a garota de programa recebia cachê para ser torturada, espancada e humilhada pelos clientes. Desse tipo de trabalho, Chantall tirava todo o dinheiro enviado para Edna cuidar da mãe, para quitar a dívida de IPTU da casa em Aporé e para bancar os estudos de Lucas em Goiânia. Santo Agostinho ensinara: não é o suplício que faz o mártir, mas a causa.

* * *

As relações afetivas no labirinto da prostituição acontecem num universo paralelo. Nesse lugar à parte, os "namoros" entre profissionais e clientes são levados a sério mesmo se o homem for casado, algo muito comum de ocorrer. Quando a relação engata, os homens nem precisam perder tempo com o clichê "meu casamento é uma merda, logo mais vou me separar, estou esperando os meus filhos crescerem; é só uma questão de tempo, etc. e tal".

A maioria das garotas de programa não acredita em promessas nem sequer faz esse tipo de exigência dos seus parceiros fixos. Até porque, na visão das prostitutas enamoradas, é a esposa do cliente que habita a realidade alternativa. As profissionais exigem um outro tipo de fidelidade dos "namorados": que eles não saiam com outras mulheres do ramo. O cliente "comprometido" com uma profissional, por sua vez, impõe que a garota seja só dele e de mais ninguém. "Sabe quando a mulher corta o cabelo sempre com o mesmo cabeleireiro a vida inteira? Ela está sendo fiel. Se ela cortar em outro salão, será traição." A analogia foi feita por uma garota de programa para explicar como funcionam as regras na prática. O regulamento que organiza esses "namoros" é respeitado à risca. Se uma delas começar a namorar um cliente conhecido no mercado, as colegas de profissão não saem mais com ele em hipótese nenhuma. Lógico, a lealdade não se estendia aos clientes. Marcos Matsunaga, por exemplo, chegava a "namorar" até três prostitutas simultaneamente. Quando ele estava almoçando com Ely no restaurante Senzala, no Alto de Pinheiros, o casal já havia selado "namoro" fazia três meses. Mas ele não havia terminado o "relacionamento" com Luluzinha. Ely estava sentada no colo de Marcos quando a outra mulher adentrou o restaurante promovendo um escândalo. Ela não era nada polida. Em alto e bom som, interrogou:

– Marcos! Quem é essa puta?!

O executivo da Yoki era um homem discreto. Sóbrio, ele jamais seria pivô de um barraco público, ainda mais num restaurante tão badalado e perto de casa. Nem era preciso responder ao questionamento de Luluzinha. Ely conhecia a sua oponente da coxia de programas de auditório do SBT e da Record – ambas eram dançarinas de palco de atrações bem populares. Ely levantou-se dizendo não saber do "relacionamento" do empresário com a outra mulher. De Marcos, ela quis saber:

– Vocês estão namorando?

– Não! Imagina! A gente terminou faz tempo! – respondeu o executivo, olhando para os lados, constrangido.

Bêbada, Ely perdeu a classe que nunca teve. Ofendida por ter sido chamada de "puta" em voz alta por Luluzinha, ela pegou uma faca sem serra usada para comer peixe e enfrentou a adversária:

– Puta é a tua mãe, sua ordinária. Fala direito comigo, senão eu corto a tua cara!

– O Marcos nunca terminou comigo! – justificou Luluzinha.

– Eu nunca mais respondi às suas mensagens... O silêncio também é um término! – justificou o empresário.

Enquanto as garotas de programa batiam boca e ameaçavam se engalfinhar no meio do salão, o gerente do Senzala pediu que Marcos as tirasse do recinto, caso contrário chamaria a polícia. Covarde, o executivo da Yoki afastou-se, pagou toda a conta do almoço no caixa e escafedeu-se, deixando as duas lá. As prostitutas continuaram a discussão como se estivessem na feira:

– O Marcos é meu namorado, sua vadia sem ética! – gritava Luluzinha.

– Vai sonhando! – rebateu Ely.

– Ele me deu uma TR-4 novinha em folha! E você? Ganhou o quê?!

– E desde quando carro é aliança?

– De onde saiu todo esse axé? – provocou Luluzinha.

Afrontada, Ely avançou para ferir a colega de profissão com a faca sem lâmina. Mas, embriagada, perdeu o equilíbrio e tombou no chão antes mesmo de alcançar a rival. Alguns clientes do Senzala ficaram chocados com a tormenta provocada pelas prostitutas, enquanto outros se divertiam com a cena patética. A bagunça terminou quando quatro seguranças expulsaram do local as duas mulheres à força.

Precavido, Marcos não recorreu mais ao silêncio para terminar um "namoro" com garotas de programa. Ele fez questão de telefonar para Ely pondo um ponto final na "relação". Alegou ter horror a chiliques de prostitutas. Como já vinha evitando Luluzinha e ela não assimilava o fim do "relacionamento", o empresário resolveu tomar uma providência nem um pouco católica para se prevenir de um novo alvoroço em público. Por telefone, ele fez uma ameaça objetiva: "Escuta o que eu vou te dizer, sua cadela, pois só vou falar uma vez: se você voltar a me procurar ou se fizer outro vexame, eu darei um tiro bem no meio da sua venta". E bateu o telefone na cara da "ex-namorada". Não era segredo dentro do meretrício nem fora dele que Marcos andava armado até os dentes 24 horas por dia e sete dias por semana. Usava pistolas camufladas na cintura e presas no tornozelo em cintas removíveis. Mantinha metralhadoras e até fuzis em casa e no porta-malas da sua BMW. Com o prenúncio da morte, Luluzinha sumiu da vida do empresário como uma oferenda desaparece no mar.

Depois do escarcéu no Senzala, Marcos e Lincoln resolveram dar um tempo com as garotas de programa sem classe e investiram um pouco mais nas profissionais de luxo e nas de nível intermediário, hospedadas virtualmente em sites badalados de prostituição. As garotas da internet cobravam entre 300 e 500 reais. Nas páginas digitais, eles escolhiam as meninas com base nas notas dadas no fórum do Guia de Garotas de Programa (GGP). A dupla de amigos investiu só nas mulheres com cinco estrelinhas. O site mais cotado no início da década de 2000 era o MClass. Marcos e Lincoln marcaram uma *happy hour* no Bar do Juarez do Itaim Bibi e passaram mais de três horas pesquisando profissionais no site de acompanhantes usando o *laptop*. Cada um fez uma lista com dez nomes para "experimentar" durante a semana. Eles passaram a se divertir saindo com profissionais e publicando textos longos no fórum, avaliando cada uma delas.

Na hora de opinar sobre as profissionais, Marcos era extremamente preconceituoso, sexista e grosseiro: "Saí com uma GP [garota de programa] há pouco. Ela atende num *flat* bem limpinho. As preliminares foram sensacionais. Chupou as minhas bolas e meu pau por mais de meia hora sem parar. Mas quando ela não estava com a boca ocupada, a mulher falava pelos cotovelos. Por que mulher fala tanto? Até quando estava fazendo um ppmm [papai-mamãe] ela ainda dizia amenidades. Eu pedi para calar a boca. Ela ficava em silêncio por uns minutos e voltava a tagarelar. Até quando meti com força no rabo ela ainda falava. Puta que pariu! Só parou quando enfiei um travesseiro na sua cara! Alguém conhece alguma prostituta muda? Outros dois pontos negativos: manda mensagens pelo celular no meio do atendimento e só faz oral com camisinha. [...] Em que mundo essa vaca escrota vive? Só não vou reclamar mais porque essa vagabunda cobra uma mixaria".

Já Lincoln era mais contido na página de comentários. A maioria das resenhas assinadas por ele era elogiosa: "Depois de ler os comentários positivos sobre uma garota chamada Candice, resolvi visitá-la em seu *flat*. Realmente ela é isso tudo que vocês falaram. Mulher educada, atenciosa, romântica. Se eu não fosse casado, ficaria noivo. O beijo não é frio, sabe? Muito carinhosa. Não ficou regulando posição nem tempo. Fez de tudo. Achei que ela não fosse aguentar por trás. Fiquei surpreso, pois meti até o talo e ela ainda sorriu. Fez parecer que adora anal. No final, ainda 'serviu cafezinho' (deixou gozar pela segunda vez). Único ponto negativo: diz no site que tem 21 anos, mas ela, com certeza, já passou dos 30. Mas quer saber? Não ligo. Como diz Sérgio Reis, não interessa se ela é coroa, panela velha é que faz comida boa".

As garotas da internet não disputavam mercado com as modelos de luxo, até porque havia uma diferença abissal (de até 3.000%) entre o cachê de uma profissional anunciada em sites de prostituição e o cachê das garotas de catálogo de cafetinas sofisticadas. As noites de quinta-feira eram as mais agitadas na mansão de Arethuza. Nesse dia, geralmente havia mulheres debutando no salão. Marcos e Lincoln batiam ponto praticamente toda semana para conferir as novidades.

Certa noite, a casa de luxo apresentou Alícia, uma atriz-modelo--manequim lindíssima, de 26 anos, muito bem-humorada e extrovertida. Ela já havia perdido a conta de quantos testes fizera para tentar ganhar um papel numa produção, seja na televisão, seja no teatro ou no cinema.

Praticamente toda semana a profissional participava de um *casting* (seleção de elenco) graças à indicação de uma agência de talentos. No final da cena, ouvia sempre a mesma ladainha: qualquer coisa a gente te liga. E o telefonema nunca chegava. Alícia fazia graça dessa espera sem fim. Todas as vezes que alguém perguntava "o que você faz?", ela respondia seriamente: "Estou esperando uma ligação". E caía na gargalhada. Às vezes, o interlocutor não entendia a piada e insistia: "Não, querida, perguntei qual a sua profissão". A atriz voltava a responder de forma debochada: "É isso mesmo que você ouviu. Minha profissão é 'esperando uma ligação'. Não sabia que esperar uma ligação é uma ocupação?". E ria mais uma vez. Alícia tinha os cabelos ruivos naturais meio ondulados, 1,75 m de altura e era magra. Chamava a atenção pela expansividade. Gargalhava sempre alto, como se estivesse em cena. Com salto 15, ficava mais alta do que boa parte dos seus clientes. A pele cheia de sardas lhe rendera na infância e na adolescência o apelido pueril de "arroz-doce com canela".

Em uma das dezenas de testes feitos para disputar um papel na televisão, Alícia ouviu de um diretor famoso que – com certeza – receberia uma ligação. Ela, como sempre, acreditou. De fato, o seu telefone finalmente tocou. Do outro lado da linha, o diretor encheu a atriz de esperanças de uma forma inédita. Ela havia sido aprovada com louvor para o papel de uma advogada chique numa minissérie policial. Mas Alícia teria de passar por mais um teste. Marcaram no *hall* do Hotel Tivoli Mofarrej, no bairro de Cerqueira César, cuja diária de um quarto custava 1.140 reais. Alguns produtores de cinema realizavam audições no *foyer* do hotel. Com isso, Alícia acreditou se tratar de um encontro estritamente profissional. Ledo engano. O diretor, de 58 anos, condicionou o papel na produção a uma transa na suíte do hotel. Ele ainda justificou a nova rodada de teste com o argumento de que a personagem tinha muitas cenas de sexo e era imprescindível conferir a sua performance na cama. Louca para dar o pontapé inicial na carreira de atriz, Alícia topou. "Quem nunca?", ponderou. "Já havia transado tantas vezes e me arrependido depois… Imaginava que essa seria mais uma noite de sexo ruim. Pelo menos iniciaria a minha tão sonhada carreira de atriz", justificou a artista em fevereiro de 2020.

Os dois subiram para uma suíte e transaram. Alícia nem achou tão horrível assim, e o diretor elogiou o seu desempenho. No entanto, mesmo depois de se submeter ao "teste do sofá", a artista não ganhou vaga nem de figurante na produção. A negativa veio por meio de um telefonema dado pelo produtor de elenco. A justificativa foi, no mínimo, inusitada: ela era muito bonita para a personagem. Revoltada, Alícia encarnou o papel de uma garota de programa doida varrida e seguiu até o hotel vestida a caráter. Numa das salas de evento havia um grupo de atores famosos fazendo as primeiras leituras de roteiro com o tal diretor. Alícia invadiu o local sem pedir licença, interrompeu uma fala e declamou o seu texto de improviso em voz bem alta. Imaginando-se num palco, encenou olhando nos olhos do diretor:

– Boa tarde, senhor! Lembra de mim? Me chamo Alícia e sou prostituta. Meu nome de guerra é Estrela D'Alva! A gente transou loucamente na semana passada. Foi delicioso! Mas o senhor esqueceu de me pagar...

Sem dizer "corta!", o diretor interrompeu a cena da Estrela D'Alva afogado num poço de constrangimento. Ele e um produtor tiraram a atriz da luz dos holofotes e a arrastaram para a coxia. Houve um bate-boca:

– Você está louca? – perguntou o diretor.

– Sim. E você nem imagina o quanto, seu velho imundo! Se você não pagar o meu cachê, vou agora mesmo até uma delegacia denunciá-lo por estupro. Depois publicarei a cópia do boletim de ocorrência nas redes sociais para o meio artístico inteiro saber como você é escroto...

– Quanto custa o seu programa?

– Dez mil reais! – anunciou.

Por ser um diretor prestigiado no mercado, o homem resolveu pagar o cachê a Alícia no mesmo dia e assim evitar um escândalo na imprensa. A atriz ainda nem sonhava em ser garota de programa nessa época. Mas descobriu na decepção artística que Estrela D'Alva seria a sua melhor personagem. Desde então mergulhou de cabeça na prostituição de luxo e conquistou numa única audição uma vaga de protagonista no *cast* da mansão de Arethuza. Seu desempenho era tão bom que, no auge da carreira, sua agenda era lotada. Era uma das mais requisitadas para acompanhar empresários ricos em viagens de negócios pelo país e no exterior.

Na noite de estreia no bordel de luxo, Alícia foi contratada para acompanhar Marcos em uma viagem à unidade da Yoki de Campo Novo do Parecis, no Mato Grosso, dali a dois dias. Para preservar a imagem de homem casado, o empresário deixou a profissional hospedada em um hotel-fazenda e seguiu para os compromissos profissionais sozinho. Quando se livrou do trabalho, Marcos levou Alícia para conhecer a cachoeira de Salto Belo, uma volumosa queda d'água de 45 metros de altura. Passaram três dias na região feito casal em lua de mel. De lá, seguiram para uma aventura no Pantanal, onde passaram por um susto. Marcos alugou um barco, contratou um guia e desceu no fim da tarde com Alícia pelo Rio Claro, no município de Poconé, a 105 quilômetros de Cuiabá. Ao chegarem a um trecho apinhado de jacarés, o empresário pediu para o guia parar a lancha e desligar o motor. Marcos começou a jogar diversos peixes na água para atrair os animais selvagens e filmá-los bem de perto. Alícia congelou de medo quando se viu cercada pelos répteis. Depois de jogar o último peixe na água, os bichos ficaram com cara de "quero mais". Nessa hora, Marcos passou a filmá-los bem de pertinho. De repente, um deles tentou saltar para dentro do barco em busca de peixe. O animal conseguiu abocanhar a câmera do empresário e levou com ele na fuga. O barco balançou de um lado para o outro. Marcos e a garota de programa gritaram com medo de morrer. Depois do susto, o guia saiu em disparada e os dois riram da situação.

No final da viagem, o empresário disse estar apaixonado por Alícia, que correspondeu aos sentimentos dele cobrindo-o de beijos de folhetim. Na volta da viagem, Marcos contou para Lincoln ter conhecido a mulher da sua vida. Na sua sala com vista para a Marginal Pinheiros, na sede da Yoki, o executivo recebeu uma ligação em seu telefone fixo. Era Matheus, o gerente da mansão de Arethuza. Ele queria um *feedback* da atuação de Alícia, a nova contratada da casa:

– Ela simplesmente é a estrela mais linda do céu. Estou apaixonado. Quero subir no altar em breve! – romantizou Marcos.

– O cachê pela viagem de três dias com a artista ficou em 12 mil reais – anunciou o gerente, quebrando o clima de ternura.

Na mesma noite em que Marcos conheceu Alícia na mansão de Arethuza, Lincoln tentou sair com Penélope. A modelo estava circulando apática pelo salão. Não mostrava mais o seu tradicional sorrisão de outrora. O supermercadista sondou Matheus para saber se a profissional estava livre. Para sua decepção, ela estava reservada para Agustín, um empresário de 56 anos, argentino, milionário da área esportiva e frequentador do bordel de Arethuza desde a inauguração. Com negócios no Brasil e na Argentina, ele mantinha moradia nos dois países. Exigente e chato, Agustín costumava ser grosseiro com quem lhe servia. Humilhava garçons e manobristas da mansão falando um português meia-boca. Reclamava de tudo, até da forma como o drinque era harmonizado no bar. Tinha caspa e seborreia. Era baixinho, atarracado e braços curtos. Parecia um pinguim. Uma curvatura anormal no alto da sua coluna lhe rendeu o apelido maldoso de Quasímodo, o personagem do clássico *O corcunda de Notre-Dame*. Algumas garotas se recusavam a sair com Agustín tamanha era a sua feiura física e espiritual. Mas nem sempre era possível escapar daquele homem horroroso.

Penélope estava com a carreira de garota de programa de luxo em baixa quando Agustín encomendou a Arethuza uma prostituta para acompanhá-lo em um compromisso profissional em sua terra natal. Penélope foi a escolhida. O cachê a ser pago no final da viagem de quatro dias seria de 15 mil reais. Agustín viera ao Brasil buscar oito jogadores jovens e apresentá-los a clubes do país vizinho para possível contratação. Em Buenos Aires, o casal ficou no apartamento do empresário, no 43º andar do edifício Torre le Parc, um arranha-céu de 55 andares localizado no bairro de Palermo. Solteiro, Agustín costumava apresentar as modelos de Arethuza no Brasil e na Argentina feito namoradas, ou seja, como se elas fossem frutos de sua conquista. Em eventos sociais, andava de mãos dadas com as profissionais e fazia questão de dar beijinhos nelas a todo momento.

Os tentáculos da depressão já haviam alcançado Penélope de forma devastadora quando ela esteve em Buenos Aires, em 2004. A companhia desagradável do empresário argentino potencializou seu quadro patológico. No quarto, Agustín quis transar. Remunerada, a modelo não pôde dizer "não". E ai dela se dissesse, diga-se de passagem. Penélope deitou-se nua sobre a cama com a barriga para cima e ficou imóvel feito uma boneca inflável. Agustín não reclamou da inércia e fez sexo oral nela. A jovem não sentia nada. Parecia não estar ali. O cliente transou com a mulher na mesma posição por mais de uma hora. Ele ainda tentou virá-la de costas, mas a modelo parecia anestesiada. Não saiu do lugar. Depois de ejacular, Agustín se trancou no banheiro e saiu de lá todo arrumado. Desceu para encontrar os jogadores de futebol no *lobby* do Hotel Hilton.

Sozinha no apartamento do Quasímodo e bem longe de casa, Penélope ficou circunspecta. Os efeitos destruidores da doença comprometiam o seu organismo. Enfrentava distúrbios de sono – ficava até três dias sem dormir – e comia pouco, feito passarinho. Sofria com agitação psicomotora e chorava sozinha a qualquer hora do dia ou da noite sem motivo específico. Impossível sua vida ficar pior do que estava. No apartamento de Agustín, ela não tinha mais energia nem para ficar de pé. Sozinha no quarto, arrastou-se até a janela e olhou o limiar do firmamento a uma altura superior a 100 metros do chão. Pensativa, Penélope revisitou o passado. Sentiu uma culpa colossal por não ter desmascarado o pai abusador. Estava desolada com a vida aviltante que levava. Sua autoestima naquele momento estava mais baixa do que o cimento da calçada vista lá do alto. A modelo puxou uma cadeira para perto da janela, subiu nela e se debruçou no parapeito. Mergulhada em um sofrimento incomensurável e sem qualquer esperança, pensou em como seria a finitude da própria vida. De repente, deparou-se com Ariel, a criança de 8 anos de sexo indefinido cuja existência se materializava somente em seu delírio esquizofrênico. A criatura imaginária a interpelou:

– Não faça isso! Pelo amor de Deus! Não faça isso! Não aqui, longe dos seus familiares. Não sem se despedir das pessoas que te amam...

Penélope desmaiou no chão do quarto de Agustín e só acordou num leito do Hospital Italiano de Buenos Aires, conforme relatou em seu diário. Ela teve um sobressalto quando recobrou os sentidos e descobriu estar internada fazia uma semana. A um médico, ela perguntou por que estava hospitalizada havia tanto tempo. Ouviu dele o seguinte diagnóstico:

– Você está com um quadro grave de depressão. A internação foi necessária porque você perdeu a capacidade de autodeterminação. Não consegue mais se autogerir. O ideal seria eu conversar com os seus familiares, pois não é recomendável você sair daqui sozinha. As enfermeiras informaram que você não tem parentes na Argentina.

Enquanto o médico falava com Penélope, Agustín entrou no quarto. Ele foi questionado pelo doutor:

– O senhor é parente dela?

– *Dios no lo quiera*! Essa mulher de rosto bonitinho é uma piranha suicida *de lujo*! Por pouco ela não se jogou da minha janela. Imagine quão escandaloso seria ter *una perra* estatelada no *playground* do meu prédio. Vim aqui entregar a passagem para ela voltar ao Brasil. Se quiser se matar, ela que faça isso bem longe do meu país. Piranha!

Apesar de Arethuza já ter sentido na pele o poder devastador da depressão, ela não se sensibilizava com o drama de Penélope. A cafetina ficou irritadíssima quando recebeu uma ligação de Agustín reclamando dos problemas causados pela modelo em Buenos Aires. O empresário fez questão de frisar que não pagaria pelo serviço da acompanhante e ainda pediu reembolso da conta do hospital e da passagem aérea. Com medo de ter seu nome envolvido em escândalo, a cafetina mandou Matheus até Buenos Aires resgatar a jovem das garras do Quasímodo.

Penélope foi deixada na casa da mãe, Marieta. Naquela época, ela nem sonhava que a filha era garota de programa de luxo. Para ela, a modelo ganhava muito dinheiro apenas fazendo fotos. Apesar de saber da doença da filha, Marieta não desconfiava do seu perfil suicida. Muito menos que o responsável pela desgraça da jovem era o seu ex-marido, morto em um acidente de carro havia três anos. Na época do funeral do pai abusador, a modelo fazia uma campanha em Xangai, na costa central da China, e usou os compromissos profissionais como desculpa para faltar ao enterro. A morte do estuprador não serviu nem para amenizar o trauma das aranhas-caranguejeiras. Marieta acomodou a filha no melhor quarto do apartamento de 200 metros quadrados em que morava, na Vila Mariana. O irmão mais novo da modelo, Ruy, de 22 anos, ocupava o quarto ao lado. Na época, a família morava no 18º andar.

Na casa da mãe, Penélope passava boa parte do tempo dormindo por causa dos remédios pesados. Ela acordava de dez em dez horas, tomava sopa, descrevia em seu diário os pesadelos e a vontade incomensurável de se matar para se livrar da dor arraigada em sua alma. "Faz um mês que não acho graça de nada. Não tenho mais paladar nem olfato – às vezes, nem audição. Não faço nada produtivo o dia inteiro. Ou seja, apenas existo", escreveu no caderno, dois meses depois de voltar de Buenos Aires. Quando ficava muito fraca, recebia alimentação intravenosa. Com a vida da modelo por um fio, a casa da mãe era tão aconchegante quanto ameaçadora. O maior perigo era a varanda panorâmica de quase 30 metros quadrados de fácil acesso. Vulnerável emocionalmente, o fim da linha era só uma questão de tempo.

Numa noite fria, por volta de uma da madrugada, Marieta foi até o cômodo da jovem ver como ela estava. Para aquecê-la, sobrepôs um edredom e cerrou a cortina *blackout* feita de poliéster, deixando o quarto 100% escuro. Marieta deu um beijo de despedida na testa da filha, apagou a luz e saiu. Penélope fingia dormir. Levantou-se da cama, escreveu no diário por horas, caminhou de camisola até o janelão e abriu a porta de vidro de acesso à varanda. De cima, as luzes da cidade de São Paulo eram melancólicas. Singelo, Ariel se materializou mais uma vez diante da jovem. A criança ignorou o perigo e ficou sentada bem à vontade na mureta da sacada com as pernas viradas para o lado de fora. Penélope o cumprimentou com um sorriso apagado, olhou fixamente para o infinito e perguntou ao anjinho:

– Os meus olhos estarão fechados ou abertos quando eu estiver despencando?

O fantasma pegou firmemente nas mãos de Penélope e fez um convite:

– Vamos conferir isso juntos?

* * *

Elize usava as habilidades de técnica em enfermagem para consertar o rosto lindo de Chantall. A garota era espancada em praticamente todos os programas. Na nova fase de trabalho, Salim, o tabelião, era o seu cliente preferido. Além de rico, dominava as técnicas violentas do *bondage* e sabia bater sem machucar muito. O único problema era sua predileção em acertar o rosto da jovem goiana. Joel e Elize não aprovaram a nova especialidade (apanhar dos clientes) da amiga. Chantall justificava a violência com as dívidas de IPTU da casa de Aporé (GO), o tratamento de Alzheimer da mãe e o sonho de ver o irmão Lucas com diploma de odontólogo. Se estivesse fazendo programas convencionais, não juntaria tanto dinheiro tão rapidamente. Após a violência, a profissional entrava em isolamento por dez dias para esperar os hematomas do rosto sumirem.

Sem estudo, Chantall não tinha muitas alternativas profissionais além da prostituição. Era por essa lente que ela enxergava a vida. Já Elize, se quisesse, abandonaria a carreira de garota de programa. Com certificado de técnica de enfermagem e de contabilidade, podia levar uma vida modesta como a da maioria dos brasileiros. Seria fácil, por exemplo, conseguir uma vaga de profissional da saúde em hospitais particulares de São Paulo. Sua passagem pelo conceituado Hospital Nossa Senhora das Graças, em Curitiba, era uma boa credencial. Poderia, ainda, voltar a cuidar de pacientes em tratamento paliativo, uma área promissora e bem remunerada. Mas não. Ambiciosa, Elize não se contentava com pouco. Queria mais e mais. Andar de metrô, nem pensar. Queria carro novo. Segundo amigas do meretrício, ela sonhava em subir na vida se casando com um homem rico. Seu plano A era fazer um cliente afortunado cair apaixonado aos seus pés. "A vida na prostituição é muito dura. Todas as garotas de programa sonham em ser resgatadas por um cliente. Nenhuma delas quer viver na zona para sempre. Não tem nada de errado em viver em busca de um casamento", ponderou Joel, um dos maiores incentivadores dos planos de Elize. No entanto, à noite, quando deitava a cabeça no travesseiro, a paranaense se lembrava da profecia de Estella, a amiga enfermeira de Curitiba que largou o meretrício para se tornar dona de posto de combustível: "Uma prostituta só tem dois destinos na vida: a glória ou a desgraça. Não tem meio-termo". Como estava com a carteira de clientes em baixa, Elize resolveu aceitar a sugestão de Joel e fazer um cadastro no MClass. O gerente da boate do Baixo Augusta também prometeu introduzir Elize em uma nova rede de prostituição constituída recentemente em São Paulo, só com garotas vindas de outros estados. O plano era encontrar nesse novo nicho o seu futuro marido.

O MClass era o bordel virtual preferido de Marcos e Lincoln. Na *home* do site, havia dezenas de fotos de garotas de programa em poses sensuais, mas sem revelar muita coisa. Para acessar as imagens das acompanhantes completamente sem roupa, o usuário teria de pagar uma mensalidade de 25 reais, valor no início da década de 2000. Em fevereiro de 2021, o passaporte já custava o dobro. Em 2004, a página estava no ar fazia sete anos e contava com um catálogo de 150 mulheres, incluindo "mulheres trans lindas", conforme estava descrito no site. Segundo o dono do negócio, Rodrigo Henrique Sano de Souza, o MClass tinha as garotas de programa mais bonitas do país. "Para homens que preferem elegância e classe, criamos uma plataforma simples e atraente, na qual é possível escolher a sua companhia preferida para uma aventura perfeita e emocionante", escreveu Rodrigo no prefácio do catálogo. Ainda de acordo com o administrador dos classificados, as modelos do seu elenco foram selecionadas com "muito cuidado". Lá, a variedade era grande. Havia prostitutas de todo tipo e para todos os gostos.

Na apresentação das garotas, o site dava um conselho aos clientes: "Escolha a sua acompanhante com base no instinto ou pela preferência pessoal. Entregue-se a uma garota de alta classe e desfrute de um encontro sensual inesquecível". Na parte de baixo do endereço eletrônico havia uma autopromoção: "Quando escolhe uma acompanhante MClass, você tem a certeza de que poderá levá-la a qualquer tipo de atividade. Temos todos os estilos de acompanhantes: namoradinhas, universitárias, modelos, massagistas, *camgirls*, *sugar babies* e muito mais. Ela poderá impressionar seus colegas em uma convenção de negócios ou os seus amigos em um evento social". O MClass finalizava a descrição dos seus valores com uma promessa: "As nossas modelos podem ser aquela pessoa bonita e interessante para você conversar quando quiser dar uma fugidinha de reuniões menos interessantes. Elas irão oferecer-lhe uma companhia incrível durante o dia ou à noite. [...] As nossas mulheres estão ansiosas para agradar e tratar você como um rei. Elas irão te garantir absoluta discrição e companheirismo de qualidade e prazer inigualáveis".

Por intermédio de Joel, Elize marcou para visitar Rodrigo, proprietário do MClass. O encontro ocorreu na sede do site, no município de Barueri. A paranaense tinha 23 anos quando pisou pela primeira e única vez no prostíbulo virtual. Rodrigo explicou a dinâmica do empreendimento. Ela precisaria fazer uma sessão de fotos nua e um vídeo para assinantes; pagar 250 reais por semana ou 800 reais por mês. Em 2021, o valor do anúncio para cada sete dias já custava 450 reais e o mensal, 1.200 reais. Para anunciar, as modelos assinavam um termo de autorização avalizando o uso das imagens, além de rubricar um contrato simples. Para não disputar modelos com a concorrência, uma das cláusulas do contrato exigia exclusividade. Ou seja, Elize não podia se expor em qualquer outro site de acompanhantes, muito menos ser agenciada por cafetinas. Caso quisesse romper o acordo e remover as fotos do MClass, bastava ela ligar fazendo o comunicado.

Foi o próprio Rodrigo quem fez o ensaio nu de Elize, cobrando dela 900 reais. Em fevereiro de 2021, as sessões de fotos das mulheres para o site eram terceirizadas e custavam entre 1.200 e 2 mil reais. A princípio, Elize ficou nervosa na hora de se despir para a lente do fotógrafo. Seu maior medo morava na possibilidade de a família descobrir sua vida de prostituta. No entanto, ela pôs na balança o fato de já estar nas mãos de Pedro, o ex-namorado ciumento que levou consigo esse segredo para Chopinzinho. A jovem também achava os ensaios nus publicados pelo MClass meio vulgares. Rodrigo prometeu fazer somente fotos de bom gosto. Depois de muito ponderar, Elize tomou três *shots* de tequila, tirou a roupa e se entregou. Foram mais de 100 fotos numa noite inteira de trabalho. "Minhas impressões sobre ela na época eram de uma garota extremamente quieta, tímida e desajeitada para as fotos, o que contraria o perfil das acompanhantes que fotografamos há anos neste ramo. Na dúvida, perguntei se ela tinha ciência de que estava anunciando em um classificado de garotas de programa. Ela respondeu que sabia como o site funcionava", disse Rodrigo.

No anúncio do MClass, Elize se identificou como Kelly, o seu *alter ego*. Anos mais tarde, o apelido escolhido por ela para se prostituir desde Curitiba foi motivo de desavença na família. O codinome havia sido copiado da sua meia-irmã, Kelly Giacomini. A garota dona do nome tinha 18 anos quando o anúncio de Elize foi publicado na internet. A verdadeira Kelly era filha do pai de Elize, Valter Giacomini, com a dona de casa Terezinha Ivanilda Forte Giacomini. A jovem morava em Curitiba e ficou assustada quando viu seu nome sendo usado em sites de acompanhantes por alguém da família. As duas irmãs eram bem parecidas – ambas bonitas, traços finos, loiras e cabelos lisos na altura dos ombros. Alguns amigos da legítima Kelly descobriram o anúncio e passaram a perguntar quanto custava o programa, deixando-a revoltadíssima. "Até hoje não entendo por que a Elize usou o meu nome para se prostituir. Queria tirar satisfação com ela, mas a minha mãe não deixou", relatou Kelly, a autêntica.

Elize estreou com destaque na primeira página do MClass no dia 1º de setembro de 2004. A imagem escolhida para valorizar o seu perfil mostrava a jovem deitada de bruços sobre um tapete marfim e agarrada a uma almofada preta, lembrando uma postura de ioga conhecida como esfinge. Ao fundo, havia uma parede de tijolos aparentes. Encarando as lentes de Rodrigo com olhar de desejo, ela vestia apenas corpete branco de renda e bordado com flores coloridas, mantendo as nádegas com marcas de sol à mostra. "Sou uma loirinha muito carinhosa. Você não vai se arrepender", dizia a legenda da foto. A idade ela mentiu. Baixou dos 23 anos para 19. A ideia de enganar os clientes foi dada por Rodrigo. "Quanto mais novinha, melhor. Vai falando que você tem 19 até alguém achar estranho. Quando ficar forçado, você aumenta para 20, 21 e por aí vai...", aconselhou o cafetão cibernético. O anúncio descrevia Kelly como uma deusa do amor. Tinha 1,65 m de altura, 50 quilos e manequim 36. Quem clicasse no link "mais fotos" se deparava com 22 imagens da profissional nua em pelo e mais um vídeo pra lá de lascivo. Ela postou o número do telefone celular no site e ele não parou de tocar. Os clientes queriam a falsa Kelly de manhã, de tarde, de noite, no café da manhã, no almoço, no lanche da tarde e no jantar.

Na mesma época do anúncio no MClass, Joel apresentou Elize para uma cafetina piauiense de 55 anos conhecida como Violeta. A senhora, magrela feito um palito, só vestia *tailleur* e *blazer* como se fosse executiva. Administrava uma rede de prostituição alternativa com 20 profissionais com idades entre 18 e 21 anos. Ela ganhou fama no mercado por manter garotas bonitas, por um curto período, em seu catálogo. Quando as jovens completavam três meses em seu portfólio, ela fazia substituições com a justificativa de que os seus clientes não gostavam de repetir prostitutas. A alta rotatividade mantinha o negócio de Violeta oxigenado permanentemente. Sua tabela era fixa. Uma hora com uma das suas garotas custava 300 reais, e metade desse valor ficava com ela. "Puta é que nem música boa: faz muito sucesso no lançamento. No entanto, depois de muito executada na rádio, ninguém aguenta mais ouvir. [...] Os clientes de São Paulo gostam de ninfetinhas. Uma garota com 18 anos e cara de 18 não trabalha comigo.

Tem de ter 18 e jeitinho de 14. Nada de universitária. Tem de parecer do Ensino Médio, sabe?", explicou a senhora. Ela jurava de pé junto nunca ter agenciado menores de idade. "Jamais poria o meu negócio em risco a essa altura da vida", pontuou.

    Violeta enviou clientes para Elize, mas a sua maior demanda vinha mesmo do MClass. A jovem cobrava 300 reais a hora. O tempo era cronometrado rigorosamente por CDs de 60 minutos de duração. O cardápio musical variava de acordo com o perfil do cliente. Tinha canções românticas internacionais, dance-pop, soul music, jazz, rhythm and blues, baladas de rock e música eletrônica. A questão do tempo do programa era bem explicada para os clientes. Quando a *playlist* começava a tocar, estava dada a largada. Se as músicas terminassem antes de o cliente concluir o serviço, era oferecida a opção de um tempo suplementar. A cada 15 minutos excedentes, eram cobrados 70 reais. A acompanhante não fazia muita questão dos minutos extras porque a sua agenda ficava sobreposta. A maioria dos encontros ocorria em seu *flat*, no Itaim, e a quase totalidade dos seus clientes era formada por homens comprometidos, o que dificultava os planos de se casar com um deles. Como toda novidade, Elize ficou disputadíssima. Profissional dedicada e organizada, ela conseguia fazer, em média, 25 programas por semana. Em época de Fórmula 1 no Autódromo de Interlagos, ela chegava a fazer dez atendimentos em 24 horas. Também acompanhava clientes em viagens de negócios. Vendendo o corpo, Elize faturava aproximadamente 30 mil reais no mês. "Essa era a minha moeda de troca", definiu em 2021.

    Acontece que se prostituir por meio de anúncio na internet é um jogo perigoso, ainda mais porque os encontros são marcados às cegas e executados em larga escala. Quando fazia ponto na boate do Baixo Augusta, Elize era apresentada aos clientes antes de transar com eles. Pelo MClass e por indicação de Violeta, a jovem só via a cara do sujeito quando abria a porta para ele entrar. Nessa dinâmica, os encontros passaram a ser uma espécie de sorte ou revés. Certa vez, um homem ligou para marcar uma hora com Kelly. Entre um cliente e outro, ela reservava pelo menos 30 minutos para trocar a roupa de cama, posicionar as almofadas no sofá da sala e acender pelo menos um incenso para aromatizar o ambiente. Na hora combinada, o cliente interfonou e bateu à sua porta na sequência.

Kelly levou um susto. Era um senhor esquisitíssimo de aproximadamente 50 anos, com chapéu em forma de cone, barba grisalha enorme e todo vestido de preto. Ele se sentou no sofá e ficou calado, ouvindo música e meditando por cerca de meia hora. Pagou os 300 reais e pediu um copo de água. Ela o serviu e avisou sobre o cronômetro:

– Eu não vou transar com você! – avisou o cliente.

– Não?! – espantou-se Kelly.

– Não. Mas eu quero que você tire a roupa toda e fique no chão, de quatro, feito uma cadela.

Kelly obedeceu. O homem, então, todo vestido, começou a tocar na garota de programa como se fizesse um exame ginecológico. Quando faltavam dez minutos para o programa encerrar, ele abriu as calças e se masturbou. Depois de ejacular no tapete, o cliente se vestiu e pediu para voltar na semana seguinte. Elize tinha tantos clientes comuns que resolveu dispensá-lo para não perder tempo com bizarrices. Ela o indicou para Chantall, que era especializada em todo tipo de fantasia. Na hora seguinte, Kelly recebeu o gerente de banco Kaul Menezes, de 40 anos. Mineiro e morador de Campos do Jordão, ele tinha os cabelos pretos bem curtos e olhos azuis. O bancário era um homem bonito, educado, corpo atlético, vivia perfumado e andava muito bem vestido com roupas sociais. Kaul era casado com uma dona de casa chamada Georgina. Ele chegou até Kelly por indicação de Violeta. Distraída com os carinhos do cliente *estilo*, ela nem se deu conta de que o CD de uma hora havia acabado e o tempo do programa extrapolou. O sexo já tinha encerrado, mas Kaul continuou deitado de graça na cama aconchegante da garota de programa. Kelly vislumbrou naquele cavalheiro a possibilidade de namoro e até de matrimônio. Ele olhou para o relógio e pediu para tomar um banho junto com a jovem. Debaixo do chuveiro, transaram pela segunda vez. No meio do ato, Kaul virou a acompanhante de costas de forma brusca e a empurrou contra a parede para forçar sexo anal. A violência não estava no roteiro. Kelly perdeu o encanto com a falta de romantismo. Ela frisou não ter gostado da atitude e encerrou o programa imediatamente. Kaul se desculpou, vestiu-se e foi embora. Mais um cliente encaminhado a Chantall.

Às vezes, os encontros de Elize esbarravam no perigo. Certa vez, ela recebeu em casa um sujeito carrancudo, malvestido e bastante agitado.

Parecia ter vindo da Cracolândia. Ela ficou em pânico. Tentou desistir do programa, mas estava apreensiva com uma possível reação hostil. O homem tirou a roupa e foi possível perceber uma arma de fogo e uma chave de carro presas em sua cintura. No final do atendimento, ele pagou os 300 reais combinados e confessou ser assaltante profissional e viciado em garotas de programa. Sua especialidade no crime era roubar telefone celular no meio da rua e fazer sequestro relâmpago para comprar drogas:

– Isso é problema para você? – quis saber.

– Imagina... – mentiu Kelly, cheia de medo.

Antes de sair, o bandido ainda consumiu um cachimbo de crack no meio da sala e foi até o banheiro. Fez cocô e nem sequer deu a descarga. Para amenizar os riscos na hora de abrir a porta, Elize passou a pagar 100 reais por mês aos três porteiros do seu *flat*. Com o recebimento da gorjeta, eles faziam um filtro nos clientes antes de autorizar a subida. O critério era meramente subjetivo. "Se eu percebesse que o homem era muito mal encarado, esquisito ou menor de idade, dizia que ela não morava lá. A dona Kelly também não gostava de receber homens muito gordos, muito velhos e gente embriagada", contou o porteiro Carlos de Assis, funcionário do *flat* onde Kelly atendia no bairro do Itaim. Como assim, "toda essa exigência?". "Olha, em 2004, era um entra-e-sai tão intenso de homens e mulheres no apartamento dela e de outras prostitutas que a portaria parecia a estação da Sé do metrô na hora do *rush*", exagerou o porteiro, rindo. A propósito, a referida estação atende as linhas azul e vermelha do sistema metroviário de São Paulo e por ela corria um fluxo de cerca de meio milhão de pessoas por dia, segundo dados da Companhia Paulista de Trens Metropolitanos (CPTM).

* * *

A prática da prostituição feminina é um fenômeno social complexo desde a Antiguidade. Bem lá atrás, a atividade era nobre e as meretrizes costumavam ser até enaltecidas e valorizadas. Na Idade Média, foram escravizadas e obrigadas a recolher altos impostos sobre seus serviços sexuais. Com a sobretaxação, passaram a praticar o escambo, trocando sexo por mercadorias, desvalorizando o trabalho e o próprio corpo. Para piorar, a Reforma Religiosa do século XVI acusou as cortesãs de disseminação de infecções sexuais transmissíveis (ISTs), perpetuando um estigma existente até hoje.

Elas também teriam tido lugar de destaque no Novo Testamento. Uma das personagens bíblicas mais intrigantes é Maria Madalena, mulher retratada pelos fiéis ao longo dos tempos como prostituta, mas que hoje desfruta do *status* de santa. Sua trajetória no livro sagrado esteve envolta em um manto de mistério. Dentro da Igreja Católica, quem descreveu Madalena como uma mulher da vida e pecadora foi o papa Gregório Magno, no ano de 591. A definição teria como base um trecho da Bíblia: "E eis que uma mulher da cidade, que era uma pecadora, quando soube que ele estava à mesa em casa do fariseu, trouxe um vaso de alabastro com bálsamo e colocou-se a seus pés por trás dele, chorando, e começou a lavar seus pés com lágrimas, e os enxugava com os cabelos de sua cabeça, e beijou seus pés, e os ungiu com o unguento... E ele disse a ela: 'Os teus pecados estão perdoados.'"

Quem pintou Madalena como bem-aventurada recorreu a um fato marcante também descrito na sagrada escritura. Ela teria sido a primeira testemunha ocular a se deparar com Jesus ressuscitado. Elementos mais recentes também ajudaram a promover Madalena ao posto de nora de Deus. Em 2012, a historiadora Karen King, professora da Universidade de Harvard, nos Estados Unidos, disse ter encontrado um pergaminho com inscrições atribuindo a Madalena o papel de esposa de Jesus e não de mulher da vida. O fragmento estaria escrito em copta, um idioma do Egito Antigo já extinto. Ao traduzir uma passagem do papiro, Karen teria encontrado frases soltas do tipo "Maria é merecedora disso [...] Jesus disse a eles: 'Minha esposa' [...] Ela será a minha discípula". Como a pesquisadora não quis revelar a fonte do pergaminho, sua teoria foi posta em dúvida.

Outra pesquisadora, Jennifer Ristine, presidente do Instituto Madalena, com sede em Israel, também refutou a retratação da personagem bíblica como meretriz e adúltera ao publicar uma biografia sobre ela, em 2016. "Ao longo dos tempos, houve muitas interpretações equivocadas sobre a vida de Maria Madalena. Ela era uma mulher rica, de um povoado economicamente bem posicionado e não necessariamente uma prostituta", assegurou. De fato, a Bíblia traz passagens mostrando a riqueza de Madalena. Ela teria comprado um óleo com aromas especiais caríssimo para besuntar o corpo de Jesus após a sua morte. Outros três versículos do Evangelho de São Mateus asseguram que, além de rica, Madalena era uma mulher dedicada e fiel. Um deles afirmou que ela ficou ao pé de Jesus na cruz junto com Maria e o discípulo João por dias sob o sol, chuva, raios e trovoadas. Com tamanho protagonismo, a personagem sagrada perdeu oficialmente a pecha de messalina e foi canonizada em 2016 pelo Papa Francisco. O pontífice a nomeou Madalena "a apóstola dos apóstolos". Apesar de ser adorada no meretrício, Santa Maria Madalena não é padroeira das prostitutas. Quando querem alcançar uma graça, as trabalhadoras do sexo costumam recorrer a Margarida de Cortona, uma santa ex-amante de um nobre italiano com quem teve um filho.

No Brasil, reza a lenda que as primeiras prostitutas desembarcaram na caravana de Pedro Álvares Cabral em 1500, no século XV. O maior portal de Educação do país, Brasil Escola, referenda essa informação quando narra a chegada das naus portuguesas. "Era comum, nessas expedições marítimas da Idade Moderna, prostitutas serem levadas escondidas nas embarcações". No entanto, os primeiros registros históricos ocorreram só no século XIX, a partir justamente da criminalização da atividade. Policiais faziam investidas violentas contra elas no meio das ruas e praças das principais capitais. A partir dessa caçada implacável, iniciou-se um movimento de resistência e exclusão, pois as mulheres passaram a trabalhar em becos e sofrer marginalização. Segundo escreveu o cientista social e antropólogo canadense Erving Goffman, em sua obra *Estigma: notas sobre a manipulação da identidade deteriorada*, quando a sociedade expele indivíduos menos qualificados ou menos valorizados, atribuindo-lhes aspectos negativos, cria-se um sentimento de indignidade. Essa teoria explicaria por que, ao longo dos tempos, as prostitutas se afastaram dos serviços básicos de saúde, das assistências sociais e até das possibilidades de melhoria de vida. "No Brasil, não existe uma política pública eficiente voltada para as necessidades específicas da mulher que tem a prostituição como profissão", escreveram as cientistas sociais da medicina preventiva Simone Monteiro e Wilza Villela, no livro *Estigma e saúde*.

Segundo o jurista paranaense Victor Romfeld, autor do livro *Inimigas da moral sexual e dos bons costumes*, a prostituição perpassa as mais diversas áreas do conhecimento, atingindo aspectos profundos da sociedade, como economia, trabalho, sexualidade e relações de gênero. "No Brasil, trata-se de uma temática marcada por um incômodo paradoxo. Por um lado, pouco se fala a respeito: as prostitutas existem, estão nas ruas, nos anúncios de jornal e da internet, nos centros das cidades, nas casas de massagem, nas mansões de luxo, frequentando cursos universitários e os mais variados ambientes. No entanto, a profissão não é reconhecida como se fosse uma opção digna de subsistência, fazendo com que as trabalhadoras sexuais tenham seus direitos sistematicamente negados", destacou Romfeld.

Com o tempo, as trabalhadoras do sexo passaram a se organizar. Fundaram entidades não governamentais e lutaram pelos seus direitos. A primeira grande vitória do movimento social ocorreu em 2002, quando o Ministério do Trabalho regulamentou a atividade sexual como profissão, atribuindo-lhe o código 5198 no rol da Classificação Brasileira de Ocupações (CBO). Segundo o Ministério do Trabalho descreveu no item "competências pessoais", as prostitutas devem ter os seguintes atributos no exercício da profissão: "Ser paciente, demonstrar capacidade de persuasão e comunicação; realizar fantasias sexuais, capacidade de ouvir, capacidade lúdica, demonstrar sensualidade, reconhecer o potencial do cliente e cuidar da higiene pessoal, além de manter sigilo". O órgão do governo federal também descreveu a dinâmica desse tipo de serviço: "As profissionais do sexo buscam programas, atendem e acompanham clientes e participam de ações educativas no campo da sexualidade". No quesito "formação e experiência", os técnicos do governo sugeriram a quarta série do Ensino Fundamental como escolaridade mínima para atuar nessa labuta, além de fazerem um alerta importante: "As profissionais do sexo podem estar expostas a intempéries e discriminação social. Há ainda riscos de contágio de infecções sexualmente transmissíveis, maus-tratos e até morte". O Ministério do Trabalho descreveu ainda como deve ser a dinâmica das prostitutas. "Buscar programa, agendá-lo, produzir-se visualmente para atender o cliente, seduzi-lo, negociar, insistir para o uso do preservativo, utilizar gel lubrificante à base de água, denunciar violência física e administrar o orçamento pessoal. Especificar o tempo de trabalho, fazer *striptease*, acolher e relaxar o cliente, além de dialogar com ele; acompanhá-lo em festas, jantares e viagens."

A regulamentação da prostituição no Ministério do Trabalho foi um passo importante, pois elas puderam recolher INSS e aposentar-se. Mas falta muito para serem reconhecidas legalmente como profissionais. No Brasil, a prática da prostituição não é ilegal, mas todo o universo à sua volta é criminalizado, mantendo-as num limbo jurídico. De acordo com o Código Penal, por exemplo, tirar vantagem financeira da prostituição participando diretamente do seu lucro é crime previsto em pelo menos dois artigos. O 230 prevê pena de um a quatro anos de cadeia mais multa para a cafetinagem ou rufianismo, como é chamada a prática dos agentes e donos de bordéis. Já o artigo 228 prevê até cinco anos de reclusão para quem induzir ou atrair alguém à prostituição ou facilitá-la. Essas regras tornaram-se letras mortas no Brasil porque casas de prostituição disfarçadas de boates, como a mantida por Arethuza no Baixo Augusta, a Love Story e o Bahamas Club, eram consideradas as mais populares de São Paulo e funcionaram descaradamente em endereços famosos. Todo o mundo sabia o que ocorria lá dentro. Pelo Código Penal, estariam cometendo crime de rufianismo todas as cafetinas: Estella, Arethuza, Joel, Violeta e Jeany; e até quem aluga os *flats* onde as garotas fazem atendimento, além dos donos dos sites de classificados, a exemplo de Rodrigo, do MClass.

Parte das trabalhadoras do sexo sonhava com a legalização definitiva da profissão, o que equipararia a prostituição às outras carreiras. Só assim elas teriam direitos trabalhistas, como carteira assinada, férias remuneradas e até plano de saúde, caso fossem contratadas por um bordel legalizado. Nenhum projeto percorrido pelos dutos burocráticos do Congresso Nacional conseguiu esse feito, graças às bancadas conservadoras e religiosas impregnadas na Câmara dos Deputados. A proposta que mais avançou foi a de número 4.211/12, de autoria do ex-deputado Jean Wyllys (PT). O projeto foi batizado de Lei Gabriela Leite, em homenagem à prostituta ativista morta vítima de câncer no pulmão, em 2013. As maiores críticas das intenções do ex-deputado egresso do *Big Brother Brasil* estavam na possibilidade de a legalização das casas de encontros estimular a prostituição, prática considerada insalubre e degradante por especialistas. Segundo o projeto de lei, no entanto, a comissão das cafetinas sobre o trabalho das profissionais do sexo não poderia ser superior a 50%. Arethuza, por exemplo, ficava com 60% do cachê das suas modelos.

A prostituição é legalizada e regulamentada em pelo menos oito países europeus (Países Baixos, Alemanha, Áustria, Suíça, Grécia, Turquia, Hungria e Letônia) e na Nova Zelândia. Nos Estados Unidos, a atividade é crime grave em 49 dos 50 estados, acarretando punição severa tanto para a prostituta quanto para o cliente. A exceção ocorre no estado de Nevada, onde se localiza a cidade de Las Vegas. Lá, o comércio do sexo corre solto e atrai turistas do mundo inteiro. Na Holanda, o sexo remunerado é liberado há décadas, mas uma campanha feminista iniciada em 2018, intitulada "eu não tenho preço", estava pressionando o Parlamento para criminalizar a atividade como forma de reduzir a violência contra a mulher.

Uma das principais entidades brasileiras comandadas por prostitutas, a Central Única de Trabalhadoras Sexuais (CUTS), posicionou-se contra o projeto de lei de Jean Wyllys. As dirigentes concluíram que a medida, se aprovada, referendaria um modelo de sociedade baseado em sistema capitalista, patriarcal e machista. "Temos mais é que lutar por políticas públicas que tirem as mulheres da condição de prostitutas", desabafou Rosane Silva, secretária nacional da Mulher Trabalhadora da Central Única dos Trabalhadores (CUT). Outra crítica ao projeto de lei de Wyllys repudiava a alta comissão (até 50%) a ser paga aos donos de bordéis em cima do cachê das prostitutas. Nas defesas feitas na tribuna da Câmara, o ex-deputado afirmava que os cafetões já atuavam como empresários explorando as garotas de forma descarada, citando na época o Bahamas Club, em São Paulo. Em 2013, Wyllys incendiou o debate ao acusar publicamente o Congresso brasileiro de conservador e hipócrita. O então parlamentar disse na época ter um levantamento exclusivo e inédito apontando que 60% dos 513 deputados usavam serviços de prostitutas. No dia 24 de janeiro de 2019, Wyllys abandonou o mandato alegando sofrer ameaças de morte. Seu projeto de lei foi arquivado sem ser votado sete dias depois de ele deixar o Parlamento. Essa não foi a primeira proposta para regulamentar os serviços sexuais. Os ex-deputados Fernando Gabeira (PV-RJ) e Eduardo Valverde (PT-RO), já falecido, tentaram emplacar um projeto semelhante, mas suas intenções também tiveram a gaveta como destino. Para desespero das prostitutas e de seus clientes, ainda tramitava por lá em 2021 um projeto de lei (377/2011) de autoria do deputado-pastor-delegado João Campos de Araújo (Republicanos-GO), cuja proposta é criminalizar com pena de um a seis meses de detenção o sujeito que contratar serviços sexuais. Tudo em nome da família, da moral e dos bons costumes.

Em julho de 2023, o jornalista Leonardo Sakamoto revelou no portal UOL que três mulheres profissionais do sexo tiveram suas carteiras de trabalho assinadas após uma fiscalização do Ministério do Trabalho e Emprego (MTE). O reconhecimento do empregador ocorreu em Itapira, município de 75 mil habitantes no interior de São Paulo. Segundo o MTE, foi a primeira vez que uma inspeção efetivou o vínculo empregatício de prostitutas no Brasil. Os fiscais as descobriram ao investigar uma denúncia anônima sobre mulheres trabalhando em condições análogas às de escravizadas em boates. Os estabelecimentos ofereciam os serviços sexuais de mulheres cissexuais migrantes de outras regiões do Brasil. As condições não se configuraram escravidão contemporânea, mas de informalidade. Não havia indício de aliciamento nem de tráfico de seres humanos. As condições de alojamento, alimentação e remuneração estavam adequadas, apesar de algumas irregularidades. Também não havia indícios de servidão por dívida e de degradação. Como os fiscais constataram que eram de fato empregadas, mas sem contar com direitos e proteções sociais previstos em lei, exigiram sua contratação formal através de um termo de ajustamento de conduta firmado com o Ministério Público do Trabalho. Em 2010, os fiscais do MTE já haviam flagrado garotas de programa em situação de trabalho escravo em boates do Mato Grosso. Na época, os empregadores foram obrigados a pagar seguro-desemprego para elas. No entanto, nunca uma prostituta havia sido registrada na carteira de trabalho como "profissional do sexo", tal qual ocorreu em Itapira.

* * *

À luz do dia e à margem da lei, o aliciamento de garotas para a prostituição seguiu feito um foguete no Brasil. Enquanto Jeany e Arethuza prospectavam modelos em capas de revistas, Violeta recrutava as suas garotas em shoppings e portas de escolas públicas e particulares na capital e no interior. Uma das suas estratégias na abordagem era oferecer trabalho com promessa de dinheiro fácil e rápido. Às vezes, algumas meninas chegavam até ela se oferecendo para se prostituir sem qualquer indicação. Com essas candidatas, Violeta fazia um teste rigoroso. Encaminhada por Joel, Berbella, de 20 anos, sobrinha dele, pediu à cafetina uma oportunidade de emprego. Menina da classe C e recém-chegada de Campo Grande, foi descartada por telefone com a justificativa de falta de vaga. Joel insistiu e a agenciadora resolveu recebê-la para uma entrevista sem compromisso. No escritório de Violeta, localizado num prédio comercial do bairro do Ipiranga, Berbella se apresentou vestindo minissaia curtíssima, top e carregando no ombro uma bolsinha de crochê enfeitada com miçangas, comprada numa banca de camelô na 25 de Março, centro comercial de São Paulo. O figurino parecia ter saído de um personagem de novela. Violeta ficou irritada:

– Onde você vai fazer ponto? Na calçada?

– Não! Quero trabalhar com a senhora.

– Então tira essa fantasia! – ordenou a cafetina.

Violeta apalpou os seios e as nádegas da candidata, examinou os cabelos, os dentes e até as unhas dos pés. Berbella era perfeita em todos os lugares. Depois de examiná-la minuciosamente, a cafetina excluiu uma prostituta do seu elenco e "contratou" a iniciante. Com o tempo, os laços entre as duas se estreitaram. Berbella contou nunca ter visto o pai, que era meio-irmão de Joel. "Só o conheci por fotografias", contou. Ele saiu de casa para enriquecer num garimpo localizado nas entranhas da Amazônia quando Berbella era bebê de colo e nunca mais voltou. A mãe, Nazaré, tinha uma barraca de hortifrutigranjeiros na Feira Central de Campo Grande. Ela tinha uma irmã mais velha, Belmira, professora de escola particular e casada com um contador. Apesar de ter terminado o Ensino Médio, Berbella decidiu se prostituir longe da família para não envergonhá-la e também para escapar da sina de ser feirante. "Morria de vergonha de vender frutas e legumes", assumiu. Violeta ficou comovida com a história da garota e resolveu dar-lhe um tratamento especial.

Antes de oferecer Berbella ao primeiro cliente, a cafetina a orientou a respeito de roupa e comportamento. Sugeriu à jovem que dissesse aos clientes ter 18 anos recém-completados e não 20. Com alguns meses de trabalho, ela passou a ser tratada por Violeta como afilhada. Mesmo assim, a madrinha não abria mão da comissão de 50% em cima dos programas da novata. No entanto, a cafetina instruiu a pupila a seduzir os clientes para além de um simples encontro. O plano era fazer Berbella, entre um programa e outro, encontrar um marido. Violeta só encaminhava a ela os melhores candidatos. "Os que usam aliança são os melhores", dizia. O primeiro da lista foi Kaul, o bancário carente pelo qual Elize havia ficado desiludida por causa da atitude violenta. Berbella morava numa pensão de família no bairro de Santa Cecília, onde era proibido receber visitas. Logo, os seus programas ocorriam sempre em motéis. Como o plano era fisgar um marido e quiçá pegar barriga, Violeta aconselhou a protegida a fazer sexo sem preservativo somente com o bancário, o que levou Berbella a orbitar na esfera da irresponsabilidade. "Ele nem vai perceber porque as meninas contaram que ele transa sempre bêbado", ponderou a cafetina. Tudo parecia sair conforme o previsto. No dia seguinte, porém, o bancário telefonou para Violeta. Fez uma série de elogios, mas teceu uma crítica peculiar:

– Ela é uma mulher rara como a luz de Plutão. Mas tem um problema.

– Que problema? – quis saber Violeta.

– Ela não faz anal de jeito nenhum!

– Como assim? Deixa que eu resolvo isso! – prometeu a cafetina.

Prostituta a vida inteira, Violeta tinha doutorado na arte dos prazeres carnais. Ela parou de fazer programas ao cair nas graças da dona do bordel em que trabalhava, quando tinha 30 anos. Começou a atuar na administração do negócio. Quando a titular morreu, ela assumiu a casa de prostituição no centro de São Paulo. Sem paciência para lidar com garçons, cozinheiros, arrumadeiras e fornecedores de bebidas, fechou o puteiro e foi trabalhar administrando a própria rede de prostituição. Pelas suas regras, as garotas tinham de fazer de tudo na cama. "Quando falo tudo, é TUDO mesmo, entende? Não pode haver restrições. Tem puta que não deixa gozar na boca. Ou então deixa, mas cospe. Olha, cuspir é um tremendo desrespeito com o cliente. Como pode? Na minha época, se cuspisse, levava uma bofetada na cara. [...] Na prostituição, não tem essa modernidade de não é não. [...] Quem se recusa a fazer anal é desvalorizada no mercado. Merece ficar no lugar mais baixo da prateleira. [...] A esposa que não dá o rabo para o marido com certeza vai perdê-lo para uma mulher completa", assinalou.

Logo após ouvir a queixa de Kaul, Violeta chamou Berbella para uma conversa séria. A garota alegou sentir dores insuportáveis quando alguém tentava lá atrás. A veterana mandou a afilhada tomar um banho caprichado e lavar o ânus e todo o canal retal usando um chuveirinho. Em seguida, presenteou a garota com um pênis sintético de 20 centímetros e deu-lhe a seguinte instrução: "O segredo do sexo anal é relaxar e dominar o esfíncter, o músculo circular responsável pela abertura do ânus. Comece abusando de gel lubrificante e introduzindo primeiramente o dedo para treinar o controle. Faça isso todos os dias como se fosse uma lição de casa. A ideia é fazer o ânus se abrir como se fosse uma flor desabrochando sob o seu comando. Quando alcançar esse estágio, coloque o pênis de borracha lentamente. Se você puser dois centímetros por dia, em três semanas você estará pronta. [...] Após dominar essa técnica, acredite, você não vai querer fazer outra coisa na vida. O ânus é a região mais prazerosa do corpo". No final da lição, Violeta fez um alerta: jamais usar anestésicos para penetração anal, pois o resultado é desastroso. Alguns dias depois do intensivo para prática de sexo anal, Berbella saiu novamente com Kaul. Ele se apaixonou loucamente pela acompanhante. Pagou 4 mil reais de luva para ela abandonar a profissão e mais mil reais a cada mês para ter exclusividade. A garota nunca tinha visto tanto dinheiro na vida.

Enquanto os planos amorosos de Berbella se concretizavam, a vida sentimental de Elize mantinha-se estagnada. Muitos clientes passavam pelo seu *flat,* mas nenhum com perfil de marido. Sua vida só mudou depois de ter a primeira avaliação publicada no Guia de Garotas de Programa (GGP). No fórum, os homens comparavam as mulheres a carros e chamavam o programa e a posterior avaliação de TD *(test drive).* Aliás, os clientes usavam um dialeto próprio para falar das profissionais no guia. Um deles teria detalhado no fórum o encontro com uma prostituta chamada Kelly: "Ontem fiz um TD com um filé-mignon [garota de feições delicadas] loirinha. O local no Itaim é bem organizado e limpo. Eu cheguei e ela já foi beijando. O climinha era aconchegante com meia-luz, sonzinho bacana e tal. Ela faz atendimento completo [oral, vaginal e anal] em várias posições. Tem estilo que mistura piranha e namoradinha na mesma mulher. É carinhosa, meiga e não aparentava estar fazendo sexo por dinheiro. Nossa senhora do bom oral, gente! Ela finaliza o trem olhando nos olhos [deixa o cliente ejacular em sua boca], o que é ponto positivo para ela. Fazia tempo que não relaxava [gozava] com qualidade com uma GP [garota de programa]. Sua pele macia e cheirosa lembra as garotas estilo putinha que eu pegava no Paulistano e em Maresias. Ela realmente é diferenciada. Eu já havia caído em golpes de GP do MClass que exageram no *Photoshop*. Essa Kelly me surpreendeu. Tem um bumbum perfeito e redondo como uma maçã e com marca de biquíni. Suas roupas íntimas eram demais. Padrão de puta fleteira [que atende em *flat*], ou seja, cobra 300 reais. Uma pechincha, né?".

Depois de ter a primeira resenha positiva publicada no guia de prostituição, o telefone celular de Kelly, que já tocava com frequência, passou a soar feito as cigarras do Cerrado na primavera. Seus planos eram os mesmos de Berbella: arrumar um marido rico no meio do tráfego intenso de homens em seu *flat*. Certa noite, esgotada depois de um dia intenso de trabalho pesado, Kelly tomou um banho e vestiu uma camisola curta de microfibra e aplicação de renda transparente na região do busto. Para relaxar, abriu um vinho Casillero del Diablo reserva malbec, comprado no supermercado Pão de Açúcar a 39 reais a garrafa. Teve um sobressalto por volta das 22 horas, quando a campainha soou sem qualquer anúncio prévio da portaria. Receosa, abriu a porta sem destravar a corrente de segurança conhecida como pega-ladrão. Pelo vão, Kelly viu no corredor um homem forte de 30 e poucos anos. Vestia roupa social e tinha cabelos pretos bem lisos. Usava óculos e uma aliança de ouro 18 quilates no dedo anelar da mão esquerda. Trazia um buquê de rosas colombianas e um vinho tinto francês Le Clos du Beau-Père, cuja garrafa custava cerca de 2 mil reais. Intrigada, Kelly quis saber:

– Você tem hora marcada?

– Não. Desculpe-me pela inconveniência. Eu tenho um apartamento aqui perto. É um *flat* todo arrumadinho. Fica na rua de trás. Estava passando aí na frente e resolvi perguntar se você estaria livre...

Kelly ficou muda. Diante do silêncio, ele ensaiou recuar:

– Posso vir outro dia, caso não possa me receber agora. Até porque já tá tarde, né?

Curiosa, Kelly perguntou:

– Como você se chama?

– Marcos Kitano Matsunaga.

CAPÍTULO 5
AS VITRINES

"Te avisei que a cidade era um vão"

Abriram-se as cortinas vermelhas. Entrou novamente em cena Tatty Chanel, a profissional do sexo mais trambiqueira das cercanias do Baixo Augusta. Um ano depois de ter ficado sob a mira do fuzil de Marcos Matsunaga, ela conseguiu dar uma guinada na vida. Com 29 anos, estava "namorando" firme com Santiago, de 52, um ex-cliente português, alto, cabelos castanhos, lábios finos, olhos esverdeados, nem gordo, nem magro. Santiago era dono de uma panificadora e confeitaria de médio porte no bairro do Tatuapé, zona leste de São Paulo. Tatty fez programas com o comerciante por seis meses antes de o casal selar "compromisso". Foi ele quem a pediu em "namoro", prometendo uma vida de conto de fadas ao estilo Julia Roberts no filme *Uma linda mulher*. Sem esperanças e dona de um coração maltratado pela prostituição, Tatty, a princípio, não acreditou nas palavras açucaradas do padeiro, embora ele fosse romântico como nenhum cliente havia sido até então. Santiago nunca foi de mãos abanando a um encontro com a profissional. Levava sempre doces típicos de sua terra natal. Foram esses agrados, aliás, que fizeram Tatty derreter-se aos poucos. O confeiteiro costumava fazer para a sua amada trouxas de ovos, aqueles rolinhos amarelos brilhantes mergulhados em calda de açúcar. Num desses encontros, ele levara pudim abade de priscos, uma iguaria dulcíssima em formato de quindim feita com toucinho. Os doces portugueses eram sempre saboreados a dois no apartamento de Tatty depois de noites e noites de muito amor.

 Certa vez, Santiago e a prostituta estavam se deliciando com natas do céu, um doce com camadas de bolacha triturada, *chantilly* com claras em neve e creme de gemas. Entre uma mordida e outra, ele reclamou de sua esposa, Matilde, com quem se relacionava havia 20 anos. A titular era brava e ciumenta. A queixa do padeiro nem era exatamente sobre o temperamento da mulher. O maior problema era a falta de interesse sexual entre o casal. Os dois não transavam fazia três anos, apesar de dormirem na mesma cama todas as noites. "Eu olho para aquela mulher nua e não sinto nada. Nem nojo. Quando a beijo, parece que estou a lamber o corrimão de uma escada", dizia ele para a sua "namorada". Na padaria, Matilde era responsável pelas compras e contabilidade. Com receio de ser passada para trás, ela costumava fiscalizar os dois caixas nas horas de maior movimento. Adorava acompanhar de perto o dinheiro entrando na máquina registradora. O casal tinha dois filhos gêmeos de 20 e poucos anos, ambos atletas de MMA (Artes Marciais Mistas), uma luta violenta envolvendo técnicas de judô, caratê, boxe, jiu-jítsu, *muay thai*, *kickboxing* e *wrestling*.

 Mesmo ouvindo as lamúrias de Santiago sobre a esposa, Tatty não se via no lugar de Matilde nem nos seus maiores delírios de amante apaixonada. A profissional tinha muitos anos de estrada para criar planos fundamentados nas queixas de clientes. Tudo começou a mudar quando o confeiteiro pediu para Tatty se matricular no curso técnico em confeitaria do Senac para aprender a preparar doces e sobremesas. Sozinha em casa, fechou os olhos e viu a vida melhor no futuro. Chorou por horas com a oportunidade concreta de sair definitivamente da prostituição. Já com as lágrimas secas, inscreveu-se numa turma do Senac, localizado no bairro da Aclimação, região central de São Paulo. No ato da matrícula, teve de assinar o seu nome verdadeiro, Deusarina. Ela aproveitou que ganhou uma carteirinha da instituição para sepultar Tatty Chanel de vez e passou a ser chamada de Deusa, uma versão abreviada. No início, Santiago estranhou a nova alcunha de sua amante, mas acabou se acostumando. Enamorados, os dois só falavam de amor, sexo e doces. Ele jurou por Nossa Senhora de Nazaré o seguinte: quando a sua Deusa concluísse o curso de confeiteira, daria a ela um emprego na cozinha de sua padaria. Até lá, segundo seus planos, ele já teria dado um chute no traseiro de Matilde. O curso teria 800 horas divididas em 50 semanas. Deusa foi até a Paróquia Santa Rita de Cássia, no bairro do Pari, ajoelhou-se aos pés da padroeira das causas impossíveis, agradeceu pela graça de abandonar a prostituição e pediu muita luz na nova fase da vida.

O destino de Deusa realmente estava mudando. Ela tirou o seu *blog* do ar, parou de anunciar em classificados e mudou o número do telefone celular para não ser encontrada por ex-clientes, nem pelas amigas da zona. Até a sua vida de cambalacheira havia ficado para trás. Deusa ligou para a família paraense e contou sobre os novos planos profissionais. Os pais ficaram frustrados porque sonhavam em ter uma filha médica, mas apoiaram a decisão. Lá pelo meio do curso, Deusa já havia aprendido a usar os principais ingredientes da confeitaria, sabia selecionar alimentos e aplicar técnicas de preparo, finalização e decoração. Fazia doces portugueses em casa sob a supervisão de Santiago numa cozinha toda equipada por ele. Ela tinha batedeira, liquidificador, fogão, forno e até uma panela automática de mexer massas. Deusa também contava com utensílios especiais, como tigelas, medidores, espátulas, *fouet* e bico de confeitar. "Parecia que eu vivia um sonho. Estava deixando de ser um pano de chão para me transformar numa toalha felpuda", contou, emocionada, em agosto de 2020.

Santiago também estava feliz. Não via a hora de recomeçar a vida ao lado da amante doceira. Fazia planos com Deusa e passava o dia falando dos filhos lutadores, porém dóceis como meninas, segundo frisava. Na rua, Deusa encontrou-se com uma velha amiga do meretrício. Ela contou as novidades e recebeu um alerta indigesto. A tal amiga pediu para Deusa não sonhar muito alto porque Santiago já havia prometido algo semelhante a outras prostitutas. "Ele não está me prometendo nada. A minha vida de doceira já está acontecendo. Logo mais vamos morar juntos e vou trabalhar com ele. E tem mais: se não der certo com ele, pelo menos eu saio desse relacionamento com uma profissão. Estou vivendo o momento!", ponderou Deusa, apaixonada e cega, mas com um dos pés firmes no chão. "Então, tá. Depois você me conta", agourou a amiga. Esse encontro foi suficiente para a semente da desconfiança corroer as certezas da ex-prostituta.

Certa vez, Santiago arrumou as malas e foi passar um mês em Portugal visitando parentes. A viagem estava marcada fazia tempo. Ele assegurou à amante que iria sozinho, pois não aguentava mais a companhia desagradável de Matilde, a esposa. Deusa confiava nele, mas, depois do alerta da amiga, resolveu conferir se o padeiro falava a verdade. Com ele em terras lusitanas, a jovem arrumou-se numa tarde de sábado e foi até a padaria. Ficou impressionada com o tamanho do comércio. Havia mais de 20 mesas e um fluxo grande de clientes. Ela pegou uma comanda de consumo, passou por uma roleta e foi até o balcão lateral. Pediu café preto e um pastel de Belém. Os filhos lutadores de Santiago ajudavam no atendimento. Quando a amante foi ao caixa pagar a conta, viu Matilde agitada, recebendo dinheiro vivo e operando máquinas de cartão juntamente com outras funcionárias. Ficou aliviada. Santiago realmente havia viajado sozinho.

Faltando um mês para Deusa acabar o curso de técnica em confeitaria, Santiago começou a ser cobrado pela separação. O padeiro estava com dificuldade para terminar porque sua esposa havia descoberto recentemente um câncer de mama, deixando toda a família abalada emocionalmente. "Meus filhos estão destruídos. Choram feito duas mariconas. Não conseguem mais lutar. É de partir o coração", justificou, choroso. Apaixonada, porém sem qualquer esperança, Deusa pediu para terminar com o comerciante e seguir a vida longe dele. Planejou pegar o certificado de confeiteira do Senac e voltar para Ananindeua, no Pará, onde abriria uma pequena padaria com a ajuda dos pais. Santiago ficou apavorado com a possibilidade de perdê-la e cometeu uma loucura como prova de amor. Empregou a ex-prostituta na padaria. Deusa só acreditou no devaneio quando teve a carteira assinada.

No novo posto de trabalho, a amante aproximou-se de Matilde, acompanhando o drama pessoal da esposa do seu "namorado". Na padaria de Santiago, Deusa atuava na gestão da cozinha, calculava estoque e armazenamento de mercadorias, além de ajudar na fabricação de doces. No dia a dia, de fato, não percebia sinais de amor entre Matilde e Santiago. Resiliente, acomodou-se no papel de amada-amante por mais um ano. Já Matilde era traída enquanto encarava tratamento pesado contra o câncer. O triângulo amoroso era rodriguiano. Deusa chegou a acompanhar a sua rival ao hospital. Numa das sessões de quimioterapia intravenosa, Matilde comentou com a ex-prostituta sobre uma desconfiança:

– O Santiago tem outra mulher!
– O que você disse?! – perguntou Deusa, apreensiva.
– Meu marido tem uma amante.
– De onde você tirou isso?
– Ele sai faz tempo com uma prostituta chamada Tatty...

Cansada pela fadiga do tratamento e tonta com os efeitos colaterais dos medicamentos, Matilde se calou. Deusa ficou com medo do desdobramento daquela relação triangulada. Uma semana depois, ela marcou um encontro com Santiago às 18 horas no Bar Brahma, no centro de São Paulo. A princípio, a pauta da discussão seria a descoberta de Matilde. Pela primeira vez, a ex-prostituta foi para o tudo ou nada. Pôs o confeiteiro contra a parede e exigiu dele a separação, caso contrário iria embora definitivamente. Ela disse viver a plenitude de amar, mas estava cansada de ser a outra. Deusa chegou a ser maldosa quando argumentou que Matilde sobreviveria às dores da separação, pois já estava deprimida com o câncer. Sentados numa mesa de canto, os dois bebiam cerveja. A amante tentou beijar o padeiro várias vezes, mas ele esquivava-se. A todo momento Santiago olhava para o relógio. Parecia ter algo marcado.

Quando faltavam 15 minutos para as 7 da noite, o tradicional bar já estava começando a lotar. O padeiro, então, descartou Deusa definitivamente da sua vida. Pragmático, ele levou consigo uma pasta com documentos e decretou a demissão da funcionária na mesa do bar, forçando-a a assinar os papéis. Em seguida, Santiago mandou a alguém uma mensagem pelo telefone celular e pediu para Deusa sumir da sua vida e nunca mais pôr os pés no seu estabelecimento comercial. Nem deu tempo de ela derramar a primeira lágrima. De repente, Matilde adentrou o bar ladeada pelos dois filhos lutadores. A presença do trio surpreendeu somente Deusa. Pela reação de Santiago, ele esperava a chegada da família. Debilitada pelo câncer, Matilde se apoiou numa pilastra, apontou para Deusa e anunciou aos filhos:

– É essa a puta que está destruindo a nossa família!

Os dois brutamontes agiram como se estivessem num ringue. Sem dizer uma palavra, partiram para cima de Deusa mesmo estando em um lugar público e badalado. Um deles, com pelo menos 1,90 m de altura, pegou a amante do pai pelo cós da calça jeans e a arremessou, feito um saco de batatas, por cima do balcão. Ela atingiu uma parede enorme de neon contendo nichos com dezenas de garrafas de bebidas. A brutalidade com que Deusa foi parar na instalação fez as lâmpadas incandescentes se apagarem. Começou um corre-corre. Os clientes saíram às pressas do local. O gerente chamou a polícia. Santiago pegou Matilde pela mão e foi esperar os filhos no carro. Os dois lutadores não se intimidaram com o tumulto. Deusa estava caída no lado de dentro do balcão e toda cortada pelos cacos de vidro das garrafas, derramando sangue. Atrozes, os filhos do padeiro a levantaram pelos braços e a jogaram contra as mesas do salão. A vítima já estava perdendo os sentidos quando um dos lutadores a levantou do chão pela blusa. O segundo elemento tirou a parte de cima da roupa da mulher para desferir uma série de socos. Com o diafragma parcialmente paralisado, ela teve dificuldade de respirar. Impiedoso, o criminoso sentou mais um golpe na região do abdome de Deusa, atingindo diretamente o fígado e, consequentemente, o nervo vago, espalhando a dor pelo resto do corpo. O cérebro de Deusa entrou em curto-circuito, provocando um desmaio. Santiago voltou ao bar e ordenou que seus filhos deixassem o local imediatamente, caso contrário seriam presos em flagrante. Eles obedeceram.

Mal saíram do bar, os dois lutadores voltaram aflitos à cena do crime. Cruéis, eles pegaram Deusa do chão e a jogaram na carroceria da caminhonete cabine dupla da família. Santiago dirigiu o carro até a esquina da Avenida Celso Garcia com a Rua Tuiuti, no Tatuapé, zona leste de São Paulo. Lá, os dois lutadores desceram da caminhonete, retiraram Deusa da carroceria e a despejaram num contêiner de lixo. Ela foi encontrada desacordada por garis do serviço de limpeza urbana de São Paulo e levada ao pronto-socorro do Hospital Municipal do

Tatuapé. A ex-prostituta ficou duas semanas internada. Teve quatro costelas quebradas, uma fratura exposta no braço direito e passou por uma cirurgia bucomaxilofacial dois meses depois para consertar a mandíbula. Os médicos encarregados do primeiro atendimento chamaram a polícia. Deusa contou aos investigadores que foi atropelada e não registrou ocorrência porque não se lembrava de nada. Como os policiais conheciam Deusa da época em que era Tatty Chanel, o caso foi deixado para lá. "Vão por mim, não vale a pena", pediu a vítima. Na verdade, ela temia pela vida. Aquele evento extremamente violento selou a morte definitiva de Tatty Chanel.

No hospital, Deusa descobriu ter perdido um bebê de quatro meses de gestação que nem sabia estar esperando. Santiago pagou o estrago feito no bar pelos filhos, mas a família ficou impune, pois nunca foi denunciada. Depois da tragédia, Deusa recomeçou a vida no Pará ao lado dos pais evangélicos. Recuperada fisicamente, montou uma padaria modesta no bairro da Cidade Nova, município de Ananindeua. Nasceu nela uma fobia a homens casados. Na parede do seu pequeno comércio havia um quadro no qual se liam conselhos motivacionais da poetisa Cora Coralina: "Recria tua vida, sempre, sempre. Remove pedras, planta roseiras e faz doce. Recomeça".

* * *

No apogeu da sua jornada de garota de programa, Kelly transou com Marcos Matsunaga pela primeira vez por mais de quatro horas ininterruptas logo depois de se entupirem de vinho tinto. O casal se conectou e iniciou o programa falando de amenidades e um pouco sobre a vida. Ela contou só o básico de si. Disse ter trabalhado na função de técnica em enfermagem em Curitiba, mas almejava conciliar uma carreira de advogada com a maternidade. A vida triste em Chopinzinho ficou guardada na gaveta. Já o executivo da Yoki aproveitou os efeitos do álcool e fez a linha sincera: admitiu ser casado e pai de uma criança. Contrariando o perfil da maioria dos clientes de Kelly, ele não depreciou o matrimônio. Afirmou encontrar na calmaria do lar o combustível necessário para viver uma vida libertadora com outras mulheres. "Eu amo a minha esposa. Nem penso em me separar. A Lívia é a mulher da minha vida. Mas não nasci para ser de uma só pessoa. [...] Não posso me privar dos prazeres que o mundo tem para me oferecer", teorizou o executivo entre uma taça e outra. Kelly ouvia com paciência de Jó aquele colóquio sem fim madrugada adentro. Ela não reclamava porque fazia parte dos seus serviços sexuais ouvir o chororô dos clientes como se fosse terapeuta. Às vezes, Kelly assumia uma postura freudiana e convencia os "pacientes" de que os seus dilemas estavam ligados ao inconsciente, à sexualidade, aos sonhos e à vida interna. Quando não, seguia a corrente junguiana e se colocava em pé de igualdade com os seus interlocutores, interagindo e aconselhando-os a não se prenderem ao passado. Seu programa tabelado em 300 reais a hora, aliás, era 100% mais caro do que uma sessão com um especialista da área. Segundo a tabela de referência nacional de honorários dos psicólogos, a sessão média do profissional custava entre 100 e 150 reais em 2021. O valor é estabelecido pelo Conselho Federal de Psicologia. "A prostituta sem talento para ouvir perde cliente. Muitos deles nem almejam sexo. Querem apenas desabafar", atestou Violeta, a cafetina veterana.

Na "terapia" com Kelly, Marcos omitiu que era milionário. Esperta, no entanto, a profissional com obsessão de subir na vida percebeu se tratar de um cliente endinheirado. O empresário só usava roupas caras, calçava sapatos de grife e mantinha no pulso relógios de luxo. Até seus acessórios, como cintos, pulseiras e óculos escuros custavam os olhos da cara. No final da noitada, por volta das 4 horas, o executivo pagou 1.500 reais à garota pelo programa estendido e despediu-se com um beijo, prometendo voltar. No outro dia, Kelly recebeu um telefonema de Rodrigo Henrique Sano de Souza, proprietário do MClass. Ele queria saber se a prostituta estava sendo agenciada por Violeta. O cafetão cibernético não abria mão da exclusividade no trabalho das garotas anunciadas em seu portal. Para não ser excluída do catálogo virtual, ela negou conhecer a cafetina. Afinal, o site ainda era o maior canal para conquistar novos clientes. No mesmo dia, Rodrigo deletou, por quebra de contrato, o perfil de pelo menos dez garotas de programa expostas no MClass. Elas estavam no site e trabalhavam simultaneamente para agenciadores, o que irritava o cafetão.

Era raro Marcos ser romântico no primeiro encontro com as mulheres cujo sexo era remunerado ou não. Mesmo quando sentia algo a mais, como ocorreu com Ely e Luluzinha, o empresário era extremamente machista nos comentários com os amigos. A única mulher poupada por ele nas rodas de conversa era sua esposa, Lívia. Das profissionais, ele falava como se as mulheres fossem objetos sexuais. Marcos costumava exaltar ou desmerecer os seios e o bumbum das garotas de programa na hora de avaliá-las em mesa de bar. No fim do expediente, o empresário fazia *happy hour* no Salve Jorge da Vila Madalena com Lincoln e Paolo, o amigo engenheiro de 39 anos recém-chegado dos Emirados Árabes, onde mantinha negócios no ramo da construção civil. O encontro era justamente para comemorar o retorno do parceiro de putaria. Paolo era solteiro e amigo de longa data da dupla. Ele também era viciado em garotas de programa. No entanto, ao contrário dos dois executivos, era inconsequente. Chegou da temporada no exterior com um fetiche mórbido de transar com cadáveres, tara conhecida como necrofilia. "É uma tendência em Dubai. Os caras estão dopando garotas de programa para comê-las enquanto estão inconscientes, como se estivessem mortas. Tudo é feito com consentimento. Tentei fazer isso por aqui, mas as garotas são muito medrosas", reclamou o engenheiro. Marcos e Lincoln abominaram os fetiches de Paolo e foram chamados de caretas.

No meio da conversa, o executivo da Yoki falou de Kelly e Lincoln quis saber detalhes do encontro da noite anterior. Pela primeira vez ele foi respeitoso ao resenhar uma profissional. Exagerado, até. "É uma garota graciosa, dona de um olhar doce. A pele era aveludada e cheirosa como o pólen das flores. Muitas mulheres acordam feias, com a cara toda amassada. Kelly, não. Ela já acorda em estado de beleza, sabe? Perfeita e única como uma esmeralda..." Lincoln e Paolo riram do amigo e perguntaram se ele estava apaixonado. Paolo sugeriu que Marcos publicasse uma resenha do TD *(test drive)* com Kelly no fórum do guia de garotas de programa, chamado por ele maliciosamente de "Procon da putaria". "Quero saber se essa tal Kelly é limpinha, se faz anal, se aceita uns tapas, se cavalga olhando nos olhos, se finaliza o oral... Essas coisas que valem estrelinhas. Ela cospe ou engole?", perguntou Paolo. Marcos reagiu como se nunca tivesse sido vulgar ao falar das acompanhantes: "Você é muito escroto!", rebateu, irritado.

Ainda no bar, Marcos teria recebido no celular a mensagem de uma modelo belíssima chamada Emily Jean oferecendo-lhe um programa: "Tudo bem? Sou uma acompanhante de luxo, sofisticada, delicada, meiga e sensual. Já fiz campanha para marcas famosas. Juntos, podemos ter momentos incríveis. Venha tomar um vinho e ter uma noite agradável.

Garanto que não vai se arrepender de realizar suas fantasias comigo. Eu simplesmente amo orientais. Atendo no meu *flat*, nos Jardins, das 9 à meia-noite – 1.200 reais a hora. Aceito débito e crédito. Estacionamento privativo sem passar pela portaria".

Apesar da tentação, Marcos declinou do convite de Emily e enviou um torpedo para o celular de Kelly perguntando como estava o seu dia. Ao lado do texto seguiu um *emoji* de coraçãozinho. A garota de programa imaginou se tratar de uma sondagem para um novo atendimento e respondeu dizendo estar com a agenda cheia, mas poderia encaixá-lo no início da noite, caso houvesse alguma desistência. Marcos sentiu ciúme ao imaginar Kelly transando com outros homens e aceitou ficar na fila de espera. Perto das 20 horas, a profissional enviou uma mensagem para o executivo dizendo estar livre. Os dois se encontraram no *flat* do Itaim, tomaram vinho e transaram apenas uma vez. Quando estava perto de completar as duas horas de tempo corrido, o celular de Kelly começou a emitir sinais sonoros avisando a chegada de novas mensagens. Ela respondia e olhava para o relógio insistentemente. Marcos perguntou quantos clientes havia depois dele. A garota respondeu ainda ter pelo menos mais três. Como se falasse com a sua secretária da Yoki, ele ordenou:

– Cancele tudo!

– Como?!

– Ligue para os outros clientes e desmarque. Vou ficar aqui até o café da manhã! – anunciou.

Subalterna, Kelly obedeceu. Foi até a varanda e ligou para cada um deles e deu como desculpa uma indisposição. Alguns pediram para remarcar o encontro para o dia seguinte, tamanha era a fama de Kelly no MClass. Já o empresário telefonou para a esposa falando de uma reunião inesperada na fábrica da Yoki do município de Nova Prata (RS). Inventou um problema com o maquinário usado para pesar e embalar paçoca, pé de moleque e pasta de amendoim. Ingênua, Lívia acreditava nas falsas viagens do marido. Nunca se deu ao trabalho de pelo menos ligar para a empresa e averiguar se o executivo falava a verdade. Depois de enganar a esposa, Marcos mandou buscar um jantar completo no restaurante Senzala, um dos seus preferidos em São Paulo. De entrada, foi entregue uma salada pan-americana, contendo rúcula, cenoura ralada, manjericão, tomate-cereja, muçarela de búfala e molho mostarda. O prato principal era filé à cubana acompanhado de palmito, banana e presunto à milanesa, servido com batata palha e ervilhas. Marcos havia levado de sua adega particular duas garrafas de Barolo, um vinho tinto encorpado de ótima complexidade aromática, famoso pelas notas de frutas vermelhas e toques florais. O empresário gastou pelo menos mil reais com o jantar e a bebida, e ainda pagou para a profissional 2.500 reais em dinheiro vivo, pois saiu da casa dela quase ao meio-dia.

No dia seguinte, ocorreu a tradicional festa das quintas-feiras na mansão de Arethuza, evento ao qual Marcos, Lincoln e Paolo não faltavam nem em caso de chuva de canivetes. A cafetina de luxo recepcionou os três amigos apresentando um catálogo inédito com fotos de modelos recém-chegadas. Paolo e Lincoln perguntaram por Penélope e levaram um choque quando souberam do estado de saúde da garota. Ela estava enfrentando a fase mais crítica da depressão, na qual passava o dia pensando em se matar. Lincoln mandou uma mensagem de texto para a modelo, pedindo para vê-la. Ela estava sem condições de sair de casa e impossibilitada de receber visitas. "Eu só penso em dormir, dormir e dormir [...] Quando estou apagada, o tempo passa mais depressa", escreveu a modelo pelo celular. O supermercadista ficou tão triste que perdeu a libido mesmo tendo à disposição as prostitutas mais belas do mercado.

Paolo chamou Arethuza num canto e pediu um programa com Penélope, mesmo ela estando doente. O engenheiro tinha ouvido de Agustín que a modelo ficou prostrada na cama "feito um defunto", em Buenos Aires. Com isso, acendeu no engenheiro a vontade de pôr em prática seus fetiches mórbidos – em voga em Dubai, segundo ele. A cafetina ficou de sondar a possibilidade e orçou o programa especial em 20 mil reais. Ele topou, desde que houvesse sigilo absoluto. Na mesma noite, Arethuza convenceu Paolo a sair da mansão com Alícia, a atriz-modelo-manequim apelidada de Estrela D'Alva. "É uma garota encantadora. Você vai se apaixonar", avisou a cafetina. "Ela abre a porta dos fundos?", perguntou o engenheiro. "Não objetifique as minhas modelos", debochou a empresária.

Naquela noite, Marcos e Lincoln saíram da mansão de Arethuza sem a companhia de prostitutas. Mas nem por isso a conta dos dois foi barata. A dupla de amigos comeu aperitivos e bebeu uísque até ficarem

bêbados. No final, cada um pagou 1.200 reais. Da mansão, o empresário seguiu embriagado dirigindo a BMW rumo ao *flat* de Kelly mesmo sem ter marcado hora. Passou pela portaria com tanta empáfia que o recepcionista não teve coragem de interpelá-lo. Tocou a campainha, mas a jovem não atendeu. Ele insistiu com batidas fortes na porta. Depois de alguns minutos, Kelly finalmente atendeu vestindo apenas um roupão. Ela estava com um cliente. Bêbado, Marcos espumou de ciúme:
– Você está me traindo?
– Marcos, estou trabalhando...
– Eu quero você!
– Pois, então, marque uma hora!

Cambaleante, o executivo pegou o celular do bolso e ligou para Kelly ali mesmo do corredor. Começou a falar sozinho como se ela tivesse atendido, apesar de a garota ainda estar à sua frente. "Amorzinho, aqui é o Marcos. Estou ligando para marcar uma hora agora. Estou chegando hein..." Kelly riu da encenação patética e pediu para ele voltar no dia seguinte. De repente, uma voz masculina vinda do quarto perguntou se a profissional iria demorar para voltar à cama. A garota de programa fechou a porta e continuou o atendimento. Paciente, o empresário sentou-se no corredor. Decidiu ficar ali até o cliente de Kelly sair do apartamento.

Depois de quase duas horas de espera, a porta se abriu novamente e um homem bem apessoado saiu da alcova da profissional. Marcos se levantou e adentrou o apartamento. Kelly pediu para ele sair, pois um outro cliente estava a caminho. O empresário a ignorou e se jogou na cama da acompanhante, dormindo imediatamente por causa do efeito do álcool. Kelly ligou para o próximo freguês cancelando o encontro. Marcos só acordou no dia seguinte às 10 da manhã com dezenas de ligações não atendidas da esposa e do trabalho. Desculpou-se e saiu às pressas sem pagar pela hospedagem. No meio da tarde, ele mandou uma mensagem com textão se desculpando mais uma vez e perguntando quanto ele devia em dinheiro. Kelly estipulou o encontro sem sexo em 1.200 reais. Para acertar a conta e se retratar pessoalmente pela inconveniência, o empresário marcou um jantar no D.O.M, um dos restaurantes mais badalados de São Paulo – com grife do *chef* Alex Atala. Kelly ficou tão deslumbrada com o convite que saiu para comprar roupa nova.

Às 20 horas, Marcos passou para pegar a acompanhante. Kelly usava um figurino *vintage:* vestido mídi rosa com estampa de flores bem justo na cintura, decote profundo em V e alças finas. Ele usava traje social do alfaiate Vasco Vasconcellos, um dos mais renomados da alta-costura paulistana. Kelly teve uma sequência de surpresas. Primeiro, com a pontualidade do empresário; segundo, com sua BMW de luxo; terceiro, porque ele se deu ao trabalho de descer do carro e abrir a porta para ela entrar. Esse tipo de cavalheirismo custa pouco, mas vale muito, pois fica impregnado na cabeça de muitas mulheres. Nunca – em tempo algum – um homem havia feito esse gesto de gentileza tão respeitoso para Kelly. Era impossível não ser enfeitiçada pelas atitudes afáveis e elegantes de Marcos naquela noite. No restaurante, os dois entraram de mãos dadas. Ao chegarem à mesa, ele arrastou a cadeira delicadamente para ela se sentar. O casal ficou aconchegado numa área bem reservada do salão de pé-direito alto e ambientação destacada pelo equilíbrio harmonioso entre o clássico e o moderno.

De todas as garotas de programa que passaram pelos braços de Marcos, só uma teve o privilégio de desfrutar da sofisticação do D.O.M.: sua *fiancée* Gizelle. Levando em conta o naipe de algumas mulheres contratadas pelo empresário, nem fazia sentido levá-las ao local. Além de ter dinheiro para frequentar o ambiente, o cliente precisava entender de gastronomia para desfrutar o cardápio com sabores apurados da cozinha brasileira contemporânea. O restaurante já foi detentor de estrelas no prestigiado *Guia Michelin*. Kelly, por exemplo, nunca havia estado em um lugar tão refinado. O casal iniciou a noite com uma garrafa de champanhe Dom Pérignon Brut. Como a jovem não entendia patavina de gastronomia, o executivo passou parte da noite falando da comida servida pelos garçons. O primeiro prato quente a chegar à mesa foi palmito de pupunha servido com um aromático caldo com tiras finas de nori e hortelã. Tão logo o garçom pôs a bebida nas taças, Marcos e Kelly brindaram. Curiosa, ela perguntou:

– Estamos celebrando o quê?

– Ao nosso encontro! – respondeu ele, sem cerimônia.

Depois do brinde, o casal saboreou batata-doce com ervas carbonizadas em pó e um inspirado molho *béarnaise* de chimarrão. A cada prato servido, Marcos seguia com os comentários sobre a combinação exótica dos ingredientes. Fascinada pelos conhecimentos gastronômicos do empresário, Kelly prestava atenção como se a sua vida dependesse daquela aula. Por fim, jantaram carapau defumado com rôti de peixe azul com pancs – bertalha, beldroega e taioba. Durante a sobremesa feita de espuma de goiaba com tela crocante de queijo tulha, Marcos se aproximou de Kelly e deu nela o primeiro beijo da noite. Na plenitude da sua existência, ela retribuiu de forma eloquente, dizendo nunca ter sido beijada daquele jeito. O empresário a levou para o seu *flat*. Assim que entrou, Elize deu um grito de pavor. Havia um javali selvagem enorme no canto da sala em posição de ataque. O animal estava embalsamado, mas a técnica de conservação era tão avançada que o bicho parecia vivíssimo e ameaçador. Marcos praticava caça esportiva e costumava levar para casa alguns bichos considerados troféus. Aos poucos, ela se acostumou com a presença do javali. Deitaram no tapete bem perto do animal e fizeram amor a noite inteira. Pela manhã, ele teve uma sensação tão estranha quanto curiosa, que jamais conseguiu explicar. O empresário fez um café da manhã dos deuses para a sua amada e o serviu na cama. Para ultrapassar a fronteira que separa o afeto genuíno do comprado, ele fez uma pergunta categórica:

– Qual o seu nome verdadeiro?
– Kelly! – respondeu, fofa como um urso de pelúcia.
Marcos a encarou firmemente e abriu o seu coração:
– Estou apaixonado por você de forma arrebatadora!
– Jura?
– Por todos os santos do universo! E você?
– Quando estiver apaixonada, te direi o meu nome verdadeiro.
– Vou esperar pacientemente – avisou o empresário.

Em seguida, ela começou a se arrumar para ir embora. Na despedida, foi objetiva:

– Somando a conta de ontem com a de hoje, são 4 mil reais!

Acostumado a lidar com todo tipo de prostituta mercenária, Marcos não hesitou em pagar o que devia a Kelly. Num primeiro momento, ele ficou chateado com a frieza da cobrança. Mas o sentimento logo passou. No dia seguinte, ele mandou uma mensagem para a jovem perguntando como estava a agenda dela no período da tarde. Ela respondeu estar sobrecarregada. Era mentira. Todos os clientes vespertinos foram desmarcados. Ela havia reservado o tempo para conversar com Chantall, sua melhor amiga. As duas se encontraram no Café Suplicy dos Jardins e puseram o papo em dia. Para variar, Chantall estava se recuperando de hematomas no rosto. Ela falou sobre o avanço da doença da mãe e da dívida interminável de IPTU. Kelly pediu conselhos para administrar a janela que se abrira para ela entrar na alta sociedade paulistana:

– Conheci um homem rico. Ele está apaixonadíssimo por mim.
– O que ele faz?
– Não faço a menor ideia. Só sei que ele tem dinheiro e é casado.
– Como é o sexo?
– Péssimo. Sem nenhuma criatividade e ainda tem ejaculação precoce! – entregou Kelly.

Nunca se saberá se a informação a seguir era verdadeira ou falsa. Em 2004, depois de sair com Marcos invariavelmente por dois meses, Kelly garantiu a Chantall estar apaixonada por ele. Poderia ser verdade? Sim, poderia, pois fazia tempo que os homens a olhavam como se ela fosse um lixo de mulher. O empresário lhe dava carinho e atenção. Kelly poderia estar mentindo? Sim, poderia, pois ela nunca escondeu o plano ambicioso de escapar da prostituição pelas alças de um homem rico. Marcos e Kelly passaram mais um mês se vendo pelo menos duas vezes na semana. Eram encontros românticos, porém sempre remunerados. Ela alternava o empresário com outros clientes. Certa vez, ele ligou para Kelly e fez mais um convite para jantar. Estrategicamente, ela recusou e deu como desculpa estar ocupada com clientes. Ele, então, perguntou quanto ela conseguia por mês se prostituindo. Kelly estimou a sua receita mensal em 30 mil reais, frutos de encontros em seu *flat* e acompanhando executivos em viagens. "Sou uma mulher solteira. Tenho contas para pagar, inclusive aluguel. Ninguém me ajuda. Vou começar a fazer cursinho pré-vestibular e a mensalidade custa caro. Quero ser advogada. Não posso parar de trabalhar", argumentou. Marcos pediu um encontro à noite para falar de negócios. Na tarde do mesmo dia, Rodrigo, proprietário do site MClass, ligou para Kelly soltando fogo pelas ventas. Ele havia descoberto que Violeta encaminhava clientes para ela. O cafetão cibernético avisou que excluiria o seu perfil do site nas próximas horas: "Você é o tipo de puta que se fode na vida porque é desonesta!", esbravejou ele.

Kelly mandou Rodrigo à merda e bateu o telefone na cara dele. Ligou para Violeta e avisou que, a partir daquele momento, dependia só dela para conseguir novos fregueses. Conforme o combinado, à noite, Marcos foi ao encontro de Kelly e se declarou pela enésima vez. Sabendo da fome das garotas de programa por dinheiro, ele propôs:

– Quanto você quer para namorar comigo?
– Trinta mil reais por mês!
– Se eu te pagar esse salário até o quinto dia útil do mês você será só minha?
– Exclusivamente sua! – prometeu Kelly, com voz doce.
– Se eu te bancar, você tira as fotos do MClass?
– Com certeza!

A bem da verdade, as fotos de Kelly já não estavam mais expostas no site de prostituição no momento em que a proposta irrecusável foi feita. Rodrigo havia excluído toda a galeria horas antes. Marcos navegou pelo MClass depois de fechar negócio com Kelly e não a encontrou entre as garotas de programa. Eufórico, ele passou na floricultura, comprou lírios brancos e bateu à porta do *flat* da sua amada. Emocionado, perguntou:

– Qual o seu nome?
– Elize Araújo! – respondeu ela, com uma honestidade tocante.

* * *

A depressão é um transtorno psiquiátrico cuja alteração cerebral faz o paciente ter mudanças de humor, acarretando profunda tristeza ou desânimo diante da vida. Trata-se de uma doença crônica, recorrente, complexa e, de certa forma, ainda muito subestimada. Para boa parte da população, depressão é frescura. "É incrível como muita gente ainda pensa assim. É importante distinguir a tristeza patológica daquela transitória provocada por acontecimentos difíceis e desagradáveis, mas que são inerentes à vida de todas as pessoas, como a morte de um ente querido, a perda de emprego, os desencontros amorosos, os desentendimentos familiares, as dificuldades econômicas...", esclareceu o médico Drauzio Varella.

Segundo dados da Organização Mundial da Saúde (OMS), 300 milhões de indivíduos sofrem de depressão no mundo. No Brasil, em

2019, antes da pandemia do coronavírus, pelo menos 12,5 milhões de pessoas sofriam desse mal, elevando o país à quinta maior prevalência do planeta, de acordo com a OMS. Um estudo da Faculdade de Ciências Médicas da Universidade Estadual de Campinas (Unicamp) concluiu que 40% da população brasileira teve depressão durante a pandemia por causa do isolamento social. Independentemente das medidas restritivas, o transtorno pode aparecer na infância, mas é mais comum a partir da adolescência. Assim, a maior parte dos casos se concentra na extensa faixa da população de 14 a 60 anos. A causa exata da depressão, em que há disfunção bioquímica cerebral, pode ter influência de fatores genéticos, ambientais e no organismo, e podem, inclusive, estar combinados. Sabe-se que mulheres são mais suscetíveis devido à maior oscilação de hormônios no período fértil.

Diversas pesquisas associaram o trabalho das prostitutas, no Brasil e no exterior, à depressão. Um estudo intitulado "Prevalência de sintomas depressivos em uma amostra de prostitutas de Porto Alegre", feito pela Faculdade de Medicina da Pontifícia Universidade Católica do Rio Grande do Sul com 97 profissionais do sexo com idades entre 18 e 60 anos, atestou que quase 70% delas tinham depressão. Uma outra pesquisa, da Faculdade de Medicina de Barbacena (Fame), entrevistou 216 prostitutas de Belo Horizonte e concluiu que 57% delas estavam patologicamente deprimidas em 2014. Já uma pesquisa feita na Nigéria, intitulada "Prevalência e correlatos da violência contra trabalhadoras do sexo em Abuja", concluiu que as garotas de programa apresentaram problemas de sono, irritabilidade, ansiedade, fobia, ataque de pânico, compulsão, obsessão, fadiga e preocupação com a saúde física, além de tentativa de suicídio, num patamar muito superior quando comparadas às profissionais de outras atividades, como médicas, operárias da construção civil, professoras e até policiais.

Em maio de 2004, Penélope foi hospitalizada numa clínica particular para tratamento da depressão e ideação suicida. A decisão de interná-la foi dolorosa para Marieta, sua mãe. O estopim foi a tentativa frustrada de se matar saltando da varanda do apartamento, logo após chegar de Buenos Aires, onde havia desmaiado durante um programa com Agustín. Foi Ruy, o irmão mais novo, de 22 anos, quem salvou a modelo naquela noite. O jovem estava em seu quarto jogando videogame. Por sorte, a janela com acesso à varanda estava aberta. Ele ouviu Penélope falando sozinha e foi ao seu encontro. O rapaz viu a irmã se preparando para saltar. Num ímpeto, ele correu, agarrou a cintura de Penélope e a puxou para o lado de dentro da sacada. "Foi por um triz", definiu Ruy. A partir desse evento, Marieta mandou instalar uma enorme tela de proteção de aço inox nas janelas e em toda a extensão da sacada. Obstinada em salvar a filha, a mãe passou a peregrinar com ela por clínicas na capital e no interior de São Paulo por seis meses. Até então, Marieta desconhecia a origem daqueles transtornos. Também não desconfiava da atividade de prostituta da jovem, já com 26 anos.

O tratamento de Penélope custava caro para o bolso de Marieta. Sem renda, a modelo começou a gastar uma boa quantia do dinheiro guardado ao longo da carreira. A mãe também lançou mão das suas economias. Para se ter uma ideia do peso dessas despesas, uma única internação de 25 dias numa fazenda de repouso no município de São José dos Campos custou à família 45 mil reais. Quando Penélope foi levada de volta para casa, Marieta estava bastante endividada e atormentada pelo medo de a filha atentar novamente contra a própria vida. Para evitar o pior, a mãe acessou a conta bancária da modelo – com consentimento – e contratou três enfermeiras para ministrar os antidepressivos da paciente e vigiá-la 24 horas por dia para evitar uma desgraça. Nessa época, ela estava se alimentando bem e recebia visitas semanais de um psiquiatra e de uma psicoterapeuta. Essa segurança custava caro, mas tranquilizava Marieta na hora de sair de casa para trabalhar em seu escritório de arquitetura.

Certo dia, Arethuza ligou para Marieta e se identificou como amiga e agente de Penélope. A cafetina desejava fazer uma visita. Numa tarde de sábado, ela bateu à porta do apartamento da Vila Mariana, onde a modelo estava recolhida. A jovem alternava as horas do dia deitada na cama e sentada numa poltrona divã com assento de couro na varanda, olhando o horizonte como se, além dele, de fato, houvesse algum lugar bonito e tranquilo para viver em paz, conforme descrito na canção de Roberto e Erasmo Carlos.

Segundo relatos de Marieta, naquela época, era um sacrifício convencer a filha a tomar banho e dar um passeio de carro pela cidade. "Quando ela caminhava pelo apartamento, mesmo apática feito um zumbi, já era motivo de comemoração", lembrou a mãe. Durante a visita à modelo, Arethuza percebeu o tamanho da preocupação familiar quando viu o imóvel todo protegido com as telas de aço. Antes de entrar no quarto da jovem, a cafetina teve uma conversa reservada com Marieta na sala de estar. Aos prantos, a mãe disse não suportar ver a filha esvaindo-se numa cama pensando em suicídio desde o amanhecer até o céu perder o azul. "Minha menina tinha tanto talento para ser feliz. Agora cultiva ideias de morte. Não me conformo. Ela viveu muito pouco para abrir mão do futuro assim tão facilmente", lamentou Marieta, soluçando. Ela também contou sobre as altas despesas com o tratamento. "Nós não somos ricos. Todas as vezes que o médico vem aqui são pagos 1.200 reais pela visita", observou a mãe.

Quando Arethuza entrou no quarto, Penélope estava sentada na varanda. A jovem que sempre chamou a atenção pela alegria e beleza estava feia, sorumbática e marcada com cicatrizes nos pulsos. Vestia-se feito um molambo. A enfermeira aproveitou a visita da cafetina e saiu, deixando as duas a sós. Arethuza se aproximou, segurou o queixo da modelo com os dedos e virou a cabeça dela de um lado para o outro como se fizesse uma inspeção. "Você está cadavérica. Mas os traços do rosto continuam lindos. Isso que importa", observou a empresária. Penélope não esboçou qualquer sentimento ao ouvir tal comentário. "Vamos cuidar dessa palidez?", interrogou Arethuza, retoricamente. Ela abriu a bolsa e tirou uma *nécessaire* com kit de maquiagem completo. Começou limpando a pele do rosto de Penélope com um gel adstringente e hidratou na sequência com água termal. Passou um *primer* para fechar os poros e deixar a pele homogênea. Depois aplicou um corretivo na área dos olhos, fazendo as manchas escuras desaparecerem. Um pó bronzeador camuflou o aspecto mórbido da face da modelo. Com um pincel, Arethuza passou iluminador e uma sombra brilhosa em pontos-chaves, trazendo uma falsa luminosidade. Finalizou com um *blush* dourado, ressuscitando a beleza do rosto. Em seguida, pôs um vestido casual na modelo e fez um penteado simples. De repente, Penélope pareceu ter recuperado a autoestima. Aparentemente empolgada, ela pediu um instante à cafetina, pegou o seu diário na gaveta e se trancou no banheiro por uma hora. Arethuza ficou impaciente e bateu na porta para apressá-la. A acompanhante de luxo saiu de lá sorridente, guardou o diário de volta na gaveta e se disse pronta. A

cafetina passou pela sala puxando-a pelo braço e anunciou para Marieta:
– O dia está muito bonito lá fora para ela ficar trancada neste apartamento. Vamos dar um passeio e não temos hora para voltar!
– Isso! Leva mesmo! Mostra para a minha filha que, enquanto houver vida, tem jeito! – incentivou a mãe, emocionada.

Antes de Penélope entrar no elevador com Arethuza, Marieta seguiu as duas até o corredor e apertou entre as suas mãos o rosto da filha. Chorando muito, a mãe contemplou intensamente aquele momento como se fosse uma despedida. Marieta deu um beijo intenso e desesperador na primogênita. Só a soltou quando o elevador deu o sinal sonoro avisando que estava ali. Marieta viu as duas portas se abrirem para a filha entrar e se fecharem simultaneamente, levando-a para longe. Mesmo sem avistá-la, a mãe gritou três vezes: "Eu te amo para sempre, minha filha!". Penélope se emocionou e respondeu em voz alta "eu também te amo, mãezinha". Arethuza ouviu e não entendeu aquele excesso de amor. Em casa, Marieta dispensou a enfermeira para ficar sozinha. Abriu uma garrafa de vinho branco para relaxar. Em seguida, foi até o quarto da filha e sentou-se na poltrona divã da varanda e chorou copiosamente. Tentava encontrar o ponto exato onde sua família começou a se deteriorar. Ruy chegou em casa, viu a mãe aos prantos e tentou consolá-la. Ficaram abraçados por horas em silêncio.

No carro de luxo de Arethuza, Penélope descobriu o verdadeiro motivo do passeio: estava sendo levada para uma suíte do Hotel Unique, no Jardim Paulista, onde Paolo a aguardava para um programa. O engenheiro ficaria com ela até a manhã do dia seguinte. Penélope recusou o trabalho e pediu para voltar para casa, pois não tinha a menor condição de transar. "Estou sem energia", ponderou. A cafetina parou o carro, irritada, e passou-lhe uma carraspana:
– Olha aqui, garota, a sua mãe me contou que está falida por causa das suas despesas médicas. [...] Veja só você... De modelo de sucesso, se transformou num estorvo para a sua família! [...] O seu programa com o Agustín foi um fracasso, lembra? Ou a depressão te deixou sem memória? Até a sua passagem de volta de Buenos Aires eu tive de pagar para aquele velho sovina.
– Sinto muito...

– Sinta mesmo, pois você está sem um tostão na bolsa e ainda recusa um cliente especial como o Paolo. Ficou louca? – oprimiu a cafetina.

Penélope parou de argumentar e mergulhou numa inércia. Arethuza se deu conta de que havia perdido a mão e passou a falar com voz macia:

– Filha, ajude a sua família. Vai lá no hotel e encontre o cliente. O Paolo é um homem bonito. Não precisa fazer nada muito elaborado. Ele está sabendo da sua situação. Basta você se deitar na cama e abrir as pernas. Se puder, finja-se de morta – sugeriu Arethuza.

Abalada com a revelação de estar empobrecendo a mãe, Penélope resolveu aceitar o programa e foi deixada na porta do hotel. Ela pediu para a cafetina repassar a sua parte do cachê a Marieta. Arethuza disse que ela não receberia nenhum centavo nesse encontro por causa da dívida contraída com Agustín em Buenos Aires. "Eu ainda tive despesas extras porque mandei um funcionário até a Argentina te apanhar, pois você não dava conta nem de entrar num avião", cobrou Arethuza. Só a partir do programa, ela passaria a ter saldo positivo com a empresária.

Penélope seguiu para uma suíte de luxo cuja diária custava 1.200 reais. A acomodação confortável e intimista tinha uma cama *queen size* e uma vista espetacular do Parque Ibirapuera. As amplas janelas circulares permitiam a entrada de luz natural. Paolo já estava lá à sua espera no quarto sofisticado. Os dois beberam champanhe freneticamente e se beijaram até o sol se pôr. A mistura de álcool com os antidepressivos intensificou o efeito das drogas, comprometendo a ação no sistema nervoso central da modelo. Antes de tirar o vestido, ela sentiu tremores e teve as habilidades cognitivas reduzidas ao mesmo tempo em que os sintomas da depressão se intensificaram. No final da segunda garrafa de champanhe, ela perdeu a capacidade de reconhecer a si e o ambiente. Despencou na cama do hotel em estado aparente de coma. Paolo aproveitou a falta de consciência da jovem e transou com ela por mais de três horas, realizando todos os seus fetiches mórbidos.

Até hoje não se sabe em que circunstâncias Penélope acordou nem como ela saiu do hotel, muito menos por onde caminhou. Houve um lapso de 24 horas. Seus últimos passos foram reconstituídos a partir das 3 da madrugada do dia 23 de novembro de 2004, bem no fim da Rua Oscar Freire, no bairro de Pinheiros, zona oeste de São Paulo. Em plena primavera, a jovem foi vista vagando perto da estação Sumaré do Metrô. Na esquina da Oscar Freire com a rua Professor Ribeirão Meira, ela virou para o lado oposto e subiu 37 degraus distribuídos em quatro lances de escada para chegar à estação suspensa do trem. Contornou e subiu mais 36 degraus da escada para pedestres e alcançou o cume do famoso viaduto da Avenida Doutor Arnaldo, uma edificação de 30 metros de altura sobre a Avenida Sumaré, local muito procurado para a prática de rapel.

Do alto do monumento, tinha-se uma das vistas livres mais bonitas da capital. De um lado, encontravam-se as luzes do bairro do Pacaembu e parte de Perdizes e Pompeia. Do outro lado, avistavam-se os muros do Cemitério Santíssimo Sacramento. O viaduto era cercado por um oásis verde, graças às árvores frondosas plantadas em duas praças públicas, localizadas na parte baixa da edificação de concreto. Bem ao lado ficava o Santuário Nossa Senhora de Fátima. De cima da ponte, a vista do céu era panorâmica porque os prédios altos da metrópole ficavam pequenos diante de tamanha altitude. Embaixo, corria a Avenida Sumaré, com duas pistas largas, divididas em quatro faixas marcadas com traços brancos. O lugar ficava mágico na madrugada, quando o silêncio se impunha, acalmando o espírito. Nesse paraíso, Penélope ficou em paz consigo mesma. A modelo caminhou doente pela calçada estreita, olhando para a parte baixa do viaduto. Como era de se esperar, Ariel surgiu à sua frente suspenso no ar pelas suas asas invisíveis e assobiando uma cantiga melancólica. A criança interagiu:

– O que você está sentindo, amor?

– Sinto que falta pouco para a vida acabar...

– Segura só um pouquinho, por favor. Espere o momento exato, pois nem todo mundo que cai dessa altura passa para o lado de cá – pediu a criatura sobrenatural.

Um homem de carne e osso passava pelo local de carro e percebeu o movimento suicida de Penélope. Ele parou, desceu e se aproximou, tentando impedir a tragédia. Iniciou uma conversa perguntando se ela tinha cigarro. A modelo o ignorou, tirou os sapatos e enfiou os pés numa das aberturas da mureta de mais ou menos um metro de altura. Em seguida, virou o corpo para o abismo.

"Estou num lugar escuro e sofrido, com a autoestima e o senso de vida totalmente destruídos. [...] Tenho muito medo do mundo. [...] Venho sendo consumida por uma solidão existencial e infinita desde que meu pai quebrou o meu espírito de forma irreparável. Mas estou a caminho do inferno para acertar as contas com esse monstro. [...] Tem horas que grito por socorro, mas ninguém me escuta. [...] O meu sopro final nesse mundo será como uma estrela que perde o brilho lentamente com a claridade da manhã. [...] Eu amarei eternamente a minha querida mãe Marieta e meu irmãozinho Ruy. [...] À minha família, obrigada de coração pelo acolhimento, pela empatia e pela paciência. Me desculpem por todo sofrimento e pela vergonha que poderei causar depois de tudo. [...] Só mais uma coisa: estou me matando para me livrar da dor e não da vida." Essas palavras estão entre aspas porque foram extraídas do diário de Penélope, um encadernado com mais de 2 mil páginas.

De repente, a jovem empurrou o viaduto para trás, obedecendo a um comando do seu subconsciente. Saltou em silêncio de uma altura equivalente à de um prédio de dez andares. A gravidade puxou a jovem para o chão numa velocidade assustadora. Penélope atingiu o asfalto da Avenida Sumaré a tempo de ser esmagada por uma carreta de três eixos e 18 rodas carregada de frutas.

Marieta recebeu uma ligação por volta das 15 horas para comparecer ao Instituto Médico Legal (IML) e reconhecer o corpo da filha. No dia seguinte, ela foi cremada numa cerimônia íntima. A mãe achava que a notícia da morte de Penélope, a cremação, o funeral e a missa de sétimo dia fossem os momentos mais dolorosos de toda a sua vida. Ela estava enganada. Arrumar o quarto da filha foi um baque muito mais forte porque ela encontrou o diário secreto. Marieta ficou tão abalada com a leitura que precisou ser hospitalizada com um forte estresse emocional provocado por aumento da frequência cardíaca e da pressão arterial. Ela descobriu todos os segredos da filha e passou a odiar o mundo e a si mesma. Três meses depois, a arquiteta procurou amparo emocional num grupo de familiares enlutados por suicídio do Centro de Valorização à Vida (CVV). A partir daí, sua incompreensão desapareceu.

Pelas contas da Organização Mundial da Saúde (OMS), suicídio é a segunda principal causa de morte de jovens com idade entre 15 e 29 anos no mundo, perdendo apenas para acidentes de trânsito. Pelo menos

800 mil pessoas ceifam a própria vida todos os anos no planeta. Quedas, ingestão de pesticidas, enforcamento e uso de armas de fogo estão entre os métodos mais comuns. O suicídio é considerado um problema de saúde pública e um fenômeno multicausal, ou seja, não tem uma única causa definida, mas é influenciado por uma combinação de fatores, como transtornos mentais e questões socioculturais, genéticas, psicodinâmicas, filosófico-existenciais e ambientais. No Brasil, a maioria das vítimas é formada por homens com idade entre 10 e 29 anos. Segundo o CVV, é possível prevenir esse mal identificando sinais de alerta no indivíduo. Exemplos: falar sobre querer morrer, sobre não ter propósito, sobre ser um peso para outras pessoas ou estar se sentindo preso a uma dor insuportável, como ocorreu com Penélope. Outros sinais são procurar formas para se matar, uso excessivo de drogas e álcool, dormir muito ou pouco, isolamento social e alterações repentinas de humor. Para ajudar uma pessoa com tendências suicidas, o CVV sugere basicamente não deixá-la sozinha, esconder armas de fogo, bebidas e objetos cortantes, além de levar a pessoa a um especialista.

Aos grupos de mães do CVV, Marieta contou ter entrado em estado de choque logo após a morte violenta de Penélope. Em seguida, veio uma fase de revolta e ódio da filha por ter feito o que fez. A etapa seguinte foi de culpa colossal. Marieta conta ter se autocastigado por sentimentos contraditórios e exacerbados. Ela sofreu por ter dormido por duas décadas com o homem que estuprava a sua filha; sofreu por não tê-la resgatado da prostituição; por tê-la deixado sair de casa no dia em que se matou; e até por não ter lido o diário de Penélope e, quem sabe, evitar o destino trágico da modelo.

Marieta quase enlouqueceu quando descobriu nos encontros no CVV quais foram os sinais dados pela filha para avisar involuntariamente que estava prestes a se matar. "Eu me fazia todos os dias uma série de perguntas: O que eu poderia ter feito? Por que não fiz isso? Por que não fiz aquilo? Minha filha está no céu ao lado de Deus? Ou está no purgatório? [...] Demorei dez anos para compreender todos os acontecimentos envolvendo a sua morte e começar a me perdoar", contou em outubro de 2020. Em um dos encontros de mães que perderam filhos para o suicídio, elas se deram as mãos e recitaram bastante emocionadas em forma de jogral a canção "As vitrines", de Chico Buarque, cuja letra está transcrita no diário de Penélope. Trecho da poesia diz: *Eu te vejo sumir por aí / Te avisei que a cidade era um vão / Dá tua mão, olha pra mim / Não faz assim, não vai lá, não.*

* * *

Depois de negociarem as cláusulas do "namoro", Marcos e Elize ficaram insuportáveis de tanto chamego e derramamento de afeto em público. Andavam pelos bares e restaurantes mais badalados de São Paulo grudadinhos, cheios de cochichos e sorrisinhos íntimos. Lincoln, Paolo e Alícia eram os principais amigos do casal. Fora dessa órbita, Chantall continuava confidente de Elize, mas ela não costumava frequentar as rodas do executivo da Yoki porque sempre estava com hematomas no rosto. Nos encontros sociais, Elize e o empresário ficavam num tal de "amorzinho" pra lá, "benzinho" pra cá seguido de beijos açucarados de novela. Chamava a atenção dos amigos de Marcos o excesso de zelo, vigilância e indulgência para com Elize. Nunca tinha sido visto algo parecido, em se tratando de relacionamentos do executivo da Yoki com prostitutas – nem com as que ele dizia amar.

O sentimento de proteção e acolhimento de Marcos foi elevado a patamares superlativos depois de Elize desenterrar os seus mortos. A acompanhante fez questão de relatar para o empresário a sua trajetória numa conversa iniciada num jantar e estendida madrugada adentro. Tudo regado a muito vinho e lágrimas. Elize falou de forma cândida como testemunhou a mãe sendo espancada pelo pai bêbado durante anos e anos e do cotidiano miserável da família no interior do Paraná. Fez questão de enaltecer o coração bondoso da tia Rose e da avó Sebastiana, os verdadeiros anjos de sua vida. Contou nunca ter sentido a plenitude de morar numa família estruturada. Sentia falta de amor, apego e carinho, sentimentos inexistentes no submundo da prostituição. No prólogo, Elize aproveitou para pontuar que não tinha talento para fazer programas, como as modelos de Arethuza e as meninas de Violeta. "Pelo menos não me vejo assim. Estou nessa vida temporariamente, até me organizar", explicou. Também contou se espelhar na jornada de Estella, a enfermeira que juntou dinheiro vendendo o corpo e trabalhando em hospitais durante dez anos, e acabou largando tudo para se tornar dona de posto de combustível.

Um drama daqui, outro choro dali, Elize resolveu escancarar outras mazelas da vida. Naquela mesma noite, contou para Marcos a história cabeluda envolvendo os abusos sexuais e o estupro cometidos pelo padrasto, Chico da Serra. Os relatos foram feitos com uma riqueza de detalhes repugnantes. Elize emendou os desdobramentos desse crime sexual contando ter fugido de casa aos 15 anos por não ter tido apoio da mãe, Dilta, que preferiu acreditar na versão do companheiro (ele disse na época que investiu sexualmente contra a enteada porque fora seduzido, o que não deixaria de ser crime – é bom frisar). Ao ouvir tanta calamidade, Marcos ficou comovido. Aquela história de vida penosa despertou nele empatia e paixão. No dia das grandes revelações, Elize fechou o desabafo contando com a voz trêmula e olhos molhados seus planos de estudar, casar-se e ser mãe.

Depois de abrir toda a vida para Marcos, Elize sentiu-se leve. Não havia mais qualquer segredo entre eles que pudesse ameaçar o "namoro". Supostamente apaixonado, o casal de pombinhos arrulhava passeando e comendo pipoca ao ar livre pelos parques verdes de São Paulo. Os preferidos eram o Ibirapuera e o Pico do Jaraguá, a oeste da Serra da Cantareira, cujo mirante detém o título de ponto mais alto da cidade, com mais de 1.000 metros de altitude. O pico tem o pôr do sol mais deslumbrante da capital, capaz de deixar em êxtase qualquer casal apaixonado. Outro programa recorrente era visitar o Zoológico de São Paulo, um parque de 574 hectares com mais de 2 mil animais, entre mamíferos, aves, répteis, anfíbios e invertebrados. Nesses lugares, o casal fazia fotos e trocava juras de amor eterno. Marcos se comportava como se não fosse pai de família. Os dois desfilavam em lugares públicos e badalados à luz do dia e à sombra da noite, inclusive de mãos dadas. Ele escapava do trabalho de forma recorrente no meio do expediente para viver seus romances com prostitutas. Na Yoki, somente as secretárias percebiam o seu sumiço. Uns e outros executivos da companhia mais tarde até descobriram as aventuras dele no meretrício. No entanto, o empresário tinha cargo de diretor e era um dos herdeiros da Yoki. Com isso, ninguém ousava fazer fofocas de corredor.

Numa das vezes em que Marcos desapareceu dos olhos da família, ele, Elize e Lincoln jantavam no Terraço Itália, no Centro. Já meio embriagado, o empresário começou a exagerar nas demonstrações de carinho. À mesa, começou cheirando de forma insistente os cabelos loiros da acompanhante. Depois, pegou uma pedra de gelo do balde com bebidas e passou nos lábios de Elize, beijando-a em seguida de forma intensa, como se não houvesse mais ninguém por perto. Ousou pôr o dedo indicador no queixo dela e deslizar pelo pescoço até alcançar o colo dos seios. Elize não o repreendia. Lincoln resolveu pedir para o amigo economizar nas carícias, lembrando-lhe, inclusive, do barraco promovido por Ely e Luluzinha no restaurante Senzala num passado recente. "Tanto amor assim nem é bom esconder", argumentou ele ao ouvir as críticas. Quando Lincoln insistia na censura, Marcos levantava o antebraço até o pulso encostar na testa, como se levantasse um escudo, e falava brincando: "Suas balas não me atingem, minhas asas são como uma couraça de aço". Todos riram. A frase fazia referência ao personagem do desenho animado chamado *Batfink*, um híbrido de gato e morcego lutador de caratê, conhecido no Brasil como Batfino. Quanto mais ele defendia o "namoro", mais Elize acreditava que seria resgatada da vida de prostituta pelas mãos daquele homem, apesar de estar recebendo dinheiro para estar ao seu lado.

Na terceira semana de "namoro", Marcos levou Elize para uma viagem a trabalho na fábrica da Yoki em São Bernardo do Campo, onde eram produzidos salgadinhos, farofas prontas, pó para sorvete, fermento e refrescos. De lá, o casal seguiu para Marília, onde a empresa mantinha um centro de distribuição. A viagem durou quatro dias. A prostituta não saiu do hotel em momento algum, seguindo ordens do executivo. A partir dessa viagem, os laços entre os dois se estreitaram ainda mais. Obtusa, ela começou a acreditar que a palavra "namoro" estaria sem as aspas num futuro próximo. Mas havia uma questão importante pendente na relação. Marcos ainda não havia pago os 30 mil reais combinados pela exclusividade da companhia. Na viagem de volta, Elize teria puxado o assunto de forma sutil:

– Amor, o meu aluguel vai vencer na semana que vem...

– Jura? Temos que ver isso aí – protelou.

– Tenho medo de ficar sem ter onde morar.

– Quanto custa o aluguel?
– Quase 5 mil reais!
– Nossa, que caro! – criticou, apesar de ser milionário.
– O *flat* é todo mobiliado.
– Ah é? Vamos ver como fica essa questão... – enrolou o empresário.
– Você ficou de me pagar um salário mensal, lembra?
– Lembro, sim. Mas não sei se você já foi empregada alguma vez. O funcionário primeiro trabalha e só depois recebe, sabia?
– Então quando vou receber? – quis saber Elize.
– O limite para o pagamento de salário, pela lei trabalhista, é o quinto dia útil do mês subsequente...

Diante do argumento cartesiano de Marcos, muitas certezas de Elize sobre o futuro da relação transformaram-se em dúvidas. Com o primeiro salário longe da sua conta bancária e diversos boletos na bolsa, ela decidiu não abrir mão de alguns clientes especiais pelo menos até ver a cor do dinheiro do empresário da Yoki. Num fim de semana em que Marcos viajou com a esposa e a filha para Campos do Jordão, Elize recebeu no celular uma mensagem de texto de um velho cliente. Era Gilberto, o narcotraficante, querendo pernoitar no *flat* do Itaim ao cachê de 1.200 reais. Ela topou sem pestanejar. Gilberto chegou ao apartamento da profissional por volta das 22 horas, armado até os dentes e carregando uma mochila juntamente com uma maleta de mão recheada de drogas. Os dois jantaram, beberam e transaram até amanhecer. O bandido pagou o programa e saiu da casa da jovem por volta das 10 horas. À noite, no telejornal, Elize descobriu que não atenderia Gilberto tão cedo. Ele havia sido preso pela Polícia Federal na Via Dutra dentro de uma operação de combate ao tráfico de drogas e ao crime organizado, em junho de 2004. Nas imagens da TV, foi possível ver os agentes abrindo a tal mala de mão contendo cocaína e outras substâncias, além de dinheiro vivo. Considerado um criminoso de alta periculosidade e jurado de morte por integrantes do Comando Vermelho, ele foi levado para a penitenciária de segurança máxima de Presidente Venceslau, a 600 quilômetros de São Paulo.

Lá pelo quinto dia útil do mês, depois de retornar da viagem com a família, Marcos apareceu meio embriagado no *flat* de Elize carregando uma sacola e uma flor. Pela primeira vez o empresário falou mal de Lívia, sua esposa. Queixou-se da perda de sensualidade e da falta de criatividade dela na cama. "Ela passa muitos cremes no rosto, nas mãos, nos pés e até nos cotovelos na hora de deitar. Dorme toda melecada. Já não tenho mais desejo", reclamou. Amante de música, Marcos sempre encontrava uma letra para demonstrar seus sentimentos. Naquela noite, ele se declarou para Elize entoando versos da canção "Mulheres", de Martinho da Vila: *Procurei em todas as mulheres a felicidade. / Mas eu não encontrei e fiquei na saudade. / [...] Você é o sol da minha vida, a minha vontade. / Você não é mentira, você é verdade. / É tudo que um dia eu sonhei pra mim.* Elize teve júbilo e euforia ao ouvir tamanha declaração de amor. Os dois beberam vinho e transaram. Depois da segunda garrafa, Marcos pegou a sacola e tirou de dentro uma caixa embrulhada em papel de presente, repassando-a para a acompanhante. Era um telefone celular de última geração novinho em folha, caríssimo e já habilitado com um número diferente. Elize chorou de alegria com o mimo, mas ficou chocada quando ele pediu de forma incisiva o seu aparelho antigo:

– Me passe o seu telefone agora! – ordenou.

– Calma! – pediu ela.

– Calma pra quê? Quer recuperar números de alguns clientes?

Marcos tomou o telefone de Elize com rispidez, fazendo crer que a sua vida de prostituta estaria no passado. Ele também ordenou que ela entregasse o *flat* para não sobrar possibilidade de ser encontrada por fregueses e colegas da zona. Na semana seguinte, ela se mudou para o apartamento dele no Itaim, mantido até então para receber garotas de programa de luxo. As atitudes autoritárias e abusivas de Marcos não passaram despercebidas por Elize, mas ela preferiu fazer a seguinte leitura: ele estava fazendo tudo aquilo em nome do amor. "Olha, você pode até fazer vista grossa para esse tipo de grosseria. Mas fique sabendo que ele tá apenas demonstrando quem ele realmente é. E tem outra coisa: esse tipo de violência é sempre crescente. Falo com conhecimento de causa", alertou Chantall. "Você está exagerando. Esse é o jeito dele", ponderou Elize.

Instalada no *flat* do empresário, Elize recomeçou a sua jornada ao lado do javali empalhado. Ela levou para a nova moradia somente roupas, sapatos e poucos objetos pessoais. Marcos ordenou que ela jogasse fora todas as coisas ligadas à atividade de prostituta, a exemplo de acessórios sexuais e "figurino de puta, como cinta-liga", na definição dele. Apesar de o imóvel estar todo decorado com móveis em tons sóbrios, ela deu um toque pessoal espalhando almofadas coloridas da Tok & Stok pelos sofás de luxo de couro preto, cujo preço unitário chegava a 80 mil reais. Elize também pôs dois porta-retratos sobre um aparador da sala. Num deles, estava a foto dela vestida de enfermeira nas dependências do Hospital Nossa Senhora das Graças, em Curitiba. No outro, uma imagem de Marcos todo alinhado – com terno completo de alfaiataria –, sentado à mesa no escritório da Yoki, com vista do bairro de Pinheiros. Eles não estavam juntos em nenhuma das imagens. Ela até pediu ao "namorado" uma foto do casal, mas ele disse que ainda era cedo para esse tipo de registro.

Elize ainda arrumava o seu novo lar quando recebeu uma ligação em seu celular novo. Era Marcos, combinando um encontro no Shopping Iguatemi. Elize compareceu na hora marcada vestida num conjunto *cropped* de paetê e saia preta. Marcos criticou o *look*. "Você tem de jogar fora essas roupas vulgares, caso queira namorar comigo de verdade", comentou. O casal andou por lojas de grife acompanhado de uma *coach* de estilo indicada por Arethuza. Compraram vestidos, calças jeans, blusas e sapatos "de mulher de família", na definição dele. Elize ainda voltou às compras com a consultora de moda em outras duas ocasiões. No total, Marcos gastou quase 40 mil reais para renovar parcialmente o guarda-roupa da jovem. No último dia de compras, o casal foi jantar no restaurante Figueira Rubaiyat, no bairro dos Jardins. Elize se surpreendeu quando o empresário pôs sobre a mesa dois celulares, em vez de um. Suspeitou que ele não havia abandonado a companhia de outras prostitutas:

– Por que você usa dois telefones? – questionou ela.

– Um para falar com a minha família e outro para os assuntos da empresa.

– Vou falar com você no número da família?

– Não. Vamos nos falar pelo número de sempre, o do trabalho – pontuou, sisudo.

Marcos deixou claro não ter gostado de ser questionado. A irritação não ocorreu à toa. Sinuoso, o empresário mantinha dois números por razões escusas. Em um dos aparelhos, falava com a família, amigos e resolvia problemas do trabalho. O outro, considerado secreto, era usado somente para acertar programas com acompanhantes. Inebriada com a nova fase, Elize resolveu não investigar a vida dupla de Marcos – pelo menos naquele instante. No mesmo jantar, o empresário deu a ela um pedaço de papel em branco com uma caneta e pediu os dados bancários dela para finalmente transferir o primeiro salário.

No dia seguinte, Marcos viajou a trabalho para Nova Prata (RS), onde a Yoki mantinha uma fábrica para produção de pipoca. Elize passou no banco, retirou um extrato da conta e atestou um depósito de 20 mil reais, ou seja, 10 mil a menos que o valor combinado. Ela enviou uma mensagem para o telefone de Marcos especulando um possível engano na transação financeira. O empresário desfez o mal-entendido falando de tributos sobre o pagamento de salários. Ele também ponderou o fim da despesa com aluguel para justificar o valor mais baixo do combinado. Elize teria aceitado os argumentos e fixado sua remuneração mensal em 20 mil reais pela exclusividade.

No mesmo dia, convidou Chantall para comer numa *pâtisserie* badalada, no bairro Vila Nova Conceição, um dos mais chiques de São Paulo. Como estava com hematomas no rosto, para variar, a amiga pediu para o encontro ser no *flat* de Elize, assim poderia conhecer a nova moradia da paranaense. Elize passou numa padaria e comprou diversos tipos de pães, croissant, tiramissu, quiche de alho-poró, éclair de chocolate, sucos e duas garrafas de espumante. À mesa, as duas comiam e bebiam, enquanto botavam a conversa em dia. Elize falou do alívio de ter se livrado de cafetinas mercenárias, como Violeta, da exposição no MClass e principalmente de clientes asquerosos. Falava também dos planos de se matricular num cursinho pré-vestibular ainda naquele mês.

As duas prostitutas estavam no meio do lanche quando, por volta das 17 horas, perceberam que alguém tentava destrancar a porta da sala pelo lado de fora. O intruso só não conseguiu abrir porque a chave de Elize estava na fechadura. Num ímpeto, ela se levantou da mesa, atravessou a sala a passos largos e destrancou a porta para ver quem tentava entrar. Deparou-se com uma mulher bonita, muito bem vestida, aparentando mais ou menos 30 anos de idade e sotaque gaúcho. Incisiva e cheia de ciúme, Elize interrogou:

– Quem é você?

– Sou a esposa do Marcos. E você? Quem é? – devolveu Lívia.

CAPÍTULO 6

A FLECHA VENENOSA DO CIÚME

"A minha namorada está apaixonada por um macaco"

As atrizes Fernanda Montenegro, Nathália Timberg, Beatriz Segall (1926-2018) e outras dezenas de estrelas do teatro, do cinema e da TV sempre reclamaram que eram frequentemente confundidas com prostitutas. A bem da verdade, essa confusão não ocorria à toa, segundo relatou a atriz Berta Zemel, morta de broncopneumonia em fevereiro de 2021 aos 86 anos. "No teatro, por exemplo, nós éramos criticadas e tachadas de meretrizes, pois a nossa conduta e os figurinos com muitas plumas e paetês não eram apropriados para uma moça de família. O preconceito era fortíssimo, principalmente nas décadas de 1950 e 1960. Parte da sociedade via nas nossas manifestações artísticas algo impuro e imoral, além de servir de fomento à prostituição. Nos bastidores da TV Tupi

(1959-1980), era comum os executivos da emissora perguntarem para as atrizes quanto custava o programa", contou a atriz, em outubro de 2020. Mas não foram só as roupas e o comportamento extravagante que puseram atrizes e profissionais do sexo na mesma página. Todos os artistas do teatro, da música, do rádio e da televisão e garotas de programa em atividade durante o regime militar (1964-1985) foram obrigados pela polícia a confeccionar uma carteirinha de identificação para lá de inusitada. O documento de cor salmão, obrigatório para o artista exercer a profissão e andar na rua à noite, tinha foto e quatro campos a serem preenchidos com máquina de datilografar. No primeiro espaço ficava o nome verdadeiro da profissional acompanhado do nome artístico ou de guerra, no caso das mulheres da vida. Na terceira linha constava o número de registro e, na sequência, a descrição da profissão, que poderia ser atriz, músico ou prostituta. Uma última linha era destinada à assinatura do(a) portador(a).

A carteirinha, de simplória não tinha nada. Era emitida numa sala secreta da sede do Departamento de Investigação da Polícia Federal, em todos os estados. O objetivo era, na verdade, identificar artistas com inteligência, poder de influência e coragem suficientes para questionar e subverter a nova ordem estabelecida com o golpe de 1964, uma conspiração das Forças Armadas arquitetada para derrubar o governo civil de João Goulart (1961-1964). No entanto, assim como os artistas, as prostitutas foram intimadas a emitir o mesmo cadastro na tal sala secreta da polícia, caso quisessem permanecer na calçada batendo ponto à noite. "Quando fui fazer a minha carteirinha, havia um cantor e três prostitutas sentados no mesmo banco na sala de espera. [...] Como o documento era obrigatório para exercermos a nossa profissão, acabou virando motivo de zombaria na classe artística. Quando uma atriz encontrava uma colega na coxia do teatro ou no estúdio da televisão, era comum perguntar: 'E aí? Já tirou a carteirinha de prostituta?'", relembra Berta Zemel. Sobre o documento, Fernanda Montenegro comentou na revista *Época*, em maio de 2013: "Pertenço à geração de artistas que tirou carteirinha de prostituta na polícia. Naqueles tempos sombrios, artista era considerado prostituta, veado ou gigolô". Outra estrela dos tablados lembrou da tal carteirinha. "Naquela época, quem fazia teatro era puta. Então, eu era puta. Sou putíssima até hoje, porque eu defendo a profissão", comentou a atriz Laura Cardoso, aos 95 anos, em entrevista ao jornal *O Estado de S. Paulo*, em junho de 2023.

Além da carteirinha obrigatória no regime militar, outro fator pôs o trabalho das atrizes e o das prostitutas no mesmo balaio. Ambas fingem ser outra pessoa quando entram em ação. Elize, a garota do interior descrita como tímida, por exemplo, transformava-se na destemida Kelly quando atendia os clientes. Sua segunda *persona* era uma mulher magnética, dominadora e retumbante. Alícia – atriz profissional – incorporava a Estrela D'Alva, o astro mais brilhante da noite, costumava dizer. Já Deusarina, moça de família religiosa, virava a devassa e trambiqueira Tatty Chanel. As três mudavam completamente a personalidade quando estavam em atendimento. "Ser outra pessoa era até uma forma de elas se protegerem das armadilhas da vida", justificou Violeta, a cafetina piauiense.

Uma infinidade de trabalhos acadêmicos explica como a prostituição e a arte dramática caminharam de mãos dadas ao longo do tempo. Em 1996, os pesquisadores Maria Alves de Toledo Bruns e Osvanir Pereira Gomes Júnior, do Departamento de Psicologia da Universidade de São Paulo (USP), publicaram um estudo feito com 15 acompanhantes com idades entre 18 e 33 anos. A pesquisa teve o objetivo de compreender a prática do meretrício a partir de como as mulheres vivenciavam a própria sexualidade enquanto exerciam a profissão. O trabalho foi feito basicamente com entrevistas e procurou fazer análises da prostituição a partir de um fenômeno para determinar as estruturas, gênese e essência – metodologia conhecida pelo termo "fenomenologia". O estudo também usou de parâmetro as teses do filósofo e teólogo austríaco Martin Buber (1878-1965), notório pela defesa do diálogo como ferramenta de estabelecimento da verdade.

Para melhor entender o resultado do estudo, é preciso partir do seguinte ponto: ontologicamente falando, o ser humano é diferente das demais espécies do reino animal porque recebe em sua jornada condições específicas para dar conta da própria vida, sustentá-la e ampliá-la. Ou seja, o indivíduo é um feixe de possibilidades sempre em aberto, podendo transcender e surpreender a si mesmo. Ainda de acordo com a ontologia, somos lançados no mundo sem o controle da nossa existência e sem qualquer certeza sobre o próprio destino.

Isso fomentaria o seguinte debate: prostituir-se é escolha, vocação ou alternativa de sobrevivência? Ou pode ser tudo isso junto? "Ninguém escolhe ser prostituta. Isso é fato. Somos empurradas para essa vida pela necessidade, ambição e falta de perspectiva. Além disso, muitas meninas têm traumas pessoais e vêm de famílias totalmente desestruturadas. Foram vítimas de abuso sexual, espancamento e rejeição. Nesses casos, prostituir-se, além de sobrevivência, é uma forma de enfrentamento e resistência. [...] As mulheres que dizem gostar dessa vida estão mentindo para o mundo e para elas mesmas. Se o gênio da lâmpada aparecer para uma prostituta dizendo que ela pode fazer três pedidos, o primeiro deles seria uma súplica imediata: me tira dessa vida o quanto antes!", relatou a cafetina Violeta, 55 anos de idade e 33 de atividade no meretrício.

Já a obra do filósofo Martin Buber, usada de base para analisar as entrevistas acadêmicas com as garotas de programa, sustenta que a trajetória do indivíduo no mundo depende unicamente da forma como ele se coloca diante da realidade, que sempre lhe solicita um posicionamento. A partir dessa premissa, os pesquisadores da USP concluíram que a mulher prostituta mantém um distanciamento afetivo quando está dando expediente, isto é, ela faz do corpo o seu instrumento de trabalho em troca de dinheiro, assim como fazem as atrizes.

Ainda segundo o estudo da USP, ao manter relações sexuais com os seus clientes, a prostituta se porta feito um objeto, ou seja, ela presta serviços utilizando o seu corpo como ferramenta de trabalho, dissociando-o de qualquer acontecimento emocional. Com base nas entrevistas feitas com as garotas de programa paulistas, os pesquisadores concluíram que o único prazer que elas sentem estaria diretamente relacionado à remuneração pelo serviço prestado. Dessa forma, o pagamento pelo trabalho legitima a forma de a prostituta ser no mundo. "Ela seria, então, como uma atriz que encena uma personagem em busca da satisfação dos seus clientes pagantes. Quando sai de cena, volta a ser a mulher que sempre foi. Ou seja, separando a vida profissional da afetiva. Assim, ela se torna capaz de negociar seu corpo de forma superficial e distante, não estabelecendo laços com os seus fregueses, já que a performance sexual seria completamente mecânica e em série", assinalou a psicóloga Claudia Waltrick Machado Barbosa num trabalho intitulado

"Um estudo sobre a prostituição", do Centro Universitário Unifacvest. Como qualquer estudo qualitativo, cuja investigação atinge o mundo privado e subjetivo do indivíduo, há de se considerar as exceções. Ou seja, seria possível, sim, uma prostituta se envolver emocionalmente com um cliente, assim como uma atriz e um ator estão sujeitos a se apaixonar pelos colegas que beijam e com quem fingem fazer sexo em cena.

Violeta nunca estudou filosofia, mas tinha profundo conhecimento dos conflitos existenciais da mulher prostituta, principalmente as negras e nordestinas como ela. "Sou mulher forte, combativa, de grelo duro mesmo, sabe? Sobrevivi na vida graças a essas características. A mulher de grelo duro é imbatível", reforçou, lembrando a forma com que o ex-presidente Luiz Inácio Lula da Silva se referiu às feministas do PT em um áudio vazado no âmbito da Operação Lava Jato, em 2016. Na botânica e na definição dos dicionários, "grelo" é o gomo que germina das sementes das plantas e brota da terra. É também uma das formas chulas que homens e mulheres se referem ao clitóris. Quando ocorre a excitação feminina, o clitóris fica rígido. Vem daí a expressão vulgar "grelo duro". No caso do ex-presidente, ele usou o termo vulgar e machista para se referir às mulheres do PT. Numa conversa com o ex-ministro dos Direitos Humanos, Paulo Vannuchi, Lula defendeu que as mulheres feministas do partido teriam de se manifestar contra o procurador de Rondônia Douglas Kirchner, que o investigava na época. No mesmo áudio, o petista citou as parlamentares Maria do Rosário e Fátima Bezerra. "Ele [Kirchner] batia na mulher, levava a mulher no culto religioso, deixava ela sem comer, dava chibatada nela, sabe? Cadê as mulheres de grelo duro lá do nosso partido?", disse Lula, na época.

Precoce, Violeta fez o primeiro programa aos 9 anos e só parou de se vender aos 30, para passar a terceirizar o corpo de outras mulheres em troca de comissão. Desde que parou de se prostituir, 27 anos atrás, ela nunca mais transou com homem algum. "A realidade é que a minha vida foi excessivamente dura. Fiz tantos programas que fiquei seca, sem libido, sabe? Sexo não me faz a menor falta. Para você ter ideia, eu olho para um homem nu e não sinto nada. Já passou pela minha cabeça que poderia ser lésbica. Mas o sexo feminino também não me atrai. Segundo a minha ginecologista, faço parte do grupo de pessoas assexuais estritas, aquelas que não sentem atração sexual por nenhum gênero, em nenhuma situação específica", contou. Para escapulir da depressão, Violeta bebia vodca todos os dias e cheirava cocaína esporadicamente. Levava uma vida de classe média. Tinha apartamento próprio no bairro da Aclimação, uma sala comercial em seu nome no bairro do Ipiranga e dirigia um Jeep Renegade pelas ruas de São Paulo. Usava roupas de lojas de departamentos e gostava de bijuterias. Tinha anéis em praticamente todos os dedos das mãos.

Apesar de bem-sucedida, Violeta não conseguiu desviar-se dos trilhos da solidão. Nunca foi casada, nem sequer viveu um romance de verdade e, consequentemente, não teve filhos – apesar de ter transado com uma quantidade imensurável de homens. "O destino fez de mim uma mulher fria e bem prática na vida. Faz 40 anos que não choro, acredita? [...] Quando tinha 15 anos, estava na escola e a professora me pegou chorando de soluçar no recreio. Ela perguntou o que tinha acontecido. Um colega havia falado que o meu cabelo era idêntico à piaçava da escova usada na limpeza da privada. A professora não acreditou que eu estava em prantos por uma 'bobagem como essa'. Ela me mandou engolir o choro e disse algo que jamais esqueci: 'guarde as suas lágrimas para quando morrer alguém da sua família'. Nunca mais chorei depois desse episódio. Nem quando meus pais morreram num acidente eu me emocionei. Hoje sou uma mulher sem empatia. Não gosto de cumprimentos com beijinhos no rosto, abraços nem apertos de mão. A pandemia foi uma desgraça para toda a humanidade. Mas se teve uma coisa que gostei foi do distanciamento social. Adoro essas saudações feitas de longe, em que ninguém toca em ninguém", relatou em maio de 2021. Numa autoanálise, Violeta concluiu que os sentimentos de rejeição, abandono familiar e discriminação fizeram com que ela adotasse uma postura cética diante da vida.

Experiente, a cafetina ensinava as suas artimanhas às 20 garotas com idades entre 18 e 21 anos que se prostituíam sob a sua tutela. Um dos truques sugeridos às profissionais era justamente assumir uma personagem infantilizada na hora de atender um cliente. Essa estratégia caía feito uma luva principalmente com as meninas tímidas vindas do interior, chamadas por ela de "caipiras da zona". "Algumas raparigas lindas e tímidas, com cara de adolescente, chegam da roça sem falar nada, como se fossem mudas. Só abrem a boca se for perguntado algo e ainda assim elas respondem de cabeça baixa, usando monossílabos. Alguns clientes gostam, mas a maioria quer conversar. Por isso, eu ensino as minhas meninas a fingirem espontaneidade, como se fossem uma atriz", ponderou Violeta. Na verdade, a maioria delas lança mão desse expediente, conforme concluiu o estudo da USP relatado anteriormente. Luluzinha, a profissional que "namorou" Marcos Matsunaga antes de ele engatar o romance com Elize, por exemplo, descreveu o seu *alter ego* bem diferente do seu verdadeiro eu. "Minha personagem é desavergonhada, obscena, descarada e engraçada. A Luluzinha só entra em cena quando estou trabalhando como profissional [do sexo] ou dançando nos programas de auditório. Na vida real, sou o oposto", pontuou.

Foi também usando ferramentas da arte dramática que Berbella, de 20 anos, enredou cada vez mais o seu principal cliente, o bancário Kaul, de 40. Os dois estavam "namorando" firme fazia seis meses e ela recebia dele um salário mensal de mil reais por uma suposta exclusividade. Orientada por Violeta, Berbella, na verdade, nunca foi fiel ao bancário, pois ela atendia na surdina outros clientes sob o pretexto de receber um valor muito baixo para ser honesta. A garota era requisitadíssima no mercado por ter se tornado *expert* em sexo anal e por começar a praticar pompoarismo, uma técnica de contração voluntária dos músculos do períneo e da vagina cujo maior benefício é massagear o pênis do parceiro com a vulva. "Enquanto o Kaul não te der casa, comida e um carro novinho em folha, a dedicação exclusiva será apenas em sentido figurado. Principalmente porque já se passou o estágio probatório e nada de ele falar em união estável", ponderou a alcoviteira e sem escrúpulos. "União estável" nesse *métier* significa uma relação em que o cliente sustenta o lar para uma prostituta mesmo sem ele se separar da esposa, como já ocorria com Marcos e Elize.

Com o passar do tempo, Kaul começou a emitir sinais de que poderia estar se apaixonando de verdade pela garota agenciada por Violeta. Certa vez, o bancário a levou para uma viagem de trabalho ao Rio de Janeiro. Berbella ficou extasiada com o passeio. Mas se manteve infiel até em terras cariocas. Enquanto o bancário trabalhava o dia todo, a profissional passava o tempo sensualizando no *deck* da piscina do hotel. Quando não, dizia sair para conhecer pontos turísticos importantes da cidade maravilhosa. Tudo mentira. Ambiciosa, Berbella entrava em salas de bate-papo virtual para prostitutas e marcava encontro com clientes. Numa única tarde, fez quatro atendimentos em hotéis e motéis, enquanto o seu "namorado" dava expediente num seminário para aperfeiçoamento profissional. Volta e meia, Kaul mandava mensagens pelo celular perguntando onde estaria o seu amor. Berbella respondia estar em um ponto turístico qualquer, mandava pelo celular fotos de paisagens da cidade feitas da janela do táxi e finalizava dizendo morrer de saudade – mesmo estando nua ao lado de outros homens. Se batesse peso na consciência, Berbella aliviava a culpa contabilizando o fato de Kaul ser casado, pai de família e muito mão de vaca. "Enquanto ele tiver a mulher dele e me pagar pouco, terei os meus homens", raciocinava.

Dos homens que Berbella dizia serem seus, eram cobrados 300 reais a hora pelo programa. Imprudente e irresponsável, ela transava sem proteção quando o cliente pedia. No universo da prostituição, transar sem camisinha era comum. A prática era chamada de "sexo no pelo" ou "cavalo de índio", em alusão a uma montaria em que a pessoa cavalga nua num cavalo sem sela, ou seja, com o sexo em contato direto com o pelo do animal. Quando o cliente queria saber se a profissional transava sem preservativo, ele geralmente perguntava: "faz no pelo?" ou "faz cavalo de índio?", ou simplesmente "faz sem capa?". Já os clientes vulgares usavam gírias chulas do tipo: "posso leitar?", em referência à ejaculação diretamente no ânus sem qualquer tipo de proteção. Berbella sempre dizia "sim" para essas questões, acrescentando fazer anal como ninguém. Era cobrado um acréscimo de 100 reais pela especialidade desprotegida. No Rio de Janeiro, todos os quatro programas feitos pela garota, incluindo um turista sueco e outro jamaicano, ocorreram sem preservativo. As transas com Kaul também eram sem capa. Apesar de estar bem longe dos olhos de Violeta, o respeito por ela era tão grande que Berbella continuava lhe repassando metade do cachê a título de comissão e agradecimento pela mentoria.

Na volta da viagem, Kaul seguiu para Campos do Jordão. Berbella ficou um tempo hospedada na casa de Violeta para aperfeiçoar os planos de "se casar" com o bancário. Um mês depois do passeio pelo Rio, a garota começou a sentir tontura. A cafetina esboçou um sorriso maroto. "Deus ouviu as nossas preces e você há de estar grávida do Kaul", festejou, preparando uma taça de gim-tônica e cheirando uma carreira de cocaína. As duas seguiram imediatamente até uma farmácia e um teste de gravidez simples confirmou as suspeitas de Violeta, que comemorava o feito como se tivesse acertado na loteria. A felicidade de Berbella era fingida. No fundo, ela estava mesmo era apreensiva porque havia transado com dezenas de outros clientes sem preservativo. Mas, por ora, a garota preferiu esconder a informação relevante para não jogar água fria na fervura de sua mestra.

Como o resultado do teste de farmácia não era prova irrefutável de gravidez, Violeta marcou uma consulta para a garota em um ginecologista de confiança para obter o pedido de um exame laboratorial chamado beta HCG. Trata-se de uma coleta de sangue cujo resultado quantifica a presença do hormônio, revelando se existe gravidez ou não. Com o resultado positivo na mão, Violeta ficou com ideias flutuando em sua cabeça. Depois de pensar bastante, orientou Berbella a procurar Kaul e anunciar a gravidez o quanto antes, exigindo do bancário logo de cara pelo menos 30 mil reais para custear o início da gestação. Metade do valor ficaria com a cafetina. Ela ainda ensinou a garota a chantageá-lo de forma sutil, caso ele enrolasse para fazer o pagamento. Berbella deveria perguntar, delicadamente, se ele conseguiria imaginar qual seria a reação da sua esposa se um dia ela soubesse de uma notícia desse tamanho.

Com receio de passar um vexame típico de novela e com medo de apanhar – Kaul costumava espancar as prostitutas –, Berbella resolveu contar à mestra que havia transado com outros clientes sem preservativo, ou seja, o filho poderia não ser de Kaul. Ao ouvir aquela verdade dolorida, Violeta deu uma bofetada de surpresa com o dorso da mão no rosto da jovem. O tabefe foi tão forte que ela quase caiu no chão. Os anéis da cafetina deixaram quatro cortes profundos em linha reta e com muito sangramento no rosto de Berbella. Violeta explodiu de tanto ódio:

"Além de puta, você é estúpida. Suma da minha frente antes que eu enfie um cabo de vassoura no seu rabo! Sua burra do caralho!", gritou a cafetina, espatifando a taça de gim na parede.

Revoltada, bêbada e drogada, Violeta humilhou ainda mais Berbella e a expulsou da sua casa aos berros. A garota se hospedou temporariamente na casa do tio Joel, o gerente da boate do Baixo Augusta. Uma semana depois, Kaul procurou por ela e os dois passaram a noite numa suíte do Apple Motel, na Barra Funda. O bancário, que costumava ser violento nas suas transas, estava no modo romântico naquela noite. Ele perguntou sobre os ferimentos no rosto da "namorada" e ouviu uma resposta criativa: ela teria sido vítima de um ataque de fúria do gato meio selvagem do tio. Kaul acreditou. Pelo interfone, ele pediu uma garrafa de vinho tinto e duas taças para agradar Berbella. Enquanto esperavam pela bebida, o bancário repassou à jovem os mil reais em notas de 100 referentes à exclusividade que ele imaginava ter. Um funcionário do motel entregou o vinho por uma janela giratória da suíte. Ele sacou a rolha e serviu as duas taças. Berbella conferiu o dinheiro bem devagar, passou a unha para sentir o alto-relevo das cédulas e até espiou algumas delas na contraluz para atestar a autenticidade.

– Tá desconfiada que o meu dinheiro é falso, sua cadela?

– Imagina. Jamais desconfiaria de você, seu safado. Acontece que uma vez peguei notas falsas num caixa eletrônico do Banco do Brasil. Aí passei a não confiar mais em dinheiro nenhum – justificou Berbella, enquanto guardava as notas na bolsa.

Vestindo apenas cueca, Kaul então propôs um brinde. A garota aproveitou o momento especial, tirou toda a roupa e anunciou, nervosa, ter algo importante para falar. Os dois brindaram e ele deu um gole:

– O que você tem a me dizer de tão especial?

– Estou grávida!

– Olha que legal! Um bebê é uma bênção. Parabéns! Fico muito feliz por você! – comemorou Kaul.

Demonstrando um contentamento incomum para aquela situação, o bancário retirou imediatamente a taça de vinho das mãos da "namorada" e a acomodou em cima da mesa. Em seguida, comentou demonstrando preocupação:

– Você não pode beber!

– Ah! É verdade! Obrigada por se importar.

– Mas me fale, Berbella. Quem é o pai do seu bebê?

– Como assim? É você, meu amor. Desde que começamos a sair não encontrei mais ninguém. E nunca fiz sexo sem camisinha com homem algum. Exceto com você – sustentou.

Dessa vez, foi Kaul quem parou de beber. Para ficar com as duas mãos desocupadas, deixou a taça numa bancada da suíte. Antes mesmo de ele reagir, Berbella começou a chorar. "Se você não quiser o nosso filho, posso tirar, viu? Até porque me acho muito nova para ser mãe. E a gravidez ainda está bem no comecinho. Acho que nem tem uma vida do jeito que as pessoas dizem..." Enquanto ela falava, Kaul sentou um murro forte no rosto da garota bem em cima das marcas deixadas por Violeta. O gesto violento também aconteceu de surpresa, como a bofetada da cafetina. Berbella foi ao chão com o impacto da pancada, batendo a cabeça na quina de um móvel de madeira. Ficou prostrada no carpete aos prantos, com o rosto inchado e sem poder enxergar com um dos olhos. O bancário se vestiu e pegou os mil reais na bolsa da profissional. Antes de sair, fez uma ameaça:

– Esse filho pode ser de todo mundo, sua vagabunda, menos meu. Sou vasectomizado há anos justamente para me proteger desse tipo de mau-caratismo. Faça desse bebê o que bem entender. Mas se quiser abortá-lo sem gastar dinheiro, basta me procurar novamente. Vou te dar tanta porrada que esse feto será cuspido das suas entranhas à força. Vigarista! Vagabunda! Lixo! Verme!

Enfurecido pela traição, Kaul deixou a "ex-namorada" sozinha e ferida no motel. Pelo menos pagou a conta antes de ir embora. Nunca mais ele deu notícias. Desiludida com a profissão e com novos planos, Berbella voltou para Campo Grande e foi morar na casa da mãe, Nazaré, uma feirante devota de Nossa Senhora de Fátima, de 45 anos. Num rompante de honestidade, ela se abriu para a família: contou ter virado garota de programa em São Paulo e que estava grávida sabe-se lá de quem. Queria abortar, mas lhe faltava dinheiro. Religiosa, Nazaré descartou a interrupção da gravidez com um alerta: "Se você fizer isso, filha, a sua entrada no paraíso estará cancelada para sempre. Sua alma vai apodrecer no purgatório porque esse tipo de pecado não tem perdão. Nem o diabo aceita no inferno mulher que faz aborto". "Deixa de bobagem, mãe. O corpo é meu e faço dele o que quiser", rebateu a jovem. "Não é seu, não. É de Deus. Ele pôs esse filho aí e só Ele pode tirar", contra-argumentou a feirante cheia de fé. Para resolver a questão, Nazaré recorreu à filha mais velha, Belmira, uma professora de 28 anos, casada com o corretor de imóveis Vivaldo, da mesma idade. O casal de classe média vivia bem e já tinha dois filhos, mas desejava desde o casamento ter uma menina. Belmira não poderia engravidar, pois havia retirado as trompas e os ovários por causa de uma hemorragia ocorrida no parto do filho mais novo.

Berbella procurou Belmira e contou o seu dilema – deixando claro ainda não saber quem era o pai da criança. "Preciso fazer as contas. Mas o pai pode ser um engenheiro civil, um médico, um gringo sueco, um jamaicano naturalizado brasileiro, um piloto de avião...", contabilizava. A irmã mais velha ficou de consultar o marido e daria uma resposta em 15 dias. Duas semanas depois, Belmira foi até a casa da mãe e anunciou que ficaria com o bebê, caso fosse uma menina branca e nascesse 100% saudável. Berbella topou. Na 17ª semana de gestação, um ultrassom revelou se tratar de um nenê do sexo feminino. Houve festa na família. As duas irmãs choraram abraçadas quando a mais nova ofereceu oficialmente o seu bebê para a mais velha. Nazaré acendeu velas para todos os santos para agradecer o desfecho daquele dilema em família e passou uma noite inteira em oração, pedindo a Deus para o bebê nascer sadio. Belmira e Vivaldo impuseram ainda uma condição *sine qua non* para ficar com a criança: o casal a registraria como filha legítima num cartório logo após o parto e ninguém jamais poderia saber desse segredo. Berbella aceitou, mas pediu 2 mil reais por mês até o dia do parto em troca desse agrado, totalizando 18 mil reais. "É um preço razoável para um bebê", argumentou a garota de programa. Belmira e Vivaldo acharam justo. Eles também teriam de bancar todas as despesas da jovem durante a gravidez.

Depois de acertos financeiros, Berbella encarou sua gravidez como negócio e ficou na casa da mãe esperando pelo parto enquanto dormia, comia e via TV. Orgulhosa, Nazaré dizia para as amigas feirantes que, do ponto de vista da espiritualidade, uma irmã doar um filho para outra criar era um gesto benévolo e indescritível no plano terreno. Nos primeiros meses da gravidez de Berbella, Belmira e o marido visitavam a irmã todos os dias depois do trabalho. Eles levavam alimentos saudáveis e agradeciam o presente, segundo ela, vindo diretamente do colo de Deus. No clássico escrito por Jorge Ben Jor, "Tenha fé, pois amanhã um lindo dia vai nascer", eternizado nas vozes dos Originais do Samba, um dos versos soava como advertência: "Nem tudo que cai do céu é sagrado".

* * *

Quando Elize se deparou com a esposa de Marcos à sua porta, o ar que ela respirava simplesmente desapareceu dos pulmões, tamanho o susto. A garota de programa nunca tinha visto – nem em fotos – o corpo e o rosto de Lívia, a mulher que dividia diariamente a cama de casal com o seu "namorado". Jamais, nem nos seus sonhos mais loucos, imaginou um dia vê-la cara a cara – ao vivo e em cores. E que cores! Lívia estava linda e luminosa num vestido com estampa floral de algodão da famosa grife *Dolce & Gabbana*. Chamavam a atenção na peça de roupa o decote em V profundo e a saia rodada. Por outro lado, a esposa de Marcos não fazia a menor ideia de quem eram aquelas duas mulheres vestidas com roupas casuais instaladas no apartamento do empresário. Elize estava paralisada e muda. Chantall assumiu as rédeas da situação. Mesmo com um hematoma na maçã do rosto e outro sobre o arco da sobrancelha esquerda, ela se aproximou educadamente de Lívia e inventou uma história:

– Não sei se a senhora sabe, mas o Marcos alugou este *flat* para nós duas por uma temporada. Somos universitárias. A locação foi feita por intermédio de uma imobiliária – mentiu Chantall.

– Ele me avisou que poria alguns dos nossos imóveis para locação, mas eu achava que este *flat* estivesse desocupado – rebateu Lívia.

– Se quiser, podemos mostrar uma cópia do contrato... – arriscou a jovem.

– Não precisa. Imagina... Eu nem tenho o direito de entrar no imóvel, apesar de a propriedade ser do meu marido. O aluguel dá a vocês a posse legal do *flat*. Peço até desculpas pela intromissão.

– Você quer entrar e fazer um lanche conosco? – ofereceu Chantall.

Meio acanhada, Lívia aceitou o convite. Entrou, sentou-se à mesa timidamente e foi servida de espumante. A visita estava perfumada com uma fragrância francesa caríssima e ostentava joias discretas. Camuflando a tensão, Elize pediu licença, pegou disfarçadamente o porta-retrato com a foto de Marcos do aparador da sala e trancou-se no banheiro da suíte. Enquanto Chantall distraía a intrusa criando histórias para justificar os machucados em seu rosto, Elize falava com o "namorado" pelo celular tremendo de tão nervosa. Incrédulo com a notícia de que a esposa estava em sua *garçonnière* com duas prostitutas, o empresário da Yoki perdeu o prumo. Depois de refletir, ele decidiu sustentar a história do aluguel do *flat*. No entanto, Marcos pediu que Elize desse um jeito de tirar a mulher do apartamento imediatamente, pois convidá-la para entrar não havia sido uma boa ideia. Na sala, Chantall atribuía seus hematomas a um suposto relacionamento abusivo no qual o namorado lhe dava murros possuído por ciúme. Acreditando na conversa da moça, Lívia ficou estarrecida e sensibilizada. Aconselhou-a a denunciar o suposto agressor. Elize surgiu na sala e interrompeu a conversa das duas. Pediu licença mais uma vez, pegou a bolsa e a chave do carro ainda demonstrando aflição. Disse ter de sair às pressas com Chantall por causa de uma emergência. Educada, Lívia levantou-se e caminhou rumo à porta. Perguntou se podia ajudar com algo. Ouviu um "não" seco como resposta. Na despedida, a mulher do empresário reclamou da falta de companhia para sair em São Paulo e trocou contato com Chantall, sugerindo uma *happy hour* qualquer dia desses. A prostituta ficou empolgada com a nova amizade. "Gostei muito de você", reforçou a esposa de Marcos para a jovem goiana, saindo em seguida.

Bonita, gentil e com uma timidez típica de gente do interior, Lívia nasceu pobre no município de Nova Prata, na região serrana do Rio Grande do Sul. Filha de um balconista com uma professora de Educação Moral e Cívica, melhorou de vida depois de fazer um curso técnico industrial e conquistar uma vaga à fábrica da Yoki supervisionando a operação das máquinas de empacotar grãos. Seu salário era de 1.800 reais no início dos anos 2000. Em 2003, sua vida mudou do vinagre para o vinho. Marcos fez uma visita de rotina à fábrica de 350 funcionários e se deparou com a beleza da "funcionária de chão", como eram denominados os integrantes do baixo escalão nas unidades da Yoki. Tal qual um enredo de novela mexicana, patrão milionário e empregada bonita de baixa renda trocaram olhares sedutores entre maquinários de fabricar paçoca. Na mesma semana, ele a convidou para jantar. Quando soube do encontro da filha com um dos donos da empresa, a mãe de Lívia começou a traçar planos. A ideia era que Lívia fisgasse Marcos custasse o que custasse. Nem precisou de esforço materno para o casal engatar um romance. Duas semanas depois, fugazes, Marcos e a operária estavam namorando firme. O empresário levou o relacionamento tão a sério que foi pedir a bênção aos pais da jovem. A mãe quase desmaiou. No início, Marcos, de 33 anos na época, passou a visitar a fábrica do interior do Rio Grande do Sul mais vezes para encontrar com a namorada, de 28. Por ordem dele, Lívia era promovida na empresa à medida que a relação se consolidava. Deixou a supervisão operacional e passou a cuidar de um conjunto de equipamentos, como tanques e bombas, essenciais na linha de produção da Yoki. Mais tarde virou gerente de produção. O salário saltou – por ordem dele – para 3.500 reais, considerado alto na época para quem tinha apenas o curso técnico.

Com seis meses de namoro, Marcos e Lívia se casaram. Para Lincoln e Paolo, o empresário assegurou que largaria todas as prostitutas do mundo para se dedicar exclusivamente ao seu novo amor. Por um longo período ele parou de ir às cobiçadas festas semanais na mansão de Arethuza, e de fato cortou relações com todas as prostitutas com as quais saía frequentemente. Com todas elas, uma vírgula. Havia uma garota que Marcos considerava essencial e não largava de jeito nenhum: Gizelle, sua *fiancée* devota de Nossa Senhora Aparecida. "Dessa princesinha eu não abro mão nem sob a mira de um fuzil", justificava a amigos. Os dois mantinham encontros esporádicos e ultrassecretos em suítes de hotéis de luxo de São Paulo. "O fato de sair com uma profissional não significa que eu não amo a minha noiva", ponderava.

A festa de casamento para 400 pessoas ocorreu em Nova Prata e custou quase meio milhão de reais. Da família de Marcos compareceram os pais, irmão, tios, tias e primos, além de todo o primeiro escalão da Yoki e centenas de funcionários da fábrica gaúcha. Amigos do lado A e B da vida dupla de Marcos também marcaram presença. Lincoln e Paolo foram os principais representantes do lado alternativo. O casório foi realizado num final de tarde, numa vinícola com vista deslumbrante da Serra Gaúcha. Tudo bancado pelo noivo. A vida de Lívia mudou feito conto de fadas. De reles operária de chão de fábrica, passou a ser casada com o filho da proprietária de uma das maiores indústrias alimentícias do país.

O primeiro deslumbre ocorreu na lua de mel. Marcos levou a esposa para uma mansão em Atenas, na Grécia. Depois seguiram para um hotel de luxo na ilha de Creta, encravada na imensidão do mar Egeu. Marcos alugou um iate de luxo e passeou com Lívia por dez dias pelo Cabo Sounion, que detém uma das águas azuis mais belas e misteriosas do mundo. O executivo já havia se aventurado pelo arquipélago grego outras vezes. Coube a ele ciceronear a mulher pelo passeio histórico. Na embarcação, ele explicava com dedicação e amor a origem do nome do famoso mar. De acordo com a mitologia, Egeu era rei de Atenas, cidade-estado da Grécia Antiga. Seu filho, o herói Teseu, havia partido para a ilha de Creta para matar o monstro mitológico Minotauro, uma criatura humana horripilante com cabeça de touro, habitante de um labirinto mal-assombrado. Egeu acreditava que seu filho havia sido devorado pelo Minotauro durante uma luta. Inconsolável, atirou-se nas águas e morreu afogado. No entanto, o desfecho da batalha teria sido o oposto: Teseu matou o Minotauro com um único golpe em sua cabeça. Em sua homenagem, o mar ganhou o nome do rei ateniense. O local onde o pai de Teseu se jogou no mar ficou conhecido como Templo do Poseidon. Marcos e Lívia banharam-se nus nas águas cristalinas do Egeu, no mesmo ponto onde o pai de Teseu teria desaparecido.

A ex-operária ficava cada vez mais inebriada pelo espírito aventureiro do marido e por seus conhecimentos sobre História Antiga, gastronomia e vinho. Da Grécia, eles seguiram para Tóquio, no Japão, onde ficaram por quinze dias. Todas as viagens eram feitas na primeira classe e as hospedagens se deram em hotéis caríssimos. A mudança de *status* de Lívia era apoteótica. Na volta da lua de mel, os dois foram morar na mansão no Alto de Pinheiros, em São Paulo, avaliada em 15 milhões de reais. De funcionária da Yoki, ela passou a ser dondoca. Nos meses seguintes, o casal seguia trocando juras de amor eterno e jantando e bebendo grudadinhos praticamente todo dia num restaurante diferente. Às vezes, eles tinham a companhia de Lincoln. Fizeram outras viagens para praias do Nordeste. Era como se o romantismo não tivesse fim. Mas teve. Nove meses depois do casamento, a relação azedou sem que um motivo específico e concreto pudesse ser apontado. Como na canção de Maysa, o mundo de Lívia caiu antes das bodas de papel, quando o casal completaria um ano de união. Um abismo entre ela e o marido se abriu. Os dois chegavam a ficar na mansão cercados por empregados em pleno domingo à tarde lendo jornal e tomando café – cada um sentado em uma poltrona – sem trocar uma palavra. No entanto, o empresário continuava a tratá-la bem, chamando-a de "meu amor", "meu bem" e "paixão da minha vida".

Nos primeiros meses de monotonia no casamento, Marcos voltou a sair com Lincoln e Paolo durante a semana à noite. No início iam a bares e boates, e ele se mostrava fiel – por incrível que pudesse parecer.

Era comum nessa época ele chegar embriagado em casa. Certa vez, os três amigos alugaram uma mansão na região serrana da Mantiqueira e ficaram lá quatro dias bebendo e jogando sinuca, praticando tiro ao alvo com armas de fogo sem a companhia de mulher. Era como se o trio fizesse um *detox* do vício em prostitutas. Enquanto o marido estava sabe-se lá por onde, Lívia ficava sozinha em casa lendo revistas e vendo novelas, filmes e seriados na TV. Alegando problemas na empresa, o executivo passava até 14 horas fora de casa. Ele também viajava muito a trabalho, segundo sustentava para a mulher. Quando ela se queixava da falta da companhia do marido, era cortada por ele: "Não reclama, meu bem. Foi graças a uma dessas viagens a Nova Prata que a minha vida encostou na sua", dizia ele. Às vezes, a mulher pedia para acompanhá-lo. Marcos até a levava no início, mas passou a inventar desculpas para se livrar da sua companhia. Na verdade, segundo amigos, no terceiro ano de casamento, o empresário já queria distância da esposa nas viagens de negócios porque teria voltado a andar com prostitutas a tiracolo.

Mergulhada numa vida de ócio, Lívia passou a viajar com frequência para a casa dos pais, em Nova Prata, pois se sentia deprimida com a vida solitária na mansão de 3.000 m^2 e oito empregados. No colo da mãe, ouvia conselhos amorosos equivocados, do tipo "volte para cuidar do seu marido" ou "salve o seu casamento porque homem como ele você não vai arrumar novamente". Lívia rebatia falando da impossibilidade de manter o seu casamento, uma vez que o amor havia acabado. A mãe, persuasiva, recorria a metáforas de folhetim para provar que a filha estava enganada. "O amor é uma estrela tão brilhosa quanto o Sol. Poderoso, ele não se apaga nunca. Apenas some dos nossos olhos por um tempinho, mas volta a mostrar a sua luz no dia seguinte. Quando o Sol desaparecer diante dos nossos olhos, filha, isso não quer dizer que ele deixou de existir. O amor também é assim", justificava. Convencida com esse tipo de conselho, a esposa de Marcos arrumava as malas e voltava para casa para tentar consertar o que não tinha conserto.

Mergulhada numa vida cada vez mais vazia, Lívia teve a ideia de trabalhar para passar o tempo. Começou fazendo um levantamento de todos os imóveis em nome do marido para administrá-los como se fosse uma corretora. Foi na esteira dessa atividade que ela chegou até o *flat* do

Itaim e se deparou com Elize e Chantall. No entanto, depois do encontro perigoso, Marcos ordenou que a mulher deixasse a administração dos seus imóveis somente nas mãos da imobiliária. Sozinha em casa e sem nada para fazer, a esposa do executivo tentava descobrir o ponto exato em que o seu casamento havia trincado. Não conseguia. Nem tinha como. Um belo dia, Marcos a cobriu com beijos ardentes de amor. No outro, ele simplesmente acordou, escovou os dentes, deu um beijo seco na testa da mulher e passou a tratá-la com indiferença. No entanto, o sexo não ficou raro entre o casal em nenhum momento. Continuava frequente e intenso, até porque ele tinha um apetite sexual hiperativo em função do seu transtorno psiquiátrico (satiríase). Lívia, por sua vez, mostrava-se disponível na cama mesmo sendo tratada com frieza ao longo do dia. Partindo dessa premissa sexual, ela resolveu insistir no casamento muito por incentivo da família. "Filha, se ele não te quisesse mais, ele não te procuraria na cama. A falta de sexo é o começo do fim. [...] Lembre-se que o Sol sumiu no final da tarde somente diante dos seus olhos...", insistia a mãe.

De fato, o Sol nascia luzente no dia seguinte, mas a vida de Lívia continuava triste como o silêncio da noite. Quando estava no fundo do poço da solidão, ela passava um batom vermelho, pegava o seu carro, uma Toyota SW4 avaliada em 300 mil reais, e percorria as ruas da cidade. Às vezes, parava em um restaurante e jantava sozinha. O preferido era o Antiquarius, no bairro dos Jardins, cujo teto retrátil permitia ver as estrelas no céu, que sua mãe chamava de "gotículas de amor". Num desses encontros consigo mesma, ela pensou em se separar. Mas mudou de ideia imediatamente ao se lembrar das palavras maternas: "Você acha que eu amo o seu pai todo dia? Não, não amo. Aliás, ninguém ama diariamente com a mesma força. Seria horrível se um romance se desenvolvesse num clímax sem fim. Viva os baixos sem se deixar abater, pois logo o amor renascerá com uma força muito mais avassaladora". Houve uma reviravolta no casamento, e o sol de Lívia voltou a brilhar aparentemente de forma definitiva. Quatro anos depois de casada, ela engravidou e deu à luz uma menina. A paternidade transformou o empresário num bom marido. Mas, feito uma bandeja de iogurte fresco, seu amor pela família teve prazo de validade curtíssimo. Um mês depois de sua filha nascer, o executivo da Yoki selava "namoro" com Elize.

Hábil na arte de enganar, Marcos não teve dificuldade para administrar a interseção amorosa. Ele conciliou o casamento e a relação adúltera com Elize por pelo menos três anos. A princípio, ocupada com o bebê, a esposa-mãe não desconfiava de nada. Ou fingia-se de cega para criar a filha em paz. Já Elize sempre exerceu o papel de amante com talento e discrição. Certo dia, no meio do jantar, Lívia resolveu provocar o marido remexendo coisas do passado. Recapitulou exatamente o dia em que ela esteve no *flat* do Itaim, onde conheceu Elize e Chantall:

– Marcos, deixa eu te perguntar, você conhece aquela mulher chamada Elize que está até hoje no *flat* do Itaim? – quis saber.

– Não. Você já tinha me perguntado isso na época. Por que esse interrogatório novamente?

– É que nunca encontrei o contrato de locação desse imóvel. O porteiro me disse que ela mora sozinha lá há mais de um ano.

– Já disse para você deixar os meus imóveis de lado. Esquece isso! – gritou ele, batendo fortemente com a palma da mão no vidro da mesa.

Se tinha algo que deixava Marcos profundamente irritado e até agressivo era justamente ser pressionado com perguntas conhecidas como "casca de banana", comuns em delegacias para fazer o acusado cair em contradição. Sem se intimidar com a voz alta do marido, Lívia avançou:

– No dia em que eu estive lá, eu vi a Elize esconder um porta-retrato com uma foto sua...

– Aonde você quer chegar? – perguntou o executivo, ainda agressivo.

A partir daquele momento a máscara de Marcos começou a derreter. Sem qualquer explicação, a esposa deixou de ser pacífica no casamento. A sua amizade com Chantall engrenou depois daquele encontro no *flat*. As duas passaram a sair uma vez por semana. Em um café-bar, a garota de programa teria contado a Lívia em tom de segredo que Elize era sustentada por Marcos havia mais de dois anos. Chantall nega até hoje ter feito tal revelação, apesar de admitir que ficara "muito amiga" da esposa de Marcos por muito tempo. "Eu jamais trairia a Elize. Até onde eu sei, a Lívia descobriu que o apartamento não estava alugado fazendo uma consulta na imobiliária", sustentou Chantall em novembro de 2020. Esse imbróglio envolvendo o *flat* do Itaim teria sido o pivô do fim do casamento de Marcos. Numa discussão, a esposa pediu que o marido provasse que Elize era inquilina. Num ímpeto, aos berros, Marcos teria posto uma verdade dolorosa para fora:

– Quer saber mesmo? Então toma: a Elize é minha amante há três anos. Eu jamais largaria você para ficar com ela porque você vale muito mais do que uma prostituta, apesar de ser uma operária de piso de fábrica. Não há nem comparação. Mas agora quem não te quer mais sou eu. Odeio mulher que fica no meu pé com esse tipo de investigação. Arruma as suas coisas e suma dessa casa ainda hoje. Suma da minha frente! Saia da minha cidade! Desapareça da minha vida para sempre! Volte para a sua vida triste de pobre naquele cu de mundo!

Diante do comportamento explosivo do marido, Lívia começou a perceber que o seu sol, ao contrário do que pregava a mãe, havia se apagado de vez. Com medo de ser espancada e apavorada com o arsenal bélico do empresário, ela arrumou as malas, pegou a filha pequena e foi para um hotel naquela mesma noite. No dia seguinte, partiu para Nova Prata. Mas, antes da viagem, Lívia fez uma visita a Elize no *flat* do Itaim. Na segunda vez em que esteve frente a frente com a amante do seu marido, ela estava com sua filha no colo. A conversa aconteceu no meio da sala e foi tensa:

– O Marcos me contou que você é garota de programa. Ele te sustenta, né? Tirou você da calçada e pôs aqui nesse apartamento. Ele também me tirou do chão da fábrica...

– O que você quer? – interrompeu Elize.

Cuidadosamente, Lívia acomodou a filha no sofá e Elize recuou com medo de apanhar. A mulher a tranquilizou:

– Fique calma. Eu não vou bater em você. Nem me passa pela cabeça fazer isso porque o Marcos não merece ter duas mulheres se espancando por ele...

– O que você veio fazer aqui? – insistiu Elize.

Lívia se aproximou da garota de programa. Face a face, olho no olho, continuou:

– Vou dar um conselho que eu sei que você não vai seguir. Mesmo assim vou falar: eu vim te avisar para pular desse barco enquanto há tempo. O Marcos se apresenta como um homem romântico e amoroso. Mas, na verdade, ele é altamente perigoso, cruel, desequilibrado, doente, egoísta, machista, misógino, tóxico, escroto e muito violento. Ele vai te mostrar um mundo maravilhoso e você ficará cega. Depois ele vai destruir a sua vida. Quando você perceber, será tarde demais.

– A minha história com ele será diferente... – ponderou Elize.

– Ah é? Será diferente? Por quê? Você se acha especial? Não se engane. O Marcos é um homem deplorável. Não precisa jogar cartas de tarô para prever que ele vai te trocar por outra garota de programa em pouco tempo. Vai descartar você feito um lixo não reciclável. É uma questão de tempo.

– Obrigada por me avisar – encerrou Elize.

Depois de fazer profecias na sala da amante do seu marido, Lívia pegou a filha e foi embora. Elize encarou o discurso da esposa do empresário como recalque de mulher traída e rejeitada. Mas ficou um pouco mexida. Não contou para Marcos sobre a visita indigesta da ex-operária. Preferiu comemorar. Chamou Chantall para festejar com champanhe o fim do casamento do empresário. Com Marcos livre e desimpedido, Elize passou a operar a vida com um mundo de possibilidades que se abriria a partir daquela separação. "Amiga, vai com calma. O Marcos pode ser isso tudo que ela falou", alertou Chantall. Elize deu de ombros.

Colocada diante do destino, Lívia não encontrou a felicidade depois da separação. Teve uma fase vingativa, na qual criava junto com a mãe obstáculos para o ex-marido ver a filha. Apontou o temperamento explosivo do empresário como motivo para mantê-lo longe da criança. Por Chantall, a gaúcha soube que Marcos assumira o namoro com Elize na sequência. Os dias passavam e as angústias da ex-operária aumentavam. Amando Marcos e distante dele, afundou-se em depressão, engordou e foi internada em uma clínica particular especializada em prevenção de suicídio. Marcos e Lívia haviam se casado com regime de separação total de bens. Sendo assim, ela saiu da relação com uma mão na frente e outra atrás. Dele, recebia uma pensão de 8 mil reais para custeio das despesas da filha. Esse valor não pagava, na época, suas contas médicas nem o IPVA do seu carro de luxo. O valor da pensão havia sido calculado com base no salário bruto de diretor da Yoki, 31 mil reais na época. A título de comparação, vale relembrar: as mesadas que Marcos pagava às prostitutas eram de quase 30 mil reais.

Separada, Lívia contraiu colite ulcerativa crônica, uma doença inflamatória no aparelho digestivo cuja causa é desconhecida, mas que alguns especialistas associam a distúrbios do sistema imunológico provocado por abalos emocionais. O medicamento receitado para tratar essa enfermidade, Remicade (Infliximabe), custava 12 mil reais e era de uso contínuo. Sem dinheiro e abandonada, ela recorreu à Defensoria Pública para forçar a prefeitura de Nova Prata e o governo do Rio Grande do Sul a lhe darem o remédio gratuitamente.

Separado, Marcos deletou Lívia da sua vida. O empresário passou a apresentar Elize para os amigos como "namorada" legítima. Ela já não se prostituía mais com outros homens. Mas é bom frisar: mesmo se relacionando livremente e apaixonados, Marcos e Elize continuavam mantendo uma relação remunerada, pois ele ainda pagava a ela a mesada líquida de 20 mil reais a título de exclusividade. Das amizades da zona, ela só mantinha contato com Chantall e Joel, o gerente da boate do Baixo Augusta. Marcos implicava com os dois, mas Elize argumentava não ter como viver somente em função dele.

Depois da separação de Marcos, Elize continuou instalada no *flat* e ele voltou para a casa dos pais. Na nova fase, segundo Lincoln e Paolo, o executivo parou de contratar prostitutas, apesar de Gizelle, sua *fiancée*, garantir que eles nunca deixaram de se encontrar. Segundo ela, os dois saíram "profissionalmente" por oito anos – entre 2001 e 2008. "Foi um dos meus melhores parceiros. Carinhoso, generoso e demonstrava preocupação. Era muito 'mão aberta'. Me deu um carro novo e pagou a minha faculdade até eu me formar", disse Gizelle em março de 2021. Eles só pararam de se encontrar quando a acompanhante de luxo abandonou a profissão para morar com um ex-cliente norte-americano por quem se apaixonou perdidamente. Gizelle é dona de casa e tem dois filhos. Mora na cidade de Kokomo, no oeste do estado de Indiana, nos Estados Unidos.

No quarto ano de "namoro", Marcos foi morar com Elize no *flat* do Itaim. Na fase em que dividiam o mesmo teto, ele ainda manteria o pagamento da mesada de 20 mil reais. No entanto, o empresário passou a desenvolver um ciúme doentio da companheira, principalmente em relação ao gasto desse dinheiro. Basicamente, a prostituta comprava roupas, fazia tratamento estético – ela fez rinoplastia para mudar o formato do nariz –, vivia em salões de beleza e passava o dia fazendo musculação. Inseguro, o empresário acreditava que ela se embelezava para outros homens. Com isso, ele também passou a se cuidar mais e dedicava-se integralmente ao "namoro". Começou a fazer musculação, tratar da pele e do cabelo. "A partir de agora, serei outro homem. Não quero mais saber de garotas de programa. Resgatei a minha princesinha e vou cuidar dela como se fosse única", pontuou aos amigos numa mesa de bar. Lincoln teria dito que Elize só deixaria de ser uma prostituta quando o pagamento mensal de 20 mil reais fosse suspenso. Marcos ficou pensativo quando ouviu tal ponderação e argumentou com uma oração subordinada substantiva completiva nominal: "Tenho medo que ela vire garota de programa novamente". E manteve a mesada.

Apaixonado por armas e caça, Marcos levou Elize para aprender a atirar no Clube Calibre de Tiro Esportivo, na Lapa. O empresário já frequentava o local fazia cinco anos e era um excelente atirador. Já no nível avançado, ele praticava tiro em alvos móveis e fixos usando pistolas e fuzis. Nas aulas, Marcos esbanjava conhecimentos sobre o uso de armas de fogo e aprimorava algumas técnicas e performances. O executivo também trabalhava com instrutores o fator psicológico, ao desenvolver a capacidade de agir com armas em situações de pressão e forte estresse, como num assalto, por exemplo.

Elize começou o curso com o básico do básico. Foi primeiro introduzida à nomenclatura das peças, aos princípios essenciais de segurança e aos aspectos da lei de armas vigente no país. Na segunda semana, aprendeu a manusear armas simples e deu entrada na papelada para obter porte. Um mês depois, Elize ganhou de presente de Marcos uma pistola Taurus modelo G2C, 9 mm, compacta, ergonômica e leve, comprada na época por 5.500 reais. Já na fase intermediária, ela passou a treinar simulando situações mais realistas. Trabalhava aspectos essenciais na prática de tiro, como postura, agilidade e reflexo. Os instrutores ficaram boquiabertos quando Elize passou a atirar no alvo central mesmo sob pressão psicológica (em alguns treinos, eram simulados ataques repentinos para o aluno se defender atirando). Ela também aprendeu rapidamente a fazer recarga de munição, troca de pequenas peças e até limpeza das pistolas.

Obcecada por armas e sem trabalho, a prostituta passou a frequentar o *stand* de tiro diariamente, enquanto Marcos dava expediente na Yoki. Com tanta dedicação, seis meses depois de muito treino ela acabou se tornando uma atiradora mais eficiente do que o empresário. Competitivo, ele não ficou muito contente com a ascensão meteórica da "namorada" no esporte bélico. Certa vez, Elize levou Chantall numa dessas aulas. A amiga deu uns disparos, mas não acertou nenhum alvo. Para mostrar a sua habilidade, Elize pôs uma latinha de Coca-Cola a 10 metros de distância para usá-la como alvo. Em seguida, perguntou para Chantall em qual letra deveria acertar. A amiga escolheu "A" de amor. A jovem carregou a arma, acertou a mira e disparou. Atingiu justamente a vogal escolhida. "Elize tinha um enquadramento de mira perfeito. Ela sacava a arma da cintura com agilidade e ajeitava a empunhadura em fração de segundos. Também corrigia as alavancas num piscar de olhos. Alcançava um ponto de equilíbrio e eficiência como poucos atiradores na época. Além disso, sua precisão de alvo era extraordinária. Mostrava-se fria e segura na hora de disparar", contou um dos seus instrutores, em agosto de 2020. Segundo ele, o aperfeiçoamento dela também era fruto de muito treino com tiro a seco praticado em casa depois de ganhar a pistola de Marcos. Tiro seco é a prática de "disparar" a arma de fogo para treino de manejo sem que ela esteja municiada.

Excelente atiradora, Elize passou a pressionar Marcos para mostrar a ele o potencial dela em caças. Queria visitar as florestas do Sul e o Pantanal do Mato Grosso, onde a Yoki tinha uma fábrica no município de Novo Campo do Parecis. Ela tinha fome de abater animais com tiros certeiros. O "namorado" prometeu levá-la nas próximas férias a uma mata no Paraná, onde a caça esportiva de javalis era permitida. Enquanto isso, o casal passou a frequentar assiduamente o Zoológico de São Paulo para ver bichos em cativeiro. Esse fetiche acabou se tornando uma obsessão. Eles iam praticamente toda semana e faziam passeios no Zoo Safári para sentir a emoção de estar perto de dezenas de animais selvagens, como leão, girafa, camelo, hipopótamo e avestruz. No passeio, Elize mirava os animais com os dedos e fazia gestos de arma com as mãos para simular tiros, marca registrada do ex-presidente Jair Bolsonaro em suas campanhas eleitorais. Quando a mira dos dedos estava ajustada,

Elize fingia disparar e soltava uma onomatopeia – pááá! – em alusão ao som do estampido. Em seguida, soprava a ponta dos dedos como se deles saísse fumaça. Marcos ria daquele gesto infantil e a cobria de beijos molhados de amor.

O passeio na selva de mentirinha do zoológico era feito em um Jeep Wrangler de Marcos. Eles percorriam 2,9 quilômetros em uma área total de 80 mil m². Elize costumava alimentar algumas espécies dentro do carro com ração vendida no próprio zoológico. De tão encantada com a vida selvagem, ela passou a frequentar o parque durante a semana sem a companhia do empresário. Algumas dessas visitas eram feitas com Chantall. As duas passavam a tarde inteira no local. Na época, elas tinham verdadeiro fascínio pelos macacos e pelas serpentes. Até que esse excesso de visitas ao zoológico foi motivo para a primeira briga séria do casal.

Certo dia, Elize estava com Chantall no zoológico quando se deparou com um macaco novato no viveiro dos primatas. Elas pararam para olhar. Era um chimpanzé macho alfa, batizado pelos treinadores de Pepe. Ele tinha sete anos, 1,60 m de altura e pesava 80 quilos. Brincalhão e sedutor, era egresso do jardim zoológico de Lisboa, em Portugal. De repente, Pepe parou perto de Elize e passou a olhá-la fixamente através do vidro. O bicho estava encantado por ela. Chantall foi a primeira a fazer chacota. "Esse macaco está apaixonado por você", brincou. As duas riram e seguiram com o passeio pelo parque. Dois dias depois, Elize voltou sozinha ao zoológico e lá estava Pepe cortejando-a. O primata olhava para a prostituta querendo se comunicar. Elize fez várias fotos de Pepe. À noite, mostrou as imagens para Marcos:

– Olha esse macaco que chegou ao zoológico. Chama-se Pepe – empolgou-se.

– O que é que tem ele? – desdenhou o empresário.

– Você não achou ele bonito?

– Não! Nem um pouco – revidou, irritado.

Para amigos, Marcos confessou ter ciúme de Pepe. "Acho que a minha 'namorada' está apaixonada por um macaco", reclamou para Lincoln. "Eu li não sei onde que os chimpanzés seduzem as mulheres", contou o amigo, deixando o empresário mais intrigado. Na semana seguinte, Elize voltou com Chantall ao zoológico para visitar Pepe, que era um macho extremamente dominante. Seu bando de macacas tinha oito fêmeas e ele cruzava na hora que bem entendesse, independentemente de elas estarem ou não no período fértil. Em pouco tempo, Pepe se apaixonou por uma chimpanzé chamada Maria Pia e teve um filhote, o Petit. Elize acompanhou toda a formação da família do novo amigo primata, registrando tudo pela câmera do seu celular ao longo de um ano. Numa outra visita, as duas amigas flagraram o momento em que Pepe cruzou com uma outra macaca. Elize conseguiu filmar o ato sexual. A fêmea no cio mostrou-se disponível para a cópula ao apresentar ao parceiro o órgão genital inchado e cor-de-rosa. Pepe não perdeu tempo e cobriu a parceira. Animada com o flagrante de amor, a jovem foi mostrar os vídeos novos a Marcos e ainda ponderou que Pepe fazia sexo seis vezes ao dia, segundo um tratador havia dito. Quanto mais Elize contava para o "namorado" detalhes da vida sexual de Pepe, mais ele espumava de ciúmes. Num ataque de fúria, o empresário disse não querer mais saber das macaquices de Pepe e a proibiu de ir ao zoológico sem a sua companhia.

No dia seguinte, Marcos foi sozinho ao zoológico ver o macaco com os seus próprios olhos. O primata costumava interagir com o público. Quando viu o empresário, ele se aproximou para cumprimentá-lo. O executivo encarou o gesto cortês de Pepe como provocação. Seu ciúme só fez crescer. Ao sair do parque, ele passou numa loja clandestina de animais e comprou por 5 mil reais um filhote de jiboia recém-nascido de 50 centímetros e 150 gramas, além de uma dezena de camundongos. Embrulhou a cobra, que tinha escamas nas cores cinza-claro e dois tons de marrom, puxando também para o preto. Levou a serpente para casa numa caixa com furinhos nas laterais. Na hora do jantar, ele deu o mimo para Elize. Ao abrir o presente, ela quase caiu para trás com a surpresa. Elize batizou a jiboia de Gigi e a deixou passear pelo seu colo. Os ratinhos foram postos num viveiro. Enquanto isso, Marcos pediu para a sua "namorada" prestar muita atenção para o que ele tinha para falar:

– Às vezes, o homem entra na vida de uma mulher no momento errado...

– Ai meu Deus! – interrompeu ela, chorando, agarrada à cobra.

– ...Elize, você é muito linda. Algumas vezes, quando você está dormindo e a luz da janela se reflete no seu rosto, eu fico paralisado, sem fôlego. Eu fico sem respirar por causa do tamanho da sua beleza.

– Eu te amo! – declarou-se Elize pela primeira vez.

– Eu também te amo, meu amor. Não tem como não te amar. Você é uma mulher deliciosa. Derruba qualquer um!

– Marcos, você é o homem mais importante da minha vida! – interrompeu mais uma vez, já com Gigi passeando pelos seus ombros e pelo seu busto.

– Cheguei à conclusão de que você é a mulher que vai passar o resto da vida ao meu lado. [...] Você quer casar comigo?

– É tudo que eu mais quero nessa vida!

– Prometa que você nunca mais irá ao zoológico visitar nenhum macaco.

– Prometo por tudo que é mais sagrado nessa vida! Só terei olhos para você e para a nossa filha, Gigi!

Ato contínuo, Elize beijou a cobra no nariz e a colocou dentro de uma caixa de madeira. Pegou um rato branco da cesta segurando-o pelo rabo e o ofereceu ao réptil. Apavorado, o roedor correu, chiando de um lado para o outro. Gigi manteve-se imóvel até a presa se cansar. Quando o rato finalmente ficou sem fôlego, a cobra se aproximou lentamente. Imobilizou o bicho com um bote certeiro no pescoço e enrolou-se nele rapidamente para sufocá-lo e quebrar seus ossos. A esmagadura violenta interrompeu o fluxo de sangue e, em consequência, o fornecimento de oxigênio aos órgãos vitais do roedor. Essa falta de oxigênio causada por sufocamento, conhecida como isquemia, destruiu rapidamente os tecidos do cérebro, fígado e coração. Alguns minutos depois, a serpente abriu a bocarra e começou a engolir a presa pela cabeça. Marcos e Elize apreciaram com devoção a cena asquerosa. Excitado, o casal trocou beijos de amor e desejo. Fizeram amor no tapete da sala. Enquanto isso, Gigi, devidamente alimentada, saiu da caixa e rastejou sem rumo pelo chão do apartamento à procura de um lugar tranquilo para fazer a digestão.

CAPÍTULO 7
QUER PAGAR QUANTO?

"Não me mande meninas problemáticas, dessas que a mãe fica enchendo o saco"

Faltavam poucos minutos para as 16 horas de uma quarta-feira quando tocou o telefone celular de Violeta, a cafetina piauiense especializada em garotas de programa de pouca idade. Do outro lado da linha estaria Lúcia Amélia Inácio, assessora particular de Samuel Klein, empresário bilionário e fundador das Casas Bahia. O magnata era conhecido no Brasil pelo pomposo título de *O Rei do Varejo*. A metonímia foi-lhe atribuída na esteira da sua gloriosa biografia, cujo enredo continha drama na infância, suor e trabalho escravo na adolescência e muito sucesso profissional na vida adulta. O empresário polonês nasceu pobre em 1923, em uma família judia. Perdeu a mãe e cinco irmãos executados em campos de concentração. Enquanto esperava na fila para também ser assassinado pelo Estado nazista,

Samuel se destacou com carpintaria no trabalho forçado e conseguiu escapar do Holocausto. Em 1951, aos 27 anos, emigrou para a Bolívia. No ano seguinte, chegou ao Brasil e começou a trabalhar exaustivamente como vendedor ambulante. Seu negócio era bem simplesinho. Ele comprava artigos de cama, mesa e banho no tradicional comércio do Bom Retiro, em São Paulo, e revendia de porta em porta usando uma carroça puxada por um burro, no município de São Caetano do Sul, mesorregião metropolitana de São Paulo. A maioria dos seus clientes era formada por retirantes nordestinos, apelidados na cidade de "baianos", embora muitos deles fossem egressos do Ceará, Maranhão, Pernambuco, Pará e Piauí.

Mesmo sem falar português e com pouco dinheiro no bolso, Samuel conseguiu abandonar a carroça e abriu uma lojinha um ano depois de chegar ao solo brasileiro. Em homenagem aos seus clientes nordestinos, batizou o empreendimento de Casas Bahia. A empresa recém-inaugurada tinha um importante diferencial: não havia nenhuma restrição de crédito para quem quer que fosse. Muitos dos seus clientes eram velhos conhecidos da época da carroça e moravam na vizinhança. Sendo assim, eles compravam fiado na loja. A dinâmica era típica de comércio do interior: o consumidor entrava, passeava por entre as prateleiras, escolhia artigos para a casa e o vendedor anotava em um caderninho. Na extensa lista de fregueses, havia gente analfabeta, sem documento e sem nenhum centavo no bolso. Na loja de Samuel eles pegavam principalmente colchão e cobertor. Os que não sabiam escrever o próprio nome reconheciam a dívida esfregando o polegar numa almofada umedecida com tinta de carimbo azul e imprimindo a digital no tal caderninho, no campo para assinatura. No final do mês, honestíssimos, os "baianos" voltavam às Casas Bahia para honrar a dívida e o nome. Na mesma toada, eles faziam novas compras, oxigenando o negócio de Samuel. Com esse esquema prosperando, o empresário teve uma ideia visionária: inventou a compra por crediário usando carnê de pagamento. Anos mais tarde, ele inovou o varejo brasileiro ao conceder indiscriminadamente crédito mesmo para quem tivesse nome sujo na praça. Meio século depois, Samuel Klein administrava mais de 500 unidades das Casas Bahia, cujo faturamento anual alcançava a casa dos 10 bilhões de reais em meados dos anos 2000. Na mesma época, sua rede varejista empregava 57 mil funcionários e mantinha uma carteira com 26 milhões de clientes cadastrados. Infelizmente, por trás da capa de empresário de sucesso de Samuel Klein, escondia-se um monstro.

Assim como Marcos Matsunaga, Samuel era viciado em prostitutas, com o agravante criminoso de praticar pedofilia. A fama de gostar de meninas fez o empresário ganhar no mercado da prostituição outro apelido: *O Rei das Novinhas*. Samuel manteria na folha de pagamento das Casas Bahia uma equipe de 12 funcionários formada por seguranças particulares, motoristas, secretárias e até uma enfermeira encarregada de contratar garotas de programa menores de 18 anos para o patrão satisfazer as suas taras sexuais. Quando a equipe não encontrava prostitutas inéditas – ele evitava repetir uma profissional –, o pedófilo "mandava buscar" meninas virgens com idades entre 10 e 12 anos em bairros da periferia. Ele as estuprava sem dó nem misericórdia dentro do seu escritório na sede das Casas Bahia, no município de São Caetano do Sul, em suas propriedades apoteóticas do litoral paulista e em uma mansão de praia luxuosíssima, em Angra dos Reis. Na tarde em que ligou para Violeta em busca de novas presas para o seu chefe, Amélia estaria organizando uma festa na mansão do empresário em Alphaville, município de Barueri, Região Metropolitana de São Paulo. Amélia teria pedido à cafetina três garotas para se juntarem a um grupo de oito candidatas:

– O bode velho ainda dá no couro? – quis saber Violeta.

– Você não faz ideia do quanto. Tem noites que são dez numa única festa.

– Eita, ferro!

– Agora ele tá com essa presepada de não repetir puta. Acredita? Isso nos dá trabalho dobrado... – reclamou Amélia.

– Eu não mexo com menores de 18 anos...

– Eu sei, amiga. Mas algumas das suas garotas têm cara de criança. Vou precisar de três putinhas bonitas com seios pouco desenvolvidos e bem magricelas. [...] Manda elas virem vestidas com roupas de adolescente que o velho vai pensar que são piranhas de 13, 14 aninhos... – orientou Amélia pelo celular.

– Vou ver o que tenho disponível por aqui e te aviso.

– Outra coisa: não me mande meninas problemáticas, dessas que a mãe fica enchendo o saco no dia seguinte. Quanto menos problema, melhor pra gente – alertou Amélia.

Samuel só transava sem preservativo. Era praxe uma enfermeira de sua confiança submeter as garotas a exames laboratoriais para detectar doenças, como aids, gonorreia, hepatites virais e sífilis. Logo após o ato sexual, essa mesma enfermeira obrigava as meninas a tomarem pílulas do dia seguinte. No início, esse trabalho seria feito somente por Amélia, que começou a carreira profissional nas Casas Bahia na função de enfermeira do departamento de Recursos Humanos, nos anos 1970, na sede da empresa. Quando Samuel começou a aliciar e estuprar menores, Amélia teria sido promovida a assessora pessoal e de estrita confiança do empresário. Com isso, foram contratadas outras duas enfermeiras para dar suporte ao diagrama criminoso de Samuel. Violeta conhecia o zelo com a saúde do empresário das Casas Bahia. Ela escolheu três prostitutas aparentemente sadias dentro do perfil exigido por Amélia. No dia seguinte, o técnico de um laboratório de análises clínicas passou no escritório da cafetina para coletar o sangue das candidatas. Três dias depois, saiu o resultado negativo para todas as infecções.

Samuel Klein tinha 80 anos quando Amélia estava organizando a tal festa com as profissionais de Violeta. Segundo uma dezena de inquéritos policiais, ele foi acusado de se beneficiar de um esquema de aliciamento de crianças e adolescentes para saciar seus desejos sexuais de forma predatória durante décadas. O Ministério Público de São Paulo sustentou que o seu filho mais velho, Saul Klein, de 50 anos na época da tal festinha, teria herdado esse traço perverso do pai e também usufruiria de uma rede particular para aliciar e estuprar de forma violenta mulheres adultas e menores de idade. No caso dos dois empresários das Casas Bahia, o *modus operandi* era semelhante. Segundo a investigação, eles contratavam cafetinas para arregimentar suas vítimas. Depois de abusar delas sexualmente de forma vexatória, usavam o poder econômico para calar tanto as vítimas quanto seus familiares. Ficou constatado também que algumas prostitutas extorquiam tanto o pai quanto o filho depois dos programas.

No dia combinado com Violeta, Amélia mandou um carro de luxo ao escritório da cafetina, no bairro do Ipiranga. Um motorista particular de Samuel ficou encarregado de transportar as encomendas do patrão. Violeta havia selecionado três meninas: duas de 19 anos e outra de 18 recém-completados. As três, conforme exigido pelo contratante, tinham cara de novinhas. Roupas de adolescente, maquiagem leve e penteados com trancinhas ajudavam a rejuvenescê-las. Uma delas, Gina, a de 18 anos, tinha seios tão minúsculos que nem faziam volume na blusa. No carro rumo à mansão, as garotas seguiam pela Rodovia Castelo Branco, enquanto o motorista lhes dava instruções. "Vocês têm de ficar caladas o tempo todo na festa. Só abrem a boca se o doutor Samuel perguntar algo. E se tiverem que falar, usem voz infantil. Quem conseguir seduzir o velho receberá mais dinheiro", prometeu. Perto da chegada, o motorista repassou pirulitos de cereja para elas chuparem assim que entrassem na mansão. A ideia era passar uma imagem de sedução inocente com o gesto pueril.

Novata nesse tipo de aventura, Gina estava com medo, apesar de vender o corpo em boates havia um ano. As outras duas garotas, Mariá e Rebeca, pareciam mais à vontade. Ao chegarem à mansão de Samuel, elas foram recepcionadas por Amélia, toda emperiquitada com roupa e acessórios de festa. A assessora especial confiscou os celulares das garotas de programa e as levou até um ambiente amplo que servia de antessala da suíte master da mansão. Lá, havia outras cinco meninas sentadas em sofás e poltronas. Uma delas parecia ter 12 anos, segundo relato de Gina. Três seguranças armados estavam em pé vigiando a porta da suíte e o ambiente onde as meninas aguardavam. Em seguida, Amélia passou uma orientação a elas: "Vocês fiquem sentadinhas aqui até o doutor Samuel adentrar por aquela porta. Quando ele se aproximar, vocês fiquem de pé e façam gestos sensuais. Ele vai olhar para cada uma de vocês e selecionará primeiramente duas. As escolhidas seguem com ele para a suíte e ganham logo de cara mil reais pela disposição. Depois teremos os bônus. Quem não trabalhar, volta para casa com vale-compras, tá?".

Na sala de espera havia uma mesa com salgados, doces, refrigerantes e baldes de gelo com bebidas alcoólicas. Ao lado funcionava uma pista de dança privê iluminada com luzes piscantes de boate. Um DJ animava a festa e pelo menos 30 pessoas dançavam no local. Amélia circulava por todos os ambientes segurando uma taça de bebida e sempre voltava para falar com as meninas. "Sirvam-se à vontade, meus amores, mas não exagerem para não atrapalhar a performance de vocês", teria pedido a secretária de Samuel. Uma hora depois, uma enfermeira toda vestida de branco cruzou a sala segurando uma bandeja de inox, cumprimentou as prostitutas rapidamente e entrou na suíte master, onde Samuel estava deitado na cama apenas de roupão. A enfermeira limpou a genitália do empresário com algodão e álcool. Na sequência, aplicou uma injeção de Alprostadil no dorso lateral do seu pênis. Pela bula do medicamento, uma ereção completa ocorreria dali a pelo menos 10 minutos e duraria uma hora. Com pressa, Samuel foi até a antessala escolher as suas primeiras presas. Sem dizer uma palavra, ele fitou o rosto de cada uma delas. Aproximou-se de Gina e pediu que ela tocasse em seu pênis pela abertura do roupão. Ela obedeceu e ele perguntou:

– Você gostou?
– [silêncio]
– Eu perguntei se você gostou! – insistiu.
– Sim... – respondeu a garota, trêmula.
– Então fique de joelhos e me chupe! – ordenou o empresário.

Humilhada e com medo dos seguranças armados, Gina obedeceu. Fez sexo oral em Samuel Klein na frente de uma dezena de pessoas. Entre as testemunhas, havia garçons circulando e até uma senhora de serviços gerais uniformizada recolhendo copos e taças vazios deixados pelos móveis da mansão. As demais meninas ficaram apreensivas com a dinâmica vexatória do programa. "Foi uma das cenas mais sujas e asquerosas que testemunhei em toda a minha vida. Não posso dizer que fui ingênua em estar ali naquela casa. Eu sabia que teria de transar com um velho em troca de dinheiro. Mas, quando vi aquele circo de horrores, tentei desistir e não tive como fazer isso. Não havia jeito de escapar. E o pior ainda nem tinha acontecido", relembrou Gina em março de 2021.

Gina era um codinome escolhido por ela para se prostituir no anonimato. Nascida em Maringá, no Paraná, em 1986, era filha de uma cabeleireira com um motorista de táxi. Teve uma infância comum ao lado de um irmão um ano mais velho. A família morava em uma casa de madeira com quintal amplo e muitas árvores. Quando ela completou 12 anos, os pais se separaram. Gina ficou morando com a mãe. O pai desapareceu de sua vida, apesar de continuar no mesmo bairro com outra mulher. Sentindo falta de afeto paterno, Gina resolveu procurá-lo quando estava prestes a completar 15 anos. O encontro foi perturbador, segundo a sua própria definição. O taxista acreditava que a filha queria dinheiro para fazer uma festa de aniversário. "Não tenho um tostão para lhe dar", foi logo dizendo assim que a viu. Ela tentou abraçá-lo, mas ele se esquivou. Emocionada, Gina disse que desejava carinho e não dinheiro, pois sentia muito a falta dele. "Pai, eu queria que você simplesmente gostasse de mim. Que se preocupasse comigo. Que me perguntasse como estou na escola, essas coisas de família, sabe?". A garota teve um choque quando ele disse não ser esse tipo de pai – que abraça, beija e afaga. "Eu nunca quis ter filhos, nem família, nem nada. Por isso eu caí fora. Siga a sua vida e esqueça de mim", encerrou o pai. Depois do encontro, revoltada com a rejeição, Gina resolveu virar prostituta. A mãe ficou sem chão. Os primeiros clientes da garota foram justamente os taxistas do ponto em que o pai trabalhava.

A vingança de Gina contra o pai durou pouco. Aos 16 anos, ela logo saiu de casa para se prostituir em São Paulo. Dividiu apartamento com uma amiga e fazia ponto na boate Love Story, no bairro República. "Minha amiga ganhava muito dinheiro fazendo programas. Isso me incentivou. Conheci muita gente interessante, comprei roupas de marca e vivia no salão de beleza para ficar sempre linda. Eu acordava e já me maquiava, pois tinha clientes logo cedo. Que menina não iria querer esse tipo de vida?", contabilizou. Aos 17 anos, Gina cobrava 400 reais por um encontro de uma hora e fazia até oito atendimentos no dia. Boa parte dos seus programas, nessa época, era encaminhada por um cafetão. Os cabelos loiros bem lisos e corte chanel com franja cobrindo toda a testa renderam a ela o apelido de Gina, em referência à mulher estampada na caixinha do famoso palito de dente. A garota tinha aparência frágil por causa da magreza e por ser tão baixinha. Tinha 1,48 m de altura e pesava 35 quilos no início da carreira de profissional do sexo. Na entrevista de recrutamento feita por Violeta, Gina quase foi reprovada por causa da aparência cadavérica. "Falta saúde nesse corpo, menina", criticou a cafetina ao examiná-la nua, em 2003, quando tinha 17 anos. Em seguida, a velha perguntou: "Você aguenta o peso de um homem?".

Gina respondeu "sim". No ano seguinte, aos 18 anos, ela finalmente entrou no cobiçado catálogo da rufiona piauiense. O comércio do sexo na vida de Violeta era tão institucionalizado que ela deu as boas-vindas a Gina com o seguinte comentário: "Você vai receber dinheiro para fazer o que muitas mulheres estão loucas para fazer de graça e não conseguem".

Na noite em que estava com outras garotas de programa na antessala de Samuel Klein, Gina foi escolhida para entrar na suíte master do velho juntamente com outra garota conhecida como Vik, de 20 anos. Quando Samuel ficou nu, Gina descobriu o quanto aquele sujeito era decrépito. Segundo mulheres que passaram pela sua cama, ele tinha pelancas pelo corpo todo, bunda flácida e pênis torto. Havia nele um aspecto repulsivo em todos os sentidos. "A feiura era assustadora não só pela forma física, mas também por ser grosseiro e violento. Falava com a gente como se fosse um ditador", definiu Vik. De fato, quem conheceu a intimidade de Samuel relata que, além de lhe faltar beleza, havia nele ausência de elegância, cavalheirismo e espiritualidade – elementos que o dinheiro dele não comprava. Segundo amigos íntimos do empresário, sequelas de passagens violentas vividas por ele em campos de concentração durante a adolescência o teriam transformado em um homem de coração duro e bastante cruel, principalmente à medida que foi envelhecendo.

Mesmo diante de uma criatura horrenda, Vik encarou a adversidade feito trabalho. Ela tirou a roupa, pulou em cima dele e o beijou como se o mundo fosse acabar dali a instantes. O empresário ordenou que Gina também tirasse a roupa e fizesse sexo oral nele enquanto a outra garota o beijava. Quando se aproximou novamente do pênis de Samuel, a menina teve uma crise de choro.

– Por quem derramas essas lágrimas? – quis saber ele, irritado.
– Me desculpa, mas eu não consigo.
– Como é que é?! – gritou.
– Quero sair daqui! – implorou a garota.

Gina correu para a porta da suíte e tentou abri-la, mas estava trancada por fora. A profissional iniciou um escândalo gritando "me tire daqui!". Samuel puxou a prostituta pelo braço e a jogou na cama com força bruta. Um segurança entrou na suíte rapidamente por uma outra porta e o empresário pediu ajuda para violentar Gina. As luzes da suíte foram apagadas. O funcionário chamou um outro colega e os dois imobilizaram a garota. Um a segurou pelos braços e o outro, pelas pernas, que estavam abertas. Segundo relato de Vik e Gina, Samuel a estuprou intensamente por mais de 40 minutos. "Ele fez sexo anal e vaginal em mim enquanto estava sendo segurada por dois brutamontes. Quando eu gritei, um dos seguranças tapou a minha boca com a mão. Tive um sangramento forte no ânus e mesmo assim ele não cessava. O remédio parou de fazer efeito e o pênis dele ficou flácido. Acho que ele introduziu algum objeto na minha vagina e no meu ânus, pois senti muita dor. [...] Uma enfermeira foi me buscar na cama e me levou para um outro ambiente, onde havia uma maca. Ela usou água oxigenada e um tipo de ácido [tranexâmico] para estancar o sangramento no meu ânus. Depois, enfiou na minha goela uma pílula do dia seguinte e ainda se certificou de que eu havia engolido. Eu estava tão assustada que não conseguia nem chorar", contou Gina em fevereiro de 2021.

Ao ver tamanha brutalidade, Vik tentou sair da suíte, pois acreditava que também seria estuprada com violência. Um segurança a imobilizou. Depois de Gina ser levada pela enfermeira, as luzes foram acesas e Samuel entrou no banheiro para tomar uma ducha. Havia manchas de sangue na cama. Duas funcionárias entraram para trocar os lençóis. O segurança deu uma sugestão para Vik:

– Não ofereça resistência. Deite-se e abra as pernas. Faça tudo o que ele mandar. Você não será violentada se for obediente. Amanhã você vai me agradecer pelas dicas...

De volta do banho, Samuel perguntou pela "próxima piranha". O segurança apontou para Vik, que estava deitada na cama. A garota olhou o pênis flácido do cliente e imaginou que não haveria penetração. Estava enganada. A enfermeira entrou novamente na suíte com a tal bandeja de inox e aplicou mais uma dose de estimulante sexual no empresário. Calmo, ele se disse "cansado" e fez um pedido: "Vamos logo acabar isso?". As luzes foram apagadas mais uma vez. Com medo de ser espancada, Vik seguiu o conselho do segurança e ficou quietinha para saciar a sede do *Rei das Novinhas*. Depois de mais de 30 minutos de sexo sem proteção, ela deixou a suíte e seguiu para a sala onde era servido o comprimido contraceptivo de emergência. No meio da madrugada, Gina e Vik foram acomodadas num dos quartos da mansão para descansar. "O que mais me deixou chocada foi a conivência daqueles funcionários. Com medo de apanhar, fiquei muda na cama enquanto o Samuel transava comigo. No meio do ato, entrava um segurança e perguntava se estava tudo bem e se ele estava precisando de algo. Ele respondia e o funcionário saía como se aquilo fosse a coisa mais normal do mundo", relatou Vik em março de 2021.

No dia seguinte pela manhã, as meninas desceram para a varanda da mansão. Havia uma mesa de madeira rústica com doze lugares. Em outra mesa, foi servido por garçons um *brunch* completo para todas elas, inclusive para as que não transaram com o empresário. Havia cestas de pães, café solúvel, leite quente, achocolatado, cappuccino, diversos tipos de queijo, presunto, ovos mexidos com trufas negras, risoto, panquecas, tiras de bacon, *waffles* e muitas frutas da estação. Samuel não apareceu para comer. Ninguém tocava na comida. Amélia surgiu na varanda com sorriso largo para uma reunião com as garotas. Antes de começar a falar, Gina se levantou e denunciou aos prantos:

– O doutor Samuel me violentou! Dois seguranças me seguraram...

– Nossa, minha filha, que absurdo! Depois você me conta como foi – comentou Amélia, fingindo indignação.

Prática e objetiva, a secretária particular de Samuel Klein pegou uma caixa de sapatos e botou sobre a mesa do café. "Quanto cada uma quer receber pelo trabalho?", perguntou em voz alta. Em seguida, abriu a caixa e pegou de dentro uma pilha de notas de 100 reais. Houve um burburinho no ambiente. Vik foi a primeira a se manifestar: pediu mil reais. A funcionária de Samuel disse que a garota merecia bem mais e deu-lhe 1.500 reais. Vik pegou o dinheiro e levou uma bronca da assessora de Samuel porque começou a conferir as notas. "Não seja indelicada, menina!" Em seguida, a prostituta guardou o dinheiro na bolsa. Na sua vez, Gina falou em voz alta que também merecia 1.500 reais. "Não, não, não! Imagina! Você vai receber muito mais do que isso, filha", anunciou a funcionária. No mesmo café da manhã, Gina ganhou um envelope já separado com 2 mil reais. As duas prostitutas não sabem dizer se as outras cinco garotas transaram com Samuel, apesar de cada uma delas ter recebido 800 reais. Todas também ganharam vale-compras no valor de mil reais para gastarem em qualquer loja das Casas Bahia. "Eu comprei uma máquina de lavar roupa", recorda-se Vik. "Eu dei os meus cupons para a minha mãe. Ela foi na loja da Avenida Brasil, no centro de Maringá, e comprou uma geladeira nova e um sofá enorme de oito lugares. O cupom não deu para pagar tudo e a gente dividiu a diferença no carnê", contou Gina. Até Violeta ganhou bônus do velho. A cafetina recebeu 3 mil reais em dinheiro vivo e Amélia ainda mandou entregar uma televisão 29 polegadas e um refrigerador de ar na casa da cafetina.

No final da distribuição de dinheiro na mansão de Samuel Klein, Amélia perguntou: "Quem aqui já andou de helicóptero?". Houve uma agitação entre as oito garotas quando uma aeronave de doze lugares pousou no gramado da mansão, causando uma forte ventania. Elas tomaram café da manhã às pressas, receberam o celular de volta e embarcaram. Fizeram um voo panorâmico pelo céu de São Paulo numa manhã ensolarada e pousaram num heliponto da Avenida Paulista. Com remuneração tão boa, Vik encontrou Samuel mais duas vezes sem que ele percebesse a repetição. Gina não teve coragem. Com sequelas emocionais, resolveu abandonar a profissão. Voltou para a casa da mãe, em Maringá, duas semanas depois de ser violentada pelo empresário. Numa crise de choro, contou para a mãe sobre o estupro, pontuando a fortuna do criminoso. Revoltada, a cabeleireira pegou um ônibus com a filha e seguiu até São Paulo para denunciar Samuel na Delegacia da Mulher. Antes, as duas passaram no escritório de Violeta para pegar o nome completo do estuprador. A cafetina as recebeu sorridente. Quando ouviu as intenções da mãe de Gina, a velha quase caiu da cadeira. Ponderou para a senhora:

– Não seja estúpida de procurar pela polícia! A sua filha dormiu com um dos homens mais ricos do país.

– Ela foi estuprada! – esbravejou a mãe.

– Isso é bem relativo... Olha aqui, minha senhora! Deitar-se com Samuel Klein é como ganhar na loteria. Deixe de ser tonta. Que futuro a sua filha terá como prostituta?

– Vou à delegacia!

– Não seja radical, criatura. Esteja aberta a um acordo, pois o que a senhora vai ganhar denunciando um homem poderoso? – perguntou Violeta, servindo um suco de maracujá.

Não se sabe se a mãe de Gina já saiu de casa disposta a faturar com o crime no qual sua filha era a principal vítima. Ela jura que não. No entanto, mal saiu do escritório de Violeta, Amélia ligou no celular da cabeleireira para tentar evitar um escândalo. A cafetina fez um relatório verbal:

– O velho fez um estrago na menina. Ela tá toda dilacerada. Melhor resolver por aqui – aconselhou Violeta.

Na semana seguinte, chegava à casa da mãe de Gina, em Maringá, um caminhão das Casas Bahia contendo geladeira, freezer, micro-ondas, estante, sofá, TV de 29 polegadas, aparelho de ar-refrigerado, máquina de lavar roupa, máquina de lavar louça, aquecedor, liquidificador, uma batedeira de bolo, entre dezenas de outros itens, como telefones celulares. Um advogado de Samuel Klein chegou pouco antes da entrega e fez mãe e filha escreverem o nome em diversos documentos. Em resumo, as duas asseguravam com as assinaturas que o sexo na suíte de Alphaville fora feito de forma consentida. Depois, uma outra advogada procurou Gina para incluí-la numa lista de outras 15 garotas de programa que foram estupradas por Samuel Klein. Essas mulheres fizeram um outro acordo extrajudicial e receberam uma indenização de 80 mil reais em 2007. Uma cláusula do contrato determinava confidencialidade. Toda a papelada foi registrada num cartório de Maringá. Gina ficou calada até 2014, quando Samuel Klein morreu, aos 91 anos, vítima de uma parada cardiorrespiratória. "O dinheiro me trouxe conforto, confesso. Mas minha vida não existe mais desde aquele estupro. [...] Nunca consegui manter uma relação estável e adquiri uma depressão que parece não ter mais fim", contou Gina em março de 2021.

No dia 15 de abril de 2021, a Agência Pública, especializada em jornalismo investigativo, revelou em seu site extensa reportagem de caráter documental contando com riqueza de detalhes o esquema criminoso de Samuel Klein. "O fundador das Casas Bahia teria usado seu poder como empresário bem-sucedido para manter durante décadas um esquema de aliciamento de crianças e adolescentes para a prática de exploração sexual dentro da icônica sede da empresa, em São Caetano do Sul, além de outros locais em Santos, São Vicente, Guarujá e Angra dos Reis. Mas a história desses crimes não envolvia apenas o patriarca da família Klein. Seu filho Saul Klein é investigado por aliciamento e estupro de mais de 30 mulheres. Segundo relato de dezenas de fontes, há semelhanças na forma de agir de pai e filho", denunciou a Agência Pública. A reportagem é de autoria dos jornalistas Ciro Barros, Clarissa Levy, Mariama Correia, Rute Pina, Thiago Domenici e Andrea Dip.

Na verdade, o rol de mulheres que denunciaram Saul Klein por aliciamento e estupro já passava de 500 em maio de 2021. É bom deixar claro feito água cristalina: nem todas as vítimas, tanto de Samuel quanto de Saul, eram prostitutas. Muitas foram parar nas festas organizadas pelos empresários milionários atraídas por promessas de emprego. A isca geralmente eram propostas de trabalho em congressos e feiras de exposição promovidos pela empresa dos Klein.

"No final de 2010, fui indicada por uma agência de modelos para trabalhar como recepcionista num evento chamado Super Casas Bahia, no Pavilhão de Exposições do Anhembi, em São Paulo. Na época, eu tinha 19 anos. Os testes foram feitos numa mansão em Alphaville. Quando cheguei lá, havia dez garotas para a mesma entrevista. Ficamos esperando numa sala ampla no piso inferior. Nós éramos chamadas a uma outra sala, onde ficava o senhor Saul Klein e uma assistente. Ambos sentados a uma mesa de vidro enorme. Eu me sentei numa poltrona e ele se levantou e veio sentar-se ao meu lado. Começou a entrevista me perguntando se eu era cliente das Casas Bahia. Falei que alguns meses atrás havia comprado um telefone celular Samsung e dividido em 24 prestações fixas no carnê. A tal moça, uma senhora na verdade, anotava tudo o que eu falava num bloco de papel. Depois, o Saul me pediu para ficar de pé e dar uma volta pela sala como se estivesse numa passarela. Eu fiz o que ele mandou e me sentei novamente na poltrona, meio envergonhada. Ele disse que o meu movimento foi frígido, sem carisma e emoção. Eu vestia uma saia pouco acima dos joelhos conhecida como godê, daquelas rodadas e soltas. Ele me mandou ficar de pé novamente e falou para levantar a saia para ver as minhas coxas. Achei aquilo estranho e olhei para a senhora sentada à mesa, um pouco distante da gente. Ela balançou a cabeça em sinal afirmativo. O Saul disse que o meu teste seria remunerado em 2 mil reais, caso fizesse até o final. Eu levantei a saia só um pouco, pois estava bastante nervosa. Ele mandou eu levantar ainda mais para ver a minha calcinha. Olhei novamente para a assistente, que falou suavemente 'tudo bem'. Mirei os olhos num ponto fixo da parede e levantei a saia de uma vez até a altura da cintura. Ele então se levantou, me deu um beijo na boca e pegou no meu sexo. A tal senhora me pagou os 2 mil reais de cachê pelo processo seletivo. Disse que havia sido aprovada e alguém me ligaria. Na saída, ela me pediu discrição e lealdade. Fui embora para casa tremendo dos pés à cabeça."

"Na semana seguinte, recebi uma ligação dizendo que havia sido aprovada no teste. Achei estranho porque eu tinha lido na internet que o evento do Anhembi havia sido cancelado naquele ano. Eu voltei à mansão para uma festa de celebração da cultura polonesa, a convite da senhora do teste. Era um evento esquisito em que as pessoas tinham que jogar cinzas quentes na cabeça. Algumas das modelos que conheci na seleção também estavam lá. O Saul e alguns convidados vestiam trajes típicos do folclore polonês [*stroje ludowe*]. Havia muito álcool, comida e uma banda fazendo show no palco. Acho que puseram algum aditivo na minha bebida. Tomei duas taças de champanhe e me deu muito sono. Fui parar numa cama de casal enorme em uma das suítes. Quando acordei, estava nua e o Saul estava em cima de mim, me penetrando. O ambiente era meio escuro. Como estava dopada, não tive forças para sair da cama. Olhei para o lado e vi três mulheres nuas, caídas no chão. Elas pareciam estar desmaiadas, pois estavam meio empilhadas – uma por cima da outra. Um outro homem se masturbava em pé, vendo o Saul me estuprando. [...] Depois de ejacular, ele saiu de cima de mim. Estava tão fraca que não tive condições físicas para sair do colchão. Uma outra garota entrou na suíte e começou a tirar a roupa. Para liberar a cama, o Saul me empurrou e caí nua no chão. Acabei desmaiando por cima das outras mulheres. Fui acordar no dia seguinte no mesmo local às 17 horas, sendo que eu havia chegado lá às 20 horas do dia anterior. A tal senhora me pagou 6 mil reais e ainda perguntou se a noite tinha sido boa. Fiquei com tanta vergonha daquela humilhação que prometi a mim mesma que apagaria esse dia da minha memória. Gastei todo o dinheiro que ele me deu com terapia. Hoje eu me sinto uma mulher imunda", relatou Ana Meeussen. Ela também fez acordo extrajudicial com o empresário para não denunciá-lo.

Na maioria das ações movidas na Justiça envolvendo os crimes da família Klein, as vítimas sustentavam que foram violentadas por Samuel e Saul quando eram menores de idade. Uma delas conta no processo que foi estuprada pelo patriarca quando tinha 9 anos. Mais tarde, adultas, elas passaram a cobrar indenização por danos morais. Com a morte de Samuel, as vítimas dele tentaram reparar perdas e danos obtendo indenização junto aos herdeiros. A disputa pela herança do fundador das Casas Bahia, no entanto, virou um drama familiar à parte. Como Samuel morreu sem deixar testamento, seu filho mais velho, Michael Klein, nascido em 1951, foi nomeado inventariante do espólio do pai. Saul Klein, três anos mais novo que o primogênito, mesmo todo encrencado com a polícia, entrou com uma ação na Justiça para tomar do irmão a função de administrador dos bens do pai. Michael usou justamente as denúncias de crimes sexuais contra Saul para mantê-lo longe da gerência do patrimônio deixado por Samuel, avaliado em cerca de 6 bilhões de reais. Na ação judicial, Michael e Eva, irmã mais nova, argumentavam que Saul não merece o posto de inventariante por ter "manchado" a imagem da família Klein com escândalos.

No bojo da disputa pelos bens de Samuel Klein, Saul foi até uma delegacia e disse que seus irmãos haviam falsificado a assinatura do pai para passá-lo para trás. A polícia instaurou inquérito para apurar crime de estelionato envolvendo os documentos usados na divisão da herança, que inclui o controle das Casas Bahia. Segundo Saul, a assinatura do pai foi falsificada no contrato social da rede de lojas e também nos papéis da sucessão. Depois das supostas fraudes, os principais beneficiados da herança foram Michael e seus filhos. Segundo a lei brasileira, a herança pode ser dividida livremente de acordo com o desejo do testamentário. A defesa de Saul também cita uma série de alterações societárias das Casas Bahia que permitiram a Michael se tornar o maior acionista da empresa. Os documentos em questão serão analisados pelo Instituto de Criminalística, que emitirá uma avaliação independente sobre as assinaturas. Se a fraude for comprovada, haverá um rearranjo dos recursos financeiros e do patrimônio deixados por Samuel Klein.

Além de batalhar por um naco maior na herança do pai estuprador, Saul Klein já foi dono da Associação Ferroviária de Esportes, um tradicional time de futebol do município de Araraquara, interior de São Paulo. Com as denúncias de violência sexual subindo até o pescoço, ele acabou se afastando das atividades esportivas. Em 2020, mesmo acusado de estupro, foi candidato a vice-prefeito do município de São Caetano do Sul pelo PSD e declarou à Justiça Eleitoral, na época, um patrimônio de 61,6 milhões de reais.

Os supostos crimes de Saul começaram a brotar na mídia às vésperas do Natal de 2020. Na edição de 23 de dezembro daquele ano, o jornal *Folha de S. Paulo* publicou uma denúncia na coluna da jornalista Mônica Bergamo, com chamada na primeira página, sob o título "Filho do fundador das Casas Bahia é acusado de estupro e aliciamento por 14 mulheres". A reportagem, assinada pelo jornalista Bruno B. Soraggi, revelou que o empresário estava proibido de entrar em contato com as mulheres que supostamente foram estupradas por ele desde 2008. Na sequência, o jornal informou que Saul teve o passaporte apreendido pela Polícia Federal para evitar uma possível fuga do país. A violência sexual teria ocorrido em festas também organizadas numa mansão em Alphaville. Um dos inquéritos que investigavam os crimes do filho de Samuel corria sob sigilo na Delegacia da Mulher de Barueri. No dia 27 de dezembro de 2020, o *Fantástico*, da TV Globo, exibiu uma reportagem de 14 minutos mostrando em horário nobre imagens das festas de Saul e apresentando depoimento de pelo menos sete das mulheres que denunciaram o empresário. "Ele ficava cada vez mais bêbado e louco. Nós tínhamos de falar com voz fina como se fôssemos crianças. Tinha menina que andava pela casa segurando uma boneca", contou uma das vítimas. Na reportagem, uma ex-funcionária de Saul revelou que o empresário recebia em suas festas, em média, 200 mulheres por ano. Segundo a advogada das vítimas, Gabriela Souza, elas eram submetidas a cárcere privado na mansão de Saul – uma teria ficado presa lá por uma semana. Eram também coagidas a ingerir bebida alcoólica e a vestir biquínis mesmo em ambientes com temperatura muito baixa. A reportagem do *Fantástico* é de autoria dos jornalistas Estevan Muniz, James Alberti e Iuri Barcelos.

No dia 30 de abril de 2021, outra reportagem especial descortinou o esquema criminoso de Saul Klein. O site Universa, hospedado no portal UOL, revelou depoimentos de mais nove mulheres que teriam sido vítimas do empresário. Segundo a reportagem, uma garota de 17 anos, chamada pelo pseudônimo de Sabrina, teria recebido uma mensagem pelas redes sociais de uma agência chamada Íris Monteiro Eventos. A princípio, era um convite para a garota trabalhar como divulgadora de uma marca de biquínis. A jovem aceitou. Uma semana depois de prestar esse serviço, ela teria sido convidada pelas donas da agência a participar de um evento promovido por Saul Klein. Com receio, recusou. Depois de dizer "não", Sabrina passou a ser procurada insistentemente por uma das sócias da agência, de prenome Íris. Essa mulher perseguia a garota até na porta da escola para tentar convencê-la a aceitar o "trabalho" com Saul Klein. Ele seria dono da marca divulgada pela jovem. Depois de ouvir muitos convites, ela acabou convencida por Íris. No tal evento, Sabrina teria sido estuprada pelo empresário de forma recorrente e sem preservativo. Em várias ocasiões, segundo consta na reportagem do Universa, a jovem era mantida em cárcere privado. A garota teria se juntado a outras vítimas de Saul para denunciá-lo. Traumatizada pelos abusos, passou a desenvolver problemas psiquiátricos. Cinco anos depois de ser estuprada, Sabrina acabou se matando. A reportagem do Universa contando essa história teve a assinatura dos jornalistas Pedro Lopes e Camila Brandalise.

Em julho de 2023, Saul Klein teve uma importante derrota na Justiça do Trabalho. Ele foi condenado a pagar uma multa de R$ 30 milhões por aliciar jovens mulheres e adolescentes com promessas mentirosas de emprego e, na sequência, explorá-las sexualmente. O julgamento atendeu aos pedidos feitos pelo Ministério Público do Trabalho (MTB), que investigou o caso e confirmou os crimes, pedindo uma indenização inicial de R$ 80 milhões. Segundo o MPT, Klein "cooptava adolescentes e jovens entre 16 e 21 anos, em situação de vulnerabilidade social e econômica, com a falsa promessa de que iriam trabalhar como modelos, submetendo-as a condição análoga à escravidão". Ainda de acordo com o órgão, essa é a maior condenação por tráfico de pessoas já feita do Brasil. A decisão também revela que Saul montou um esquema criminoso para "satisfazer seus desejos pessoais, ferindo aspectos íntimos da dignidade da pessoa humana, e causando transtornos irreparáveis nas vítimas. Os crimes mudaram definitivamente o curso da vida de cada uma delas". Além do valor de R$ 30 milhões, Saul ficou proibido de praticar tráfico de pessoas, especialmente de mulheres e adolescentes, incluindo "agenciar, aliciar, recrutar, transportar, transferir, comprar, alojar, acolher mulheres". Como a decisão não é da área criminal, não há condenação com pena de prisão. Uma curiosidade: a indenização de R$ 30 milhões não será concedida às vítimas. O dinheiro será entregue a três instituições sem fins lucrativos, seguindo as normas da legislação trabalhista do país.

Ao longo do tempo, os administradores das Casas Bahia tentaram desvencilhar a imagem da empresa dos escândalos sexuais de Samuel e Saul. A família Klein teria sido afastada do comando da empresa em 2011, quando foi criada uma *holding* batizada de Via Varejo para gerir as marcas Casas Bahia, Pontofrio, Extra.com.br e Barti. Em abril de 2021, Via Varejo teve seu nome encurtado para Via. Quando as primeiras denúncias contra Saul surgiram na mídia, a Via divulgou um comunicado dizendo que o empresário "nunca possuiu qualquer vínculo ou relacionamento com a companhia". Saul Klein, por sua vez, negou veementemente todas as acusações de aliciamento e estupro feitas contra ele. Encarregado de defender o empresário, o advogado André Boiani e Azevedo afirmou que seu cliente é a vítima e não o criminoso desse caso policial. A sua tese de defesa era, no mínimo, curiosa. Segundo Azevedo, nas relações com essas mulheres, Saul fazia papel de *sugar daddy*, termo usado para definir velhos que sustentam "namoradas" novas em troca de companhia, carinho e sexo. "O Saul vem sendo vítima de um grupo organizado que se uniu com o único objetivo de enriquecer ilicitamente à custa dele, por meio de realização de ameaças e da apresentação de acusações falsas em âmbito judicial, policial e midiático." Já a família de Samuel Klein enviou uma nota de pesar para rebater as acusações póstumas contra *O Rei das Novinhas*: "É com enorme tristeza que a família Klein tomou conhecimento da publicação de matérias sobre Samuel Klein, fundador das Casas Bahia, falecido em 2014. Imigrante polonês, judeu e sobrevivente do Holocausto, ele sempre ensinou que é preciso muito trabalho e coragem para enfrentar os desafios da vida. É uma pena que ele não esteja vivo para se defender das acusações mencionadas [...]".

Então, tá.

* * *

Na metade da década de 2000, a vida de Elize começou a mudar da água para o vinho e do vinho para o champanhe. Ela havia entrado para o tão sonhado curso de Direito em 2006. Foi aprovada com louvor na Universidade Paulista. Também andava nas nuvens por estar "noiva" de Marcos Matsunaga. O casamento no civil estava marcado para o dia 8 de junho de 2009. Para celebrar a nova fase da vida, um ano antes de trocarem aliança, o empresário resolveu comprar um apartamento para morar com a futura esposa. A aquisição milionária foi feita no dia 30 de junho de 2008 à revelia de Elize. A ideia era fazer uma surpresa para a amada. O imóvel escolhido foi uma luxuosa cobertura dúplex na Vila Leopoldina, zona oeste de São Paulo. Uma cobertura, não. Ele comprou logo duas de uma vez só. Aliás, a excentricidade e a exuberância eram características indeléveis da personalidade de Marcos. Segundo psicólogos que cuidaram da sua saúde mental, o empresário sofreria de um distúrbio conhecido como "transtorno do exagero", caracterizado, entre vários aspectos, por uma compulsão na hora de comprar bens materiais de alto valor aquisitivo. Fissurado pela prática de tiro, por exemplo, ele não tinha uma, duas ou três armas em casa. Mantinha uma coleção invejável com 33 itens, incluindo pistolas alemãs, submetralhadoras e fuzis AR-15. Quando foi ao *pet shop* clandestino comprar uma cobra de estimação para Elize, o empresário também foi extravagante. O traficante de animais havia oferecido uma pequena cobra da espécie real californiana *(Lampropeltis getula californiae)* nas cores vermelha e branca. O bichinho era dócil, media 150 centímetros de comprimento e custava 2.500 reais. Ou seja, ideal para criar em apartamento, segundo o vendedor. Marcos não quis. Preferiu um filhote de jiboia que custava o dobro do preço, poderia alcançar até 4 metros e era dona de uma picada poderosa, apesar de não possuir veneno. O empresário colecionava Lego, o famoso brinquedo dinamarquês de blocos de montagem. Na época, estava sendo lançada a versão *creator*, possibilitando a montagem de estruturas de até 10 mil peças. O preferido era o Taj Mahal de 43 centímetros de altura, montado em sete estruturas modulares, ocupando internamente um dos quartos da casa. Outro exemplo da megalomania do empresário da Yoki era a adega particular com 2 mil garrafas de vinho, avaliada em 3 milhões de reais. As armas, o Lego, os vinhos e a cobra Gigi teriam sido o principal argumento para comprar as duas coberturas espaçosas.

Os apartamentos (números 171 e 172 da Torre A do Edifício Roma) localizavam-se na Rua Carlos Weber, 1.376. Os imóveis somavam 370 m² distribuídos no 17º e 18º andares. Juntos tinham seis suítes, três salas de estar, inúmeros corredores estreitos e uma sala de jantar. Apesar de ser um imóvel grande, os ambientes eram apertados por causa do excesso de compartimentos, todos mal divididos. Os corredores davam voltas e terminavam sempre nos mesmos lugares, parecendo labirintos. Da porta social, por exemplo, seguia uma passagem comprida com destino tanto à cozinha quanto à sala principal. Um outro caminho começava na mesma porta social e dava acesso à copa, a um bar amplo e a outra sala com lareira. Nesse cômodo havia uma escada social com acesso ao pavimento superior. Lá, mais corredores apertados e interligados com passagem para três suítes, um quarto de hóspedes e um escritório. Os banheiros eram pequenos, levando em conta a imensidão do imóvel. Uma outra escada dava acesso à cozinha e à lavanderia. Já as varandas eram espaçosas e tinham uma vista fascinante da cidade de São Paulo. Do segundo piso, uma outra escada dava acesso ao terraço duplo, onde havia churrasqueira e uma piscina enorme em formato circular.

Um quarto foi transformado em paiol para armazenar a coleção bélica de Marcos, incluindo pistolas, fuzis, metralhadoras, muita munição e silenciadores. O cômodo parecia um *bunker*, espaço conhecido como quarto do pânico. Se um bandido entrasse no apartamento, Marcos e Elize se esconderiam dentro dele. As portas eram blindadas e ficavam escondidas por trás de um armário de madeira. Dentro havia sistema de refrigeração independente e um umidificador, além de linha de telefone exclusiva para chamadas, em caso de emergência. Na sala principal havia um bar com estrutura completa. O balcão alto era de cimento e mármore. Tinha pia, refrigerador vertical para guardar cerveja, freezer com gelo e uma pequena adega climatizada.

A adega-mãe da casa ocupava um dos quartos da cobertura. O espaço foi adaptado com climatizador industrial. O imóvel possuía duas vagas duplas na garagem (nºˢ 9 e 10), localizadas no segundo subsolo, com capacidade para acomodar quatro carros. As coberturas foram compradas no dia 30 de junho de 2008 por um preço abaixo do mercado, 1 milhão de reais, o equivalente na época a 628 mil dólares. No cartório, os dois imóveis foram registrados somente no nome do empresário. Para se ter uma ideia do ótimo negócio feito por ele, em 2008, um apartamento simples de três quartos no sexto andar do mesmo prédio estava à venda por 700 mil reais. Em 2020, as duas coberturas foram avaliadas em 3,4 milhões de reais.

Com as chaves em mãos, Marcos recorreu a um clichê para apresentar o apartamento a Elize. Ele a levou ao local com uma venda nos olhos. A "noiva" quase morreu de alegria quando viu a vastidão do apartamento, já meio mobiliado pelo empresário. No terraço, a garota de programa – nessa época ela ainda recebia a mesada de 20 mil reais – falou com Marcos sobre a possibilidade de eles se casarem no religioso. O empresário descartou a ideia. Ele usou as regras do Vaticano como argumento, que impediam uma pessoa de se casar duas vezes sob o teto divino de uma igreja. Marcos já havia sido casado com Lívia no religioso. Com isso, a união seria celebrada, a princípio, somente no civil. Elize ficou inconformada em não ter o seu matrimônio abençoado por Deus. Segundo os preceitos da Igreja Católica, um casamento religioso não pode ser dissolvido. Sendo assim, de acordo com o direito canônico, pessoas divorciadas que se casam novamente pelo rito civil cometem adultério em relação ao primeiro cônjuge. Por essa interpretação, eles se tornaram impedidos de participar de uma nova comunhão. Católica, Elize entrou numa vibração religiosa e disse estar disposta a mover uma montanha de lugar, se fosse preciso, para se casar de véu e grinalda. Ela também não aceitaria a sina do "noivo" de viver eternamente sob o manto de um pecado mortal e começou então a pressioná-lo para providenciar um casamento na igreja, pois seu sonho de adolescente era vestir-se de noiva. Elize falava do seu dilema religioso num almoço com Chantall, quando uma pauta espinhosa foi posta à mesa. O "noivado" já durava dois anos quando a amiga fez-lhe uma pergunta um pouco incômoda:

– O Marcos já apresentou a família dele a você?

– Ainda não – respondeu em voz baixa.

– Então comece a cobrar isso dele, caso você realmente queira se casar na igreja. E também já se prepare para apresentar a sua família a ele.

Elize perdeu até o apetite quando se lembrou de quão enfraquecidos estavam seus laços familiares naquela época. Da mãe, não tinha notícia desde que deixou Chopinzinho havia oito anos. A última imagem de Dilta Araújo em sua cabeça era ela ajoelhada implorando perdão na calçada da rodoviária da sua cidade natal. Sobre o pai biológico, Valter Giacomini, ela não sabia dizer nem se era vivo ou morto. Ele, a rigor, era quem deveria conduzi-la ao altar caso houvesse casamento religioso. A lembrança mais remota do pai vinha do momento em que ele entrou na sala, espancou Dilta e passou a mão na única TV da casa. Chantall sugeriu a Elize retornar a Chopinzinho para fazer as pazes com a mãe e com o padrasto para poder se casar com a presença da família. Ela concordou, mas ponderou que só faria isso depois de encontrar um sacerdote disposto a celebrar seu casamento. Sua alternativa foi recorrer à Igreja Anglicana, considerada mais avançada quando comparada à Católica Romana, principalmente porque a anglicana ordena mulheres e não exige celibato de bispos, presbíteros e diáconos. Por intermédio de Chantall, Elize conheceu o reverendo François Badeux, de 50 anos na época. O presbítero celebrava missas numa capela anglicana em Parelheiros, um distrito na zona sul de São Paulo. Elize passou a frequentar sozinha as celebrações do sacerdote numa igreja bem simplória, porém aconchegante. O trabalho de François era marcado pela prática da caridade. Nas missas de domingo, ele distribuía lanche e brinquedos para crianças carentes das redondezas. Numas dessas ações, Elize abordou o reverendo e perguntou pela agenda de casamentos para 2009. Ele foi meio áspero:

– Os noivos são solteiros?!

– O Marcos é divorciado.

– Então primeiro vocês têm de se casar no civil. Quando estiverem com a certidão de casamento em mãos, venham negociar comigo.

Marcos e Elize começaram a frequentar juntos as missas de François. Nas celebrações de domingo, o empresário contribuía espontaneamente com as causas sociais da igreja. Numa única caridade, ele deixou mil reais numa sacolinha. O sacerdote quase enfartou quando viu notas de 100 reais misturadas às moedas e cédulas de 1 e 2 reais doadas pelos fiéis carentes. Numa outra visita feita durante a semana, o casal se apresentou ao reverendo mais uma vez e contou que a data do casamento fora marcada para o dia 17 de outubro de 2009, um sábado. Contente com as doações generosas de Marcos, o religioso até se esqueceu da exigência do casamento no civil para celebrar a união de fiéis divorciados. Marcos e Elize também pediram para o reverendo abençoar o apartamento novo tão logo estivesse totalmente mobiliado. Antes de dizer "sim", François reclamou da escassez de recursos para a recuperação do forro da sua igreja. "Parece que todos os pombos da cidade estão morando na minha igreja. Eles passam a noite inteira arrulhando e cagando na madeira. Tá tudo podre, fedido e despencando na nossa cabeça", queixou-se François. Compadecido, Marcos se comprometeu a trocar todo o forro, e passou ao sacerdote um cartão de visita. Quando viu o sobrenome "Kitano", o religioso se lembrou dos temperos condimentados da sua cozinha. Ele então se prontificou a casar Marcos e Elize com todo tipo de assistência religiosa, desde que eles não abandonassem a sua igreja depois da lua de mel. Os noivos juraram jamais se desgarrar do rebanho de François. Numa pesquisa rápida na internet, o profissional da batina descobriu que a sua nova ovelha era um milionário do ramo alimentício.

Em Parelheiros, François era considerado um reverendo fofoqueiro, rigoroso com os fiéis e até meio grosseiro. Por outro lado, pouca gente em seu círculo social estudou causas humanitárias como ele. Formado em literatura com ênfase em contação de história e em teologia, ele também graduou-se em inglês pela Universidade de Oxford. No seu currículo constava ainda uma pós-graduação em Administração pela Fundação Getúlio Vargas (FGV), além de mestrado, doutorado e pós-doutorado em Psicologia na Universidade de São Paulo (USP). Com tantos diplomas, François conciliava os trabalhos sociais na igreja com a atividade docente numa renomada universidade de São Paulo. Entre os seus alunos, o religioso também tinha fama de futriqueiro. "Falava mal da vida de todos os professores. Uma vez ele se meteu numa confusão danada porque espalhou na faculdade ter visto uma orientadora saindo do motel com um professor casado. A tal orientadora entrou gritando no meio da aula pedindo para ele provar. Foi um bafafá", recorda-se um ex-aluno. François mantinha ainda um consultório particular para atender como psicanalista em Pinheiros. Em suas sessões, o religioso usava o método da conversação. Ou seja, os pacientes eram estimulados a falar tudo o que quisessem. Depois de ouvi-los, o terapeuta fazia as suas interpretações e dava conselhos para ajudá-los na resolução dos seus problemas. Na seara religiosa, o religioso realizava quase todos os rituais da igreja católica: casamento, batizado, missa, extrema-unção e exéquias, uma cerimônia de homenagem aos mortos.

Nas missas de François, Elize e Chantall perceberam que ele era ácido com os fiéis, porém educadíssimo com elas. Quando Marcos estava presente, o religioso se transformava num amor de pessoa. Sempre solícito e educado. Na primeira brecha, ele se queixava das dificuldades financeiras. Depois de ter o forro da igreja todo trocado, falou da falta de recursos para comprar o lanche das crianças "muito, muito, muito pobrezinhas" – nas palavras dele. Esses anjinhos famintos ficavam numa creche supostamente mantida por um braço da Igreja Anglicana. Logo após essas lamúrias, o empresário fazia doações entre mil e 2 mil reais. Depois de receber uma dessas caridades do empresário, François se ofereceu para ser o orientador espiritual do casal, uma espécie de conselheiro sentimental com verniz religioso. Como Marcos e Elize tinham a vida pregressa mergulhada no pecado da prostituição, foi impossível eles recusarem a oferta. Na sequência, o reverendo reclamou dos seus objetos litúrgicos, que estavam muito velhos. Ele precisava substituir cálices, incensários, pia batismal e as âmbulas usadas para guardar vinho. Comovido com o choro santo, Marcos abriu a carteira e fez uma doação de 4 mil reais.

Enquanto Marcos pavimentava o seu caminho para o céu fazendo doações à igreja, Elize comprava móveis e mais móveis para terminar a mobília da cobertura dúplex. Quando o imóvel estava todo montado, o casal chamou François para abençoá-lo, conforme havia sido combinado. O religioso pegou o seu aspersor, objeto litúrgico usado para espalhar água benta, encheu com o líquido sagrado e partiu para a moradia dos pombinhos. Assim que a porta da sala se abriu para François entrar, não foi possível ele ter noção do tamanho do imóvel, pois o ambiente tinha muitas paredes, corredores, além de excesso de cômodas, aparadores estantes, mesas e sofás. Ele começou jogando água benta pela sala principal. Depois, percorreu os quatro quartos do piso inferior e a

cozinha. De repente, ele viu a escada de acesso ao segundo andar. O religioso subiu cansado e entrou na suíte do casal. Mas já não havia mais água no aspersor. François ficou indignado:
— Minha Nossa Senhora! A água benta acabou. Isso nunca aconteceu. Eu não sabia que esse apartamento tinha tantos cômodos!
— E agora, reverendo? O senhor nem abençoou a nossa cama... — reclamou Elize.
— Eu voltarei outro dia com mais água benta — prometeu o reverendo.
Marcos e Elize se mudaram para o apartamento logo após a primeira parte da bênção. O exagero no tamanho da mobília deixou os corredores e os espaços para circulação meio apertados. Depois de arrumar a casa, Elize ligou para o reverendo e pediu que ele fosse terminar o banho santo no imóvel. Na segunda visita, François passou por um perrengue. Como se já fosse uma pessoa da casa, ele passeava sozinho pelos cômodos do segundo andar da cobertura com o seu aspersor, despejando o seu líquido consagrado pelos cantos. Enquanto isso, Elize mudava móveis de posição na sala principal do piso inferior com ajuda de uma decoradora. Lá em cima, François entrou numa suíte de paredes verdes e chão coberto com carpete de grama sintética. Havia muitas plantas de médio porte dentro de vasos espalhados pelo quarto, o que causou estranheza no religioso. Não havia cama nem armários no ambiente. Ao entrar, François sentiu um cheiro forte de enxofre. Na lateral, meio coberta com galhos e folhas, havia uma caixa de madeira grande, idêntica a uma casinha de cachorro. Sozinho no quarto, ele se aproximou da caixa e se ajoelhou para olhar por um pequeno buraco que servia de entrada. Não conseguiu ver nada, pois o interior da casinha era escuro. Pelo sim, pelo não, François resolveu dar uma borrifada de água benta para dentro da casinha. Ao se levantar, observou que havia uma dobradiça na tampa da caixa em formato de telhado de chalé. Movido pelo enxerimento, o religioso resolveu levantar a tal tampa de madeira. Ele deu um grito histérico quando viu Gigi — enorme — toda molhada e enrolada lá dentro, dormindo sossegada o sono profundo dos répteis.
Nessa época, a jiboia já tinha um ano, media 3 metros e pesava 10 quilos. Marcos havia transformado uma das suítes do imóvel em cativeiro da serpente com direito a uma minisselva. Havia no local até

troncos de árvores. O réptil dormia na banheira e na casinha de madeira, mas passeava livremente por todo o apartamento, principalmente na madrugada. Comia frangos e ratazanas vivos. Quando era de sua vontade, subia para pegar sol na área externa da cobertura. Para não ser incomodada, costumava ficar imóvel com a bocarra aberta fingindo-se de morta, uma artimanha conhecida na zoologia pelo nome de tanatose. Quatro vezes por ano, Gigi soltava toda a pele escamada do corpo pelo chão da casa num processo chamado de ecdise. Marcos e Elize chamavam Gigi de filha e passavam parte do dia com o bicho enrolado pelo corpo. Em pânico ao ver a cobra, François foi acudido por Elize, que lhe serviu um copo de água com açúcar para acalmá-lo. O reverendo se recuperou do susto, pediu mil desculpas pelo vexame e foi embora às pressas, prometendo aos céus jamais pisar naquele apartamento novamente. Mesmo assim, espirituoso, o reverendo continuou exercendo o papel de conselheiro do casal.

Para comemorar a nova moradia e celebrar o amor, Marcos presenteou Elize com uma Pajero TR4 novinha em folha, verde *pant*, blindada, avaliada em 70 mil reais, mas com valor de venda acima de 100 mil reais, na época, por conta da proteção à prova de balas. O carro era idêntico ao dado por ele seis anos antes para Luluzinha, a pimentinha filha de Iansã toda trabalhada no ciúme, com quem namorou por seis meses. Os presentes caros para a "noiva" não pararam por aí. Benevolente, Marcos deu uma prova de amor sem tamanho, principalmente em se tratando de um relacionamento iniciado no mundo nebuloso da prostituição. Ele passou para Elize um envelope cor-de-rosa lacrado com uma fita dourada e cera. A jovem já tinha perdido o fôlego ao ganhar o carro. Ao abrir o envelope, teve uma síncope. Dentro dele estava um documento lavrado em cartório assegurando a ela uma das coberturas compradas recentemente pelo empresário. O termo de doação tinha data de 15 de maio de 2009. O imóvel estava avaliado na época em meio milhão de reais. Elize ainda ganhou um seguro de vida no valor de 600 mil reais. Comovida, ela ajoelhou-se chorando copiosamente aos pés de Marcos. Agradeceu com todas as forças pelos presentes. "Acho que eu nem mereço tanto, meu amor", admitiu.

Ainda aos prantos, Elize teria suplicado: não queria mais a mesada de 20 mil reais, pois o dinheiro dava à relação um caráter mercantil. Ele concordou e suspendeu o pagamento. Fez mais: deu a Elize acesso à sua conta bancária de pessoa física aberta no Bradesco. Na verdade, o empresário foi ao banco e transformou sua conta-salário individual em conjunta. Depois dos trâmites burocráticos, Marcos repassou para a companheira talões de cheque e cartões de débito e crédito. Era nessa conta que o executivo da Yoki recebia cerca de 20 mil reais líquidos por mês como salário de diretor-executivo da empresa dos pais – já com desconto da pensão de 8 mil reais para Lívia sustentar a filha. Elize não tinha acesso aos rendimentos de Marcos – cerca de 30 milhões de dólares anuais, provenientes da empresa de exportação aberta por ele nas entranhas da Yoki.

Sem a mensalidade paga para ser exclusiva, a jovem de Chopinzinho finalmente largou a prostituição. Passou a ser chamada por Marcos de namorada e noiva sem as aspas, que davam às palavras um sentido figurado.

Para comemorar definitivamente o fim da carreira de garota de programa, Elize aproveitou uma viagem de Marcos para a fábrica da Yoki em Campo Novo do Parecis, no Mato Grosso, para fazer um jantar para quatro pessoas no superapartamento. Foram convidados um casal de namorados da faculdade, Phelipe e Janaína, e Joel e Chantall, seus velhos amigos. Esses dois últimos foram intimados a não falar em hipótese alguma sobre prostituição no encontro. Os convidados ficaram perplexos com o tamanho da cobertura dúplex. Começaram a noite tomando vinho no terraço e depois desceram para jantar espaguete *alla carbonara*. Na sobremesa, Elize, meio bêbada, pediu para os convidados subirem até uma das suítes para conhecer sua filha. Chantall já sabia que se tratava da jiboia. Avisou, apreensiva, que não iria de jeito nenhum, pois tinha fobia de cobras. Elize cochichou no ouvido da amiga para avisar que Gigi estava presa dentro da banheira com uma tampa de vidro espesso pesadíssima por cima. Chantall então seguiu contrariada para o quarto da serpente. Os demais convidados ficaram apreensivos com o suspense.

Nas paredes da suíte de Gigi havia quadros com fotos de Marcos e Elize segurando a cobra já em idade adulta. Chantall ficou nervosa só de olhar as imagens. Dentro do banheiro, o pânico se instalou. A tampa de vidro estava desencaixada. Gigi não estava lá. Chantall teve vontade de urinar de tanto medo. Ela olhou para os lados e não encontrou o réptil. Elize foi sozinha até a cozinha e desligou a chave geral de energia elétrica do apartamento. Os convidados estavam na suíte transformada em cativeiro da jiboia quando houve um estalo seguido do breu total. A escuridão fez os convidados gritarem feito loucos pela casa. Até Elize ficou nervosa com a reação inesperada dos seus amigos. Apavorada e bêbada, Chantall começou a caminhar feito louca pelo labirinto de corredores, batendo-se nos móveis. Chegou a escorregar numa das escadas. Ninguém encontrava o caminho da sala. Joel foi parar no terraço. A possibilidade de pisar na cobra ao andar pelas trevas daquele apartamento fez Chantall ter vontade de se jogar por uma das janelas. Depois de alguns minutos, o fornecimento de energia elétrica foi restabelecido por Elize. Chantall finalmente encontrou a porta de saída e correu gritando pela escada de incêndio. Só parou quando chegou à calçada da rua. No dia seguinte, Elize encontrou Gigi tomando sol, plena, na pérgola da piscina. Sádica, a ex-garota de programa nunca pediu desculpas aos amigos pela brincadeira de péssimo gosto.

Dias depois de assustar os amigos com uma cobra, Elize arrumou as malas e seguiu para Chopinzinho. Sua missão era reatar os laços familiares e evitar o vexame de não ter parentes em sua festa de casamento. Rica, ela foi conduzida por um motorista da Yoki de casa para o Aeroporto Internacional de Guarulhos, onde pegou um voo para Cascavel (PR). Lá, alugou uma caminhonete S-10 cabine dupla com tração 4x4 e seguiu em disparada por 219 quilômetros até chegar a Chopinzinho. Elize havia avisado somente à tia Rose de sua viagem. Ao chegar à sua terra natal, à noite, preferiu ficar hospedada num hotel. Cansada, foi dormir. Na manhã seguinte, seguiu para a casa da mãe, Dilta, bem cedinho. Elize tocou a campainha. A porta demorou para abrir. Ela tentava empurrá-la, quando alguém finalmente apareceu para atender ao seu chamado. Era Chico da Serra, companheiro de sua mãe. Treze anos antes, ela acusou o padrasto de estupro. O serralheiro vestia apenas uma bermuda. Elize trajava calça jeans e um moletom. Aparentemente, ele não conseguiu disfarçar o encantamento com a beleza da enteada. Seus olhos subiam e desciam vagos para conferir o corpo dela por inteiro. Elize ficou incomodada com a forma de ser olhada por Chico. Ele se aproximou ainda mais e tentou tocar no rosto da enteada com a ponta dos dedos. A jovem se afastou:

– Onde está a minha mãe? – questionou, enfática.
– Elize? É você?! – assustou-se.
– Sim!
– A Dilta saiu para comprar pão – respondeu ele, olhando para o chão.
– Você está sozinho em casa? – perguntou a enteada.
– Sim! Você quer entrar? – perguntou, tentando encontrar os olhos da jovem.
– Quero!

CAPÍTULO 8
ONDE NASCE O PERDÃO

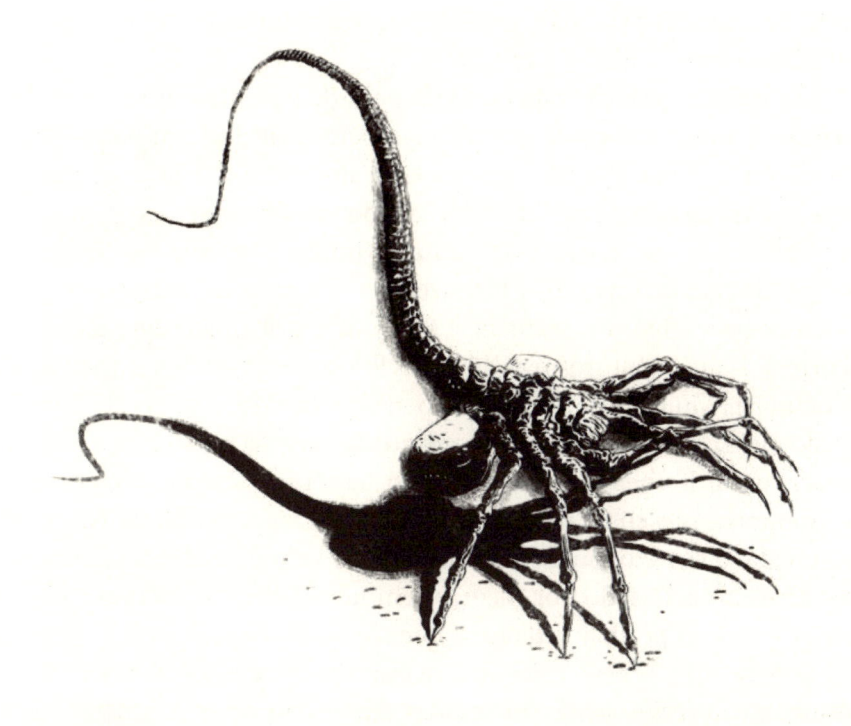

Uma dor tão profunda que não sei onde começa nem onde termina

À medida que a gestação de Berbella avançava, um ódio emanava por todos os seus poros. No final do sexto mês, ela detestava a ideia de ser mãe, mesmo decidida a repassar a sua bebê para a irmã mais velha, Belmira, de 28 anos. A garota de programa de 22 anos abominava a barriga grande e os seios crescidos por causa do excesso de gordura sob a pele e também em razão do desenvolvimento dos dutos mamários, que preparam a mãe para a amamentação. Sem qualquer apego à filha, ela já havia deixado claro não estar disposta a alimentá-la no peito. Tinha receio de ficar com os seios caídos. Berbella contava no calendário ansiosamente o dia de parir e voltar à prostituição o mais rapidamente possível. O combinado era repassar a nenê à irmã ainda na sala de parto. A entrega direta de crianças pela mãe, prática muito comum no interior do país, é conhecida como "adoção à brasileira".

Até então, a gestação não havia despertado o sentimento maternal em Berbella. Os infortúnios da gravidez também contribuíram para o desejo de se livrar da filha. Ela desenvolveu uma síndrome chamada de túnel de carpo, ocasionando uma forte dor no nervo do antebraço. Em crises, ela gritava como se já estivesse parindo. Também sofreu com o peso da barriga, dor na coluna e nos tornozelos; reclamava do excesso de gases, pontadas na vagina, incontinência urinária e principalmente das visitas recorrentes que os futuros pais adotivos lhe faziam a qualquer hora do dia ou da noite. Muitas delas sem prévio aviso. Vivaldo, marido de Belmira, saía no meio do expediente duas vezes ao dia e seguia rumo à casa da sogra, Nazaré, onde Berbella estava morando temporariamente. No caminho, ele comprava presentes para a bebê e flores para a cunhada. No quarto da grávida, o corretor se deitava na cama ao lado de Berbella, lambuzava nas mãos um gel usado por médicos em ultrassom e acariciava a imensa barriga da moça por baixo da roupa por horas e horas. Belmira morria de ciúme desse tipo de cena, mas achava importante a conexão paternal com a futura filha. Nessas visitas incômodas, feito bobo, o futuro pai também se botava a conversar com a bebê. Nos monólogos, o corretor usava uma voz infantilizada e fanha. Berbella ficava irritadíssima com o que ela chamava de "doidice". Às vezes, Vivaldo fazia uma pergunta em voz alta do tipo "a bizunguinha cuti-cuti ama o papai?". Em seguida, ele encostava o ouvido na barriga da gestante e tentava ouvir algum barulhinho como resposta. Nos finais de semana, ele levava os dois filhos pequenos para conhecer o local onde a irmãzinha deles aguardava para ganhar o mundo. A gota d'água foi o dia em que o cunhado chegou com um aparelho de som portátil. Vivaldo pediu que a grávida deitasse na cama e deu *play* num CD com canções que, segundo ele, faziam uma espécie de sintonia mágica entre o bebê e o pai. Na lista das canções estavam a clássica "Aquarela", de Toquinho; "Pra você guardei o amor", de Nando Reis; e "O filho que eu quero ter", de Chico Buarque. A essa última música, Vivaldo se deu ao trabalho de cantar em voz alta. Berbella perdeu a paciência com o cunhado desafinado:

– Chega dessa palhaçada! Estou com dor nas costas e essas músicas estão me irritando!

– É para o bem da criança! – argumentou o corretor.

– Mas esse bebê é meu e ele me disse que também não está gostando dessa cantoria. Quando ele nascer, vocês fazem o que quiserem. Agora só quero ficar em paz!

Um dia depois de Vivaldo ser maltratado por Berbella, Belmira, mulher dele, foi entregar 2 mil reais à irmã. A quantia mensal acertada entre elas deveria ser paga todo dia 5 do mês até o parto, totalizando os 18 mil reais distribuídos em nove parcelas. Aquela seria a sétima prestação, pois a gravidez estava entrando no sétimo mês, equivalente à 30ª semana. Nessa fase, a bebê já pesava cerca de 3 quilos e media em torno de 40 centímetros, segundo um ultrassom feito na mãe. Berbella ainda estava com a barriga em pleno crescimento e as dores só aumentavam. Sem o menor apego, ela passou a maldizer a própria filha, cujo apelido era Pequeno Alien, justamente por causa das chacoalhadas no útero, provocando fortes dores e cólicas. A alcunha era uma referência ao filme de ficção científica do cineasta britânico Ridley Scott, *Alien, o 8º passageiro*, no qual uma pessoa gerava no ventre uma raça de alienígena conhecida como xenomorfo. Com uma gravidez complicada, Berbella peregrinava por médicos obstetras. Cabia a Belmira e Vivaldo também bancar essas despesas, além de toda a alimentação da futura mãe. No final do mês, o casal terminava com uma conta aproximada de 6 mil reais. Ainda estava programada a despesa com o parto, orçado em 9 mil reais numa clínica particular. Na hora de pagar os 2 mil reais à irmã, Belmira se queixou do tratamento dispensado a Vivaldo no dia anterior, quando ele pôs músicas para a bebê escutar. A jovem mercenária rebateu a reclamação dizendo ganhar muito pouco dinheiro para se submeter às esquisitices do corretor:

– Dois mil reais para o fardo de carregar esse *alien*, na verdade, é quase nada para tudo. Principalmente para os fetiches do seu marido – argumentou Berbella, irritada.

– Foi o valor que você pediu!

– Não! Não! Foi o valor que você ofereceu e eu aceitei. Mas estou profundamente arrependida por causa dessa aporrinhação de ele vir conversar com a minha barriga, trazer música para a bebê ouvir. Decidi que vou vender a criança para um casal de italianos. Eles vão me pagar 50 mil euros – anunciou Berbella.

Belmira entrou em desespero quando se deparou com a possibilidade de a irmã quebrar o pacto familiar em nome do dinheiro. Nazaré, mãe das duas, foi chamada lá na feira, onde estava trabalhando, para resolver o impasse fraternal. Berbella encontrava-se irreconhecível aos olhos da família. Na explicação da jovem, os 2 mil reais mensais correspondiam à gestação. Faltava acertar o valor da bebê, orçado por ela em 30 mil reais, pois a profissional "não sabia que um nenê valia muito dinheiro," principalmente porque nasceria um anjinho loirinho e com olhos bem azuis. Pelas contas de Berbella, sua filha "com certeza" tinha como pai um ex-cliente sueco "tão lindo quanto um príncipe", em sua opinião. Belmira, fora de si, chamou a irmã repetidas vezes de "vagabunda", "piranha" e "puta". A garota nem se abalou, pois não achava os termos tão ofensivos. No calor do bate-boca, Berbella disse estar arrependida de não ter abortado o *alien* nos primeiros meses, pois já estaria de volta ao meretrício e ganhando muito mais dinheiro.

Desnorteada, Belmira foi lá no quintal pegar um ar, chorou bastante e se recompôs. Voltou ao quarto bem calma e pediu desculpas à irmã com voz aveludada. Uma enxugou as lágrimas da outra e selaram as pazes. Combinaram nunca mais falar coisas tão deploráveis, pois a bebê ouvia tudo lá de dentro da barriga. Mas o impasse financeiro continuava. Nazaré sugeriu à filha mais velha aumentar o valor da prestação para 3 mil reais nos dois últimos meses da gestação. Berbella regateou. Pediu 15 mil reais pelos três meses e mais uma parcela única de 20 mil reais para repassar a bebê na maternidade. No total, a criança custaria a bagatela de 47 mil reais.

Belmira e Vivaldo estavam longe de serem ricos, mas os dois ganhavam bem porque trabalhavam muito. Ele tinha uma corretora e fazia bastante dinheiro administrando condomínios e imóveis alugados em Campo Grande. Também comandava uma equipe de corretores eficientes na venda de apartamentos na planta. Seu escritório ocupava um andar inteiro de um prédio comercial no centro da cidade. Ele ainda era sócio de uma firma de contabilidade. Inteligente e batalhadora, Belmira começou a trabalhar aos 14 anos dando aula particular de reforço para adolescentes com dificuldade de aprendizagem. Fez faculdade de Pedagogia e começou a lecionar português e redação em escolas privadas. Melhorou os rendimentos depois de complementar a graduação com um curso de Administração Escolar e tornou-se coordenadora pedagógica de uma das maiores instituições de ensino da cidade. Também dava aulas numa universidade privada. Com tantas fontes de receita, o casal tinha capital aplicado em diversos investimentos. Era com esse dinheiro que eles bancavam a obsessão doentia de ter uma menina.

A relação de Belmira e Berbella nunca foi amistosa. A caçula sempre teve o corpo e o rosto bem mais bonitos, provocando ciúme, recalque e insegurança na mais velha. Desde a adolescência, Berbella tinha uma energia sexual potente, enquanto Belmira era mais apagada e sem *sex appeal*. A diferença de idade entre elas era de seis anos. As duas brigavam por namorados porque os pretendentes de Belmira sempre se encantavam pela beleza de Berbella. A mãe conta uma história de um noivado da mais velha, aos 18 anos, desfeito em meio a um barraco típico de novela mexicana, porque o rapaz se apaixonou perdidamente pela caçula, com 12 na época. As duas trocaram tapas pelo moço. Belmira acusou a irmã de seduzir o noivo. A relação teria azedado de forma definitiva porque Berbella namorou o tal rapaz algumas semanas depois de ele desmanchar o noivado com a irmã.

Sem muitas expectativas com homens, Belmira mergulhou nos estudos e subiu na vida. Casou-se com Vivaldo, colega da faculdade, aos 24 anos. A outra parou na oitava série e virou feirante ao lado da mãe. Na fase adulta, as brigas continuaram. A bem-sucedida humilhava a caçula chamando-a de periguete verdureira e fracassada. O arranca-rabo só parou quando Berbella mudou-se para São Paulo, aos 20 anos. A falta de afeto entre elas, segundo Nazaré, foi fundamental para a negociação da bebê. "Se elas se amassem, não haveria dinheiro na adoção", ponderou. Segundo seu relato, Belmira sempre foi uma mulher equilibrada e cheia de juízo. Mas ela teria começado a "enlouquecer" quando engravidou do primeiro filho. Já no início da gestação, Belmira desejou profundamente uma menina. Comprou equivocadamente roupinhas cor-de-rosa, decorou o quarto do bebê com motivos femininos e planejava batizá-lo de Ayla, a luz da Lua.

Na oitava semana, Belmira fez um exame de sexagem fetal e o resultado revelou se tratar de um menino. Ela não aceitou e começou a rezar todos os dias na igreja para vir uma garotinha. A mãe, extremamente religiosa, alimentou a ideia de orar para Deus mandar uma menina, mesmo com o exame mostrando o contrário. "O Criador pode tudo. Até mesmo mudar o sexo de um bebê no ventre da mãe, independentemente de um exame de laboratório", argumentava Nazaré. Vivaldo também delirava com o nascimento de uma menina e embarcou na loucura da mulher. Movido pela fé cega, ele entrou na corrente de orações. A natureza, cética, prevaleceu e nasceu um garoto, conforme o anunciado pelos médicos. O cúmulo do absurdo foi eles tentarem batizar o bebê do sexo masculino de Ayla. Com a recusa do cartório, o casal optou por um nome considerado neutro. Na segunda gravidez, houve novas orações para nascer uma menina, mas Deus novamente não deu ouvidos ao casal e mandou mais um menino. Esse segundo filho teve as orelhas furadas e era vestido com roupinhas de menina nos primeiros meses de vida. Uma amiga de Belmira percebeu a insanidade do casal e sugeriu terapia. A partir das sessões com um psicólogo, Belmira e Vivaldo passaram a dar uma criação correspondente ao gênero (sexo físico) da criança. Como não podia mais ter filhos e não cogitava adotar, Belmira arquivou o desejo incontrolável de ter uma filha, até que Berbella surgiu grávida e disposta a doar, ou melhor, a vender. Vivaldo também reacendeu os devaneios com a possibilidade de ser pai novamente.

Certa vez, Vivaldo bateu à porta de Berbella pela enésima vez com o gel lubrificante à base de água para acariciar o barrigão da grávida. Quando ele estava esfregando o produto oleoso nas mãos, Berbella pediu desculpas pelas grosserias do passado. Justificou o mau humor com a falta de sexo e noites mal dormidas. Empolgado, o corretor começou a ler um texto em seu celular sobre os benefícios do sexo na gravidez: "Transar durante a gestação, além de ser ótimo para a autoestima dos pais, controla a ansiedade, melhora o humor da mãe, aumenta a produção de anticorpos, libera endorfina, traz bem-estar, ajuda a ter um sono mais profundo e fortalece não só a imunidade, mas também a musculatura da vagina e do ânus". A mãe estava na feira. Berbella então trancou a porta do quarto, tirou toda a roupa e pediu 600 reais para transar com o cunhado. Trezentos reais pelo sexo e 300 pelo sigilo. Ele topou e os dois passaram a ter relações sexuais remuneradas pelo menos duas vezes por semana até o fim do oitavo mês de gestação. No início, Belmira achou peculiar o marido parar de se queixar das grosserias de Berbella, mas

– enganada – acreditou que os dois haviam se acertado por causa do reajuste nos repasses financeiros pela gravidez.

Cansada de ser explorada pela irmã e sem desconfiar da traição do marido, Belmira fez uma reunião com ele e chamou um amigo advogado para opinar sobre o caso. Esse, logo de cara, classificou a compra do bebê como "um negócio criminoso", principalmente porque o casal estava pensando em lavrar a adoção em cartório de forma clandestina. De fato, registrar o filho de outra pessoa como se fosse seu ou atribuir parto alheio como próprio é crime previsto no artigo 242 do Código Penal, podendo resultar em pena de até seis anos de reclusão. Mesmo ouvindo falar em "condenação" e "prisão", Belmira e Vivaldo resolveram levar os planos adiante, pois, segundo eles disseram na época, o desejo pela bebê estava acima da lei. O defensor sugeriu, então, que os repasses em dinheiro a Berbella não deixassem qualquer tipo de vestígio, como transferência bancária e mensagens pelo celular.

Antes de entregar os 5 mil reais combinados com a irmã, referentes ao sétimo mês de gestação, Belmira teve mais uma conversa com a mãe. Quando soube que tinha até advogado envolvido na transação entre as filhas, Nazaré ficou nervosa com o possível desfecho daquela novela e aconselhou a mais velha a desistir da adoção, pois não havia mais ternura naquele enredo:

– Filha, estou preocupada, porque achei que seria um gesto de amor. Não concordo com essa "venda". Deus não vai abençoar o que vocês estão fazendo.

– Agora é tarde, mãe.

– Depois que você pagar o dinheiro que a sua irmã está exigindo, ela vai querer mais e mais. É assim que os chantagistas se comportam – advertiu a feirante.

– A senhora acha que ela pode vender a minha filha para outro casal mesmo depois de todo esse pagamento?

– Quem vende um filho é capaz de tudo – avisou Nazaré.

No quarto, Belmira mostrou os 5 mil reais à irmã. Antes de entregar o dinheiro, contrariando a orientação do advogado, ela obrigou Berbella a assinar um documento no qual a prostituta se comprometia a doar a bebê logo após o parto. Berbella rubricou sem pestanejar, mas fez um alerta: "Você sabe que esse documento não serve de nada, né? Para a Justiça, a mãe sou eu". "Você que pensa", provocou Belmira. Em seguida, ela desobedeceu mais uma vez o advogado. Sacou da bolsa uma nota promissória com valor de 11 mil reais, referente à soma das sete prestações pagas até aquela data pela bebê. A pedagoga revelou seu receio: "Não estou segura de que você vai me entregar a criança quando ela nascer. Sendo assim, não estou disposta a ficar no prejuízo. E também vou falar a verdade. Não sei mais se eu ainda quero a sua filha, pois você não dá nenhum tipo de afeto a ela e nos impede de fazer isso. Se você não quiser assinar, fique à vontade". Berbella nem esperou a irmã terminar o colóquio e assinou a promissória rapidamente. Confessou se tratar de um blefe quando falou da proposta do casal gringo. "A minha rejeição por esse filho é muito maior do que o seu desejo desesperado de ser mãe. [...] Fique tranquila que a bebê será sua assim que nascer. Não faço questão nem de ser a tia", disse Berbella, rindo cinicamente. O encontro terminou novamente com elas se abraçando emocionadas. No dia seguinte, Vivaldo foi visitar a grávida e os dois transaram mais uma vez. O corretor pediu para mamar em Berbella e ela cobrou um extra de 200 reais pelo leite direto na fonte. Depois do ato, ele ligou o som portátil para embalar a sua futura filha e deitou-se de conchinha com a cunhada. Berbella já não o olhava com o desdém de outrora. Vivaldo deu o *play* no CD. A primeira música a tocar foi "Boas vindas", de Caetano Veloso, com trechos que dizem: *Venha conhecer a vida / Eu digo que ela é gostosa / Tem o sol e tem a lua / Tem o medo e tem a rosa / Tem a morte e tem o amor.*

 O último mês de gestação foi o pior período da vida de Berbella. As transas com Vivaldo foram suspensas porque ela não tinha mais libido. A bebê estava encaixada em sua bacia, posicionada para o momento do parto. As dores eram tão medonhas que faziam a futura mãe gritar de manhã, de tarde e de noite. Pelos cálculos do obstetra, havia mais de dois litros de líquido na bolsa amniótica, quando o normal naquela fase da gravidez seria apenas um. O excesso de água trouxe ainda mais complicações, como desenvolvimento fetal excessivo e dificuldade respiratória. Berbella não via a hora de parir, mas evitava uma cesariana para não ficar com cicatrizes no ventre. A produção de leite deixou seus seios ainda maiores e doloridos. Na última visita feita ao médico antes de dar à luz, soube que a bebê nasceria enorme, com quase 5 quilos, e mediria cerca de 50 centímetros. O ultrassom mostrou a pele do nenê sem as tradicionais rugas e suas mãos já agarravam com firmeza, ou seja, ela podia nascer a qualquer momento. Era possível a ele detectar a luz, pois a sua pupila aumentava e diminuía de tamanho com a intensidade de um projetor focado na barriga da mãe. "Sua bebê é grande e saudável", disse o médico. Belmira e Vivaldo acompanhavam todos os exames vertendo lágrimas com essas informações. Berbella também chorava, mas de dor, agonia e desespero. Ela urinava na cama todos os dias, tinha corrimento vaginal, coceiras pelo corpo todo e um distúrbio hormonal fez crescer uma penugem em seu rosto. Nenhuma das posições na cama era confortável na reta final da gestação.

Sofrendo dores insuportáveis, Berbella se internou para parir e Ayla veio ao mundo quando completou 40 semanas no ventre da mãe. Belmira e Vivaldo perderam o momento do parto. Sorte a deles, pois o nascimento da criança não foi motivo de comemoração na família. A menina não era filha do cliente sueco, como todos imaginavam. Provavelmente o pai era um freguês jamaicano, pois ela nasceu preta. Uma enfermeira levou a criancinha enrolada numa manta para Berbella acariciá-la. A mãe se recusou segurá-la. Virou o rosto para o lado e vomitou. Meia hora depois, a enfermeira voltou pedindo que Berbella amamentasse. O gesto criaria vínculo afetivo da mãe com a filha. Berbella não quis, mandou chamar o diretor da maternidade e começou a reclamar: "Essa não é a minha filha. Houve um engano. Ela foi trocada. A minha é branquinha e loira". A garota de programa começou a chorar desesperadamente quando foi avisada que aquele era o único parto do dia. Na sequência, Belmira e Vivaldo chegaram à sala de pós-parto e encontraram a bebê com três pulseirinhas, duas nas pernas e uma no bracinho. Os dois ficaram chocados quando viram a cor da pele da recém-nascida. Enfurecido, o corretor esmurrou a parede e sentou no chão para chorar. Belmira, por sua vez, ficou muda e estática. Ao chegar perto da bebê, reagiu arregalando os olhos e levando a mão à boca. A pedagoga se aproximou ainda mais do berço, encostou o nariz na nenê e fez uma careta de nojo quando sentiu o cheiro dela. Sem dar uma palavra, Belmira saiu do centro obstétrico amparada pelo marido. Na recepção da maternidade, Nazaré perguntou a Belmira se ela ficaria com a criança.

A resposta foi curta: "Nem pensar!". Em casa, revoltada, a pedagoga quebrou vasos decorativos na parede. Com receio de ficar no prejuízo, ela procurou pelo amigo advogado para tentar recuperar o dinheiro "emprestado" à irmã. Sua ideia seria fazer uma cobrança judicial. Só desistiu quando foi alertada da possibilidade de um escândalo na imprensa ocasionar sua demissão por justa causa e até prisão. "Joguei meu dinheiro fora", resignou-se Belmira.

Sem saída, Berbella deixou a maternidade com Ayla no colo, em companhia da mãe. Em casa, ela também se recusou a amamentá-la. Perturbada, pensou em anunciar a adoção nos classificados de um grande jornal. Com medo de a neta morrer de fome, Nazaré comprou uma lata de leite em pó para bebês recém-nascidos ao preço de 160 reais na época. A mãe de primeira viagem não se deu ao trabalho nem de preparar o alimento da filha. Tempos depois, em meio a uma briga com a mãe por causa da bebê, Berbella anunciou sua partida em breve para São Paulo. Nazaré mandou-a levar a filha, já com dois meses.

Numa tarde de domingo, a garota de programa estava arrumando a mala e Belmira chegou para acertar as contas. Estava disposta a conseguir pelo menos 10 mil reais guardados pela irmã no banco. Num bate-boca, as duas se feriram mais uma vez com palavras ácidas. A mais velha chamou a caçula novamente de "vagabunda", "piranha" e "puta" e ainda amaldiçoou a vida amorosa de Berbella. "Homem nenhum vai querer você, uma prostituta barata com um bebê negro no colo fruto de um programa", praguejou. A prostituta soltou uma gargalhada teatral e revidou: "Será mesmo que os homens vão me virar a cara? O seu marido, por exemplo, me comeu deliciosamente todo esse tempo aqui nesta cama. Foi incrível, viu?". Belmira ficou fora de si e deu um tapa no rosto da irmã. Só não bateu mais porque foi impedida por Nazaré. Ainda com uma sobra de cinismo na cara, Berbella pegou a mala, o bebê e saiu rindo sem se despedir. Nazaré ficou com o coração apertado, porém aliviado. Teve palpitações e pressentimentos ruins, mas achou que Deus estava no comando. Deixou o futuro da filha em mãos divinas.

No dia seguinte, um programa policial da TV Record em Campo Grande exibiu uma reportagem sobre um bebê encontrado numa lata de lixo do passeio público, no bairro de Carandá. A criança estava suja, enrolada numa manta, desnutrida e tinha ferimentos e queimaduras de sol no rosto. Chorava de soluçar pela vida. Resgatada por catadores, foi levada à Santa Casa. Vingativa e separada do marido, Belmira ligou para a polícia e denunciou a irmã. Berbella foi presa dois dias depois no Aeroporto Internacional de Campo Grande tentando embarcar para São Paulo. Nazaré, a feirante branca, religiosa, devota de Nossa Senhora de Fátima, temente a Deus, assídua nas missas de domingo na Catedral Metropolitana Nossa Senhora Abadia, também não quis ficar com a criança. Alegou que a neta "era muito escurinha". Ao juiz, Berbella disse ter jogado a filha fora impulsionada pela depressão pós-parto. A justificativa não vingou no tribunal. Foi condenada a cinco anos de prisão pelo crime de abandono de incapaz com um agravante por causa de ferimentos no rostinho da vítima. Disponível para adoção, a criança foi levada a um abrigo e uma família alemã de coração bondoso a levou para Berlim.

Berbella saiu da cadeia em 2009 aos 28 anos. Ela continuava uma mulher linda e sensual. Voltou a São Paulo. Com o dinheiro da venda da filha, colocou silicone nos seios, clareou o cabelo e comprou roupas novas para trabalhar. Voltou a se prostituir na boate administrada pelo tio Joel, no Baixo Augusta. Seu programa custava 400 reais a hora. Ela também fez um anúncio no MClass, onde se lia um texto de varejo: "Boneca gulosa maluca por leite. Oral até a última gota. Especializada em anal giratório. Fio terra. Prazer total e infinito. Você não vai se arrepender. Vamos nessa?".

* * *

Em meados de 2009, Elize, já com 27 anos, estava sentada no sofá frente a frente com Chico da Serra, em Chopinzinho. Treze anos antes, ela o acusou de estupro. No entanto, sua mãe, Dilta Araújo, não acreditou e a expulsou de casa depois de sentar-lhe uma bofetada. Por causa desse drama familiar, pairava um silêncio constrangedor no reencontro do padrasto com a enteada. Eles nem sequer se encaravam. Chico mantinha um olhar distante, alternando o foco da sua visão nela e na paisagem do horizonte mostrada através da janela da sala. Elize não sabia onde enfiar a cara. Para quebrar o clima sepulcral, o serralheiro ofereceu café coado passado na hora. Elize aceitou. A forma de ele servir a bebida chamou a atenção. Primeiro, ele pôs cuidadosamente sobre a mesa um copo de vidro médio, desses de requeijão. Depois trouxe uma chaleira quente. Chico enfiou o dedo indicador no copo vazio até a unha chegar mais ou menos à metade da parte interna do recipiente. Com o dedo lá dentro, ele começou a despejar o café. Quando o líquido fervente esbarrou na ponta do dedo, ele parou de derramá-lo. Elize percebeu que o padrasto estava parcialmente cego.

Chico trabalhava havia mais de 20 anos operando motoesmeril sem proteção facial. Os raios brilhosos e nocivos emitidos nessa atividade causaram-lhe uma queimadura ocular. Ele nunca tinha ido ao médico. Então, não se sabia o quanto já tinha perdido de visão. No final da década de 2000, Chico tinha vista subnormal, pois enxergava apenas vultos e se guiava por uma percepção luminosa, determinando formas de pessoas e objetos a curtíssima distância. Nessa época, ele também enfrentava problemas de magreza excessiva provocada por falta de apetite e por uma alimentação pobre em nutrientes fundamentais para o organismo, como vitaminas e proteínas. Chico, na verdade, era uma criatura bem diferente daquele homem cheio de vigor que outrora perseguiu Elize pelo mato para violentá-la. Mais de uma década depois, ele estava extenuando lentamente. Parecia um morto-vivo.

Comovida, Elize pegou o copo de café da mão do serralheiro. Ele não falava muito, nem podia, pois estava perdendo a fala em função de uma paralisia parcial do cérebro decorrente de um acidente vascular cerebral (AVC). Chico ficou sentado no sofá, mudo. Fixou o olhar no feixe de sol projetado pela janela, iluminando o chão da sala, onde estavam uma sacola com objetos pessoais e algumas mudas de roupas. De repente, ele começou a chorar em silêncio. Elize só percebeu o pranto por causa do chiado de uma coriza e das lágrimas descendo pelo rosto do padrasto.

Dilta chegou em casa esbaforida. Vinha da padaria. Ela entrou às pressas por causa da S-10 cabine dupla estacionada lá fora. No meio da sala, levou um susto tão grande ao ver a filha que largou o pacote com pão quentinho no chão. Elas não se viam fazia mais de dez anos, ou seja, desde a partida dramática de Elize para Curitiba. Na rodoviária de Chopinzinho, a mãe havia implorado – em vão – pelo perdão da filha. Sem trocar uma palavra, as duas se abraçaram fortemente. Ficaram agarradas uma na outra por uma eternidade chorando e chorando. A emoção foi tão intensa que Dilta começou a passar mal com falta de ar.

Recuperada do choque inicial, a mãe puxou a filha pelo braço e as duas foram conversar a sós no quintal. Dilta chorou mais um pouco e falou do estado delicado de saúde de Chico. Após o AVC, ele começou a se bater pelas paredes da casa por causa da cegueira. Para piorar o drama familiar, Dilta descobriu a existência de outra família com dois filhos mantida pelo companheiro havia pelo menos seis anos num vilarejo chamado Água do Boi, nos arredores de Chopinzinho. Revoltada com a traição, ela pediu ajuda a Elize. Estava disposta a entregar o companheiro bígamo e doente para a outra mulher cuidar, pois ela não tinha a menor intenção de continuar casada com um homem inválido e traidor.

Elize teria levado Chico junto com a mãe para a casa da outra mulher meio contrariada. Ela preferiria ter o serralheiro em seu casamento do que ainda ter de ir atrás de Walter Giacomini, seu pai biológico, cuja lembrança mais próxima era ele arrancando sangue do rosto da mãe com murros havia mais de 20 anos. Elize e Dilta acomodaram Chico no banco traseiro da caminhonete e seguiram pela estrada de terra batida rumo à casa da outra mulher. No caminho, as duas começaram a lavar roupa suja do passado de forma tranquila. Mesmo com Chico presente, fizeram um balanço da vida. Ao volante, a filha perguntou à mãe se, apesar dos pesares, teria valido a pena viver o amor com o serralheiro. Dilta olhou o companheiro e pediu que Elize parasse o carro no acostamento da estrada (PR-565) próximo à ponte sobre o Rio Iguaçu, um curso d'água com nascente na Serra do Mar, cortando o estado do Paraná de leste a oeste. As duas deixaram Chico sozinho no veículo e desceram por uma trilha até chegarem à margem do córrego.

A paisagem diante delas era bucólica. O sol estava surgindo no meio da manhã e o vapor se condensava sobre a água do rio, formando uma camada de orvalho. Sentada num trapiche de madeira, Dilta se disse muito arrependida de ter dado crédito ao companheiro, fazendo uma referência velada ao abuso sexual sofrido pela filha no passado. Sem entrar em detalhes, ela concluiu envergonhada que pagava um preço muito alto pelas escolhas erradas feitas ao longo da vida. Descobrir ter sido passada para trás todo esse tempo seria parte desse prejuízo. Para consolar a mãe, Elize começou a teorizar sobre o lugar onde nasce o perdão. Para ter essa conversa com Dilta, a jovem havia praticado *Ho'oponopono*, um mantra composto de quatro frases que, segundo os adeptos da técnica, livram o coração de mágoas e recordações infelizes, exaltando o perdão, o amor e a gratidão. Elize começou falando à mãe o mantra considerado milagroso pelos adeptos desse tipo de autoajuda:

– Sinto muito. Me perdoe. Te amo. Sou grata.

Dilta começou a chorar e a filha continuou:

– Desde que saí de Chopinzinho, eu carrego uma dor tão forte e profunda que não sei onde ela começa nem onde termina. Nem sequer sei onde isso me atinge. Às vezes, sinto que é na cabeça e tomo um analgésico. Quando não, parece ser no peito e fico sem ar. Nos momentos mais tristes da vida, porém, acredito que a aflição está no meu espírito e não no meu corpo. Aí fico desesperada, saio em busca de paz interior e entro na igreja para rezar. [...] Depois de conviver uma década com essa mágoa sem fim, fiz uma descoberta: só estaria livre desse sofrimento se eu a perdoasse. Do fundo do meu coração, eu perdoo você, mãe! Isso não quer dizer que vou apagar da minha vida o sentimento de revolta que ainda me corrói. Isso não farei jamais, nem que eu quisesse, pois as cicatrizes daquela bofetada dada pela senhora no meu rosto estarão aqui até o fim da minha existência. Mas eu tenho certeza de que, ao lhe conceder esse perdão, o meu coração e a minha vida ficarão mais leves.

Afogada em lágrimas, Dilta repetiu as palavras "desculpa, filha" tantas vezes que parecia um disco arranhado. Elas se abraçaram e lágrimas rolaram mais do que água na cachoeira. Logo depois do chororô, Elize detalhou para a mãe os planos de se casar com Marcos e falou de forma deslumbrada sobre como ele era rico, bonito, fiel e romântico. "Ele abre a porta do carro, puxa a cadeira para eu sentar, me deu uma cobertura e um carro de presente. Tenho acesso até à conta-corrente dele", vangloriou-se. Apesar de ter uma fonte inesgotável de dinheiro ao seu dispor, Elize frisou não ter planos de viver eternamente à custa do noivo milionário. Por isso fazia o curso de Direito e sonhava em estudar para se tornar especialista em vinhos nobres. Contou sobre o apartamento amplo e luxuoso todo decorado. Destacou o coração bondoso do empresário, dando como exemplo a escritura do imóvel já em seu nome. Por último, teve coragem de falar sobre a jiboia enorme chamada Gigi, deixando a mãe assustada. Por motivos óbvios, Elize omitiu como havia conhecido o empresário. Dilta, por sua vez, falou da sua sina em se envolver com homens de vida dupla. Ela resgatou a história de amor vivida com o curitibano Wagner Mallmann, o recepcionista de hotel casado. Dilta ajudou o rapaz a comprar um Fiat Uno amarelo-ovo. Elize falou para a mãe um pouco mais sobre o ato de perdoar na tentativa de fazê-la se livrar da culpa de ter amado somente homens errados:

"O perdão é algo a ser feito para si e não para o outro. Sendo assim, é impossível a gente perdoar alguém sem antes se perdoar. Talvez seja por isso que a senhora não consiga dar remissão ao seu companheiro. Além do mais, mãe, é impossível amar a Deus sem praticar o perdão".

No final da manhã, Dilta e Elize chegaram com Chico à casa da sua outra família. Não havia ninguém na moradia, mas a porta da sala estava aberta. Dilta entrou e acomodou o companheiro na cama de um dos quartos. Na despedida, Elize deu um abraço longo no padrasto e deixou claro não guardar mais ressentimentos. Dilta também perdoou o companheiro pela bigamia e por ele ter violentado a filha. Cabisbaixo, Chico agradeceu às duas pela indulgência, pediu desculpas atrás de desculpas e reconheceu que aquele perdão, apesar de poderoso, não o eximia dos seus erros. Segundo Chico disse na época, chegar à reta final da vida de forma tão triste, aos 50 anos, era encarado por ele como uma punição por toda a desgraça causada à família de Dilta.

Livres do serralheiro, as duas voltaram a Chopinzinho. Na estrada, pararam numa churrascaria. Conversaram por mais de três horas sobre o casamento de Elize com Marcos enquanto comiam carne. Quando Dilta chegou em casa, já no final da tarde, teve um sobressalto. Chico estava lá, de volta, sentado no sofá da sala com a sacola contendo roupas e objetos pessoais. "Minha outra mulher me trouxe pra cá. Ela disse não ter mais nada comigo", lamentou o serralheiro. "Posso ficar aqui?", perguntou ele com um fiapo de voz. Dilta negou abrigo e já se preparava para tirá-lo de casa pela segunda vez. Eliana, única filha de Dilta com Chico, de 18 anos na época, interveio com firmeza. Ela se agarrou ao doente e fez um escândalo em casa. "Onde foi parar o seu coração?", perguntou a jovem em meio a uma discussão calorosa. Foi dentro desse liquidificador de emoções que a filha mais nova convenceu a mãe a deixar o seu pai terminar a vida em paz no aconchego do lar.

 Depois de Elize acertar as contas com os parentes, Marcos desembarcou em Chopinzinho para conhecer a família da sua futura esposa. A casa de Dilta era muito humilde para hospedar um empresário milionário. Os noivos resolveram ficar no Hotel Dois Coqueiros, a melhor instalação do município. Na suíte, Elize contou a Marcos todas as intrigas de família, incluindo o sumiço do pai biológico, o estado delicado de saúde de Chico e o perdão dado a ele e a sua mãe. Para não mexer em vespeiro, ela omitiu a prática de prostituição na adolescência, quando vagava pelas estradas do Sul após ser abusada sexualmente pelo padrasto. Marcos pediu a mão da jovem para Dilta num jantar feito pela tia Rose com a presença da avó Sebastiana. O empresário fez questão de convidar todos os parentes de Elize para o casamento, previsto para ocorrer em São Paulo dali a quatro meses. As despesas com passagens aéreas e hospedagem seriam por sua conta. "Convidem os parentes, os amigos e até os vizinhos, se quiserem. Façam uma caravana. Quero uma festa grande", pontuou Marcos, eufórico. Na semana seguinte, o casal voltou a São Paulo. Uma secretária da Yoki ligou para a família de Elize querendo acertar detalhes da viagem de avião da família Araújo. No entanto, nem todos os parentes da noiva tinham documentos de identidade. A caravana teve de seguir de Chopinzinho até São Paulo de ônibus.

 Sem muitas opções para o posto de madrinha de casamento, Elize sonhava com a possibilidade de convidar Chantall, sua melhor amiga e guardiã. Na época, as duas eram unidas feito dente e gengiva. Marcos vetou o convite porque, na nova fase da vida, ele queria distância de prostitutas para não cair em tentação. Numa mesa de bar com seus velhos parceiros de meretrício, Lincoln e Paolo, o empresário teria confidenciado deixar Chantall por perto porque tinha um fetiche secreto de transar "de forma selvagem" com ela em sua despedida de solteiro. Elize não desconfiava da atração do noivo pela amiga sadomasoquista. Até porque ele falava mal dela em qualquer oportunidade. Debochava do seu português errado, a chamava de aproveitadora, fofoqueira e vulgar. As resenhas negativas sobre a garota de programa feitas por Marcos, na verdade, vinham desde a época da aproximação dela com Lívia, sua ex-mulher.

Na cabeça de Marcos, foi Chantall quem confirmou para a esposa seu caso extraconjugal com Elize. Ele só não implicava mais com ela porque a goiana raramente aparecia no apartamento do casal, pois tinha pavor de Gigi. Por causa desse empecilho, Elize e Chantall se encontravam muito em bares, cafés e shoppings. O incômodo do empresário passou a aumentar ainda mais com a aproximação da data do casamento.

Logo depois do retorno de Chopinzinho, Elize ligou para Chantall querendo contar as novidades. Do outro lado da linha, a amiga falou aos prantos estar em Goiás resolvendo problemas de família. E que problemas! Lucas, seu irmão, havia se formado em Odontologia, mas não haveria comemoração. A mãe, Damiana, já com 67 anos, encontrava-se em estado avançado de Alzheimer, a chamada fase 4. Ainda ao telefone com Chantall, Elize não conseguia entender muita coisa porque a amiga completava frases com choro e soluços. Compadecida, ela pegou um avião no dia seguinte e partiu para encontrá-la. A desgraça na vida de Chantall veio a galope. Além da doença da mãe, Lucas, já com 23 anos, estava sendo acusado de estupro por uma ex-namorada. Ele negava a acusação desesperadamente. Segundo o inquérito policial, o estudante e mais dois amigos recém-formados em Odontologia usaram anestesia de dentista para dopar a garota de 16 anos num dos quartos da república onde moravam, em Goiânia. Em seguida, os três teriam currado a vítima. Os acusados se defendiam com o argumento de que o sexo em grupo ocorreu com consentimento da jovem. Os três rapazes só estavam soltos porque haviam escapado do flagrante.

Em meio à tormenta, Chantall havia caído num golpe. Havia seis meses ela mandava valores entre 1.600 e 2 mil reais todo dia 30 para Edna, a vizinha-cuidadora de Damiana. Com esse dinheiro, ela deveria quitar a dívida de IPTU da casa e comprar os alimentos da mãe, além de ficar com uma parte a título de pagamento pelos serviços prestados. Picareta, Edna comprava só o básico para Damiana sobreviver e nunca pagou a prestação do imposto, uma dívida já renegociada anteriormente. A vizinha falsificava com a ajuda do filho os comprovantes de pagamento para fazer crer que as prestações do tributo municipal da casa da garota de programa vinham sendo pagas. Com o calote em cascata, a família estava novamente ameaçada de despejo.

Quando Elize chegou a Aporé, Chantall estava descontrolada e sem saber por onde começar a resolver os seus perrengues. Lucas havia dito que, se não arrumasse um bom advogado rapidamente, poderia ser preso a qualquer momento. Ele já havia feito uma consulta com alguns defensores e o mais barato cobrou 30 mil reais para pegar a causa, considerada fácil de vencer. Elize, quase no fim do curso de Direito naquela época, duvidou do sucesso na ação, mas não quis assustar ainda mais Chantall com prognósticos ruins. Sugeriu à amiga priorizar a saúde da mãe. Numa conversa privada, a jovem goiana contou em tom de segredo estar com pouco dinheiro para resolver aquela montanha de problemas. Sem pensar duas vezes, Elize começou a usar o talão de cheques e o cartão de débito dados de presente por Marcos. A primeira dívida paga com o dinheiro do empresário foi o IPTU, quitado de uma só vez ao valor de quase 20 mil reais. Chantall ficou aflita porque não tinha condições de pagar um empréstimo tão alto, a não ser que vendesse o corpo e levasse pancadas no rosto até o fim da vida. Elize afirmou se tratar de uma doação. A segunda providência foi internar Damiana numa clínica particular. Na recepção do hospital, Elize passou um cheque-caução de 12 mil reais. No leito, Damiana não reconhecia mais os filhos. Nem sequer conseguia dizer o próprio nome e a cidade onde morava. Todas as manhãs, a senhora perguntava o nome de Chantall. Totalmente dependente, não se alimentava sozinha. Como a conta no hospital ficaria muito alta e a internação era por tempo indeterminado, Chantall não achou justo deixar a responsabilidade nas costas de Elize, mesmo a amiga sendo rica. A garota de programa pôs à venda a casa deixada de herança pelo pai. A pressa para fechar o negócio fez o imóvel ser vendido por metade do valor venal descrito no IPTU. Após receber o dinheiro da venda, ela tentou pagar o empréstimo à amiga, mas Elize se recusou a receber. Com parte do dinheiro, Chantall pagou o advogado para Lucas tentar se livrar da acusação de estupro coletivo.

Acometida pela forma mais avançada e grave do Alzheimer, Damiana passou a vegetar. Sua única função vital era respirar. A senhora começou a desenvolver infecções e feridas na pele pele de tanto ficar deitada na mesma posição. O dinheiro da venda da casa estava na reta final quando Lucas, inconsequente, ajudou a torrá-lo ainda mais depressa. Uma outra garota foi à delegacia dizer também ter sido dopada por ele com substâncias anestésicas numa festa universitária. Quando soube da nova denúncia, Lucas pegou o telefone e ameaçou a segunda vítima, dificultando ainda mais a própria defesa. Acabou detido preventivamente sob a acusação de intimidar testemunha e atrapalhar o inquérito policial, crime previsto no artigo 2º, parágrafo 1º da Lei das Organizações Criminosas. Com a prisão do seu cliente, o advogado dobrou os honorários para continuar no caso. Chantall, por amor ao irmão, aceitou pagar o novo preço. Faltavam poucos reais para o dinheiro da venda da casa acabar quando Damiana entrou em estado de saúde crítico e irreversível. A doença havia afetado as células do seu cérebro tão fortemente que ela perdeu completamente os reflexos naturais básicos, como engolir, tossir e respirar. Morreu bem devagarinho apertando a mão da filha.

O enterro de Damiana ocorreu às vésperas do julgamento de Lucas. Numa audiência com o juiz, sua ex-namorada deu um depoimento comovente. Segundo a garota, Lucas pediu para fazer um exame em sua arcada dentária para comemorar a obtenção do diploma. Na época, ele tinha terminado o namoro, mas ela ainda o amava. No quarto da república de estudantes, ela se deitou na cama e ele a beijou. A jovem correspondeu ao carinho. Os dois estavam sozinhos nesse instante. Lucas abriu a blusa da menina e retirou o sutiã. Em seguida, o jovem passou xilocaína em sua gengiva com o dedo e aplicou com uma seringa uma dose cavalar de anestesia. A droga deixou os olhos da garota abertos permanentemente. O efeito posterior da substância manteve sua face paralisada. A garota desmaiou. Ao acordar sozinha no quarto, cerca de quatro horas depois, a vítima tinha marcas de mordidas pelo corpo, sentia dores na pélvis e no ânus e estava com a calcinha ensanguentada. Um hematoma (equimose) em seu braço e o excesso de sono sugeriram que ela teria sido dopada também com anestesia intravenosa. Envergonhada por ter sido violentada, não quis registrar ocorrência policial nem fazer exame de conjunção carnal no Instituto Médico Legal (IML). Só mudou de ideia quando soube ter sido currada e filmada por um dos rapazes, que riam nas imagens. O vídeo circulou pela internet. Como o estudante autor da filmagem não participou diretamente do estupro, ele foi orientado pelo advogado a contar com a maior riqueza de detalhes como se deu o ato sexual dentro da república. Seu depoimento foi fundamental para esclarecer a dinâmica do crime e apontar quem fez o quê. A testemunha relatou que Lucas e o outro amigo estupraram a garota por três horas seguidas e enfiaram a mão no ânus da vítima usando um alargador bucal. Homossexual, esse jovem teria feito apenas sexo oral nos dois rapazes e filmado o estupro a pedido do irmão de Chantall. Incriminado até a alma, Lucas recebeu uma sentença de 15 anos de prisão em regime fechado. O cinegrafista pegou apenas três anos por ter colaborado com as investigações. Já o terceiro elemento foi condenado a oito anos.

O universitário recém-formado teve a tão sonhada licença de dentista recém-conquistada cassada pelo Conselho de Odontologia de Goiás. O diploma dele, conquistado com o suor do trabalho de Chantall, não serviu para nada. O plano da prostituta era abandonar a vida degradante em São Paulo tão logo o irmão colasse grau. Lucas jogou a vida no lixo por um ato deliberadamente criminoso. Como tinha curso superior, era réu primário e corria o risco de ser linchado por outros presos por causa da natureza do crime cometido, o dentista ficou numa prisão militar. Com autorização da Justiça, fazia obturações e extrações dentárias dos detentos dentro da cadeia. Chantall ficou tão aleijada emocionalmente com o fim dramático de sua família que teve vontade de ser sepultada junto com a mãe.

Cansada de ouvir o próprio choro, a jovem goiana voltou para a vida de prostituta em São Paulo. Alternava o tempo fazendo programas e ajudando Elize nos preparativos do casamento. Pelo menos uma vez por dia, Chantall tinha crises de choro por causa do desmantelamento de sua família. "Sentia um vazio muito grande porque não tinha mais referências familiares. Antes, se minha vida desse errado, pensava que a saída seria arrumar as minhas coisas e retornar para a casa da minha mãe. Quando ela morreu e meu irmão foi preso, fiquei sem ter para onde ir. Nem casa em Goiás eu tinha. Era um sentimento de não pertencer mais a lugar nenhum. Nunca tinha vivido uma insegurança tão grande", contou a garota de programa em dezembro de 2020. Elize e Joel eram os únicos amigos de Chantall. Mas a relação das duas teve um contratempo por causa de dinheiro. Certo dia, Marcos chegou em casa com um extrato bancário e perguntou para Elize sobre os cheques passados em Goiânia com valores fora do padrão. Ele também questionou as despesas hospitalares pagas com o seu dinheiro. Elize falou das dificuldades financeiras de Chantall e das suas tragédias familiares. Marcos não gostou do drama de circo:

– Agora eu vou sustentar a ordinária que você chama de madrinha?

– Não, amor. Eu fiz um empréstimo. Ela vai me pagar – mentiu Elize.

– Vai pagar como? São mais de 30 mil reais. Essa garota é piranha barata! Aliás, eu não quero mais você andando com essa vagabunda. Esquece essa dívida e corte relações com ela!

– Farei isso...

– Mete uma coisa na sua cabeça, Elize: você não é mais puta! Agora, você é uma mulher da alta sociedade – iludiu ele.

Obediente, Elize se afastou de Chantall. Mas não contou a ela os motivos do fim da amizade. Ela simplesmente parou de mandar mensagens e nunca mais telefonou. Sem entender as razões da rejeição, a jovem goiana procurou pela amiga várias vezes na porta da faculdade. Sempre que avistava Chantall, Elize atravessava a rua. Nessa dinâmica, os laços de amizade das duas se desfizeram.

Longe de Chantall, Elize elegeu Janaína, a amiga da faculdade, e tia Rose, considerada mãe, como madrinhas de casamento. Marcos chamou uma prima para o posto, Cecília Yone Nishioka, a Ciça. Ela era dona de uma tradicional confeitaria no bairro de Moema. Os dois não se falavam havia oito anos quando Marcos chegou de surpresa para fazer o convite. "Eu estava trabalhando e, de repente, uma funcionária me disse que tinha um primo meu numa das mesas. Eu pensei: só pode ser o Marcos", contou. Nessa primeira visita, o empresário parabenizou a prima porque a confeitaria havia acabado de ganhar um prêmio da *Veja Comer & Beber*. Ciça comemorou servindo panetone artesanal quentinho com café ao empresário. Enquanto comia, ele contou sobre os planos de se casar com uma moça simples do interior do Paraná. Já na segunda visita à confeitaria, Marcos apresentou Elize a Ciça e pediu uma ajuda para introduzi-la à família Matsunaga.

Ciça tinha um namorado na época e o casal passou a fazer programas sociais com Marcos e Elize por restaurantes de São Paulo e até viagens. Segundo relatos da confeiteira, os noivos eram muito românticos. "Ele a levava a restaurantes caros e puxava a cadeira para ela sentar. Estavam sempre de mãos dadas." Marcos e Elize ficaram muito próximos de Ciça e a levaram para praticar tiro no clube do Alto da Lapa. Na primeira aula, a confeiteira pegou emprestada de Elize a sua pistola Taurus de 9 mm e peso aproximado de 600 gramas. A noiva viu a madrinha toda atrapalhada com o manuseio e foi dar uma ajuda. Ciça não acertava o alvo porque a arma era muito pesada em suas mãos. Para facilitar, Elize tirou de dentro da bolsa Louis Vuitton uma pistola compacta e automática calibre .380 da Smith & Wesson e repassou para Ciça experimentar. "Os dois atiravam muito bem. Eu não conseguia acertar nenhum alvo. Aí a Elize pôs as balas nessa pistola pequena e me ensinou a mirar. Eu fiquei feliz porque consegui acertar naquele alvo em forma de homenzinho, sabe?", contou a madrinha. O "homenzinho" era, na verdade, um alvo reativo conhecido nos clubes de tiro como *lumishot*. A peça representava um bandido com silhueta de tamanho real da cintura para cima. O "homenzinho" era todo fabricado em camadas de papel-cartão na cor preta com linhas fluorescentes. Tinha mais de dez marcações com números mostrando onde ficavam os pontos vitais para acertar o tiro. Ciça atingiu o "homenzinho", mas seu tiro passou longe das indicações numéricas. Marcos mostrou suas habilidades à prima com uma pistola automática alemã modelo Polizei Pistole Kriminal (PPK), calibre .380. Ele disparou no alvo e acertou o número 2, ou seja, no braço direito do "homenzinho", bem próximo do ombro. Elize foi mais certeira. Pegou a pistola Taurus, mirou rapidamente no alvo e acertou o número 4, isto é, bem no centro da testa do "homenzinho". Quem estava por perto celebrou tamanha precisão de mira com uma salva de palmas. O projétil atingiu a protuberância localizada acima da narina do alvo. A madrinha doceira ficou de queixo caído ao descobrir uma verdade absoluta: Elize, a noiva, tinha muito mais pontaria do que o seu primo.

Faltando três meses para o casamento, Elize fez mais uma viagem de última hora a Chopinzinho. Dilta havia descoberto um câncer no intestino em estágio inicial. Marcos aproveitou a viagem da noiva para iniciar a sua despedida de solteiro. Marcou uma *happy hour* na mansão de Arethuza com Lincoln e Paolo. A cafetina de luxo ofereceu aos clientes um catálogo inédito com novas modelos de alto padrão. Marcos olhou cada uma delas, fez elogios, mas recusou a oferta. Lincoln saiu da mansão com Alícia, a atriz-modelo-manequim. Paolo se encantou com uma garota de 21 anos recém-chegada de João Pessoa, cuja imagem estava estampada numa campanha publicitária de *lingerie*. Os amigos estranharam Marcos recusar as profissionais. Ele continuou bebendo até altas horas cercado de garotas lindas. No entanto, misteriosamente, suas atenções estavam voltadas ao telefone celular. Ele passou a noite inteira trocando mensagens com uma mulher. Lincoln imaginava que o empresário falava com Elize, pois até então ele havia demonstrado fidelidade canina à noiva.

Por volta das 3 da madrugada, Marcos seguiu o rumo de casa. Meia hora depois, o interfone tocou anunciando uma visita. O empresário apagou todas as luzes da cobertura para deixar o apartamento à meia-luz. A pouca iluminação vinha da rua. A porta se abriu e por ela entrou Chantall. O encontro foi combinado por mensagens de texto enviadas pelo celular. O empresário começou a conversa cobrando a dívida de 31 mil reais. A profissional argumentou não ter dinheiro suficiente para pagá-lo. Marcos propôs transar com ela 60 vezes ao longo de um ano. Assim, o débito estaria quitado. Sem saída e escanteada por Elize, Chantall topou. As duas coberturas juntas tinham tantos quartos que Marcos ficou em dúvida para onde levar a prostituta. Ela estava envergonhada por trair Elize. O empresário não ligou e ainda debochou da jovem. "Vagabundas não têm ética nem sentimentos", disse. Os dois caminharam por uma penumbra até chegarem a uma das suítes. Chantall tirou a roupa e deitou-se numa cama de solteiro com colchão duro. Por causa da escuridão, ela não soube dizer em qual cômodo do apartamento se encontrava.

Marcos pegou uma corda de *bondage* e passou a tira principal por debaixo do colchão. Com as outras quatro faixas do acessório ele amarrou os braços e as pernas da prostituta. Em seguida, pôs uma mordaça. Depois de imobilizar Chantall, o empresário saiu do quarto e fechou a porta. A jovem ficou angustiada com o suspense. Meia hora depois, Marcos voltou e pôs sobre a cama a jiboia Gigi, deixando a garota de programa em pânico e se contorcendo. A cobra de 3 metros de comprimento parecia estressada com a situação e tentava escapar. Marcos insistia em manter a serpente sobre o corpo de Chantall. Quando a garota estava quase desmaiando, vítima de um colapso nervoso, o empresário começou a penetrá-la. No final, ele desamarrou a jovem. Abatida e assustada com pavor da cobra, ela não conseguiu sair da cama. Marcos avisou que faltavam 59 transas para quitar o débito e foi tomar banho com Gigi. Alguns minutos depois, a profissional vestiu-se rapidamente e correu até a sala. Na saída, Chantall deu um aviso ao empresário seguido de uma ameaça: a dívida de 31 mil não existia mais. E se ele a procurasse mais uma vez, iria registrar dois boletins de ocorrência. Um por estupro e outro por maus-tratos aos animais. A advertência surtiu efeito. O empresário fez de conta que Chantall nunca existiu.

No retorno de Chopinzinho, Elize se concentrou nos preparativos do casamento, marcado para o dia 17 de outubro de 2009, um sábado, às 18h30. A festa religiosa coincidiu com o final do ano letivo do seu curso de Direito na Universidade Paulista. Seus melhores amigos na faculdade eram Phelipe, vendedor de planos de saúde, de 28 anos, e Janaína, atendente de telemarketing, de 24, sua madrinha no casório. Os dois namoravam havia dois anos e ajudavam a paranaense com os trabalhos acadêmicos. Certa vez, Phelipe faltou uma semana inteira porque não tinha dinheiro para pagar o transporte. Ele morava na periferia de Mogi das Cruzes na época. Compadecida com as dificuldades do colega e agradecida por ele ajudá-la nos trabalhos, a noiva de Marcos fez uma doação a ele de 3 mil reais para bancar os custos básicos. Em outro semestre, foi a vez de Janaína passar por dificuldades financeiras. A estudante tornou-se inadimplente e passou o vexame de ser impedida de fazer uma das provas até quitar a dívida. Elize pagou a mensalidade da colega e ainda lhe arrumou um emprego no escritório da Yoki.

A benevolência de Elize na universidade acabou se tornando sua marca registrada. Segundo relatos de Phelipe, quando melhorou de vida, já perto de se formar, o universitário tentou devolver à amiga todo o dinheiro emprestado ao longo do curso, mas ela se recusou a receber. O rapaz, então, pôs cerca de 5 mil reais num envelope e deixou sorrateiramente dentro da bolsa da universitária rica. No mesmo dia, um outro estudante, José Américo, também passava por perrengues, pois não tinha dinheiro para pagar as contas básicas, como de água e luz. José nem chegou a pedir ajuda. Elize ouviu suas queixas e repassou-lhe parte do dinheiro recebido de Phelipe. Quando José pagou o empréstimo, ela novamente pegou o dinheiro e repassou para outro, formando uma espécie de corrente solidária na faculdade. "Ela sempre foi uma estudante exemplar. Era educada, simpática e generosa com seus amigos pobres da universidade", disse José.

Os estudantes concluíram que Elize era milionária, mas não imaginavam a fonte do dinheiro. Em uma pesquisa rápida na internet, José acabou descobrindo se tratar da noiva de Marcos Matsunaga. Mas o jovem guardou esse segredo a pedido dela por uma questão de segurança. "Além de ter medo de sequestro, Elize não queria que o restante da turma soubesse que ela era rica para não ser tratada de forma diferente", contou José. Certa vez, Marcos viajou a trabalho e sua noiva convidou os amigos da faculdade para tomar vinho em sua casa. Depois da quarta garrafa, bêbada, ela teria contado a Phelipe e Janaína sobre os abusos sexuais sofridos nas mãos do padrasto e do descrédito da mãe. A história foi relatada aos amigos às vésperas do seu casamento. Segundo disse, a concessão do perdão a Dilta e a Chico havia deixado Elize muito emocionada, principalmente porque os dois já estavam doentes e sem muitas chances de sobrevivência.

De acordo com amigos, Marcos e Elize apaixonaram-se ainda mais no noivado. Essa era uma das razões para acelerar o casamento. No dia 8 de julho de 2009, uma quarta-feira, o casal oficializou a união no cartório de registro civil das pessoas naturais do 39º subdistrito da Vila Madalena, em São Paulo. A cerimônia reservada ocorreu pela manhã. Elize Araújo passou a se chamar Elize Araújo Kitano Matsunaga. O enlace ocorreu sob o regime de comunhão parcial de bens. Ou seja, todo o patrimônio adquirido por eles de forma onerosa durante o casamento passaria a pertencer aos dois. Em caso de separação, o que Marcos já tinha em seu nome continuaria com ele. Como Elize não possuía bens em seu nome antes de se unir a Marcos, ela ficaria somente com a metade do patrimônio constituído durante o casamento. É bom deixar claro: em caso de divórcio, Elize não teria qualquer possibilidade de acessar os bens da família Matsunaga. O único canal para ela se apoderar do patrimônio do marido seria se ele morresse, o que faria dela herdeira necessária. É bom lembrar que Lívia saiu do casamento com o empresário com apenas uma pensão de 8 mil reais.

Entre o casamento civil e o religioso se passaram quatro meses. Marcos e Elize fizeram várias viagens internacionais nesse período, numa espécie de antecipação da lua de mel. Mergulharam com tartarugas e golfinhos em Cairns, na Austrália, onde fica a famosa Grande Barreira de Corais. Depois seguiram para o Havaí e conheceram as tradicionais ilhas vulcânicas. Seguiram em uma outra viagem de barco por 24 horas acompanhados de baleias até chegar a Molokini. O lugar é deslumbrante. Trata-se de um vulcão submerso no mar, cuja parte do cume fica para fora da água.

De volta ao Brasil, o casal pegou armas de caça e foi perseguir alces selvagens na província de British Columbia, no extremo oeste do Canadá. Segundo amigos, Marcos e Elize amavam-se loucamente durante essas viagens. Uma das evidências desse sentimento era um e-mail enviado pelo empresário a uma amiga chamada Sandra, residente em Paris. Pelo teor da mensagem, os dois não se viam havia bastante tempo. Em 4 de agosto de 2009, ele mandou um texto atualizando a vida:

"Oi Sandra. Tudo bem? Quanto tempo, hein? Não sei se você sabe, mas eu me separei da minha esposa. Foi um período bem conturbado. Agora a coisa está calma. A minha ex-mulher foi morar no interior do Rio Grande do Sul. Infelizmente não estou vendo a minha filha tanto quanto eu gostaria (todo dia). Mas sigo tentando encarar essa nova realidade. Felizmente encontrei uma mulher divina e maravilhosa. Ela divide comigo os mesmos gostos e paixões. Vamos nos casar em outubro. Em setembro, faremos uma viagem pela Europa e estaremos em Paris entre os dias 12 e 16. Gostaríamos de encontrar com você para entregar o convite do casamento pessoalmente, se possível for, claro".

Sandra respondeu imediatamente: "Legal que vamos nos ver. Vamos marcar já no dia 12? Vocês vêm jantar aqui em casa, tá? Dia 13 vai ter um jantar no Museu de Artes do Palais de Tokyo. Podemos ir a esse evento juntos, mas não daria para conversar nesse outro lugar por causa do tumulto. Dia 14 não posso porque vou a Londres visitar a feira de arte contemporânea". Sandra aproveitou para repassar notícias da ex-mulher de Marcos na mensagem. "Eu sabia que você tinha se separado. Eu visitei a sua ex-mulher no Brasil. Ela estava supermal. Ainda tinha a história do hospital [Lívia estava internada com depressão]. A mãe dela estava lá. O importante é você não abandonar a sua filha, que é uma fofa. Quem sabe o meu filho não se casará com ela", brincou a amiga.

Dois dias antes do casamento, a família de Elize chegou a São Paulo para a cerimônia. Com medo de Gigi, nenhum deles ficou hospedado no superapartamento do casal. O local escolhido para abrigá-los foi um hotel. A cerimônia foi realizada em uma das casas mais sofisticadas de São Paulo, o Buffet Colonial, no bairro de Moema, coincidentemente a poucas quadras do bordel de Arethuza. O diretor do local, Ricardo Yoshi, definiu o bufê em seu site como "um local de eventos surreal". "Nossa equipe é maravilhosa e brilha desde a recepção até o último convidado se despedir", descreveu Yoshi. A casa pertence a uma família de imigrantes japoneses, tal qual a Yoki. O salão principal tinha capacidade para atender até 600 pessoas em jantar e cerca de 1.000 em coquetel.

A noiva foi vestida, maquiada e penteada no JJ Cabeleireiros, localizado no Jardim Europa, bairro tradicional de São Paulo. Em julho de 2021, a despesa com uma noiva no local chegava a 12 mil reais. O serviço, denominado "what I dream" [o que eu sonho], incluía consultoria de imagem com cabeleireiro, limpeza de pele com hidratação facial, design de sobrancelhas, massagem relaxante com hidratação corporal, manicure, pedicure, *sexy lips*, além de outros serviços. O salão também oferece serviços para madrinhas, damas e mães dos noivos.

Para o casamento de Marcos e Elize foram convidadas 200 pessoas, mas só a metade compareceu. A festa ficou o tempo inteiro na expectativa de lotar por causa do número de mesas arrumadas. Lincoln, Paolo e Alícia foram os únicos convidados do meretrício presentes na cerimônia. Alícia, por sinal, toda vestida de vermelho, exagerou na bebida e dançou na pista de forma sensual, chamando a atenção dos convidados. Elize sentiu ciúme e Marcos ficou desconcertado.

Vários diretores da empresa prestigiaram o casório. Um dos amigos de infância do noivo definiu a cerimônia com estas palavras: "Foi uma festa estranha porque os convidados não estavam se divertindo. Além disso, o Marcos havia se afastado de todos os amigos depois de começar a namorar. Eu mesmo não falava com ele havia mais de três anos. Nenhum dos seus colegas de faculdade, por exemplo, conhecia Elize. Nem os colaboradores do trabalho, primos e tios. Então todo o mundo se perguntava feito o Sérgio Chapelin nas chamadas do *Globo Repórter*: quem era a noiva? Como eles se conheceram? De onde ela vem? Qual a sua profissão? O que ela faz? Como vive? Para onde eles vão? Ninguém sabia responder porque Marcos nunca nos falou nada sobre a vida pessoal. Apesar do clima melancólico, ele parecia muito feliz com a festa e a noiva chorava bastante e era amparada. Os convidados também perceberam que não havia interação entre as famílias dos noivos. Compareceu tão pouca gente na festa que a pista de dança foi aberta e esvaziou em menos de uma hora".

Elize chegou à cerimônia embaixo de uma garoa fina e conduzida por um calhambeque preto, modelo Packard da década de 1940. Na placa do carro estavam escritos os nomes dos noivos e a data do casamento (17/10/2009). A noiva foi levada do carro antigo até o altar pelo motorista de ambulância Ademir Camarotto, esposo da tia Rose, ou seja, tio de Elize. Contratada para registrar o casamento, a fotógrafa profissional Adri Felden também classificou a cerimônia como "esquisita". "No salão onde Elize se vestiu, por exemplo, havia só uma amiga da faculdade acompanhada da tia Rose. Geralmente esse lugar é apinhado de amigas e parentes da noiva e marcado por festividade", descreveu a fotógrafa. Adri também percebeu a falta de entrosamento entre as famílias dos noivos. "O abismo social entre os parentes de Elize e de Marcos era evidente. Os cumprimentos foram secos e as mesas ficavam distantes. As pessoas não se abraçavam. A mãe de Elize, dona Dilta, estava visivelmente desconfortável. Também percebi que não havia carinho entre mãe e filha. Chamou ainda a minha atenção a pouca quantidade de crianças na festa. A noiva era bem solitária", descreveu Adri.

A atmosfera melancólica do casamento se estendia à estampa da noiva. Elize optou por um figurino clássico, porém discreto e apagado para a ocasião. Usou um vestido sem alça confeccionado em tecido zibeline de seda. Saia godê com apliques de renda e bordado em pedrarias. Um colar de ouro com diamantes prendia o tule branco quase imperceptível no colo da roupa. Por baixo do figurino, Elize ousou e pôs uma cinta-liga branca bem sensual. O véu era transparente em formato de cascata. Ela também usou uma joia dourada no cabelo como pente. A peça, enfiada nas madeixas loiras, acompanhava o desenho de um colar trançado em rede armado no pescoço até o colo do seio. Os brincos com *design* de gotas eram modestos, porém imponentes pelo peso e tamanho. O vestido e seus acessórios foram avaliados em cerca de 150 mil reais (valores da época). Marcos subiu ao altar usando *smoking* preto de uma alfaiataria de luxo comprado no exterior, avaliado em 60 mil reais (valores da época), e gravata-borboleta. O bolo de quatro andares era branco e com rosas vermelhas espalhadas pela cobertura. Sobre ele havia uma miniatura de um carro conversível com dois bonequinhos sentados no banco da frente confeccionados à imagem do casal.

As alianças de Elize e Marcos eram um luxo à parte. Eles usavam anéis móveis e entrelaçados da *Cartier* talhados em ouro branco, amarelo e rosa 18 quilates, avaliados na época em 20 mil reais o par. Atemporais, essas joias faziam parte de uma coleção emblemática da marca francesa símbolo de estilo e elegância. Antes de o casal trocar os anéis, o reverendo François fez um discurso longo. Em certo trecho, o religioso proferiu:

"Nós estamos aqui unidos em nome do Pai, do Filho e do Espírito Santo, amém. Bendito seja Deus que nos juntou nesta noite para celebrar o amor verdadeiro e sublime. Que Ele derrame suas bênçãos sobre Marcos e Elize. [...] Feliz do marido que tenha uma boa esposa, pois a mulher virtuosa é a alegria do homem, que passará em paz os anos do restante da sua vida. Já uma boa esposa é uma herança excelente. A graça da mulher é a delícia do marido. E seu senso prático lhe revigorará os ossos". No final, François disse: "O Criador fez o homem e a mulher. Na vida adulta, o homem deixará seu pai e sua mãe para se unir à sua esposa. Os dois serão uma só criatura, uma só carne, terão um só coração, um só destino. Portanto, o que Deus uniu, o homem jamais conseguirá separar".

Tímido, Marcos foi breve no discurso: "Eu estava levando uma vida vazia, ao lado de pessoas erradas, cometendo uma série de enganos. Até encontrar você, meu amor. Agora a minha vida é a sua também. Nossos sonhos são os mesmos e as nossas metas são idênticas, pois gostamos das mesmas coisas. [..] Eu, Marcos, recebo-te por minha esposa, Elize. E prometo ser-te fiel, amar-te e respeitar-te, na alegria e na tristeza, na saúde e na doença, todos os dias das nossas vidas".

Engasgada com o próprio pranto, Elize retribuiu os votos do noivo: "Eu andava sozinha pelo mundo sem muita vontade de sorrir. Hoje, ao seu lado, tenho motivos de sobra para rir todos os dias. Não esses sorrisos comuns. Estou falando do sorriso de amor, de fidelidade, de respeito, de confiança e de certeza da escolha feita por mim. [...] Marcos, meu amor, a nossa aliança é um círculo que nos unirá para sempre. Eu te prometo diante dessas pessoas aqui presentes e diante do Nosso Senhor ser fiel e te fazer o homem mais feliz do mundo. Prometo ficar ao seu lado. Até que a morte nos separe".

CAPÍTULO 9

A MORTE PEDE PASSAGEM

Palavras que matam como bala de revólver

Entregues a uma paixão sem fim, Marcos e Elize viviam num platô sexual além da lua de mel, em meados de 2010. Faziam amor todos os dias: de manhã, à tarde e à noite. Logo após se casarem, visitaram a tribo indígena Kamayurá, no Xingu. Armados com rifles e metralhadoras, acompanharam o ritual de adolescentes indígenas se preparando para perder a virgindade. O casal ficou impressionado com esse tipo de turismo, feito no Brasil, principalmente por estrangeiros. A aldeia, localizada em Mato Grosso, tinha malocas cobertas de sapê do telhado ao chão. As indígenas virgens ficavam em silêncio e isoladas no escuro por um ano, sem ver o sol até conhecerem seus pretendentes. Nesse período, elas aprendiam a cozinhar e a fazer artesanato. A reclusão ocorria logo após a primeira menstruação e marcava a transição da fase infantil para a adulta. O ritual envolvia sacrifício tanto das meninas quanto dos rapazes da aldeia. Elas amarravam tornozeleiras e joelheiras fortemente para engrossar as pernas. As avós davam a elas uma mistura conhecida como pirão, beiju, mingau e peixe. A alimentação era uma espécie de engorda para a criança ganhar corpo de mulher rapidamente. Já os meninos indígenas que se candidatavam para desvirginar as garotas tinham de subir numa árvore e pegar lá na copa ninhos de vespas selvagens. Dos 15 com idades entre 15 e 20 anos que se aventuravam na gincana, apenas dois ou três garotos suportavam as picadas dos insetos. Alguns deles chegavam a despencar lá do alto, tamanha era a violência das ferroadas. Como prêmio para os vencedores, as indígenas virgens cuidavam deles e se entregavam posteriormente.

Depois de testemunhar os rituais, Marcos e Elize viajaram em primeira classe por todos os seis continentes do planeta. Passearam, pularam de paraquedas e praticaram turismo de caça. Levaram na bagagem rifles, facas e munições para abater antílopes, catetos, cervos, coiotes, focas, patos, porcos-do-mato e veados em diversas florestas dos Estados Unidos. Depois seguiram para a Austrália, onde era permitida a caça temporária de cangurus em razão da superpopulação que ameaçava a biodiversidade. Numa única noite, mataram a curta distância dois da espécie cinzento-ocidental. No Canadá, o casal se especializou em executar alces selvagens a longa distância. Boa de mira, Elize se vangloriava de ter acertado com um único tiro um exemplar a mais de 300 metros, na província de British Columbia, no extremo oeste do país.

Nas selvas canadenses, Marcos e Elize ficaram obcecados pelo alce, um cervídeo de 2 metros de altura, meia tonelada e chifres enormes. Os dois fizeram um curso de cinco semanas na província de Ontário e obtiveram uma licença especial para caçá-los feito profissionais. Contrataram guias, alugaram aviões, barcos e Jeep. Embrenharam-se na floresta vestidos com roupas camufladas e equipados com facas e binóculos, além de armas. Caminhavam horas e horas desde cedo por trilhas e pântanos. Marcos batia com pedaços de chifre do próprio animal nos caules das árvores na tentativa de atraí-los pelo olfato. O empresário da Yoki imitava o mugido dos alces soltando ar por entre as mãos em formato de concha. Pelo caminho, também eliminavam coiotes, gansos e guaxinins. Quase todos esses bichos eram esquartejados e desossados por Elize. Os alces recebiam tratamento especial. Marcos e Elize decepavam a cabeça e depois a levavam a laboratórios especializados em taxidermia, uma técnica avançada de empalhamento. Algumas das cabeças com chifre e busto foram trazidas como bagagem e penduradas nas paredes do apartamento do casal como troféus de caça. Segundo Marcos dizia, cortar as cabeças e exibi-las em casa simbolizava a soberania da humanidade sobre os animais. "Fui criada no mato, no interior do Paraná. Lá é normal abater animais e esquartejá-los. Muitas vezes, a caça é um meio de sobrevivência. As pessoas da cidade ficam chocadas, mas na zona rural isso é comum", declarou Elize em junho de 2021.

Outro *hobby* de Marcos e Elize era colecionar vinhos caros. Frequentemente faziam viagens internacionais para abastecer a superadega do apartamento. Os destinos preferidos eram Argentina, Espanha, França, Itália e Portugal. Eles chegaram a trazer num único voo 300 mil reais em caixas com o produto. O empresário também contrabandeava garrafas nos contêineres da Yoki usados para importação e exportação da empresa. Marcos entendia tudo sobre vinhos e não economizava quando ia às compras. Consumiam garrafas de 30 mil reais em uma única refeição. Elize sempre gostou de vinho, mas seus conhecimentos e seu bolso eram limitadíssimos. Ou seja, ela só consumia rótulos comprados em supermercados. Dedicado à sua companheira, o empresário passou a ensiná-la sobre o assunto. Encantada com a cultura milenar do vinho, a jovem fez cursos básicos de *sommelier* e enologia. Também assinou publicações especializadas e aprendeu mais e mais. Parou de consumi-lo de forma amadora e dava verdadeiras palestras sobre o tema. Quando pedia uma garrafa num restaurante, por exemplo, Elize perguntava com propriedade pela origem, safra e tipo de uva. Não demorou muito para ela entender de vinhos mais do que o marido. Dominava os aspectos envolvendo aroma, paladar, visual e tinha experiência afetiva ao degustá-lo. Sabia até qual tipo de água deveria ser harmonizada com a bebida servida.

Sonhadora, Elize cogitou abrir uma adega de luxo em São Paulo para importar, comercializar e realizar leilões de vinhos nobres no Brasil e no exterior. Levou o projeto tão a sério que chegou a fazer curso de leiloeira e pediu autorização à Junta Comercial do Estado de São Paulo (Jucesp) para realizar pregões. Na sessão do dia 22 de novembro de 2011, a Jucesp concedeu a ela o título de leiloeira oficial (matrícula nº 890). Marcos apoiou a ideia e se prontificou a bancar o negócio da esposa. Juntos, abriram duas empresas de importação, sendo uma delas com sede em Portugal. Em novembro de 2009, o empresário começou a comprar e contrabandear vinhos de diversas importadoras e estocar num dos cômodos climatizados do apartamento. No início da década de 2010, o casal tinha pelo menos 30 garrafas do italiano Sassicaia, um toscano tinto encorpado, suculento, macio, aveludado e com final marcante, cuja garrafa de 700 ml na época custava, em média, 5 mil reais. Marcos e Elize também tinham itens mais em conta. Um deles era o português Vintage Port, preço médio de 200 reais na época. Esse rótulo, segundo especialistas, é ótimo com carne de vaca e queijos maduros.

Sobre o acúmulo de vinhos no apartamento do casal, a confeiteira Cecília Yone Nishioka, a Ciça, madrinha de casamento, comentou em 2016: "Eles tinham uma adega considerável com vinhos caríssimos. Uma vez fizeram um jantar e me convidaram. O Marcos falou que ia abrir um vinho do Porto qualquer. Fomos todos até a adega procurá-lo. Tinha caixas empilhadas até o teto com garrafas nobres. Nós não conseguimos entrar no cômodo por causa da montanha de caixas e acabamos tomando um Petrus porque estava mais à mão". Para se ter uma ideia do valor da adega de Marcos e Elize, o Chateau Petrus aberto por acaso era da safra de 1982 e custava na época 25 mil reais. Em 2021, podia ser adquirido por 35 mil reais. Esse rótulo francês é uma verdadeira lenda no mercado de vinhos. Figura na primeira divisão dos mais cultuados, raros e caros do mundo. Tinto, é rico em aromas de fruta madura e carnuda, como framboesa, evoluindo para notas de especiarias e chocolate. Concentrado, estruturado e com taninos finos, destaca-se pela extraordinária elegância e pureza. À mesa, o Petrus vai bem com carnes vermelhas, desde que não tenham molhos muito intensos; combina ainda com aves levemente adocicadas, a exemplo de pato e ganso. Especialistas sugerem só abrir a garrafa do Petrus se ela tiver sido envelhecida por mais de dez anos. Uma outra declaração de Ciça ilustra a suntuosidade da adega do casal Matsunaga: "Uma vez o Marcos e a Elize me convidaram para ir a um leilão de vinhos. Eu falei que iria apenas para dar um apoio moral porque havia rótulos de 100 mil reais".

Os planos de montar uma adega para atender gente endinheirada em

São Paulo foram suspensos temporariamente depois de uma viagem do casal à fábrica da Yoki em Campo Novo do Parecis, em Mato Grosso. Em uma folga do trabalho, Marcos levou a esposa para conhecer as belezas naturais do município. O empresário já havia feito esse mesmo passeio anos atrás com a garota de programa de luxo Alícia, a modelo-atriz--manequim da mansão de Arethuza. Com Elize, ele passeou de lancha por rios, pescaram e praticaram esportes radicais. O casal fez rapel a 85 metros de altura na cachoeira de Santo Utiariti. Também escalaram as rochas de 20 metros no Chapadão do Parecis. Depois de um fim de semana inteiro de aventura, o casal voltou ao hotel de águas termais onde estavam hospedados. À noite, Marcos abriu o computador para trabalhar e Elize recebeu de um funcionário do hotel as roupas lavadas. Uma calça jeans dela da grife *Diesel* foi entregue com manchas brancas feitas por uso equivocado de água sanitária. Irritado, Marcos pegou a peça e foi até a recepção reclamar com o gerente. Enquanto isso, ela seguiu para o banho. Antes de ligar o chuveiro, porém, a jovem ouviu inúmeros sinais sonoros vindos do computador do marido, avisando a chegada de novas mensagens. A princípio, ela não deu bola. Até que o interlocutor pediu insistentemente uma conexão por vídeo. Curiosa, Elize saiu do banheiro, enrolou-se numa toalha, abriu o *laptop* e aceitou a chamada. Do outro lado estava uma secretária-executiva da unidade da Yoki do município de Marília (SP), chamada por Marcos pelo apelido carinhoso de Claudinha. Ao ver a cara da esposa do patrão na tela, a funcionária primeiro levou um susto e depois ficou desconcertada. Pediu desculpas e desligou sem dizer "tchau".

Bisbilhoteira, Elize aproveitou que o computador do marido estava conectado com senha e leu as conversas dele com Claudinha no programa de bate-papo *Windows Live Messenger*. Começou a leitura desde o início para entender todo o contexto. Para sua surpresa, os dois se falavam havia meses. No diálogo, o empresário chamava Claudinha de "Delicinha" e ela devolvia o carinho se referindo a ele como "Bebezão". Ao rolar o *mouse* de cima para baixo até chegar à conversa do dia, Elize encontrou uma mistura de assuntos íntimos com profissionais. Depois de ler tudo, concluiu que "Bebezão" ainda não tinha se encontrado com "Delicinha" fora da empresa. No entanto, os dois tinham marcado um *date* num hotel para dali a uma semana em Marília. Elize relia as mensagens quando o marido entrou no quarto e arrancou o computador do colo da esposa de forma abrupta. Houve uma discussão. Ela começou a chorar com a iminência de ser traída. Marcos jurou de pés juntos se tratar de um relacionamento estritamente profissional e usou como argumento o fato de Claudinha ser comprometida com um rapaz chamado Marcelo, também funcionário da Yoki. Incrédula, Elize pediu para ler todas as mensagens existentes no computador do marido para saber se ele se encontrava com outras mulheres, mas a resposta foi negativa. Marcos pediu um voto de confiança.

Em São Paulo, as brigas continuaram. Marcos começou a sentir saudade da filha que teve com Lívia. A menina tinha 8 anos na época. Elize sentiu ciúme e reagiu violentamente. Segundo o empresário falava para amigos, ele amava a menina, mas Elize o impedia de vê-la por causa da ex-esposa. Em uma das viagens do empresário para a fábrica de Nova Prata (RS), onde a garota morava com a mãe, ele a visitou. Elize acabou descobrindo e fez um escândalo em casa. Ela nega até hoje ter criado obstáculos para o marido visitar a filha do primeiro casamento.

Um outro motivo de briga entre os dois foi a impressão do álbum de casamento, oito meses após a festa. A fotógrafa Adri Felden havia editado uma galeria com mais de 100 imagens e enviado um *link* pela internet para o casal escolher quais fariam parte do fotolivro. Ao olharem imagem por imagem, Marcos e Elize bateram boca. Alícia, a atriz--modelo-manequim da mansão de Arethuza, aparecia em vários closes, toda sensual e usando um vestido vermelho sem alça. Ciumenta, Elize fez um barraco. Para resolver a questão, Marcos telefonou para Adri pedindo a exclusão da prostituta do álbum virtual antes da impressão. Para não verbalizar o nome da moça, o empresário se referiu a Alícia como um "problema". A fotógrafa atendeu ao pedido do cliente, deletou o "problema" e enviou um novo *link* sem as fotos da dita cuja. "Olá, Marcos. Seguem em anexo as páginas que deverão ser retiradas do álbum. Favor confirmar o cancelamento destas, pois ele seguirá para impressão em breve", escreveu a fotógrafa por e-mail. As páginas em questão tinham fotos de Elize jogando o buquê, as mulheres se engalfinhando para pegá-lo e, no meio delas, a prostituta de luxo bem à vontade. Marcos confirmou a retirada das imagens do álbum e fez outro pedido: "Só mais uma coisinha, Adri: você poderia retirar as fotos também do site, pois o 'problema' ainda aparece em várias imagens. Um abraço, Marcos". O álbum seguiu para a gráfica sem a presença de Alícia, que também desapareceu da galeria virtual. "A mulher em questão era uma das mais bonitas da festa e chamava a atenção de todo o mundo. Cheguei a fazer fotos só dela", recorda-se Adri Felden.

As discussões entre o casal Matsunaga afloravam quando eles exageravam no vinho. Certa noite, estavam na terceira garrafa e Elize desenterrou o *affair* de Marcos com a tal Claudinha, a funcionária da Yoki. Insegura, ela se comparou com a oponente. Bêbada, perguntou o que o marido vira na outra mulher. Marcos respondeu, também embriagado, tratar-se de belezas diferentes. Possessa com a resposta, a jovem saiu da sala decidida a se separar. Sairia de casa naquele mesmo instante e levaria Gigi, a cobra considerada filha do casal. Alguns minutos depois, ela voltou à sala com a jiboia de 10 quilos e 3 metros de comprimento enrolada no corpo. Marcos ficou desesperado, jogou-se no chão e implorou por uma nova chance. "Não consigo viver sem a cobra", chorava. A esposa se mostrou irredutível e anunciou a partida para logo mais. No entanto, ela não fazia nenhum movimento concreto nesse sentido, como abrir armários e arrumar malas, por exemplo. A única atitude de Elize foi agarrar-se à cobra. O executivo tinha um amor doentio pelo animal dado de presente por ele quando o casal selou o noivado. Elize olhava para a serpente, dava beijinhos em seu nariz e dizia com voz infantilizada: "O papai está traindo a mamãe com uma tal de Claudinha e isso vai destruir a nossa família". Marcos ouvia e gritava enlouquecido. Ela tentou arrancar uma confissão do marido:

– Assume que essa Claudinha é sua amante! Assume!

– Não tem nada a ver. Você é louca de pedra!

– Assume! Senão vou sair por aquela porta e você nunca mais verá a nossa filha!

– Eu não tenho amante, amorzinho! Juro por Deus!

– Assume! Acaba logo com essa agonia!

– Tá bom! Eu assumo!

Não se sabe se Marcos assumiu o *affair* para não ficar longe de Gigi ou se realmente mantinha um caso extraconjugal com a funcionária da Yoki. Depois da confissão, ele arrancou o réptil dos braços da esposa e contou o que seria a sua verdade. Segundo disse, havia um interesse por parte da funcionária, mas nunca teria ocorrido nada entre eles além de xavecos pelo bate-papo do computador. Na empresa, eles não se cortejavam por causa do namorado dela, um rapaz ciumentíssimo. Para provar estar falando a verdade, o empresário finalmente deixou a esposa ler todas as mensagens no computador. Atrevida, a funcionária tinha oferecido pelo e-mail da Yoki uma massagem tântrica ao patrão. "Essa massagem vai melhorar a sua resistência sexual e a qualidade dos orgasmos. Você vai gozar na hora que você quiser, Bebezão. Vai fazer você aliviar a dor, aliviar o estresse, melhorar seu sono, e até desbloquear as suas emoções. Depois de gozar, você vai se sentir outra pessoa", prometeu "Delicinha". Marcos respondeu: "Só quero ver se essa massagem é isso tudo mesmo".

Ao ler as segundas intenções de "Delicinha" no computador do marido, Elize exigiu a demissão sumária da "sirigaita". Marcos disse não poder dispensá-la porque Claudinha conhecia os segredos da empresa e poderia levá-los à concorrência. "Ela é uma funcionária de confiança e valorizada no mercado", argumentou. Nervosa, Elize partiu para cima de Marcos. Forte e praticante de lutas, ele conteve a mulher segurando-a pelo braço. Muito branca, ela ficou com hematomas pronunciados, mesmo sem ser agredida diretamente pelo marido. Transtornada, ela arremessou objetos decorativos da sala contra a parede. Depois desse conflito, o casal dormiu em quartos separados por uma semana. Em seguida, eles fizeram as pazes como se nada tivesse acontecido. No caso da briga cujo pivô foi a funcionária da Yoki, os dois fizeram um acordo: Marcos teria de escrever e enviar na frente de Elize um e-mail cortando de forma definitiva qualquer possibilidade de os dois se encontrarem. O empresário então mandou à subordinada a seguinte mensagem:

"Olá! Infelizmente esse e-mail não será nada agradável. Eu fiz coisas que uma pessoa na minha condição não deveria ter feito. Por isso combinei com a Elize, minha esposa, que irei cortar todas as relações que envolvam mais do que uma simples amizade. O meu casamento é a coisa mais importante da minha vida e não quero que isso seja afetado. Então, a partir de agora não vou mais manter contato contigo. Espero que você entenda e respeite a minha decisão. Desejo que você seja muito feliz com o seu namorado. Assinado: Marcos".

Mesmo depois de o empresário enviar o e-mail a Claudinha, Elize continuou com cara de poucos amigos e evitava o marido na cama. Para recuperar o humor da esposa, o empresário deu a ela de presente uma pistola semiautomática Imbel calibre .380 GC, comprada na época por 2.500 reais. Na cor preta, o modelo tinha armação e ferrolho em aço-carbono, cano do tipo leve e rampado. A arma tinha capacidade para três carregadores, cujo poder de fogo chegava a 17 tiros. O mimo reacendeu o amor. Para recompensar o marido, Elize fez um curso de massagem tântrica e aplicou a técnica nele. "Com raízes profundamente espirituais, o tantra vai trazer equilíbrio e entrelaçamento de energias entre nós. Vai ajudar a fortalecer nosso vínculo e nos levar a um entendimento mais profundo do nosso próprio corpo, da nossa vida afetiva e sexual. Quero ver agora uma piranha vagabunda se interpor entre nós, Bebezão", disse Elize ao marido, levando-o à loucura na cama.

Um ano depois de refazerem os laços por meio da massagem tântrica, Marcos e Elize voltaram a brigar. Os dois passaram a nutrir mutuamente um ciúme doentio. No meio das discussões ela sempre ameaçava se separar e ele implorava perdão. Quando estavam de bem, o casal seguia no fim de semana para o haras do empresário argentino Horácio Ruben D'Abramo, no bairro Santa Paula, zona rural do município de Cotia, Região Metropolitana de São Paulo. O local tinha o nome de Don Juan. Amigos de Horácio, Marcos e Elize cavalgavam durante o dia na propriedade, praticavam tiro e, à noite, bebiam vinho. O casal tinha planos de comprar uma chácara em Cotia. "Uma vez eu fiz um churrasco e convidei Marcos e Elize. Ele me apresentou como esposa. No início, estava tudo normal. De repente, ela começou a ter ataques de ciúme a ponto de puxar o marido de perto de outras mulheres", relatou Horácio em 2016.

Elize reclamava do casamento para tia Rose, prevendo o fim do matrimônio a médio prazo. A amiga então aconselhou-a a engravidar. "Um bebê não vai segurar o casamento. Mas pelo menos você cria um vínculo eterno com ele e sua fortuna", teorizou a tia. Em meio às tempestades do casamento, Marcos e Elize tentaram ter um filho. Como não conseguiram de forma natural, recorreram à ciência. Elize iniciou um tratamento para engravidar na clínica particular do médico Nelson Antunes Júnior, especializado em reprodução humana, tocoginecologia e manipulação de gametas. Ela gastou 15 mil reais (valores da época) para realizar duas punções de óvulos e quatro transferências embrionárias, feitas entre dezembro de 2009 e abril de 2010. Querendo ser pai novamente, Marcos também recorreu a um tratamento numa clínica especializada em fertilidade masculina, onde teria gastado 20 mil reais. Nessa esteira, ele também procurou fitoterapia chinesa, acupuntura e auriculoterapia para tratar estresse, disfunção erétil e uma inflamação no fígado provocada por excesso de álcool. Um dos três suplementos prescritos a ele pelo médico Shingo Nagashima, em 11 de maio de 2009, chamava-se *Da huang mu dan pi tang*. Era uma fórmula receitada para tratar síndrome de calor acompanhada de estagnação de sangue na região do baixo ventre. Marcos e Elize acabaram abandonando os tratamentos por causa de discussões que sempre terminavam em períodos longos sem sexo, reduzindo as chances de ela engravidar. Com o retorno das desavenças, o casal passou a dormir frequentemente em quartos separados por períodos longos. Era sempre o empresário que seguia para outro cômodo. Certa noite, ele voltou à suíte do casal e os dois fizeram amor.

Elize engravidou naturalmente em agosto de 2010. Era uma menina. Com um anjinho a caminho, o casal resolveu pavimentar uma trégua mais longa para preservar a família. Nos primeiros meses de gravidez, a futura mãe voltou a investir no projeto de abrir uma importadora de vinhos nobres. No mesmo período, a Yoki passou a ser assediada por multinacionais com ofertas bilionárias para compra da companhia. Nessa época, as nove fábricas empregavam 5.200 funcionários em seis estados e processavam juntas 610 itens – de salgadinhos a sucos prontos, passando pelas famosas pipocas de micro-ondas e uma linha de cereais. O Brasil vivia a explosão da classe C e os produtos industrializados de baixo custo estavam em alta. Davam tanto dinheiro que a Yoki faturava 1,1 bilhão de reais por ano quando começou a ser negociada. Segundo Mitsuo Matsunaga, foi Marcos quem lhe apresentou os executivos da General Mills para iniciar as negociações de compra e venda da companhia.

Uma reportagem publicada em *O Estado de S. Paulo* no dia 19 de dezembro de 2011 jogou luz sobre a decisão da família de se desfazer da indústria de alimentos. Segundo o jornal, os fundadores da Yoki resolveram passá-la adiante porque enfrentavam dificuldades para encontrar no seio familiar sucessores competentes e interessados em administrar a empresa. Na época das negociações, o presidente da companhia era Mitsuo Matsunaga, pai de Marcos. Ele era casado com Misako Matsunaga, filha de Yoshizo Kitano, fundador da marca. Mitsuo dividia o comando da empresa com o vice-presidente, Gabriel Cherubini, ex-executivo da Unilever. Gabriel, por sua vez, era casado com Yeda Kitano Cherubini, a outra filha de Yoshizo. Misako e Yeda herdaram do pai 77% das ações da Yoki, ou seja, cada uma tinha 38,5% do capital da companhia. Com duas famílias no comando da empresa, eram comuns as divergências internas regadas a muitas brigas e bate-boca. "O problema é que as famílias Matsunaga e Cherubini nunca se deram bem. A rixa familiar resultou em duas facções dentro da Yoki. Não há como fazer sucessão com uma parte querendo passar a perna na outra", disse na época uma fonte da empresa ao *Estadão*. A reportagem era assinada pela jornalista Lílian Cunha.

As divergências familiares aceleraram o processo de venda da Yoki. No meio de uma série de auditorias feitas pela General Mills na contabilidade da empresa, veio à tona a companhia de exportação aberta por Marcos à revelia da família para vender produtos da fábrica ao exterior, cujo faturamento anual chegava a 39 milhões de dólares. Documentos internos revelaram uma dívida de 15 milhões de reais só em créditos de exportações atrasados em nome dessa empresa secreta. O rombo foi assumido mais tarde por Mitsuo.

Pelos planos da família Matsunaga, depois da venda da Yoki, caberia a Marcos um bônus de 100 milhões de reais para ele recomeçar a vida profissional. Era o mesmo valor programado ao seu irmão Mauro. Levando em conta a sua dedicação à empresa, Marcos teria achado o valor do bônus muito baixo. Mesmo contrariado, ele e Elize começaram a fazer planos com a futura fortuna. Ele dizia a ela que queria morar em Miami tão logo o bebê nascesse. Sem falar inglês, ela pensava em ficar no Brasil e abrir a tão sonhada importadora de vinhos. Para amigos, no entanto, o empresário cogitava abandonar Elize e viajar sozinho para o exterior.

De tanto falar em cifras altas, o empresário passou a imaginar de forma obsessiva a possibilidade de ser assaltado ou sequestrado. Seu maior pavor era ser surpreendido por um bandido dentro de casa, pois as duas coberturas dúplex tinham seis portas de entrada, sendo três sociais e três de serviço distribuídas em dois pavimentos. Para proteger a família, Marcos montou uma estratégia de segurança. Com a ajuda de Elize, ele pegou cerca de 20 armas guardadas no cômodo secreto do apartamento e as escondeu pelos móveis da sala, quartos, cozinha e até corredores. O armamento selecionado estava carregado e pronto para atirar. Elize pegou a sua pistola Imbel e pôs na gaveta de um aparador usado no corredor como charuteira. O casal também escondeu armas brancas: espadas samurai, martelo de guerra, porrete de combate, canivetes, punhais, soco-inglês e facas de caça. Marcos e Elize chegaram a simular um assalto para calcular quanto tempo eles levariam até alcançar a pistola mais próxima.

Na mesma noite da camuflagem das armas pelo apartamento, Marcos tentou transar com a esposa, mas ela estava sem libido. Elize sentia enjoo e cólicas fortes por causa da gravidez. A princípio, ele entendeu e a consolou. No entanto, seu vício em sexo falou mais alto. Certa noite, Marcos procurou a mulher na cama e ouviu uma resposta negativa pela enésima vez. Houve uma discussão com frases ditas para machucar:

– Quando você era puta, bastava eu abrir a carteira que você abria as pernas. Agora é essa frescura de hoje não, dor de cabeça, boceta ressecada, gravidez...

– Amor, agora sou sua esposa. Serei mãe da sua filha. Não sou mais garota de programa.

– Quem disse que você não é mais puta? Quem?

– Para com isso, por favor!

– Uma vez puta, sempre puta. Puta sempre hei de ser! – concluiu o empresário fazendo trocadilho com o hino do Flamengo.

As ofensas de Marcos faziam de Elize uma mola encolhida. Mesmo assim, segundo dizia, ela insistia em tentar salvar o casamento em nome da filha e em busca de segurança financeira. Marcos oscilava emocionalmente entre o carinho e a indiferença. Ora ele a deitava no colo e acariciava os cabelos loiros de Elize, ora ele acordava circunspecto, tomava café e saía sem dar "bom dia".

No oitavo mês de gestação, a jovem se deparou com um problemão. Marcos chegou em casa com um filhote de porco vivo e o levou ao quarto de Gigi. O empresário amarrou o bicho pelos pés para imobilizá-lo. A cobra fez o de sempre: enrolou-se na presa para matá-la asfixiada. O suíno, resistente, demorava a morrer. Dava gritos agonizantes e tão estridentes que até os vizinhos se incomodaram. A sequência era abominável e atroz. À medida que a serpente apertava o porco, ele guinchava e expelia jatos de fezes e urina pelo chão. Marcos acompanhou o banquete fazendo registros com uma filmadora. O empresário só saiu do cativeiro depois de Gigi terminar a refeição e cuspir o barbante usado para imobilizar o porco.

Outrora Elize também se divertia junto com o marido assistindo a esse tipo de cena. O casal adorava acompanhar as presas agonizando e com medo da cobra. Vibrava com o bote de Gigi. E delirava com o momento em que os bichos eram asfixiados lentamente e tinham os ossos esmagados pela mandíbula da serpente. No dia desse festim, porém, ela não achou a menor graça na morte do porquinho. Pelo contrário, o grunhir agonizante do leitãozinho suscitou mais uma discussão acalorada em casa. A futura mãe manifestou o receio de Gigi engolir a nenê tão logo ela nascesse, dali a mais ou menos um mês e meio. Marcos bateu o pé e disse que não se desfaria da jiboia porque a amava também como filha. A esposa grávida começou a arrumar as malas para cair fora de casa. Numa sexta-feira, contrariado, Marcos pôs a cobra numa caixa e a levou à casa de campo de Lincoln, em São Lourenço da Serra (SP). O supermercadista aceitou ficar com o animal. Quando ouviu o motivo da doação, Lincoln cobriu Elize de razão. "Se um dia vocês esquecerem de alimentar a cobra, ela não vai pensar duas vezes em comer o bebê", imaginou.

Marcos aproveitou a casa de campo do amigo e relaxou por todo o final de semana, mesmo sem ter avisado Elize. Quando as mensagens da esposa começaram a pipocar no telefone, o empresário desligou o aparelho e começou a reclamar. A Lincoln, ele desabafou em meio a uma bebedeira: "Nunca envolva emoções ao negócio. Foi o que eu fiz quando resolvi levar uma puta ao altar. Nunca cometa esse erro, Lincoln. Puta é puta, esposa é esposa, vaca é vaca. [...] Imagina que ela pensa que não é mais piranha só porque está casada. [...] O que define a prostituta é o sangue e não o dinheiro pelo sexo. [...] Acontece que ela não é a única mulher com boceta para vender. [...] A Lívia também era chata pra caralho, mas pelo menos era moça de família". Nesse dia, Marcos justificou para Lincoln a "loucura" de Elize com traições "inexistentes".

Em outro momento da bebedeira, Marcos teria falado com pesar das brigas envolvendo discussões e até agressões físicas. Também chorou no ombro do amigo a falta de prestígio na família por ter sido excluído do processo de venda da Yoki. "Não me deixaram nem opinar. Eu também ajudei a fazer daquela empresa de fundo de quintal uma das maiores potências do país", reclamou enquanto bebia uísque. Para aplacar a tristeza, os dois amigos contrataram duas modelos de Arethuza ao custo de 20 mil reais. "Minha esposa já pensa que tenho amantes. Então que venham as piranhas mercenárias!", gritou o empresário. A festinha privê teve um contratempo. Uma das garotas enviadas pela cafetina de luxo entrou em pânico quando viu Gigi passeando pela sala e caiu fora antes de tirar a primeira peça de roupa. A outra encarou o desafio de transar com os dois mesmo com a serpente por perto. Mas, esperta, ela cobrou o cachê da colega fujona.

Marcos e Lincoln fizeram do fim de semana uma farra sem fim e reviveram os velhos tempos. No sábado, Paolo compareceu ao sítio para ver Gigi. Foram chamadas mais garotas. Para evitar imprevistos, elas foram avisadas da presença da jiboia. Na hora de ir embora, domingo à noite, Marcos não conseguiu se despedir de Gigi e levou a cobra de volta para casa. Assim que o marido pisou no apartamento, Elize perguntou por onde ele tinha andado. Ainda embriagado e odiando a esposa por causa da rejeição à serpente, o empresário a encarou: "Você sempre está com essa carinha de coitada, demonstrando preocupação. Eu nunca me deixei enganar. Por baixo desse olhar não flexionado está quem você é de verdade". Depois desse enigma, Marcos foi dormir no cativeiro de Gigi. Na manhã seguinte, saiu de casa mudo e com a cara fechada. Nem café ele tomou. Um mês depois, o casal fez as pazes e Gigi acabou sendo doada ao Instituto Butantan.

Elize pariu no dia 15 de abril de 2011 e concluiu o curso de Direito da Universidade Paulista (Unip) no dia 20 de outubro do mesmo ano.

Atribulada com as tarefas de mãe e mirando o projeto da importadora de vinhos, ela preferiu não fazer prova para obter registro na Ordem dos Advogados do Brasil (OAB). Milagrosamente, Marcos voltou a demonstrar carinho pela esposa, como fazia anteriormente. Três cômodos do apartamento foram reformados para a chegada da criança. Um deles virou o quarto da nenê. Outro espaço foi transformado em brinquedoteca e um terceiro servia de apoio para guardar fraldas, carrinhos de bebê e cadeirinhas. Havia ainda uma cozinha exclusiva com fogão, geladeira, estufa e louças da criança. Marcos babava pela filha. O amor obsessivo por Gigi foi transferido à menina e a duas cadelinhas compradas pelo casal – uma poodle batizada de Sofia e outra da raça shih-tzu chamada Fiona. Com uma bebê e dois bichos de estimação em casa, Marcos voltou a ser um homem afetuoso. Elize chegou até a comemorar a nova fase do marido.

Quando o casal tinha a jiboia, nenhuma empregada parava em casa e a limpeza das duas coberturas era feita por firmas especializadas. Sem a cobra e com uma bebê, Marcos e Elize contrataram cinco empregadas ao custo de quase 20 mil reais ao mês. Havia governanta, babá, cozinheira e faxineiras. Todas trabalhavam uniformizadas e eram proibidas de circular em determinados ambientes da casa. As babás, por exemplo, só podiam passar do quarto da empregada, no piso inferior, para a cozinha. E da cozinha aos cômodos do bebê, no segundo pavimento. Passar pela sala ou abrir armários sem autorização, nem pensar. O casal tinha receio de uma das funcionárias do lar se deparar com as armas escamoteadas pelos móveis. A única com passe livre para circular por todo o apartamento era a governanta, Neuza Gouveia da Silva, de 47 anos na época. Discreta, ela chegou a encontrar pistolas e facas no guarda-roupa e num aparador. Mas não fez nenhum comentário. "Eles eram ótimos patrões. Pagavam bem e sempre em dia. Não tenho nada para falar", declarou a governanta em 2016.

A vida da família Matsunaga parecia ter entrado nos eixos. Marcos acordava cedo, brincava com a filha todos os dias e só ia para a Yoki depois de dar banho na menina junto com Elize. Chegava em casa com brinquedos. Parecia outro homem. O casal voltou a fazer sexo com frequência. Mas, tal qual ocorreu com Lívia, sua ex-mulher, um belo dia o empresário acordou e deu um beijo frio na esposa. Alegando compromissos profissionais, não brincou mais com a filha pela manhã, muito menos acompanhou o banho dela, como era habitual. Nem beijo na testa da mulher ele dava. O fantasma da separação voltou a rondar o lar, mas Elize mantinha a esperança eterna de recuperar o casamento.

Naquela época, Marcos usava o processo de venda da Yoki como desculpa para sair cedo de casa e voltar tarde. Viajava muito a trabalho para acompanhar as auditorias da General Mills em fábricas do interior, segundo dizia. Solitária no casamento, Elize ficou com o coração num leva e traz. Chorava todos os dias. Mais tarde, desenvolveu transtorno de ansiedade generalizada (TAG), caracterizado pela aflição excessiva e preocupação exagerada com os eventos da vida cotidiana sem motivos óbvios. Ela concentrou seus medos na possibilidade de perder a filha para a morte. A jovem chegou a ficar sem dormir por quatro dias seguidos com receio de algo grave acontecer com a criança. Quando conseguia dormir, tinha sobressaltos no meio da madrugada e corria até o berço para ver se a filha estava viva. Também tinha pesadelos medonhos com Gigi engolindo a nenê pela cabeça. O sono irregular e o excesso de preocupação causavam irritabilidade e falta de libido. No meio desse turbilhão de emoções, ela insistia em proteger o casamento. Sugeriu ao marido terapia de casal com uma psicóloga. Marcos se recusou categoricamente. "Nosso conselheiro é o reverendo François", sustentou o empresário. Elize insistiu até a exaustão para ele comparecer ao menos a uma sessão. "Podemos ir primeiro à psicóloga e depois ao reverendo. Se você não gostar dela, a gente não vai mais. O importante é a gente descobrir como preservar o nosso matrimônio", sugeriu a esposa. Marcos concordou a muito custo.

Primeiramente, os dois procuraram a psicóloga Neusa Vaz Márcia, membro do Instituto Junguiano de São Paulo e reconhecida pela Associação Internacional de Psicologia Analítica. As sessões eram semanais e a primeira delas ocorreu no dia 15 de março de 2012 na casa de Neusa, na Vila Madalena. "O casal me procurou porque estava enfrentando uma crise conjugal. Não estavam se entendendo, mas eles queriam ficar juntos. Iniciamos uma terapia. Disseram que brigavam por motivos generalizados. Elize se dizia sempre nervosa. Aconselhei os dois a procurarem um psiquiatra para obter medicação apropriada. Marcos disse que Elize não o deixava procurar pela filha do primeiro casamento. Essa negativa acionava brigas entre os dois. [...] Ele se mostrava muito preocupado com Elize e queria que ela ficasse melhor", relatou Neusa.

Marcos chegou a ir a pelo menos três sessões de terapia de casal. Na última delas, houve uma discussão entre os dois na frente da psicóloga. Tudo começou quando Elize estava falando sobre o abismo emocional existente entre ela e o marido e foi cortada por ele, que começou a falar de como a vida de Elize melhorou com o casamento. A terapeuta o repreendeu pelo *manterrupting*:

— Desculpe, mas a sua esposa não terminou de falar. Estou interessada em ouvir o resto da frase da sua esposa. Devemos escutá-la até concluir o raciocínio. Só depois você fala!

Irritado, Marcos se calou. Passou a olhar insistentemente para o relógio, querendo encerrar a sessão. Elize começou a falar de como sonhou em ter uma família e, agora que tinha, não abriria mão facilmente. Depois de desabafar por quase 15 minutos, a terapeuta perguntou a Marcos:

— Você quer falar algo?
— Não senhora! – respondeu.
— Vocês estão prontos? – indagou a psicóloga.
— Estou! – respondeu Elize, empolgada.
— Pronto pra quê? – quis saber Marcos.
— Para falar dos seus sentimentos mais íntimos. Um vai falar para o outro sobre o que está sentindo – respondeu a terapeuta.

Marcos ficou mudo e fechou a cara. Elize pegou a palavra para si mais uma vez:

— Eu amo você, Bebezão. Sei que o nosso casamento está se desmanchando, mas acho que tem conserto. Eu amo quando você chega em casa. Quando cuida de mim e da nossa família. Quando faz planos. Quando a gente viaja...

— Marcos, o que você sente quando ouve essas palavras? – provocou a psicóloga.

— Eu não estou confortável aqui – respondeu.
— Eu acho que você não ama mais a sua filha – cogitou a esposa.

– Nunca mais diga isso! – gritou Marcos.
– Você me faz sentir uma pessoa suja – concluiu Elize, aos prantos.
– Como assim? Por que suja? Fale mais sobre isso – quis saber a terapeuta.

Considerando a possibilidade de Elize revelar na terapia ter sido garota de programa, Marcos levantou-se e caminhou apressadamente rumo à porta. A terapeuta o interpelou:

– A sessão ainda não acabou!
– Pra mim essa palhaçada acabou, minha senhora! Estou sempre dando, dando e dando. A Elize quis viajar para o exterior para caçar. Eu a levei. Ela sonhava com um apartamento amplo, eu dei. Quis ser advogada, eu paguei o curso pra ela. Dei um carro novo, uma filha, joias, uma cobra, uma adega de vinhos, um seguro de vida, dinheiro, muito dinheiro... E o que ela me deu?

– Eu dei a você os últimos cinco anos da minha vida – respondeu Elize.

– Não estamos chegando a lugar algum. Talvez seja a hora de reiniciarmos. Vocês já pensaram em passar um tempo longe um do outro? Isso poderá ajudar – sugeriu a terapeuta.

– Uma separação? – perguntou Elize.
– Não seria uma separação. Seria um tempo para vocês descobrirem quem são e o que querem do casamento – explicou.
– Eu acho melhor – concluiu Marcos.
– Você quer terminar? – quis saber a esposa.

Calado Marcos estava, calado ele continuou. Aos prantos, Elize pôs para fora:

– Eu te amo. Você é o meu salva-vidas. Foi um longo caminho até aqui. Sinto que ainda temos muita coisa pela frente. A vida sem você me assusta. Sem você, o mundo não faz mais sentido. Você é a única coisa de que preciso...

Marcos deixou Elize falando sozinha, saiu da casa da terapeuta e nunca mais voltou lá. Alegou falta de tempo para justificar o sumiço do divã. Depois da última sessão, ele escolheu ser um homem completamente livre, segundo teria dito a Lincoln. Em casa, o empresário passou a dormir definitivamente no quarto de hóspedes. Elize continuou na terapia sozinha. Sobre as sessões com a paciente, Neusa Vaz declarou: "Ela não amava seu marido. Amava o mundo que ele proporcionava. Com o tempo, Elize passou a demonstrar um distanciamento emocional, como se separasse a emoção da razão. Ela tem um comportamento de manipulação, sem nenhuma preocupação com o outro. O único vínculo que conseguiu estabelecer de forma genuína foi com a filha. Ela tinha um exagero nos cuidados com a garota. Não pregava os olhos com medo de acontecer algo com a menina enquanto estivesse dormindo. Existia uma ligação simbiótica muito grande entre mãe e filha. Elize tinha uma fantasia de persecutoriedade [quando o indivíduo acredita estar sendo perseguido por pessoas e objetos]. Contou que tinha a senha do computador do marido e, sem que ele soubesse, ela lia e-mails e mensagens de bate-papo".

Confuso e afogado dentro do casamento, Marcos procurou pelo reverendo François e reclamou da esposa. Conselheiro espiritual do casal Matsunaga, o sacerdote aproveitou o encontro com o empresário e reclamou de uma infiltração nas paredes de sua igreja. Sensibilizado, o executivo fez um cheque de 3 mil reais. Em seguida, Marcos desfiou um rosário de reclamações do matrimônio. Falou repetidamente da insanidade da mulher, apontada por ele como o principal motivo da crise conjugal. "Acho que vou ter de interná-la num hospício", cogitou.

No dia seguinte foi a vez de Elize visitar François. Antes de ouvir as ladainhas da jovem, o religioso a levou até a creche e mostrou como as crianças estavam desnutridas. Elize repassou um cheque de 1.500 reais e pediu para ser ouvida. Falou das grosserias do marido e da possibilidade de estar sendo traída. François agendou uma visita ao casal. Queria promover uma sessão espiritual para resgatar a harmonia da relação. Marcos e Elize ofereceram um jantar ao sacerdote. No dia combinado, François chegou debaixo de chuva com uma hora de atraso e se desculpou entregando aos anfitriões um buquê de flores. Para celebrar a terapia religiosa, o casal abriu uma garrafa de vinho tinto Chateau Latour Pauillac, cujo preço na época era de 10 mil reais. François disse nunca ter provado algo tão delicioso em toda a sua vida. Quando soube o valor do rótulo, quase caiu da cadeira. Passou a beber mais depressa, com goladas maiores. Antes de ficar embriagado, o reverendo justificou por que chegara depois da hora marcada. "Meu carro é muito velho. Deus do céu! O motor está batido e o freio nem sempre funciona. Outro dia eu dirigia na chuva e uma moça desatenta atravessou na minha frente empurrando um carinho de bebê. Vocês acreditam que pisei firmemente no pedal e o carro não parou? O nenê, coitadinho, não foi atropelado por um triz", contou embargando a voz para carregar na emoção. "Que horror!", espantou-se Elize. Abalado com a história, Marcos prometeu doar a François uma TR-4 novinha em folha na semana seguinte. Era o mesmo modelo de carro dado por ele de presente para prostitutas, incluindo Elize. Na sequência, o casal fez um brinde e falou dos obstáculos da vida a dois. Ela começou:

– Nem eu nem ele somos mais as mesmas pessoas. Ele está diferente. Sinto que o meu coração ficou para trás. [...] Nem sei se temos como manter nosso casamento.

– Sempre tem uma saída – anunciou François, entre um gole e outro de vinho caro.

– Eu ainda acho que deveríamos dar um tempo para um sentir falta do outro. Nesse vácuo, poderemos redescobrir o amor – sugeriu Marcos.

O casal começou a falar da época de namoro, quando visitavam o zoológico de São Paulo. Lembraram com humor até de Pepe, o chimpanzé que teria se apaixonado por Elize. No meio da conversa, para surpresa de todos, ela foi até o escritório e pegou o computador do marido. Abriu na frente da visita, logou com a senha e acessou a caixa de entrada de e-mail. Elize leu em voz alta de forma irônica uma mensagem enviada por Marcos a uma funcionária da Yoki lotada no escritório do Recife chamada Francisca. Deu ênfase à forma como o marido se despedia da moça: "Um beijo, Chiquinha!". Houve constrangimento porque foi revelado um fato bombástico naquele instante: Elize tinha a senha do computador de Marcos. O casal iniciou uma discussão e François interveio ríspido:

– Brigas não resolvem nada! – repreendeu o religioso, virando a taça de uma vez.

– Me diga, reverendo: mandar beijo para uma funcionária não é traição? – questionou Elize.

– Isso é bem relativo, querida – ponderou o sacerdote, bêbado.

A terapia já durava três horas, mas François não se incomodava com o tempo, pois já havia sido aberta a quinta garrafa de vinho nobre. De repente, o religioso foi ao banheiro da sala principal. Depois de urinar, ele lavou as mãos e sentiu falta de toalha para enxugá-las. Ao abrir uma gaveta do lavabo, deparou-se com uma pistola carregada. Nervoso, soltou um grito histérico e saiu às pressas. O casal ainda batia boca na sala enquanto a sexta garrafa de vinho estava sendo aberta por Marcos. Nervosa, Elize jogou o *laptop* do marido no chão da sala e pisou em cima até despedaçá-lo. Com medo da arma no banheiro e chocado com o surto da jovem, François recusou a bebida e aconselhou um tempo na relação. "Não há mais plenitude nem harmonia nesse casamento", justificou. Despediu-se agradecendo pelo jantar e frisou esperar a visita de Marcos na semana seguinte em sua igreja para, juntos, comprarem o carro novo.

No dia seguinte, Elize pegou a filha e viajou na companhia de uma babá para a Costa do Sauípe, litoral da Bahia. A ideia era dar um tempo no casamento. Hospedou-se num *resort* de luxo. De lá, trocava mensagens a todo o momento com o marido. No dia 23 de março de 2012, Elize enviou um e-mail a Marcos. Na mensagem, ela falava de como havia um muro entre os dois, da apatia do esposo no casamento e cogitava a separação, além de tecer comentários sobre a filha de Marcos com a ex-mulher:

> *Oi amor*
>
> *Estou te escrevendo para a gente conversar sem brigar porque não quero mais isso. Não quero mais ouvir você dizendo que fez tudo certinho e que eu estou acabando com o nosso casamento. Quero te dizer que faz tempo que eu me sinto totalmente sozinha. Pareces viver no mundo da lua. Não consegues simplesmente perceber as coisas que estão à sua frente. Se isso tem ocorrido por causa do seu trabalho, acho que deverias viver sozinho. Talvez devesses pensar se você conseguiu superar o seu divórcio. Me parece que não. Acho que não consegues encarar essa situação e entender que a sua outra filha não mora mais contigo e nem sempre será possível vê-la na hora que*

desejar. Se for por causa das visitas, a gente pode até resolver. Mas se for por conta de culpa, eu não poderei te ajudar em nada.

A sua filha não é a única criança que viveu, vive e viverá sem o pai. Separação e divórcio acontecem. Eu também cresci sem um pai e nem por isso eu destruí a minha vida. Não me tornei drogada nem alcoólatra, não caí em depressão achando que nada daria certo. Pelo contrário. Não perdi os meus valores e princípios que formaram o meu caráter. Tampouco deixei de dar importância na educação que recebi da minha família, em particular da minha avó Sebastiana. Pelo que me parece, a sua filha está lidando muito bem com isso. Ela já não é mais filha única. Isso é bom para ela entender que o mundo não gira em torno dela. Sou mãe agora. Sei que jamais vou conseguir defender a minha filha de uma decepção na vida. E nem quero, porque alegrias e tristezas constroem o ser humano.

A sua outra filha está bem. Convive com a família dela. Não fique se sentindo culpado. Você tem outra filha agora. Olhe para ela também. Entre em sintonia. Não fique apenas na presença física. [...] Erga a cabeça, encare a situação e as escolhas que fizestes na vida. Não fique colocando a culpa nos outros. Encare a vida como o homem que dissestes ter se tornado. Você não fica bem nem com a sua outra filha, nem comigo nem com a nossa filha. Acho que ela [outra filha] está encarando a situação melhor do que você. E olha que ela tem só 8 anos. Nós temos a nossa história também. A vida não é só o passado. E a gente?

Ontem, olhei umas casas e uns apartamentos em Curitiba. Caso a gente se separe, eu vou morar lá. A nossa filha terá uma boa educação escolar sem o estresse de São Paulo. Sem contar que estarei bem mais perto da minha família, em especial da minha avó, que só conhece a nossa filha por foto. Longe de você, eu ficaria aliviada porque deixaria essa vida onde o dinheiro resolve tudo. Também terei a chance de conhecer alguém e não ficar sozinha. E mais aliviada ainda porque não precisaria mais ligar o botão no robô chamado Marcos para lembrá-lo que ele tem outra filha. Nem fotos mais você tira com ela, a não ser que eu peça. Você passa todo dia na frente dela, dá um "alô bebê", sai pra rua e não traz nada para ela, nem uma fralda...

Acorda!!! Estou te suplicando. Acorda antes que você fique longe das suas duas filhas, pois daqui a pouco estaremos longe. Aí serás um homem com duas ex-mulheres e dois casamentos fracassados. Um porque você tinha uma mulher que não te amava. O seu primeiro casamento acabou porque a sua ex-mulher não fez nada. O nosso está se acabando também. Mas estou lutando para evitar esse fim simplesmente porque eu te amo!

Elize, sua esposa.

Na resposta, Marcos se dispôs a remendar o casamento e lembrou dos velhos tempos. Paradoxalmente, ele copiou na mensagem a letra de uma música internacional cujo trecho final sugeria a separação:

Meu amor,

Realmente você fez de mim um homem. Estou resgatando esse sentimento agora. Lembrando de como eu era e como eu me senti quando comecei a te amar. Foi muito bom. Tomei uma decisão, enfrentei o meu medo e resolvi ficar com você. Não desista de mim, por favor. Ainda temos muito o que viver. Temos também muita coisa para acertar. Cometi muitos erros e fui muito fraco. Mas você também fez muitas coisas que me magoaram. Vamos esquecer tudo o que aconteceu e recomeçar? Podemos voltar para aqueles dias mágicos em que estar ao seu lado era a coisa mais importante da minha vida. Estava ouvindo essa música e a letra dela diz muito do que estou sentindo agora.

Na sequência da mensagem, Marcos enviou a Elize a letra completa da música "Still loving you", um clássico da banda alemã Scorpions. Um dos trechos da canção diz, em tradução livre: *"Eu poderia tentar mudar as coisas que mataram nosso amor. Sim, eu feri seu orgulho e eu sei o que você está passando. Você deveria me dar uma chance. Isso não pode ser o fim. Eu ainda estou te amando"*. Outra estrofe da mesma música, porém, diz o seguinte: *"Seu orgulho construiu uma barreira tão forte que eu não consigo atravessar. Realmente não há chance para começar mais uma vez"*.

Depois das trocas de mensagens carinhosas e das brigas recorrentes por ciúme, Elize finalmente fez um movimento concreto de separação. No dia 21 de maio de 2012, ela bateu na porta da advogada Priscila Corrêa da Fonseca, conhecida em São Paulo pelo título de "a rainha dos divórcios". Seu trabalho geralmente é requisitado quando o término envolve litígio, mágoa, ódio e grandes fortunas. Primeiro Elize fez uma consulta simples, na qual teria pago 700 reais (valores da época). No encontro inicial, de uma hora de duração, a jovem falou da deterioração do casamento motivada por brigas, traições e falta de amor. A advogada teria perguntado se ela tinha provas da infidelidade de Marcos. Elize não tinha. "Eu gostaria que a senhora não contasse a ninguém que eu vim até aqui. Eu preciso que seja feita urgentemente uma separação de corpos. Queria que um oficial de Justiça chegasse em casa e o tirasse de lá imediatamente. Nesse dia eu nem quero estar presente. [...] Eu não sei qual vai ser a reação dele quando descobrir que eu tomei essa atitude. Eu tenho muito medo", relatou Elize, em 2016, sobre a conversa com a advogada.

Priscilla aconselhou Elize a conseguir uma prova concreta de que Marcos era adúltero. Uma semana depois, a advogada enviou um e-mail à possível futura cliente. "Prezada Elize Araújo Kitano Matsunaga. Viemos pela presente esclarecer que aceitamos, honrados, o patrocínio de seus interesses para a propositura das ações de separação de corpos com guarda [da filha] e regulamentação de visitas, alimentos, arrolamento de bens e divórcio em face de Marcos Kitano Matsunaga. Em razão do patrocínio de seus interesses, far-se-ão devidas ao escritório a título de honorários as seguintes quantias: 70 mil reais de pró-labore (importância líquida e irrestituível) a partir da aceitação da presente". Priscila pediu ainda como pagamento 10% de tudo que Elize conseguisse arrancar do marido por meio da ação judicial, além de uma quantia líquida equivalente a seis vezes o valor da pensão alimentícia a ser paga pelo ex-marido. A mensagem de Priscila para Elize termina projetando mais um boleto – dessa vez de 3 mil reais – para custos com xerox, condução, hospedagem e incidentes.

Dizendo-se preocupado com a segurança da família Matsunaga, o reverendo François convidou Marcos para almoçar. O religioso mal sentou à mesa do restaurante e já foi falando de problemas hidráulicos em sua creche de crianças carentes. As queixas acabaram quando o empresário preencheu um cheque de 6 mil reais e o repassou ao sacerdote para troca das tubulações e torneiras da entidade. Enquanto François guardava o cheque na batina, Marcos avisou já ter encomendado o carro novo do conselheiro espiritual, mas ele só chegaria na semana seguinte. Depois de agradecer pelas caridades do empresário, François falou da pistola encontrada no lavabo. O executivo da Yoki se desculpou pelo constrangimento e contou do medo de ser assaltado e da estratégia de esconder armamento pelo apartamento. François se mostrou angustiado com os surtos de Elize e aconselhou Marcos a pegar todas as armas da casa, guardá-las dentro de um dos cômodos do apartamento, trancar a porta e esconder a chave da esposa. "Se possível, quebre a chave dentro da fechadura para ninguém ter mais acesso às armas da casa. A sua mulher realmente está perturbada. Está tendo surtos psicóticos. Precisa de ajuda médica. Pode estar com esquizofrenia. Eu temo com a possibilidade de ela atentar contra a vida da filha, da babá ou mesmo contra a própria vida. Ela está fora de si", desabafou. Em seguida, François fez uma profecia fúnebre:

"Escute bem o que eu vou te dizer: a sua mulher está perturbada espiritualmente. Fora de si. Ela vai pegar uma dessas armas e vai matá-lo".

Marcos ficou pensativo e classificou o prognóstico do religioso como um exagero. Saiu do almoço antes da sobremesa. Marcou um novo encontro com o religioso para dali a uma semana numa concessionária da Mitsubishi, localizada no Jardim Europa, onde seria feita a entrega da Pajero TR-4. François agradeceu antecipadamente pela graça supostamente alcançada.

Com o casamento em queda livre e cada vez mais distante emocionalmente de Elize, Marcos ressuscitou o *Whore Rider* (montador de putas, em tradução livre). O empresário mergulhou no submundo da prostituição com força total. Feito sátiro, figura mitológica metade homem e metade bode, ele voltou a sair com todas as categorias de profissionais. Frequentava a mansão de Arethuza, boates, prostíbulos. Reativou o *flat* do Itaim para receber as profissionais de 300 reais do MClass e o apartamento da Bela Vista usado em programas com mulheres mais baratas. Repetindo o mesmo padrão do passado, Marcos assumia para as garotas de programa ser casado e dizia amar a esposa acima de tudo.

Passeando pelo MClass, o executivo da Yoki deparou-se com Lara, uma prostituta cearense linda de 24 anos na época. Ela atendia no *flat* de número 163 do Hotel Mercure São Paulo JK, na Rua Funchal 111, Vila Olímpia. Nas fotos do prostíbulo virtual, Lara estava em pé com os seios à mostra e deitada num sofá com o bumbum para o alto. Seu nome verdadeiro era Nathalia Vila Real. Antes de vender o corpo em São Paulo, ela fazia trabalhos de modelo em Fortaleza. Nessa época, o jornal *Gazeta do Nordeste* publicou uma foto da beldade. O texto a descrevia: "Seu olhar tem um quê tristonho, mas isso não vem ao caso. Nathalia está apenas começando a viver. Ela assume todas as responsabilidades pelas escolhas que está fazendo. Ela sabe que o mundo é exigente, que as preferências são cruéis. Mas é preciso assumir os caminhos, os becos, as vielas, o destino. Nathalia lembra a Lady Di e a atriz Guilhermina Guinle. Mas ela é apenas ela mesma. Com olhar açucarado, boca amanteigada e ar de poesia". Ao jornalismo de *A Gazeta*, Nathalia deu uma singela declaração: "Ah, o mundo... Esse imenso tribunal, essa inquisição persistente, esses dedos acusadores, essas mentiras, essas hipocrisias... Ah, o mundo! É preciso viver e não se incomodar..."

Depois de fazer um programa com Nathalia a 400 reais, Marcos fez uma resenha sobre o *test drive* no fórum chamado Guia de Garotas de Programa (GGP). "Fui na Lara. Estava com o pé atrás achando que era muito bom para ser verdade. Como ainda não havia ocorrido o desbravamento [primeiro encontro], a ansiedade era grande. Seu *flat*, na Rua Funchal, tem uma burocracia meio estranha. Tive de preencher o raio de uma ficha na portaria. Pelo menos não fui obrigado a bater foto. Vocês sabem que o meu negócio nunca foi decoração. Mas o *flat* da moça é bacana. Tem toalhas lacradas no plástico, sabonete líquido e bebidas. Tudo muito profissional e organizado. Por falar em organização, ela me enviou uma mensagem antes para confirmar o programa. Gostei dessa parte. Mas vamos ao que interessa. A mulher é uma das mais lindas que já vi. As fotos não são manipuladas em computador. Pelo contrário. Ela continua bonita mesmo depois de tirar a maquiagem e tomar banho.

É o tipo de mulher para você levar em uma reunião. Os caras vão babar por ela na frente das esposas. Comigo ela foi supersimpática, carinhosa, namoradinha, com direito a beijos muito bons, oral bem-feito com duas gozadas. Os seios turbinados são muito bons para chupar. E a bocetinha dela tem um grelo de bom tamanho e muito gostoso. Ela tem uns pelinhos dourados na coxa de enlouquecer qualquer um. Sinto muito pelas outras garotas de programa de São Paulo. Vou voltar muitas vezes ao *flat* de Lara. Mulher inteligente. Não é fingida como as outras. Pensei duas vezes em postar esse comentário aqui para não atiçar a concorrência. Como vocês sabem, estava sem fazer *test drive* fazia tempo, então resolvi passar aqui para resenhar a Lara. Ela cobra 300 reais a hora, mas paguei 400 porque ela não fica olhando para o relógio regulando o tempo. Não sei se os colegas aqui do fórum vão na Lara. Eu irei muitas e muitas vezes. Foi a garota que mais me agradou até o momento. Acho que rolou a tal química. Para ser perfeito, só faltou liberar o cuzinho..."

Em uma semana de encontros diários com a prostituta, Marcos passou a chamar Lara de Nathalia e pediu para "namorá-la", mesmo sendo casado com Elize. O romance seguiu o mesmo padrão dos outros relacionamentos com garotas de programa. Ele a levava aos mesmos restaurantes, perguntou quanto ela ganhava por mês fazendo atendimentos sexuais, combinou uma mesada de 27 mil reais para ser só dele e exigiu que a profissional retirasse o anúncio do MClass. A chegada da Pajero TR-4 comprada por Marcos para dar ao reverendo François coincidiu com o início do namoro com Nathalia. Apaixonado, o empresário decidiu profanar sua promessa. Deu de presente à prostituta o carro destinado ao religioso.

À medida que a paixão de Marcos por Nathalia aumentava, crescia a barreira emocional entre ele e Elize. O empresário dormia fora de casa mais de uma vez na semana e dava como desculpas viagens a trabalho. Certa noite, ele chegou em casa alterado. Elize estava preparada para abandoná-lo no dia seguinte, segundo anunciou. Marcos teria aceitado a separação, mas teria feito uma exigência: a filha ficaria com ele – segundo a versão de Elize. Houve uma discussão violenta seguida de uma ameaça:

– Você não tem para onde ir, sua vagabunda!
– Vou morar no Paraná.

– Vai, mas deixa a minha filha porque não quero ela morando com uma qualquer!

– Não fala assim! – implorou Elize.

– Aliás, você é uma sanguessuga que não consegue parar de me chupar. Diz que vai embora e não sai de casa! Quer ajuda para arrumar as malas?

– Não precisa!

– Vai embora o quanto antes! Suma da minha frente!

– Vou embora amanhã! – anunciou Elize.

– Sempre assim, né? "Vou amanhã!" Por que não vai hoje! Ou melhor: vai agora, sua cadela!

– Vou quando eu quiser!

– Vai! Mas se você levar a minha filha, vou dar um tiro bem no meio da sua cara. A bala será tão rápida que você não saberá nem de onde veio! – ameaçou, segundo a versão de Elize.

Essa seria a primeira e única vez que Marcos teria feito uma ameaça de morte concreta à esposa. Elize ficou apavorada porque as outras advertências eram feitas por ele sempre quando bêbado e pareciam da boca para fora. Depois da discussão ele saiu de casa para encontrar amigos. A jovem acionou a polícia. A chamada foi feita na noite do dia 24 de abril de 2012:

– Polícia Militar. Emergência.

– Boa-noite – saudou Elize.

– Boa-noite – devolveu o policial.

– Eu nem sei se deveria ligar aí na emergência. O meu marido me ameaçou e saiu de casa. Gostaria de saber se eu posso trocar a fechadura das portas para ele não entrar mais aqui em casa.

– Senhora, eu não compreendi. Fale um pouco mais alto, por gentileza.

– Meu marido saiu de casa e me ameaçou. Queria saber se eu posso trocar a fechadura.

– Vocês estão casados há quanto tempo?

– Há cinco anos.

– Ele tem o direito de entrar na residência também – avisou o policial.

– Mesmo me ameaçando?

– Eu não sei o que está acontecendo no local. Se a senhora quiser, pode registrar uma ocorrência para conversar com o policial. Não acha melhor? Fica a critério da senhora.

– [Silêncio]

– Senhora? Quer que cadastre a ocorrência?

– Por favor!

– Qual o seu nome?

– Elize.

– Denise?

– Não! Elize com E!

– Qual o nome da rua, dona Elize?

– Rua Carlos Weber, 1.376.

– Uma referência?

– Paralela à Imperatriz Leopoldina.

– Senhora, o seu pedido foi cadastrado na Polícia Militar. Se ele retornar à residência, informe no 190 imediatamente.

– Obrigada.

Duas horas depois da chamada, por volta das 21 horas, uma viatura da Polícia Militar estacionou em frente ao prédio do casal Matsunaga. O porteiro interfonou. Elize estava sozinha em casa com a filha. Ela ouviu o chamado e foi até a sacada do apartamento. Lá do alto, viu as viaturas com luzes azul e vermelha piscando. O interfone continuava tocando. Ela resolveu não atender. Os policiais foram embora e retornaram uma hora depois. O interfone tocou novamente e Elize não atendeu. Como a queixa nunca foi levada adiante, a polícia arquivou a denúncia de ameaça.

Na mesma noite, Marcos voltou para casa mais calmo. O porteiro falou das viaturas policiais. Com medo, ele resolveu fazer as pazes com a esposa. Mas o casamento estava fadado a acabar. Em outra ocasião, o empresário viu Elize arrumando as malas aos prantos. Comovido, pediu que ela ficasse. Os dois se abraçaram, mas não se reconciliaram, pois continuaram dormindo em quartos separados. No mês seguinte, Elize decidiu viajar a Chopinzinho para finalmente mostrar a filha à avó Sebastiana. Antes de embarcar, porém, ela ligou no dia 16 de maio de 2012 para o número de um anúncio de detetive particular especializado em casos extraconjugais, publicado na revista *Veja São Paulo*. Quem atendeu a chamada foi o dono do escritório, o investigador particular William Coelho de Oliveira, um homem calvo de 50 anos. Ela compareceu à sede da Activa Detetives, no centro de São Paulo, no mesmo dia da ligação. A firma tinha o *slogan* "suas dúvidas acabam aqui".

Sentada no escritório de William, Elize falou das suas suspeitas. O detetive perguntou se ela desconfiava especificamente de alguma mulher. Elize falou o nome e as características de Claudinha, uma mulher, segundo ela, tão bonita quanto a atriz Maria Fernanda Cândido. O trabalho foi orçado em 8.500 reais (valores da época). Ela deu um sinal de 1.750 reais em cheque do talão da sua conta conjunta com Marcos. Ficou acertado o pagamento de 5 mil reais quando houvesse um relatório com fotos e filmagens revelando a tal amante. Elize deixou claro que precisava de imagens nítidas porque as usaria em um processo de separação. Depois de encerrada a missão do detetive, ela deveria pagar mais 1.750 reais. Elize falou de sua viagem ao Paraná, programada para o dia seguinte. No entanto, mesmo longe, ela exigiu relatórios por telefone em tempo real a qualquer hora do dia ou da noite. Para facilitar a espionagem, a jovem ficou de repassar o momento exato em que Marcos sairia de casa. O outro braço da investigação seria feito pelas empregadas do casal.

William trabalhava com detetives *freelancers*, contratados somente quando havia serviço. Com o sinal de 1.750 reais, ele recrutou dois arapongas juniores para seguir Marcos pela cidade de São Paulo. O plano era fazer campana desde cedo no portão da garagem do casal, na Vila Leopoldina.

A investigação começou no dia seguinte à visita da cliente ao escritório do detetive. Na manhã da quinta-feira (17/5), um motorista da Yoki levou Elize, sua filha e a babá Mauricéa José Gonçalves dos Santos de casa para o Aeroporto Internacional de Guarulhos. O carro era uma SUV Captiva de luxo prata, de propriedade da Yoki. Desde 2010, esse carro era usado no dia a dia por Marcos. Na sequência, ele pegou a TR-4 da esposa e seguiu ao Hotel Mercure, onde encontrou Nathalia. Os dois investigadores já estavam em seu encalço sentados na mesma moto. Segundo o relatório dos detetives, Marcos ficou no hotel das 9 às 11 horas e saiu de lá sozinho. Passou numa agência do Itaú Personnalité e seguiu para a sede da Yoki, em Pinheiros. Já em Chopinzinho, na casa da tia Rose, Elize ligava de hora em hora em busca de informações com William. Não havia nenhuma novidade até o fim da tarde, pois os detetives ainda não tinham avistado a amante do empresário.

Ainda na quinta-feira (17/5), Elize ligou às 19 horas para o chefe dos espiões e passou uma pista quente. Marcos estava em casa se arrumando e sairia todo perfumado. Era um sinal de que a noite prometia. A informação havia sido repassada por uma das empregadas. Os detetives correram de moto até o portão do prédio do casal. Chegaram a tempo de vê-lo saindo, dirigindo a Captiva. O empresário seguiu ao *flat* de Nathalia com os investigadores em seu rastro. "No hotel, ele pegou uma mulher muito bonita. Cabelos longos e negros. Alta, magra e elegante. Estava bem vestida com roupa de couro e botas longas. Tem mais ou menos 25 anos. Os dois parecem namorados. Eles seguiram ao restaurante Fasano, no bairro dos Jardins. Eram quase 20 horas", escreveram os detetives no relatório. O casal não havia feito reserva e teve de esperar no balcão do bar. Uma hora e meia depois, a *hostess* do restaurante acomodou Marcos e sua "namorada" numa mesa no meio do salão. Os dois detetives iniciantes não tinham registrado o flagrante porque estavam com medo de se aproximar com uma filmadora em punho. Audaciosos, resolveram entrar no restaurante disfarçados de clientes. A *hostess*, no entanto, os olhou dos pés à cabeça e eles foram obrigados a dar meia-volta.

Os dois detetives ligaram para o chefe da missão e relataram a dificuldade de entrar no Fasano, um dos restaurantes mais caros da cidade. Estavam malvestidos. William pôs um terno completo e seguiu até lá. Pegou a filmadora, camuflou-a na roupa e entrou no salão do restaurante com a desculpa de procurar por um amigo. Ele viu Marcos e Nathalia sentados, mas o local estava tão lotado que era impossível registrar um flagrante lá dentro. Ele saiu e atravessou para o outro lado da calçada. Ansiosa, Elize ligou querendo um relatório instantâneo. William disse ter visto a amante do empresário, mas ainda não tinha as imagens. Do outro lado da linha, a esposa traída ficou nervosa e agressiva. Exigiu o registro do flagrante, pois a prova era essencial para o sucesso de seu divórcio. Vale ressaltar aqui o seguinte: faz muito tempo que não se exigem mais provas de adultério num processo de separação litigiosa, pois pouco importa para a Justiça de quem é a culpa quando um casamento chega ao fim. No entanto, orientada pela *Rainha dos Divórcios*, Elize pretendia processar o marido por dano moral e arrancar dele indenização financeira, pois a pulada de cerca violaria os direitos legais dela, como sua dignidade e sua honra. Por isso Elize estava empenhada em conseguir uma prova irrefutável da traição.

Na madrugada da sexta-feira, 18 de maio de 2012, o tão esperado flagrante foi produzido. Marcos saiu com Nathalia do restaurante. Os dois estavam agarradinhos feito casal em lua de mel. O empresário pediu o carro ao manobrista. Enquanto esperava pelo veículo, beijou sua "namorada", acariciou as suas costas, os cabelos, pegou em seu rosto com delicadeza e deu beijos atrás de beijos em sua boca. Marcos agarrou Nathalia por trás, para deleite dos detetives, que filmaram as cenas românticas. "Ele era muito cordial com a moça, sempre a tratando com muita gentileza", escreveram os investigadores no relatório. Depois do jantar, os pombinhos seguiram ao *flat* da garota de programa.

Elize ligou mais uma vez querendo saber onde os dois estavam. William repassou as informações com detalhes. A esposa tentava descobrir pela descrição quem era a mulher que estava roubando o coração do seu marido. Quanto mais o detetive a descrevia, mais ela ficava confusa. Lá pelas tantas, Elize perguntou se ela era bonita. William respondeu não saber porque as imagens eram noturnas. No dia seguinte, Marcos levou Nathalia ao Vipiteno Gelato & Caffè, no bairro do Itaim. Finalmente o detetive pôde ver a prostituta à luz do dia. Elize ligou mais uma vez e perguntou como era a amante do marido. "É uma das mulheres mais belas que já vi", respondeu. "Mais bonita do que eu?", perguntou Elize. "Não me faça esse tipo de pergunta, senhora", pediu o detetive. Revoltada, ela suspendeu a investigação e bateu o telefone na cara do detetive.

Na manhã de sexta-feira, 18 de maio, Elize seguiu de carro com a filha até o município de Cascavel (PR), onde pegaria o avião para Guarulhos. Antes de embarcar, ela foi a um shopping e comprou uma serra elétrica tico-tico, mesmo modelo usado por seu padrasto Chico da Serra em trabalhos em Chopinzinho. No mesmo dia, Elize ligou para a advogada contando ter provas cabais da traição do marido. Foi orientada a ficar quieta até o pedido de separação de corpos ser protocolado na Justiça.

Ficou marcada uma outra reunião para assinar o contrato e iniciar o processo de divórcio. A ideia era arrancar até as cuecas do marido milionário e adúltero. Esse encontro entre a esposa traída e a defensora, apesar de marcado, não ocorreu.

O retorno de Elize de Chopinzinho a São Paulo se deu na tarde chuvosa do dia 19 de maio de 2012, um sábado. Marcos foi buscá-la no aeroporto na Captiva da Yoki. Ele estava uma pilha de nervos. A venda da empresa se aproximava dos momentos finais. No trajeto de Guarulhos para casa, ele falava com o pai, Mitsuo Matsunaga, por telefone. Haveria uma reunião dali a poucos minutos para comunicar como seria o desligamento da família Matsunaga da companhia e Marcos chegaria muito atrasado. Irritado, ele jogou o telefone no painel do carro, acelerou na pista escorregadia da Marginal Tietê e esmurrou fortemente o volante. A atitude violenta assustou a filha do casal e a babá. Elize pegou o telefone e ligou para o sogro. Assumiu a culpa pelo atraso do marido, pois o voo havia pousado uma hora depois do horário previsto. O pai avisou que não era mais preciso o filho comparecer à tal reunião. "Manda ele nem vir porque estamos acabando aqui", disse Mitsuo.

Pelas imagens do circuito de segurança do prédio, o casal chegou em casa às 18h35. Marcos continuava alterado. Elize deu um banho na filha, colocou-a no berço para dormir e dispensou todas as empregadas da casa. Por volta das 19 horas, ele pediu uma pizza por telefone e abriu uma garrafa de vinho tinto italiano Brunello Di Montalcino, cuja garrafa na época custava 900 reais. O sabor levemente adocicado desse vinho era perfeito para harmonizar com massa e molho de tomate. Enquanto o casal esperava pela entrega da pizza, o telefone de Marcos tocou. Em busca de privacidade, ele foi atender na varanda. Elize não conseguiu ouvir a conversa. O empresário voltou à sala falando de uma nova reunião marcada em cima da hora para tratar da venda da Yoki, programada para ser concretizada dali a três dias.

Elize usava calça jeans desbotada com dois rasgos na altura da coxa direita e mais dois na altura dos joelhos. Vestia blusa branca por baixo de um casaco marrom-escuro com flores coloridas bordadas numa das mangas e calçava sandálias cor-de-rosa. Marcos usava óculos e vestia camisa polo Ralph Lauren azul-escuro de mangas compridas e calça jeans azul-escuro da *Diesel*. Elize colocou sobre a mesa de oito lugares dois *sousplats*, dois pratos, dois talheres, duas taças de cristal e posicionou a garrafa de vinho. O porteiro interfonou avisando a chegada da pizza. Marcos desceu para buscá-la às 19 horas. No elevador, ele falava ao telefone. Estava irritado e chutava as paredes metálicas. De volta ao apartamento, pôs a pizza sobre a mesa. Usou o saca-rolhas para abrir a garrafa de vinho. Em seguida, retirou a tampa da caixa, pegou o cortador e dividiu a pizza em oito pedaços. No meio do ritual, a esposa começou a questioná-lo:

– Onde você vai depois do jantar?
– Já disse, tenho uma reunião.
– Reunião onde?
– Na casa dos meus pais.
– Num sábado à noite?
– É uma emergência! – insistiu Marcos.
– Não vem com essa. Eu sei que você tem uma amante. Por que você não confessa que vai encontrá-la no Hotel Mercure da Vila Olímpia...
– Do que você está falando, sua louca?

Marcos estava sentado numa das cabeceiras da mesa. Elize estava na posição perpendicular a ele. Ninguém havia tocado na pizza nem no vinho. Até então a conversa era tensa, mas nenhum dos dois tinha alterado o tom da voz. Elize contrariou a orientação da rainha dos divórcios e encurralou o marido:

– Todas as vezes que eu falo que você tem uma amante, você se defende dizendo que sou louca varrida. Chega! Desta vez não tem como você dizer que estou inventando. Contratei um detetive para seguir você no fim de semana e eu agora sei de tudo. Você foi ao Fasano com a sua amante...

Nesse instante, Marcos levantou-se alterado:

– Com que dinheiro você contratou um detetive para me espionar? Com o meu, né? Até porque você não trabalha, sua vagabunda. Que audácia da sua parte!

Elize também se levantou para discutir em pé de igualdade. A partir desse momento, o bate-boca ficou acalorado. Ela lançou mão do seu clichê preferido nessas horas e anunciou mais uma vez que estava saindo de casa.

Marcos avançou sobre a esposa, mas ela escapou rodeando a mesa:
– Vai embora! Vai agora, sua vadia neurótica! Puta!
– Eu não sou mais garota de programa. Já lhe disse isso mil vezes!
– Deixa de ser idiota. Você nunca deixou de ser!
– Para com isso, por favor! – implorou Elize.
– A única coisa boa que você faz é abrir as pernas.
– Eu imploro! Pare!
– Abre as pernas e, em seguida, gasta o meu dinheiro!
– Por favor!
– Nosso casamento é um programa que não acaba nunca! – definiu Marcos.
– Chega! Vou embora para Chopinzinho amanhã cedo – anunciou Elize.
– Vai, mas deixa a minha filha aqui porque não quero ela sendo criada pelo lixo de família que você tem!

Enquanto falava para Elize palavras que matam como bala de revólver, Marcos tentava alcançá-la na sala. Ela seguia às pressas pelos corredores. Em certo momento, a jovem parou de correr. Ele a segurou pelo braço e deu uma bofetada forte em seu rosto, segundo relato dela. Continuamente, ela se desvencilhou e saiu da sala pelo corredor de acesso à cozinha. O empresário prosseguiu com as ofensas:
– Você é uma vagabunda de quinta categoria. Filha de pai alcoólatra, mãe doida, padrasto estuprador. Gente doente. Volta para aquele esgoto cheio de ratos, mas a minha filha você não vai levar porque não quero que ela seja criada dentro de um vaso sanitário cheio de merda!
– Não fala assim! Não posso ficar longe da minha filha...
– Que juiz daria uma criança para uma caipira, puta de calçada, louca e sem dinheiro?

Ao dar a volta pelos labirintos estreitos do imenso apartamento para escapar das garras do marido, Elize entrou na antessala. Próximo ao bar, ela abriu rapidamente a gaveta do móvel onde Marcos guardava charutos. Pegou a pistola Imbel carregada com 15 balas que ganhou de presente do esposo. Pelo barulho das pisadas no chão, ela imaginou seu algoz vindo a passos rápidos em sua direção. Elize deu mais uma volta pelas passagens delgadas, seguiu por um outro corredor e chegou ao *hall* da sala principal. Marcos não estava lá. A tensão e o medo tomaram conta do ambiente. De repente, ele surgiu por trás, refletido na imagem de um espelho grande pendurado na parede. Elize tomou um susto. Ela afastou-se do espelho e acabou se aproximando do marido enfurecido. Desorientada, ficou mais ou menos a uma distância de 4 metros dele. O empresário continuava verborrágico e desmedido. Ele não percebeu a pistola semiautomática com a esposa porque a arma estava nas mãos dela junto às costas e apontada para o chão. Marcos ainda a machucava com palavras de gosto amargo ao mesmo tempo que dava passos em direção à mulher. Acuada, Elize empunhou a arma em sua direção:

– Fique onde está! – ordenou ela, firme.

Marcos teve um sobressalto com a surpresa, mas não se abalou. Pelo contrário. Começou a rir de forma debochada. A poucos metros de Elize, ele abriu os braços e deu dois passos curtos em direção a ela, que não recuou. O desdém do empresário prosseguiu:

– Olha que palhaçada! A piranha está armada! Atira, sua fraca! Atira! Vai! Atira! – desafiou.

– Cala a boca! – mandou Elize, em tom autoritário.

– Vem calar, sua vagabunda! Verme! Vadia! Ordinária! Cadela! Lixo de mulher!

– Cala a porra dessa boca!

– Calo nada, sua prostituta!

– O que você falou?! – perguntou Elize, incrédula.

– Vou repetir bem devagarinho para você ouvir o som de cada parte dessa palavra: sabe o que você foi, é e sempre será? PROS-TI-TU...

Marcos Kitano Matsunaga, de 41 anos, não teve tempo de soletrar inteiramente o substantivo feminino de quatro sílabas. Elize Araújo Kitano Matsunaga, de 31 anos, mirou a cabeça do marido, fechou os olhos e disparou um único tiro em direção a ele. A bala entrou pela fronte anterolateral e seguiu uma trajetória de frente para trás, de cima para baixo, da esquerda para a direita. Dentro do crânio, percorreu o hemisfério cerebral esquerdo e se alojou no cerebelo. Marcos tombou para trás com os olhos fechados e a boca bem aberta, como se ainda tivesse um amálgama de coisas danosas para falar. Com o impacto do tiro, seus óculos de aro prateado fino e lentes bifocais foram parar do outro lado da sala. Uma torrente de sangue misturada a pedaços de miolo queimado esparramou-se lentamente pelo piso de madeira escura da sala. Parte do sangue desceu pela traqueia e foi parar nos pulmões da vítima. O estampido não chamou atenção dos vizinhos, mas acordou a filha do casal, que se pôs a chorar. No atestado de óbito do empresário, consta como causa da morte "hemorragia intracraniana traumática" e "traumatismo cranioencefálico causado por projétil de fogo". Quando foi perguntada por que disparou aquela arma na noite de sábado, 19 de maio de 2012, Elize respondeu com uma sinceridade comovente: "Eu queria apenas que ele se calasse".

CAPÍTULO 10
PEDAÇOS DA VIDA

"Você sabe o cheiro que tem a cela de uma prisão?"

Mel era uma cadelinha da raça *blue heeler*. Entre as maiores características da cachorra de origem australiana estão amorosidade, fidelidade ao dono e disposição para o trabalho. Hábil, a espécie costumava pastorar rebanhos mordendo o calcanhar do gado sem machucá-lo. Mel, porém, nunca havia mordido ninguém nem de brincadeira. Dócil, tinha 4 anos em 2012, pesava 20 quilos e media 50 centímetros de altura. Seus pelos acinzentados eram mesclados nas cores branca, marrom e preta. Brincalhona, vivia solta com outros dois machos da mesma raça e quatro vira-latas numa chácara de 5.000 m² toda arborizada e banhada por córregos, localizada na zona rural do município de Cotia, Região Metropolitana de São Paulo. O tutor era o argentino Gastón Fangio, de

42 anos, comerciante e criador de cavalos árabes. No local, os cuidados dispensados aos equinos nobres se estendiam aos cães. A cada 15 dias, veterinários os examinavam cuidadosamente. Amante dos animais, o comerciante tratava os bichos "a pão de ló", expressão antiga copiada da avó de sua esposa brasileira. Ele não estava exagerando. Mel, por exemplo, comia diariamente uma ração *premium* orgânica de grãos médios sabor carne de cordeiro e mandioca, além de legumes de horta própria, como abóbora, cenoura, chuchu e inhame. Os bichos de Gastón bebiam apenas água filtrada. Um luxo!

No entanto, a cadela não era muito chegada às coisas boas da vida. Em um exame de rotina, os veterinários diagnosticaram nela um mau hálito insuportável. Também encontraram manchas de sangue nos pelos abaixo da sua boca. Uma investigação simples desvendou o mistério macabro. Mel fugia de casa e caminhava 3 quilômetros por uma estrada de terra até chegar a um lixão clandestino onde eram despejados restos mortais de bois e cavalos. Seu gosto por carniça virou caso de polícia. Na manhã do dia 21 de maio de 2012, segunda-feira, Gastón cavalgava pela chácara quando viu a sua cachorra preferida deitada ao pé de uma jabuticabeira sabará. O comerciante se aproximou e teve vontade de vomitar quando viu Mel devorando um braço humano contendo a mão. Mais de perto era possível ver que o membro estava esverdeado, já em processo inicial de decomposição. Gastón gritou para a cadela soltar a peça de carne, mas ela respondeu rosnando. A polícia foi chamada. Peritos do Instituto Médico Legal (IML) de Cotia vasculharam a redondeza e fizeram uma descoberta ainda mais horripilante. Com a ajuda de outros cachorros, a *blue heeler* havia devorado o outro braço do cadáver humano, deixando apenas pedacinhos de ossos. Gastón compareceu à delegacia de Cotia às 15h24 do dia 21 de maio e registrou um boletim de ocorrência (Nº 3616). Mel era suspeita de homicídio. "A minha cadelinha é inocente. Pelo amor de Deus! Ela jamais atacaria alguém. É um animal afetuoso. Incapaz de fazer mal a uma mosca. Meto a minha mão no fogo por ela. [...] Certamente alguém desovou um cadáver pelas proximidades. Ela só o comeu porque a pessoa estava morta", defendeu-se Gastón na delegacia. Para se reeducar, a cadela carniceira foi passar uns dias na casa dos pais do argentino, numa fazenda em Presidente Prudente, a 560 quilômetros de São Paulo.

A acusação contra Mel durou menos de 24 horas. No dia 22 de maio, moradores de Cotia encontraram na estrada das Palmeiras, perto de um orquidário, a 7 quilômetros da chácara de Gastón, um saco plástico de lixo azul contendo uma perna humana com o pé. Próximo, foi achada ainda uma calça de jeans escura toda ensanguentada com o cinto preso nela. No dia seguinte, o telefone da delegacia tocou mais uma vez. Uma senhora caminhava pela estrada na divisa de Cotia com o município de Vargem Grande Paulista e quase desmaiou quando viu urubus disputando um tronco humano. Foram recolhidos a poucos quilômetros dali, na Rua Bragança, um quadril e mais uma perna com o pé. Juntando os membros encontrados até então, faltava apenas a cabeça. Já era possível concluir, porém, que o corpo fora seccionado em sete pedaços. As partes recolhidas foram montadas sobre uma bancada de inox no IML de Cotia. A cena medonha intrigava investigadores porque o cadáver estava incompleto. Até então, ninguém sabia quem era aquela pessoa.

Marcos Matsunaga era mais próximo da mãe, Misako Matsunaga, do que do pai, Mitsuo. Os dois se viam praticamente todos os dias e trocavam muitas mensagens pelo celular. Na segunda-feira, 21 de maio de 2012, ela tentou entrar em contato com o filho, mas não conseguiu. O silêncio do primogênito incomodou a matriarca. À tarde, preocupado, Mitsuo ligou para Elize em busca de notícias de Marcos. Apesar de tê-lo assassinado dois dias antes, ela contou uma lorota ao sogro: o marido havia saído de casa usando táxi no domingo, carregando algumas peças de roupa e uma mala com 20 mil reais em espécie sem dizer o destino. Como a Yoki estava em processo final de venda e a operação havia sido vazada aos jornais, foi cogitado um possível sequestro. Ainda na segunda-feira, Elize se reuniu com a família do marido na mansão dos Matsunaga para revelar o "verdadeiro motivo" do sumiço do empresário. Em determinado momento, ela fez um movimento cênico. Cínica, Elize levantou-se do sofá cheia de empáfia e tirou da bolsa o DVD produzido pelo detetive com imagens de Marcos agarrado a Nathalia em frente ao restaurante Fasano. Ousada, a jovem ligou os equipamentos eletrônicos dos sogros e mostrou para quem quisesse ver as cenas do escândalo sexual. As imagens foram exibidas numa TV de 50 polegadas. "Que sequestro, que nada! Olhem isso! O Marcos fugiu com uma amante!", revelou Elize. Em seguida, ela chorou feito mulher traída. Houve um choque na família. Solidários, os pais do empresário a consolaram. Apesar de um caso extraconjugal ser algo deprimente, Mitsuo e Misako ficaram aliviados, pois era muito melhor ter um filho adúltero do que vítima de sequestro.

Orientada pelo advogado Luiz Flávio Borges D'Urso, um dos mais respeitados de São Paulo, a família de Marcos registrou um boletim de ocorrência comunicando à polícia o sumiço do empresário, independentemente de ele ter fugido com uma amante. Na terça-feira, 22 de maio, três dias após o crime, Mauro Matsunaga, o caçula, foi à delegacia denunciar o sumiço do irmão. Um diretor da Yoki, Luiz Carlos Lózio, o acompanhou a pedido de Mitsuo. Aos policiais, os dois descreveram Marcos fisicamente com detalhes e mostraram algumas fotos recentes dele. Também falaram de Nathalia, o *affair* do executivo. Para reforçar a tese de que Marcos se refestelava na alcova da amante e não num cativeiro qualquer, Elize teve uma ideia. Ela ligou o computador do marido, pôs a senha dele, acessou o seu e-mail e enviou mensagens como se fosse o empresário. Escolheu como destinatário o reverendo François, o irmão Mauro e uma das secretárias da presidência da Yoki. O texto mandado à família era um alento: "Avisa a Elize e a mamãe para não se preocuparem. Estou bem. Assinado: Marcos". O alívio durou poucas horas. No mesmo dia, o programa *Brasil Urgente*, apresentado pelo jornalista José Luiz Datena na TV Bandeirantes, fez uma chamada de impacto. "Um quebra-cabeça macabro: pedaços de uma vida abandonados em estrada de terra em Cotia, na Grande São Paulo, formando um grande mistério". A notícia deixou a família Matsunaga envolta num misto de aflição e desespero.

Apesar de ter matado e esquartejado o marido, Elize levava uma vida normal de dona de casa. Na manhã seguinte, após jogar o corpo de Marcos no mato, por exemplo, ela tomou café da manhã como se nada tivesse acontecido. A governanta Neuza Gouveia da Silva fez suco de laranja, ovos mexidos, serviu pão de fôrma e passou um café. A patroa fez a primeira refeição do dia com apetite. A funcionária perguntou se o patrão desceria para comer e Elize respondeu que ele não dormia em casa havia duas noites. Em seguida, a viúva pediu a ajuda de Neuza para arrumar a cama do quarto onde o marido vinha dormindo nos últimos dias. A governanta contestou a ordem da patroa:

— Se ele não está dormindo em casa, a cama está arrumada, dona Elize.
— Mas quero que os lençóis sejam trocados mesmo assim, pois estão empoeirados.
— Não seria melhor esperar pela arrumadeira? – sugeriu Neuza.
— Não! Vamos fazer isso nós duas logo após o café.

À tarde, na hora de arrumar a mesa do almoço, a governanta perguntou novamente se deveria pôr um lugar para Marcos. Elize respondeu negativamente. Neuza pôs apenas um prato. "Não notei qualquer preocupação dela em relação ao marido. Nem nunca a vi chorando", disse Neuza. Na quinta-feira, 24 de maio de 2012, cinco dias após o assassinato, Elize foi à terapia à tarde. Antes, deu uma ordem inusitada à governanta. "Vá ao banco Bradesco agora e deposite 10 mil reais na conta do Marcos", ordenou a patroa. Neuza nunca havia feito esse tipo de serviço. Nervosa e obediente, pegou uma sacola contendo dinheiro vivo e foi sozinha até a agência mais próxima.

Na terapia com a psicóloga Neusa Vaz Márcia, Elize também falou do sumiço do marido como se fosse inocente. Na sessão, ela voltou à lenga-lenga da fuga de Marcos com a amante. "Você é testemunha de quanto eu lutei tentando salvar o nosso casamento. Noites e noites de lágrimas no travesseiro. Pra quê? Pra nada! Eu dei minha vida na mão desse covarde. Ele me abandonou e fugiu com outra mulher. Você acha isso justo?", desabafou pela última vez no divã. Após a terapia, Elize teve mais um encontro com a família do marido e incrementou a farsa de que ele estaria vivo. Ela mostrou aos pais do empresário o extrato bancário da conta de Marcos com o depósito de 10 mil reais feito pela governanta na manhã. "Vocês estão vendo! Ele não foi sequestrado coisa nenhuma. Movimentou a conta bancária hoje. Tenho certeza de que ele está com uma amante", declarou Elize. Para dar credibilidade à encenação, a assassina derramou algumas lágrimas. No mesmo dia 24, a General Mills anunciou ter comprado a Yoki por 1,75 bilhão de reais.

Na saída da casa dos sogros, Elize passou no banco e fez uma retirada de 8.000 da conta de Marcos. Pegou o extrato e mostrou à família da vítima. Mitsue e Misako acreditaram mais um pouco na hipótese de o executivo ter ganhado o mundo com a amante, conforme Elize sustentava reiteradamente. A tese da fuga parecia convincente por causa das mensagens que a homicida enviou em nome da vítima, da movimentação bancária e o DVD entregue pelo detetive. No entanto, quando a polícia encontrou a cabeça do empresário, no dia 28 de maio, o enredo de terror começou a indicar uma reviravolta. Mauro e Lózio foram chamados ao IML para tentar identificar o cadáver pela cabeça. O primeiro a olhar foi Lózio. Ele saiu do necrotério com a certeza absoluta de ser Marcos o dono daquele crânio decapitado, mas ele preferiu não falar nada para não chocar o irmão da vítima por antecedência. O amigo deixou Mauro tirar as suas conclusões olhando o cadáver com seus próprios olhos. No entanto, ele foi até a câmara mortuária, viu a cabeça de Marcos com a boca aberta e saiu de lá aliviado:

– Não é meu irmão!

– Tem certeza? – questionou Lózio.

– Absoluta! – respondeu Mauro, ainda na porta do IML.

No carro, Mauro perguntou a Lózio se passava pela mente do diretor a possibilidade de aquela cabeça ser de Marcos. Ele respondeu positivamente e comentou sutilmente sobre como traumas emocionais podem deixar as pessoas cegas diante da verdade. Mauro ficou intrigado, mas se manteve incrédulo. No dia seguinte, porém, corroído pela dúvida, ele voltou ao IML na companhia do amigo e pediu para ver a cabeça do cadáver pela segunda vez. Passou alguns minutos olhando. Ficou bastante emocionado, mas disse "não", "não" e "não" em voz alta. No entanto, dentro de si, uma voz oculta dizia "sim", "sim" e "sim". Com os olhos molhados, Mauro quis ver o braço do cadáver. "O Marcos tinha as unhas idênticas às minhas", justificou com a fala embargada. Ao ver a mão da vítima, ele concluiu: aquela pessoa esquartejada de forma cruel era, de fato, seu irmão. No mesmo instante, ele assinou um termo fazendo o reconhecimento oficial do corpo, mas só liberariam o cadáver para sepultamento após o exame de DNA.

Em choque, Mauro entrou em contato com o pai pelo telefone celular e deu a notícia triste. Marcos não havia fugido com a amante. Tinha sido brutalmente assassinado. Mauro ligou para a viúva ainda do IML. Do outro lado da linha, Elize reagiu à notícia da morte do marido com frases negacionistas: "Não pode ser. É um engano. Não é possível. Não acredito. Isso não é verdade". E chorou no ouvido do cunhado. Na sequência, ela procurou por Ciça, prima de Marcos e madrinha do seu casamento. Na confeitaria, as duas choraram pela morte do empresário. A prima ficou tão nervosa que não conseguia mais dormir à noite por causa da atrocidade. Cáustica, Elize a consolou aos prantos. As duas foram até a mansão da família Matsunaga e lá Elize chorou copiosamente. Mesmo afogada em lágrimas, a viúva encontrava forças para acalentar Mitsuo e Misako.

Nem depois de receber a notícia do esquartejamento de Marcos, Elize mudou sua rotina. Quando a filha completou 1 ano, um mês antes do crime, o casal havia contratado novamente a fotógrafa Adri Felden para registrar a festa infantil. A profissional já conhecia os Matsunaga da festa de casamento. No dia 29 de maio de 2012, nove dias após Elize ter matado o marido, Adri procurou pela esposa de Marcos e falou sobre o álbum com as fotos da menina, prestes a seguir para impressão. Havia uma questão a ser definida e a fotógrafa enviou um e-mail à cliente: "Oi Elize. Tudo bem com você? Segue anexo em PDF as fotos do álbum do aniversário da sua filha. Estou te mandando duas sugestões de capa. Essa na versão cereja fiz baseada na cor das flores do vestidinho dela. Espero que você goste. Também segue outra versão na cor laranja para você ter opção de escolha". A mãe assassina respondeu dois dias depois: "Oi, Adri. Realmente a capa na cor cereja é a mais bonita. Pode usar ela. Obrigada".

O cinismo de Elize parecia não ter limites. No mesmo dia em que definiu a cor do álbum de fotos da filha, ela fez uma visita à igreja do reverendo François e contou chorosa sobre a forma como Marcos foi morto e esquartejado. Interesseiro, o religioso perguntou se o empresário havia deixado uma TR-4 em seu nome. Não havia carro nenhum, pois Marcos morreu antes de cumprir a promessa. A viúva pediu ao sacerdote uma missa em homenagem ao marido falecido. François se ofereceu para fazer um funeral maior, mas a família, discreta, vetou a ideia. Queria escapar do assédio da imprensa. Nem por isso a morte de Marcos ficou sem as exéquias. Em uma de suas missas coletivas na periferia de São Paulo, François fez as honras fúnebres à sua ovelha caridosa. A igreja estava lotada e quente e todo o mundo se abanava. Na plateia apinhada de anônimos estavam Elize e os personagens do meretrício: Lincoln, Paolo, Joel, Alícia, Arethuza, Ely, Lulu, Gizelle e outras prostitutas. Todos suando em bicas de tanto calor. Até Chantall compareceu e consolou

Elize. O religioso desculpou-se pela quentura e ligou o único ventilador da igreja. Ele se emocionou ao falar de Marcos e dos mistérios envolvendo a morte: "Foi uma das pessoas mais generosas que passaram pela minha igreja. Homem solidário e espirituoso. Uma vez, Marcos confessou ter muito medo da morte. Eu perguntei por que esse pavor todo. Ele disse que o seu medo de morrer estava ligado exclusivamente ao sofrimento. Achava que sentiria uma dor angustiante na hora da partida. Esse tipo de medo é muito comum em pessoas que vivem plenamente a vida. E eu posso dizer que Marcos viveu intensamente cada minuto da sua existência nesse plano [...]".

O reverendo continuou com palavras de conforto: "Quando alguém morre, o espírito retorna para Deus, e o corpo, que foi feito do pó da terra, decompõe-se e volta para a própria terra porque nós somos pó e ao pó voltaremos. Essa é a verdade de todas as verdades". François aproveitou a presença dos amigos ricos de Marcos em sua igreja para faturar. Estrategicamente, comentou sobre o calor. "A minha igreja tem seis ventiladores, mas só um está funcionando. O Marcos era generoso. Ficou de mandar instalar um sistema de refrigeração de ar, mas ele nos deixou antes de realizar essa caridade à Casa de Deus", comentou. No final, Lincoln foi até o sacerdote, perguntou reservadamente quanto custariam os aparelhos de ar-condicionado. François orçou em 80 mil reais (valores da época) e recebeu um cheque do supermercadista. "O Marcos teria muito orgulho dessa atitude", agradeceu o religioso.

Elize não sabia, mas enquanto fingia rezar pela alma de Marcos, investigadores da Polícia Civil já estavam em sua cola, inclusive na missa do reverendo. O Departamento de Homicídios e de Proteção à Pessoa (DHPP) havia escalado o delegado Mauro Gomes Dias para descobrir quem matou Marcos Matsunaga. Com 50 anos na época, o policial havia se projetado profissionalmente com o caso conhecido como crime da pedra da macumba, cujo enredo contava a história de uma mulher de 54 anos encontrada morta no quilômetro 8 da estrada de Santa Inês, no município de Mairiporã, na Grande São Paulo. A vítima estava sem os olhos e a pele da face havia sido totalmente arrancada. A suspeita era de assassinato para rituais satânicos. Depois de dois anos ficou provado que a mulher se suicidou e seu rosto fora devorado por animais. Mauro Dias foi tirado do caso antes do encerramento do inquérito para desvendar o assassinato do empresário da Yoki. Quando o delegado viu pela primeira vez o corpo esquartejado no IML, concluiu: quem matou esse homem tinha muito ódio no coração.

Mauro Dias teve dois aliados importantes no início da investigação. Lózio e Mauro Matsunaga estavam empenhados em descobrir o nome do assassino. Os três ligaram para Elize e marcaram uma visita. Ela os recebeu com cordialidade. O delegado quis saber de quem a viúva suspeitava. Sem pestanejar, ela apontou a amante de Marcos, filmada pelo detetive particular em cenas românticas com o empresário. O policial conseguiu informações dos arapongas e encontraram Nathalia no hotel Mercure. Apavorada com a visita dos homens da lei, a prostituta negou qualquer participação no crime. Apresentou um álibi – ela estava no hotel no fim de semana em que Marcos desapareceu – e falou em depoimento as impressões de Marcos sobre Elize. "Ele dizia que ela era louca e muito ciumenta. Falava em separação", contou. Na delegacia, um policial chocou Lózio e Mauro com uma pista quente: a pessoa que esquartejou Marcos entendia de anatomia, era organizada e tinha levado mais de seis horas para seccionar o corpo. O delegado Mauro Dias mostrou aos dois o laudo da perícia feita no cadáver. O saco plástico biodegradável de lixo com capacidade de 100 litros usado na embalagem dos membros e das roupas da vítima era da marca *Dover-roll*. Tinha cor azul cintilante e fita vermelha fosca usada como lacre. No final da conversa, o delegado perguntou qual a profissão de Elize. Os rapazes disseram que ela era bacharel em Direito. Até então eles não sabiam da sua formação em técnica de enfermagem, da sua passagem por centros cirúrgicos de hospitais de Curitiba e muito menos da sua habilidade em esquartejar animais.

Passada uma semana do assassinato, Mauro Matsunaga entrou em contato com Elize. Estava inconformado com a morte do irmão. Pediu à cunhada para verificar no condomínio as imagens do elevador e ver Marcos saindo do prédio com a tal mala de dinheiro. Ela não se opôs. A visita ocorreu na tarde de sábado, 26 de maio. No mesmo dia, o delegado Mauro Dias descobriu que a viúva havia sido garota de programa e tinha curso de técnica em enfermagem com atuação em centros cirúrgicos. Ou seja, as suspeitas sobre ela aumentaram. O policial pediu à Justiça um mandado de busca e apreensão no apartamento. À noite, Mauro Matsunaga e Lózio bateram na porta de Elize. A dupla de amigos foi recebida com simpatia mais uma vez. Acionado para colaborar, o síndico do prédio deu acesso a todas as imagens gravadas pelas câmeras internas do condomínio. Numa cabine no térreo, eles passaram horas em frente a monitores de TV. Mauro ficou intrigado porque as câmeras mostravam apenas o irmão chegando com a esposa do aeroporto, descendo pelo elevador, pegando a pizza na portaria e subindo novamente. Não havia nenhuma imagem registrando sua última saída do edifício. O síndico assumiu uma postura de investigador. Pelo interfone, pediu para Elize fazer o favor de comparecer urgentemente à sala dos monitores. Lá ela foi questionada:

– Qual dia seu marido saiu de casa? – interrogou o síndico, ríspido.
– Domingo à noite – respondeu ela, com voz de choro.
– Que horas exatamente, minha senhora?! – continuou.
– Acho que foi por volta das 20 horas...
– Quero saber por qual elevador ele desceu – insistiu.
– Pelo social...
– Impossível! Já olhamos todas as imagens gravadas das 12 horas do domingo até as 6 da manhã da segunda-feira e ele não aparece no elevador.

O tom policialesco do síndico deixou Elize nervosa. Lózio e Mauro a levaram de volta ao apartamento. O síndico não se comoveu e avisou que começaria a olhar as imagens do elevador de serviço naquele instante. Em casa, mais calma, a viúva ofereceu vinho às visitas. Lózio pediu uma pizza e os três falavam de Marcos enquanto comiam e bebiam. Já era madrugada quando o síndico bateu à porta e passou um relatório da sua investigação. Disse ter visto Elize descer sozinha com três malas de viagem pelo elevador de serviço às 11h32 do domingo e só voltando às 23h50 com as mãos vazias. A impetuosidade do síndico fez a mulher derramar lágrimas e soluçar. Ele não se comoveu e saiu do apartamento avisando já ter acionado a polícia e falado sobre as suas descobertas. Mesmo sem ser questionada por Mauro e Lózio, Elize justificou a sua saída com as malas: teria ido entregar uma encomenda de vinhos a um cliente da sua futura empresa de importação de bebidas.

Cansada, Elize começou a bocejar. Prestativo, Lózio pegou algumas louças sujas da mesa e as levou até a pia. Elize tentou impedi-lo, pois as empregadas arrumariam tudo no dia seguinte. Ele insistiu e continuou pegando os pratos e jogando os restos de pizza fora. No fundo da cozinha, Lózio sentiu um frio na espinha quando acionou o sensor para abrir a lixeira eletrônica de aço inoxidável. À medida que a tampa automática subia, era revelado o saco plástico de revestimento azul e fita vermelha como lacre da marca *Dover-roll*. Ou seja, idêntico ao usado para embrulhar o corpo de Marcos. Mesmo nervoso, Lózio abriu um armário na despensa, pegou um saco limpo da embalagem e enfiou no bolso. De lá, ele seguiu com o amigo até a delegacia.

Sentindo o cerco se fechando à sua volta, a assassina procurou seu ex-professor de Direito Penal, Luciano Santoro, de 33 anos na época. A ele, Elize repetiu a história fantasiosa da fuga do marido com a amante. Na primeira reunião, o defensor quis saber:

– Onde o seu marido foi visto pela última vez?

– Em casa.

– Então será na sua casa que a polícia vai procurá-lo – avisou o advogado.

O prenúncio de Santoro não terminou por aí. Apesar de sua cliente negar a autoria do crime, ele previu a sua detenção para os próximos dias. Dito e feito. No dia 4 de junho de 2012, dezesseis dias depois do crime, o delegado Mauro Dias bateu à porta da criminosa com um mandado de prisão temporária (1496/12) em mãos, no qual se lia "suspeita de prática de crime de homicídio". Elize manteve-se calma, mesmo depois de ouvir a voz de prisão. Pediu um momento e foi tomar um banho, trocou de roupa e despediu-se da filha. Àquela altura, a tia Rose havia chegado de Chopinzinho para dar apoio à sobrinha. A viúva foi algemada dizendo-se inocente e sem derramar uma lágrima. Na delegacia, os policiais já tinham a sua ficha corrida. Sabiam do seu passado de prostituta, do caso extraconjugal com o ex-deputado do Paraná, Mario Sergio Zacheski, conhecido popularmente como Delegado Bradock, e até das passagens por casas de prostituição na capital paulista. Antes de levá-la a uma cela, os policiais sugeriram uma confissão:

– Você foi garota de programa. Isso diz muito sobre você. Confessa logo que você matou e esquartejou o seu marido porque ele te trocou por uma outra prostituta! – iniciou um investigador.

– Não sei do que o senhor está falando – esquivou-se Elize.

– Você já parou para pensar sobre a natureza da culpa? – questionou o delegado Mauro Dias.

– Vou esperar o meu advogado chegar – anunciou a assassina.

– Eu também faria o mesmo no seu lugar – disse o delegado.

– Você sabe o cheiro que tem a cela de uma prisão? – perguntou outro policial.

Irredutível, Elize ficou calada. Foi conduzida a uma cela fétida na delegacia de Itapevi, no município de Osasco, Região Metropolitana de São Paulo. Acostumada a dormir em colchões macios, cobrir-se com edredons de luxo e encostar a cabeça em travesseiros de penas de ganso, a jovem se viu obrigada a deitar-se no chão de um cubículo repugnante, molhado com uma mistura de água, fezes e urina. O espaço de 6 m² tinha goteiras. Quando debutou no xilindró, Elize já tinha tido a cara exposta em todos os jornais e programas de televisão. Havia um agravante. As fotos das partes do corpo de Marcos haviam vazado da polícia e circulavam desfocadas em programas populares, chocando ainda mais a opinião pública. Na internet, as imagens estavam nítidas. Todos os programas policiais contavam diariamente um capítulo da história da prostituta caipira que matou e esquartejou o marido milionário. No pátio da cadeia, Elize foi abordada por Tânia, outra homicida indignada com o *modus operandi* da viúva. "Como você é burra, minha filha. Se tivesse contratado alguém por 10 mil reais, o trabalho seria muito melhor. Matariam o seu marido e ninguém jamais encontraria o corpo do salafrário", comentou. "E você? Tá fazendo o que aqui?", perguntou Elize. "Matei a amante do meu namorado", resumiu a colega de cela de 26 anos. Em seguida, Tânia sugeriu que a viúva confessasse tudo para barganhar benefícios no julgamento, assim como ela havia feito dois dias antes. "Nós estamos na merda. Já era!", previu a homicida.

As investigações avançaram e Elize não tinha mais como negar a autoria do crime. A quebra do sigilo do seu telefone celular revelou por onde ela andou quando saiu na Pajero TR-4 na manhã do domingo. A geolocalização do aparelho mostrava com detalhes a assassina passando de carro pelas estradas de Cotia. Esses dados só foram descobertos via operadora de celular porque ela ligava praticamente a cada hora querendo saber da babá se a filha estava bem. Com essa descoberta, Elize foi chamada mais uma vez para depor:

– Você matou o seu marido... Como pôde achar que existiria um universo onde sobreviveria a isso? – acusou o delegado Mauro Dias.

– Eu não matei! – esquivou-se.

– Confessa logo. Tira essa culpa das suas costas. Fala a verdade! Depois de confessar, você se sentirá tão leve quanto uma pluma...

Acuada, Elize pediu para falar com Santoro, seu advogado. Ela anunciou estar disposta a assumir ter matado o marido. "Estou preocupada com toda essa repercussão. Estou sendo retratada como uma assassina fria e cruel. Eu quero confessar porque eu tenho medo de a minha filha nunca ficar sabendo o que aconteceu de verdade dentro daquele apartamento", justificou a criminosa. O defensor apoiou a decisão e pontuou o seguinte: o fato de ela ter desmembrado o corpo do marido após assassiná-lo a poria numa posição muito difícil, ou seja, ela seria condenada com 100% de certeza. "Embora o esquartejamento não seja um crime grave – tem pena de um a três anos de prisão –, a sociedade não aceita", explicou Santoro à sua cliente. Em seguida, ele a advertiu: "Se é para confessar, fale exatamente o que aconteceu. Não esconda nada, nenhum detalhe".

Após Santoro mostrar os cenários possíveis diante de uma confissão, Elize se preparou para contar a sua versão do crime. A assassina entrou na sala do delegado Mauro Dias, no Departamento de Homicídios e de Proteção à Pessoa (DHPP), às 12h45 do dia 6 de junho de 2012. Na véspera, Marcos havia sido enterrado sem o braço esquerdo, na sepultura 66 A da quadra 35 do Cemitério São Paulo. A cerimônia fúnebre ocorreu numa manhã chuvosa, durou só dez minutos e contou com a participação de apenas dez pessoas: o pai Mitsuo, o irmão Mauro, os amigos Lózio, Lincoln e Paolo e o advogado Luiz Flávio Borges D'Urso, além de quatro funcionários da Yoki.

Frente a frente com o delegado Mauro Dias, Elize pegou um lenço para enxugar as lágrimas. Com receio de ser acusado de arrancar verdades por meio de tortura, o policial resolveu filmar todo o depoimento. Durante oito horas, Elize contou diante de uma câmera como matou o marido e dividiu o corpo dele em sete partes. Depois embrulhou cada pedaço em sacos de lixo e arrumou em três malas pretas de viagem. Pegou a sua Pajero TR-4 e seguiu na noite escura por uma estrada de terra para desová-lo no matagal de Cotia. Os detalhes da sua confissão são de arrepiar.

* * *

Após dar o tiro na testa de Marcos na noite de sábado, 19 de maio de 2012, Elize retirou dois tapetes do chão da sala e puxou uma cadeira para deixar o caminho livre. Pegou o cadáver pelos braços e arrastou pelo corredor por 15 metros até chegar ao quarto de hóspedes. Como o corpo pesava 90 quilos, ela parou duas vezes para recuperar o fôlego. O deslocamento deixou um rastro de sangue no chão. Seu plano inicial, segundo contou, era acionar a polícia e confessar o crime, mas desistiu porque imaginou o óbvio: seria presa e ficaria longe da filha.

Aparentemente sem saída, a criminosa recorreu a um plano alternativo. A primeira providência foi pegar na área de serviço um balde com água, pano de chão e o produto de limpeza *Veja Multiuso*. Passou a madrugada tirando sangue e massa encefálica do piso de madeira. A faxina foi perfeita. Doze dias depois, peritos usaram luminol em todo o piso da sala para tentar encontrar manchas de sangue, mas o composto químico não detectou nenhuma gotícula vermelha. Enquanto isso, sua filha de 1 ano e 1 mês dormia no quarto do piso superior do dúplex.

De acordo com o relato da homicida, a babá Amonir Hercília dos Santos, de 24 anos, chegou ao apartamento dos Matsunaga por volta das 6 horas da manhã. A funcionária tomou café rapidamente, vestiu uniforme branco, cumprimentou a patroa e subiu ao quarto da criança. Elize pediu à babá para não ser incomodada em hipótese alguma. Foi até a cozinha, pegou uma faca de cortar carne de 30 centímetros e se trancou no cômodo onde o marido jazia havia pelo menos dez horas. Começou os trabalhos tirando a calça jeans e a camiseta do cadáver, deixando-o somente com uma cueca boxer branca. Em seguida, lançou mão de sua experiência em esquartejar e desossar animais na selva. Também aplicou métodos de incisão observados em centros cirúrgicos na época do trabalho de técnica em enfermagem no Hospital Nossa Senhora das Graças, em Curitiba, onde trabalhou entre outubro de 2001 e abril de 2003.

Por mais incrível que possa parecer, o crime de esquartejamento é mais comum do que se imagina. Na totalidade dos casos, a pessoa que esquarteja sabe quem é a vítima, teve algum tipo de relação com ela. Até porque um criminoso não vai perder tempo cortando o corpo de um desconhecido. Sendo assim, a primeira parte a ser arrancada é sempre a cabeça. Isso ocorre por dois motivos: primeiro, porque o assassino não quer que o cadáver passe a ideia de estar "olhando" a ação. Segundo, porque, sem o rosto, o indivíduo perde a sua identidade. Ou seja, o esquartejador fica muito mais à vontade para fazer o "trabalho" se a cabeça não estiver presa ao corpo. Elize rompeu esse padrão. Ela iniciou o esquartejamento pelos joelhos, as duas maiores articulações do corpo humano. Concentrada, agachou-se perto do cadáver do marido e começou passando a lâmina lentamente na pele até alcançar os ligamentos colaterais e os meniscos. Quando o talho atingiu as cavidades articulares, houve um derramamento de líquido sinovial, cuja função é lubrificar o sistema locomotor. Em seguida, a faca avançou por estruturas musculares responsáveis pela extensão do joelho. Passou pela cartilagem e rompeu os ligamentos cruzados até finalmente separar a tíbia do fêmur, preservando os ossos menores (fíbula e patela). O desmembramento das duas pernas durou aproximadamente uma hora, segundo cálculo da assassina esquartejadora.

O perito criminal Jorge Pereira de Oliveira foi quem analisou o cadáver de Marcos no IML. De acordo com a avaliação do legista, Elize demonstrou talento na hora de desmembrar as pernas pelas rótulas. "Podemos falar que a lâmina foi precisa porque passou entre ligamentos e cartilagens de ponta a ponta e de forma contínua, deixando os ossos intactos. Isso é de uma habilidade cirúrgica", declarou o perito. Em seu depoimento, a criminosa explicou a eficiência na hora de cortar o marido: "Como eu entendia de anatomia humana, não tive dificuldade em esquartejá-lo". O estômago do delegado Mauro Dias embrulhou com os detalhes da narrativa da criminosa.

Depois das pernas, foi a vez de desmembrar os braços. Elize passou a faca na altura das axilas. Cortou os músculos supraespinhais e artérias importantes até separar o úmero da escápula e da clavícula. Esses cortes também não atingiram os ossos. Segundo o seu depoimento, ela ia ensacando os membros de Marcos no plástico azul tão logo acabava de cortá-los para evitar maior derramamento de sangue e pedaços de carne humana pelo chão. "Eu queria tirá-lo de casa. Infelizmente, a única forma de fazer isso foi cortando-o", justificou em depoimento.

A próxima etapa foi a mais trabalhosa e a mais intrigante na leitura dos médicos legistas. Elize conseguiu separar a cintura do tronco passando a faca superficialmente num golpe contínuo. Essa incisão, a princípio, cortou apenas pele, músculos e gordura. Começou na barriga logo abaixo do umbigo, deu a volta pela lateral do corpo até chegar às costas e voltou para a parte da frente até completar a circunferência. Elize usou o elástico da cueca da vítima como parâmetro para manter o corte em linha reta. Nesse desmembramento, a esquartejadora virava o cadáver no chão à medida que o corte avançava. A incisão chamou a atenção dos peritos pelo requinte da execução. "Foi uma lesão tecnicamente limpa e feita somente nas paredes do abdome. Não havia sangue nas cavidades abdominais. Ela conseguiu preservar as alças intestinais, impedindo a saída de material fecal. Se as fezes escapassem do intestino, seria impossível ela ficar no ambiente por causa do forte odor. [...] Nunca vi nada parecido em 40 anos de atividade em perícia criminal", descreveu o médico legista.

Quando estava desmembrando o tronco da cintura, Elize foi interrompida com batidas na porta. Do lado de fora, a babá falou que a menina estava chorando sem parar. Elize parou o serviço, lavou as mãos e saiu do cômodo para acalentar a filha. Como a menina não parava de chorar, Elize foi até o armário, pegou um potinho contendo papinha de bebê e tentou dar à filha usando uma colher. A criança recusou e continuou a chorar. Só parou depois de a mãe amamentá-la por alguns minutos. Em seguida, Elize a devolveu para a babá reforçando a ordem dada antes: "Não me incomode mais! Ouviu bem?", falou ríspida. Em seguida, voltou ao quarto para quebrar as vértebras do pai da sua filha. "Não foi nada fácil cortar a cintura. Nesse momento, fiquei tão cansada que pensei em desistir e me entregar à polícia. Mas lembrei novamente da minha filha e voltei para terminar de cortar a coluna", confessou à polícia.

A princípio, Elize dividiu o corpo de Marcos em seis partes. A cabeça continuava presa no tronco pelo pescoço e as coxas ficaram anexadas ao quadril. A assassina foi até um dos cômodos do apartamento apelidado pelo casal de "quarto da bagunça", pegou três malas de viagem grandes e as levou até o local onde havia seccionado o marido. Nessa hora, ela percebeu que o tronco não caberia dentro da valise se estivesse com a cabeça. Para resolver o problema, a técnica em enfermagem e caçadora fez a degola passando a lâmina na região cervical (C7). Os sete pedaços foram distribuídos logo após a decapitação. Na primeira mala foi posto o tórax. Na segunda, as pernas, a cabeça e as roupas da vítima. Na terceira, ela acomodou o quadril e os braços. Tudo devidamente ensacado com plástico de lixo, frise-se. Para eliminar provas, ela limpou o sangue do chão do quarto novamente com *Veja Multiuso*. O esquartejamento, segundo seus cálculos, durou cerca de seis horas.

Após detalhar ao delegado como matou e esquartejou Marcos, Elize revelou como fez a desova na mata. Segundo sua confissão, logo após arrumar as partes do marido nas malas, ela tomou um banho, vestiu-se com calça jeans e blusa cor-de-rosa, calçou botas marrons e usou casaco de frio. Avisou a babá que estava de saída e não tinha hora para voltar. Pegou a sua bolsa Louis Vuitton bege, pôs dentro dela o cano da arma usada para matar o empresário e saiu pela cozinha. Quando o elevador de serviço chegou, a assassina puxou a porta e usou a primeira mala para mantê-la aberta. Enquanto isso, arrastou as outras duas para dentro do elevador.

De carro, Elize saiu do prédio e seguiu pela Rodovia Raposo Tavares rumo a Chopinzinho, no Paraná. A viagem de 825 quilômetros duraria pelo menos dez horas. Mas, após percorrer três horas de estrada, ela se lembrou da mata fechada em volta da chácara Don Juan, de propriedade do amigo Horácio, localizada na zona rural do município de Cotia, onde costumava passar fins de semana com o marido. Fez o retorno quando já estava escurecendo e seguiu em direção ao novo destino. Quando a criminosa passava pela Rodovia SP-127, um radar inteligente detectou que seu carro estava em alta velocidade, com o licenciamento vencido fazia 20 dias, e enviou a informação ao posto da Polícia Rodoviária Estadual mais próximo, no município de Capão Bonito, a 231 quilômetros da capital. No posto policial, os homens da lei já esperavam pela Pajero TR-4 no meio da pista. Fizeram sinal para Elize parar no acostamento. Ela manteve-se calmíssima. O diálogo foi tenso:

– Boa-noite, senhora!
– Boa-noite, seu guarda.
– Aonde a senhora está indo?

– Para casa, em São Paulo – respondeu.
– Onde a senhora mora?
– Vila Leopoldina.
– Documentos do veículo e habilitação, por favor.

Apática, Elize abriu a bolsa de luxo e atendeu o guarda. Em seguida, o policial pediu a ela para descer do carro. A assassina continuou tranquila ao dizer não saber do licenciamento irregular. Os policiais fizeram uma inspeção externa na TR-4 usando uma lanterna. O bagageiro desse utilitário da Mitsubishi tem vista livre tanto pelo vidro traseiro quanto pelas janelas laterais. Ou seja, foi possível os guardas rodoviários enxergarem do lado de fora as três malas no interior do carro. Serena, Elize ficou impávida diante da iminência de ser descoberta. Enquanto os policiais olhavam o carro, ela pegou o celular e fingiu falar com a filha – que, com um ano, mal falava "papai" e "mamãe". "Filha, mamãe tá voltando. Já, já chego em casa, viu? Fica bem!". Na sequência, a assassina foi multada e liberada, apesar de estar com um corpo esquartejado no porta-malas. Segundo o psiquiatra forense Guido Palomba, a frieza com que Elize se portou diante dos policiais é a sua assinatura de "assassina psicopata". "Qualquer pessoa entraria em pânico", analisou o médico. O laudo detalhado de Palomba sobre Elize está no próximo capítulo.

Procurada, a Polícia Militar de São Paulo argumentou que abordagens, como ocorreu com o carro de Elize, eram feitas apenas para verificar a situação do veículo e do motorista, como sinais de alterações clínicas que o impeçam de dirigir com segurança. Apesar de o Código de Trânsito Brasileiro determinar o recolhimento do veículo quando flagrado rodando com licenciamento atrasado, a PM paulista recorreu a uma norma do Comando de Policiamento Rodoviário Estadual recomendando a apreensão do veículo só depois do prazo de 30 dias após o vencimento dos documentos. Como a Pajero TR-4 de Elize estava dentro desse intervalo de tempo, ela foi liberada.

Da barreira de trânsito, a assassina seguiu em direção à mata de Cotia. A primeira desova foi à noite na estrada dos Pires, perto de uma igreja. O local estava totalmente escuro. A criminosa abriu a mala e despejou os sacos de lixo contendo o quadril e os braços do marido. Segundo sua confissão, nessa hora dois cachorros pularam uma cerca e correram latindo em sua direção. A lâmpada da varanda de uma casa próxima foi acesa por causa dos latidos dos cães. Com medo de ser flagrada, Elize jogou a mala vazia para dentro do carro e acelerou em disparada. Percorreu 1,3 quilômetro até chegar à Rua Bragança. Lá, livrou-se da cabeça, de uma das pernas e dos sacos contendo as roupas da vítima. Seguiu mais 600 metros na mesma rua e jogou fora a outra perna. No caminho, ligou para a babá e obteve notícias da filha. Para finalizar, avançou 2,5 quilômetros e desfez-se do tronco numa área conhecida como Caucaia do Alto. Segundo laudo do IML, os sete pedaços de Marcos foram despejados num raio de 4,4 quilômetros.

Em confissão, Elize contou ter jogado o cano da arma na Rodovia Raposo Tavares quando seguia ao Paraná. As três malas vazias foram postas num contêiner de entulhos no caminho de volta para casa. A faca, segundo ela, foi deixada numa lata de lixo do Shopping Villa-Lobos, no Alto de Pinheiros. A viúva levou os policiais aos locais, mas os objetos não estavam lá. Não se sabe se a criminosa mentiu ou se os garis já haviam recolhido as provas. Ainda segundo seu relato, depois de se livrar do corpo do marido, Elize voltou para casa perto da meia-noite da segunda-feira.

No final da confissão, o delegado Mauro Dias perguntou à assassina se tinha algo a acrescentar no depoimento. Ela tinha. "Queria deixar registrado que eu amava o meu marido como nunca havia amado homem algum. Mas ele era extremamente violento e só queria fazer sexo como se eu ainda fosse uma prostituta. Ele já não me respeitava como mulher, esposa e nem como mãe da sua filha. Me humilhava por eu ter sido garota de programa e pobre. Dizia que eu era louca e que ia me internar num hospício. Que eu nunca mais veria a minha filha. Que a minha família era uma merda. Mesmo assim eu o amava com todas as minhas forças. Queria muito que o meu casamento tivesse dado certo. Mas, infelizmente, não deu…"

Numa cela da delegacia de Itapevi, já com a pecha de assassina confessa, Elize recebeu a visita do reverendo François. Primeiramente, o religioso sondou se Marcos havia deixado testamento. Em seguida, fez uma espécie de atendimento espiritual à detenta. "Não vim aqui acusá-la, mas sim para lhe dar conforto espiritual, abraçá-la, ouvi-la chorar e consolá-la. Não quero saber nada sobre o que você fez, filha.

Simplesmente estou aqui para manifestar compaixão, misericórdia e mostrar a você o caminho da luz. Quero te acolher, abraçar, beijar e te fazer carinho", anunciou. O sacerdote ficou chocado com a imundície do lugar. Elize não conseguiu olhar nos olhos de François tamanho o constrangimento. Ele segurou no queixo da jovem e levantou a cabeça dela para o alto. "Não vim até aqui julgá-la. Quem vai fazer isso é o tribunal dos homens. Vim apenas trazer a palavra de Cristo e confortar o seu coração". Na saída, François foi questionado por um policial:

– Como ela está, reverendo?

– Ela está envergonhada. Mas confesso que estou um pouco impressionado. Achei que ia encontrar uma pessoa muito arrependida. Mas não. Estou até assustado com a sua frieza. Mas cumpri o meu papel de sacerdote.

– O senhor pretende voltar?

– Jamais! – encerrou François.

Após a confissão, Elize decidiu colaborar com as investigações da polícia para obter atenuantes na hora de ser julgada. Deu mais três depoimentos complementares contando mais detalhes do crime, apesar de um dispositivo constitucional lhe garantir o direito de ficar calada para não produzir provas contra si. Elize confessou à tarde e, à noite, participou de uma encenação do crime feita por técnicos do Núcleo de Perícias em Crimes contra a Pessoa do Instituto de Criminalística da Polícia Técnico-Científica de São Paulo. Na reprodução simulada, coordenada pelo perito Ricardo Salada, Elize sentou-se na cadeira da mesa de jantar e mostrou como levou uma bofetada de Marcos, o que teria sido o primeiro gatilho para o assassinato. Em nenhum momento ela chorou ao relembrar a morte do marido. Nem quando simulou o tiro e o esquartejamento usando uma arma de brinquedo e uma faca de plástico. Orientada pelo advogado Luciano Santoro, a viúva só falava quando lhe era perguntado algo pelos policiais.

Na hora de usar as malas para reproduzir o momento de acomodar as partes do corpo do empresário, surgiu um impasse: como fazer cada mala pesar 30 quilos? Os peritos começaram a pegar vinhos na superadega do apartamento e distribuir as garrafas pelas malas. Quando um policial pegou um Romanée-Conti, um dos rótulos mais caros do mundo, avaliado na época em 25 mil dólares, Elize ficou apreensiva. "Essa garrafa não, por favor. É um vinho nobre. Pegue outra mais em conta", orientou. Com medo de dar prejuízo, os peritos passaram a usar apenas os vinhos do Porto de uma caixa posta no chão da adega. Cada uma dessas garrafas custava mais ou menos 900 reais (valores da época). Na reprodução simulada, tia Rose estava no apartamento juntamente com a filha do casal. Elize pediu aos policiais para se despedir da menina antes de ser levada novamente para a cadeia. O delegado Mauro Dias permitiu que a mãe se despedisse da criança por meia hora. Rose chorava copiosamente, enquanto a assassina não derramava qualquer lágrima. Essa foi a última vez que Elize viu a filha. Ela também se despediu dos seus cachorrinhos, Sofia e Fiona.

Elize matou o marido em 19 de maio de 2012, foi indiciada pela polícia no dia 18 de junho e denunciada à Justiça no dia seguinte pelo Ministério Público. O relatório de 15 páginas encaminhado pelo promotor criminal José Carlos Cosenzo à 5ª Vara do Júri de São Paulo deu trabalho para a defesa da assassina. Cosenzo acusou Elize de homicídio triplamente qualificado por motivo torpe, recurso impossibilitando a defesa da vítima e meio cruel, além de destruição e ocultação de cadáver. O promotor sustentou ainda que a viúva teria planejado a morte de Marcos Matsunaga bem antes de viajar para Chopinzinho. Segundo ele, Elize simplesmente matou por dinheiro e não movida pelo medo de ficar longe da criança, como sustentava. "A acusada é oriunda de família pobre. Foi auxiliar de enfermagem e garota de programa. Depois de se casar com um milionário, viu caírem por terra o matrimônio e a vida confortável porque ele arrumou outra garota de programa como amante. Beneficiada única de um seguro de relevante valor [600 mil reais], ficando com a filha herdeira de enorme patrimônio do pai, resolveu matá-lo. Conseguiria se vingar e ficaria rica. Exímia atiradora, o executou e o esquartejou", escreveu Cosenzo em seu relatório.

Em depoimentos na delegacia, Elize sustentou várias vezes que matou Marcos porque ele ameaçava tirar a sua filha. Cosenzo rebateu essa justificativa. Segundo o promotor observou, Marcos levava um estilo de vida incompatível com a de um pai, pois vivia na noite em boates e bordéis de luxo atrás de prostitutas; e viajava nos finais de semana para fazer turismo sexual. "Nem cabia uma criança em sua rotina. Por isso essa conversa de 'tirar a minha filha' não faz sentido. Até porque o Marcos sequer fazia questão de visitar a sua filha do casamento com Lívia", argumentou Cosenzo em 2021.

Com base no depoimento de Elize, o promotor acentuou o detalhe mórbido de Elize ter deixado para cortar a cabeça de Marcos por último: "Não há registro na história da Medicina Legal de casos em que um assassino tenha esquartejado uma pessoa começando pelas pernas. A cabeça é sempre a primeira a ser cortada porque, sem ela, o corpo passa a ser um cadáver comum, sem um rosto, sem um nome. Não é fácil esquartejar uma pessoa conhecida olhando o seu semblante". Já o perito Jorge Oliveira afirmou no laudo que o primeiro membro a ser cortado foi a cabeça e não a perna. Disse também de forma categórica que Marcos não teria morrido em função do tiro na cabeça, como afirmara Elize, mas sim em decorrência de afogamento no próprio sangue. "O ferimento pelo projétil de arma de fogo não fora mortal. A *causa mortis* foi provocada pela inundação das vias aéreas por sangue. [...] O sangramento só chegou aos brônquios porque havia respiração ativa. E a origem dessa hemorragia foi o corte feito na região cervical", descreveu o legista.

Baseado nos laudos periciais, Cosenzo acusou Elize de ter dado o tiro na cabeça de Marcos à queima-roupa tão logo ele abriu a porta da sala com a pizza e não durante a discussão. Para incriminá-la ainda mais, o representante do Ministério Público disse "ter certeza" de que ela teve ajuda de outra pessoa para esquartejar o empresário, "pois seria impossível uma mulher sozinha fazer o corte na altura da cintura da vítima". Ainda subsidiado pelo trabalho dos peritos, Cosenzo reiterou que a vítima estaria viva quando foi esquartejada. "Enquanto Marcos agonizava, Elize estava com ódio incontido e armou-se com uma faca. Aproximou-se do pescoço do marido e o seccionou, conseguindo decapitá-lo", descreveu em sua denúncia. Autor da maioria dos laudos cadavéricos anexada ao inquérito, o perito criminal Jorge Pereira de Oliveira também sustentou a tese da terceira pessoa na cena do crime. "Os cortes feitos no empresário tinham dois padrões distintos. O primeiro tipo foi um ferimento feito nele vivo. O segundo são cortes produzidos *post mortem* [posterior à morte]. Os ferimentos realizados na região cervical e nas raízes dos membros superiores apresentam características de reação vital. [...] Havia ainda impregnação de sangue na musculatura do pescoço, o que também prova que a vítima estava viva na hora do esquartejamento", descreveu Oliveira no laudo.

Diante da hipótese de Elize ter recebido ajuda para esquartejar o empresário, a polícia abriu um segundo inquérito para investigar quem seria a terceira pessoa na cena do crime. No bojo dessa investigação, outras reconstituições foram feitas no apartamento do casal e nos locais onde os pedaços da vítima foram encontrados. Orientada pelo advogado, Elize não colaborou nesse segundo inquérito. "Não fazia nenhum sentido ela ajudar, pois já havia confessado o crime, estava denunciada pelo Ministério Público e encaminhada ao Tribunal do Júri", justificou Luciano Santoro. Nunca foi provada a participação da tal terceira pessoa. O inquérito para apurar essa suspeita terminou com um carimbo de "inconclusivo". Já a teoria de que Marcos foi esquartejado ainda vivo foi desqualificada ao custo de muita dor para a família da vítima. No dia 12 de março de 2013, o corpo do empresário foi exumado a pedido da defesa de Elize para a realização de mais perícias. Segundo os novos laudos, o tiro disparado pela esposa não foi à queima-roupa. Os peritos da exumação não disseram de forma categórica se o empresário estava vivo ou morto no momento do esquartejamento por causa do avançado estado de decomposição do cadáver. No entanto, o exame anatomopatológico assinado pela perita Maria de Seixas Alves concluiu que a vítima estava morta quando foi esquartejada. Marcos foi sepultado pela segunda vez no dia 15 de maio de 2013. A versão de que Elize seccionou o marido morto e sozinha ficou mais próxima da verdade. Até porque as imagens do circuito interno do condomínio nunca mostraram uma outra pessoa chegando ao apartamento no dia do esquartejamento. "É muito machismo do Ministério Público achar que uma mulher não é capaz de matar e esquartejar um homem", comentou Juliana Fincatti Santoro, também advogada de Elize em ações penais e cíveis.

De acordo com o Código Penal Brasileiro, crimes contra a vida são graves demais para deixar o destino do réu somente nas mãos do juiz. Esses casos são encaminhados ao Tribunal do Júri, onde sete pessoas comuns representam a sociedade para formar opinião sobre o acusado. Os jurados leem um resumo do processo, ouvem os interrogatórios das testemunhas, dos peritos, dos policiais; fazem perguntas – se quiserem – e assistem a todos os debates entre defesa e acusação. Durante o julgamento, eles são obrigados a dormir no tribunal. No caso do Fórum da Barra Funda, os alojamentos eram precários. Não tinham janelas, banheiros próximos nem ar-condicionado.

A decisão de submeter Elize ao Tribunal do Júri foi publicada no dia 15 de agosto de 2013, mais de um ano após o crime. Considerado um dos mais longos da história da Justiça de São Paulo, o julgamento da assassina confessa iniciou-se no dia 28 de novembro de 2016 e durou sete dias. A passagem da assassina pelo tribunal teve uma repercussão modesta na mídia, se comparada à cobertura da morte de Marcos Matsunaga. Todas as atenções da sociedade no dia do julgamento de Elize estavam voltadas para outra tragédia. Na madrugada do dia 28 de novembro de 2016, primeiro dia do Júri, o voo LaMia 2933, que partiu de Santa Cruz de la Sierra, na Bolívia, levaria a delegação da Chapecoense para o Aeroporto Internacional José María Córdova, em Rionegro, na Colômbia. O avião caiu perto de um local montanhoso chamado Cerro El Gordo enquanto fazia o procedimento de pouso. Ao todo, 71 pessoas morreram no acidente, entre atletas, comissão técnica, jornalistas, diretores e comissários de bordo. Apenas seis pessoas sobreviveram. Com isso, as notícias do julgamento da esquartejadora ficaram diminutas nos veículos de comunicação.

O Júri foi formado por quatro mulheres e três homens. Elize sentou-se no banco dos réus vestindo calça preta e blusa branca. Por cima da roupa simples ela usou um blazer preto. O figurino sóbrio foi estrategicamente comprado pela defesa em loja de departamentos. Em seu cabelo, havia tranças. "Eu queria que ela despertasse empatia nos jurados", explicou Santoro. Para ouvir a sentença, a criminosa teve de trocar as roupas simples pelo uniforme de presidiária, composto de calça cáqui e camiseta branca. As mãos foram postas para trás para receber as algemas no pulso. Elize saiu do tribunal com uma pena de 19 anos, 11 meses e um dia, sendo 18 anos e nove meses pelo homicídio, e um ano, dois meses e um dia pelo esquartejamento e ocultação do cadáver. Na hora de responder aos quesitos, os jurados desconsideraram as qualificadoras do crime pedidas pelo promotor Cosenzo. Qualificadoras são as circunstâncias que aumentam a gravidade do crime, proporcionando um acréscimo à pena. No entendimento do Júri, no assassinato de Marcos por Elize, não houve "motivo torpe" (matou por vingança e dinheiro) nem "meio cruel" (a vítima ainda estaria viva quando foi esquartejada).

Na sentença, o juiz Adilson Paukoski Simoni classificou o crime como brutal e hediondo. Destacou que Elize era boa mãe e educada no trato com as pessoas, mas seria uma mulher "fria e perigosa". Teria cometido o crime sob uma violenta emoção provocada por ofensas feitas pela vítima. "Contrariamente, apesar da origem humilde, além de ter frequentado curso de técnico de enfermagem (completando-o), formou-se em curso superior, especificamente em Ciências Jurídicas e Sociais (Direito). Viveu nababescamente depois de casada com o ofendido, já que, no dizer dos autos, era tratada como uma princesa." No entanto, segundo o texto da sentença, pesava contra a ré o fato de ela ter se passado falsamente pelo marido morto para fazer a família dele crer na história da fuga de Marcos com uma amante. O conselho de sentença acreditou que Elize só confessou o crime porque as investigações convergiram contra ela. "O veredito aponta prática revestida de cuidadosa premeditação, reveladora de uma personalidade fria e manipuladora e, portanto, extremamente perigosa", promulgou o juiz. A sentença foi lida no plenário 10 do complexo judiciário Ministro Mário Guimarães às 2 horas e 8 minutos da madrugada do dia 5 de dezembro de 2016.

Quando recebeu a sentença, Elize já havia cumprido quatro anos e meio de prisão. Como a Justiça de São Paulo não considerou o atenuante de a ré ter confessado e colaborado com as investigações, sua defesa recorreu ao Superior Tribunal de Justiça (STJ), em Brasília, e conseguiu um abatimento de dois anos e seis meses na pena da assassina. Com o desconto, sua condenação baixou em março de 2019 para 16 anos e três meses.

O julgamento da esquartejadora foi marcado por embates inusitados. Na hora de fazer a sustentação oral de defesa de Elize, o advogado Luciano Santoro levou uma pilha de oito DVDs para confundir a acusação. À medida que o defensor falava, a estagiária do seu escritório, Julia Crespi Sanchez, colocava no telão imagens para ilustrar as palavras do defensor. Quando ele descrevia os abusos sofridos por Elize na adolescência, por exemplo, o telão exibia fotos de uma menina triste. A ideia era sensibilizar as pessoas do Júri. Para ilustrar como as humilhações sofridas por ela no casamento descambaram para a morte de Marcos, Santoro apresentou imagens de mulheres com hematomas e citou uma das frases mais populares da ativista negra norte-americana Maya Angelou (1938-2014): "As pessoas vão esquecer o que você disse, as pessoas vão esquecer o que você fez, mas as pessoas nunca esquecerão como você as fez sentir".

Na réplica, o promotor Carlos Cosenzo criticou a apresentação do advogado. "Se fosse meu aluno, não passaria nem em concurso para porteiro", provocou o promotor de 62 anos na época. Santoro tinha 38 anos, apresentava problema de surdez e não ouviu o comentário do adversário, apesar de a fala ter sido feita ao microfone. No entanto, um policial encarregado da segurança do tribunal queixou-se das palavras do promotor porque seu pai era porteiro. "O que ele tem contra porteiros?", questionou o guarda. Santoro só se deu conta da polêmica quando ouviu a reclamação repassada pela esposa, a advogada Juliana Fincatti Santoro. O advogado de Elize rebateu o representante da acusação em sua tréplica. "Quero me dirigir ao promotor: sou muito jovem e tenho muito tempo para errar na minha carreira. O senhor não tem mais esse tempo. Hoje é domingo, tarde da noite. Se estamos aqui é porque um porteiro abriu a porta para a gente. Aliás, eles abrem portas e portões todos os dias. E o trabalho desse profissional é tão digno quanto o meu e o seu."

Cosenzo não foi o único a cometer deslizes no julgamento. Em sua atuação, Santoro surpreendeu a plateia ao exibir totalmente fora de contexto no telão a foto da cabeça de Marcos decepada pela sua cliente. As imagens do corpo esquartejado já haviam sido apresentadas três dias antes com prévio aviso. Parte das pessoas, inclusive Elize, pediu para sair do tribunal para não vê-las. O assistente de acusação, a cargo do advogado estrelado Luiz Flávio Borges D'Urso, também cometeu gafe. Na abertura de uma sustentação oral, ele filosofou: "Só Deus e Elize sabem o que aconteceu naquele apartamento". A frase abstrata serviu de deixa para o adversário improvisar. Santoro anotou numa folha de papel os principais argumentos da acusação, levantou-se para ler os tópicos em voz alta e os rebateu um a um. "Se a acusação não sabe o que aconteceu, eu sei e vou contar a vocês", debochou o defensor de Elize, amassando o papel e jogando-o no lixo em seguida.

A serra elétrica comprada por Elize na véspera do crime também foi pivô de um bate-boca entre defesa e acusação. O Ministério Público associou a aquisição do equipamento à premeditação do crime. Ou seja, ela supostamente planejou esquartejar o corpo de Marcos usando a serra, pois seria impossível partir os ossos somente com uma faca de cortar carne. Em depoimento, Elize refutou essa tese. Segundo argumentou, foi o próprio marido quem encomendou a serra. "Ele pretendia usar o acessório para abrir caixas de madeira vindas do exterior contendo garrafas de vinho", disse a ré. "A acusação do MP não tem o menor cabimento. Se ela tivesse comprado a serra para cortar o marido, ela teria usado o equipamento durante o esquartejamento", rebateu Luciano Santoro na época. Para não deixar o dito pelo não dito, a tal serra foi submetida a uma perícia e não foram encontrados vestígios de sangue em sua lâmina.

Outras duas discussões agitaram o julgamento. Uma delas se deu nos bastidores do tribunal. O delegado Mauro Dias havia criticado duramente o trabalho do perito criminal Jorge Pereira de Oliveira, principalmente a afirmação sem fundamento sobre uma possível terceira pessoa na cena do crime. "Essa tese só fez atrasar o julgamento", afirmou o delegado. Na hora de se recolher para dormir no alojamento do tribunal, o médico legista, com medo, disse que só pernoitaria no fórum se o delegado fosse embora. Os dois já haviam se desentendido em outros casos policiais. A segunda discussão ocorreu entre a repórter do SBT, Thaís Nunes, e o juiz Adilson Paukoski Simoni, presidente do Júri. Quando Elize falou em depoimento ter levado no rosto um tapa de Marcos, o magistrado perguntou: "Um tapa só?". Elize reiterou dizendo "sim". Thaís estava sentada na primeira fila do auditório e questionou em voz alta: "Um tapa é pouco? Quantos seriam necessários?". A jornalista idealizou o documentário *Elize Matsunaga – Era uma vez um crime*, disponível na Netflix. Simoni esclareceu à jornalista só ter refeito a pergunta porque não tinha entendido a resposta, pois Elize havia falado em voz baixa. Aliás, a criminosa foi alertada várias vezes pelo juiz durante o julgamento para falar mais alto. Muitas vezes, a voz da ré era quase incompreensível.

Orientada por seus advogados, Elize se recusou a responder ao interrogatório da acusação. Estas foram algumas das perguntas feitas a ela pelo juiz Adilson Paukoski Simoni durante o julgamento:

– **A senhora tem origem rica ou humilde?**
– Humilde, se for comparar.
– **A senhora trabalhava como técnica de enfermagem, é isso?**
– Sim.
– **Presenciava as operações?**
– Sim, a incisão, as cirurgias...
– **O Marcos se mostrava uma pessoa gentil?**
– Sim. Ele era extremamente carinhoso. Me dava presentes e me tratava superbem no casamento. No início, era o casamento que toda mulher sonha.
– **Quando o casamento começou a não dar certo?**
– Quando eu descobri a primeira traição dele, logo depois do casamento, em 2010. A gente estava viajando pelo Mato Grosso e descobri, olhando o computador dele, um encontro sendo marcado com uma funcionária da Yoki de Marília (SP).
– **Quando a senhora falava em separação, mantinha relação sexual com ele?**
– Não, porque tinha engravidado. [...] Aí a bebê nasceu e eu o perdoei porque ele disse "vamos agora só pensar no nosso bebê". Aí eu o perdoei. Mas depois que a nossa filha completou 6 meses ele começou a se afastar.
– **A senhora atira bem?**
– Eu não sei. Dizem que sim.
– **É fácil de saber: a senhora acerta o alvo?**
– Acerto.
– **A senhora foi infiel ao Marcos?**
– Nem com ele, nem com os outros relacionamentos que eu tive.
– **Quantos tiros a senhora deu no seu marido?**
– Um só.
– **E o tiro pegou onde?**
– Na cabeça.
– **Na hora exata de atirar, a qual distância a senhora estava dele?**
– Não sei, Excelência.
– **Um passo, dois passos?**
– Eu não estava com uma régua. Não medi. Aconteceu.
– **E com o tiro ele caiu logo no chão ou deu alguns passos?**

– Ele caiu. Quando dei o tiro, abri o olho e ele já estava no chão.
– **Eu não entendi o "abri o olho". Como assim?**
– Na hora de disparar, eu fechei os olhos. Mas não sei quanto tempo isso durou porque foi muito rápido.
– **Me diga uma coisa: quando ele caiu, ele agonizou?**
– Não. Não estava mais falando nada.
– **Ele respirava?**
– Não sei. Não cheguei perto dele.
– **Estava com os olhos abertos?**
– Não sei, Excelência.
– **Estava consciente?**
– Também não sei dizer.
– **Teve algum momento em que a senhora falou: "Vou matar o Marcos"?**
– Não.
– **A senhora sabe que o corpo do Marcos foi esquartejado?**
– Sim, porque eu esquartejei. Mas não foi na sequência.
– **Quanto tempo depois do tiro a senhora esquartejou?**
– Depois que a babá chegou, bem cedinho, por volta das 6 horas. Aí comecei a cortar às 7h30 da manhã.
– **Por que a senhora demorou tanto?**
– Não sei dizer.
– **A senhora limpou o sangue sozinha?**
– Sim.
– **A senhora começou a cortar o corpo por qual motivo?**
– Porque ele era pesado. Pensei em ligar para a polícia e contar tudo. Queria tirar ele dali. Mas naquela altura do campeonato eu não ia mais contar para ninguém. Já queria esconder. Eu não conseguiria tirar ele de lá sozinha. Então esse foi o jeito que encontrei.
– **Quando a senhora começou a cortar o Marcos, ele estava respirando?**
– Não. Ele estava duro.
– **A senhora é técnica em enfermagem. Então sabe as fases que um corpo passa depois de perder a vida, né?**
– Estava rígido.

– **Quantas facas a senhora usou para fazer os cortes?**
– Uma só. Era uma faca grande de cabo marrom usada para cortar carne.
– **A senhora chegou a usar a serra elétrica comprada na viagem?**
– Não, Excelência. Usei só a faca mesmo.
– **Quanto tempo a senhora demorou para esquartejar o corpo?**
– Demorou bastante. É difícil falar em tempo e horário porque eu não ficava olhando para o relógio. O delegado também me perguntou quanto tempo durou isso, quanto tempo durou aquilo. Mas eu não sei.
– **E o que a senhora fez depois de cortá-lo?**
– Pus ele em sacos de lixo.
– **E depois?**
– Coloquei em três malas, pus no carro e saí.
– **Qual carro a senhora usou?**
– A minha Pajero TR-4.
– **Esse carro era presente de alguém?**
– Do Marcos.
– **Tudo isso que a senhora está contando, a senhora fez sozinha?**
– Sozinha.
– **Atirar, arrastar o corpo, limpar o sangue, cortar, pôr nas malas, levar até o carro...**
– Fiz sozinha, Excelência.
– **A senhora deixou as partes do corpo num só lugar ou botou um pouco aqui e outro pouco acolá?**
– A intenção era deixar tudo num único lugar porque eu queria me ver livre. Mas quando comecei a fazer isso eu vi um cachorro na escuridão e saí.
– **Aí a senhora passou a distribuir as partes do corpo?**
– Peguei as malas, abri e soltei as partes. Não sabia dizer que partes eram porque elas eram muito pesadas.
– **A senhora jogou só os sacos com o corpo?**
– Sim. As malas eu pus de volta no carro.
– **Por que a senhora não deixou as malas junto com os pedaços do corpo?**
– Sei lá.

— **A senhora chegou a ser abordada pela polícia quando carregava o corpo?**
— Sim. Meu carro estava com o licenciamento vencido. Nessa hora, achei que seria presa.
— **A senhora conseguiu dormir depois de atirar no Marcos?**
— Quem dorme, Excelência?
— **Não sei. A senhora é ré e a pergunta é minha.**
— Não dormi.
— **Não chegou a pregar o olho momento algum?**
— Não.
— **A senhora tinha intenção de ficar com os bens do falecido?**
— Em hipótese alguma. Se eu fosse me separar dele, não ficaria embaixo da ponte porque um apartamento era meu e o outro era dele. E a pensão alimentícia não deixaria a minha filha desamparada.
— **Alguma vez a senhora chegou a agredir fisicamente o seu marido?**
— Quando a gente discutia, ele me segurava e eu segurava ele. Ele me ofendia e eu ia para cima dele para fazer ele calar a boca.
— **A senhora conhece Nathalia Vila Real Lima?**
— Eu a vi pelo DVD. Era a amante dele.
— **A senhora tem alguma coisa contra ela?**
— Não.
— **A senhora quer acrescentar alguma coisa?**
— Sim. Eu gostaria de dizer que nem tudo que está na minha acusação é verdade.
— **O que não é verdade?**
— Que eu premeditei a morte do meu marido. Que eu matei o Marcos por dinheiro. Isso não faz sentido. Se eu quisesse matá-lo por dinheiro, teria esperado a venda da empresa. Ele ia ganhar um dinheiro do pai e planejávamos montar um negócio juntos.
— **Mais alguma coisa?**
— Estão insinuando que eu matei ele com crueldade. Eu não queria que ele morresse, Excelência, muito menos com crueldade. Se eu quisesse que ele morresse, teria dado mais tiros nele.
— **Mais alguma coisa?**
— Acho que não.

CAPÍTULO 11
SOM DE ASSOMBRAÇÃO

Uma filha diante das verdades e dos pecados da mãe

O crime cometido por Elize Araújo Kitano Matsunaga chocou o município de Chopinzinho e levou notoriedade à sua terra natal a partir de 2012. Repórteres, fotógrafos e cinegrafistas, além de muitos curiosos, aglomeravam-se em frente à casa humilde onde a homicida foi criada, próximo à região central. O radialista Marcos Monteiro, um dos mais populares da cidade, falava da ex-prostituta famosa o dia inteiro numa emissora de frequência modulada. À noite, o *Jornal Nacional* contava a cada edição um capítulo da novela cujo enredo envolvia sexo, dinheiro, traição e sangue. Os telejornais policiais vespertinos das redes Record e Bandeirantes dedicavam a edição inteira somente ao caso. A audiência ficava nas alturas, tamanho era o interesse do público pela história da caipira paranaense que se casara com um milionário e acabou matando-o.

Na época do julgamento, Chopinzinho voltou a ser invadida por jornalistas. Mas a família de Elize já estava desmantelada quando a assassina sentou-se no banco dos réus. Dilta, sua mãe, morreu aos 59 anos em 2016 sem conhecer a sentença da filha. Ela teve um câncer no intestino iniciado com um inocente pólipo retirado numa colonoscopia de rotina. Mais tarde, o tumor reapareceu de forma agressiva. A senhora fez três cirurgias e várias sessões de quimioterapia e radioterapia. A doença chegou a entrar em remissão, mas progrediu alguns meses depois do tratamento de forma avassaladora. Na nova fase, as células cancerígenas se espalharam pelo estômago, fígado, rins e bexiga. Dilta se internou bastante debilitada no Hospital do Câncer de Cascavel, a 214 quilômetros de Chopinzinho. Definhou para um quadro de pele e osso em uma semana. Sem protocolo de tratamento, foi levada aos cuidados paliativos. Em seu leito de morte, Dilta começou a delirar perguntando se Elize havia, de fato, lhe perdoado. Nos momentos finais, ela pediu uma chance de se despedir da filha criminosa. Não havia condições, pois Elize estava encarcerada no regime fechado da Penitenciária Santa Maria Eufrásia Pelletier, a P1 de Tremembé. Dilta morreu três meses antes do julgamento de Elize. A Justiça não autorizou a sua saída da penitenciária para velar o corpo da mãe.

O padrasto, Chico da Serra, também teve final melancólico e morreu um ano após o julgamento. Fazia tempo que ele vivia perambulando quase cego pelas ruas de Chopinzinho feito indigente. Nem Dilta, quando estava viva e com saúde, nem a sua outra mulher deram abrigo ao serralheiro. Certa vez, ele foi encontrado pelo radialista Marcos Monteiro todo sujo num logradouro do município. Foi levado à casa da filha, Eliana, de 22 anos na época. A jovem era a única filha dele com Dilta, ou seja, meia-irmã de Elize. Eliana passava o dia fora de casa porque estudava e trabalhava. Não tinha como oferecer cuidados em tempo integral ao pai. O jeito foi interná-lo em um abrigo privado, localizado no município paranaense de Saudade do Iguaçu, a 25 quilômetros de Chopinzinho. A instituição era especializada em acolher doentes terminais e sem referências familiares. Na época, o serralheiro tinha uma aposentadoria no valor de um salário mínimo e a casa de acolhimento ficava com todo o dinheiro a título de pagamento das despesas de moradia e alimentação.

Eliana internou o pai doente, de 61 anos, com o coração apertado. O incentivo e conforto vinham da tia Rose, pois a jovem não podia parar de estudar e viver só em função dele. "Deixe seu pai com as cuidadoras e o visite todos os finais de semana", aconselhou Rose na época.

Certo dia, Eliana acordou apreensiva. Ela tinha sonhado com o pai com o rosto coberto de flores e se despedindo num túnel de fumaça branca. Ainda pela manhã, a filha ligou na casa de repouso e ouviu das cuidadoras que Chico estava bem, apesar de ter perdido quase toda a visão e já apresentar falta de memória em razão dos três acidentes vasculares cerebrais (AVCs) sofridos nos últimos anos. Com saudade do pai, a jovem resolveu pedir folga no trabalho para visitá-lo naquele mesmo dia. Eliana tomou café, pegou o carro e seguiu ao abrigo de doentes. Não deu tempo de ela encontrar Chico da Serra com vida. No meio do caminho, Eliana recebeu uma ligação no celular. Uma enfermeira avisou que seu pai havia acabado de morrer. "Foi tão rápido quanto um relâmpago. O Chico estava sentado à mesa tomando café com os outros doentes, ali na varanda. Ele ficava em silêncio porque não reconhecia as pessoas nem tinha noção de tempo e espaço. Passava o dia com um rádio de pilha colado à orelha. Mas quase sempre o aparelho estava mudo. Da mesa, ele se levantou. Deu um gole na xícara de café e saiu andando. Aos poucos, começou a correr pelo gramado do campo de futebol. De repente, ele deu um salto bem grande com o peito virado para o alto como se fosse aparar uma bola no ar e gritou pausadamente o nome da filha. E-LI-A-NA. Foi uma das poucas vezes que ouvimos a voz dele. Depois de saltar, ele despencou no chão, estrebuchou por alguns segundos e morreu", narrou a cuidadora. Após fazer o relato emocionante, a funcionária do abrigo entregou à jovem uma sacola pequena de supermercado com os pertences de Chico: cinco peças de roupa, um par de sapatos, sandálias Havaianas, uma garrafa térmica, uma caneca e o rádio mudo. Era tudo que ele tinha no momento final da vida.

A morte de Chico da Serra gerou uma discussão em família. Eliana queria enterrá-lo no túmulo dos Araújos, onde estavam sepultados a mãe, Dilta, e o seu avô materno, Balduíno Araújo, morto em 6 de junho de 1992 aos 56 anos em decorrência de uma cirrose. Dona Sebastiana, esposa de Balduíno, avó de Elize e proprietária do mausoléu, não autorizou. Mesmo assim, Eliana mandou engavetar o corpo do pai na capela mortuária sem o conhecimento da família, seguindo orientação da tia Rose. Apesar de ter três corpos no túmulo dos Araújos em 2021, na parede havia apenas a foto de Balduíno. "Eu não sabia que o traste do Chico está lá na minha sepultura. Toda a desgraça da minha família começou depois da chegada desse diabo em nossas vidas. Vou tirar ele de lá e jogar seus ossos numa vala comum. É o que ele merece", anunciou Sebastiana em dezembro de 2020, quando tinha 86 anos.

Em Tremembé, a matrícula de Elize tem o número 759.138-1. Pelos cálculos feitos em seu processo de execução penal, ela só estará quite com a Justiça em 14 de fevereiro de 2028. Mas ela tentava abreviar a volta à liberdade graças à benevolência de programas sociais criados com o objetivo de melhorar a vida de criminosos. Elize se inscreveu no projeto de literatura *Lendo a Liberdade,* desenvolvido pelo sistema penal para estimular a cultura entre os apenados. Pelo programa, os presos podem usar até 12 leituras por ano e ganhar redução da pena em até 48 dias. O detento provava a leitura fazendo resenhas da obra. Elize deu preferência aos títulos estrangeiros: *Os homens que não amavam as mulheres*, de Stieg Larsson; *O lobo*, de Joseph Smith; e *Carta ao pai*, de Franz Kafka. Depois de ler as três obras, ela pediu à Justiça 12 dias de remissão, mas teve o pleito negado em primeira instância porque os livros escolhidos não eram objeto de estudo no sistema penal. Ela recorreu e acabou ganhando a remissão em segunda instância. Elize também trabalhou em Tremembé para ganhar desconto na pena. Foi auxiliar da biblioteca e chegou a exercer dupla função – operadora de máquina de costura e coordenadora da unidade fabril – na Fundação de Amparo ao Trabalhador Preso (Funap). A cada três dias trabalhados, os condenados têm um dia abatido em sua pena. Desde o seu ingresso em Tremembé até março de 2021, Elize já havia conseguido abreviar sua estada na cadeia em um ano e sete meses graças ao trabalho e à leitura.

No cárcere, a assassina confessa quase não recebia visitas. Às assistentes sociais, ela reclamava de pesadelos recorrentes com animais selvagens e até com o corpo do marido todo mutilado. Gigi também habitava seus sonhos medonhos. Tia Rose conseguiu viajar pelos quase 1.000 quilômetros que separavam Chopinzinho de Tremembé pouquíssimas vezes. Nos encontros, a sobrinha também falava para a tia das noites assombradas com cobras, alces e javalis. Dificuldades financeiras e a falta de tempo fizeram Rose deixar de frequentar a prisão logo após a condenação da sobrinha. Já as irmãs de Elize e seus amigos nunca a visitaram. Abandonada ainda no regime fechado, onde as detentas não têm muito contato entre si, a viúva começou a se adaptar ao cotidiano da penitenciária. Carente, envolveu-se com colegas de cela a partir de 2014, aos 33 anos. Certa noite de frio, Elize tremia debaixo das cobertas quando recebeu oferta de uma outra criminosa para esquentá-la. A assassina aceitou e Sandra Regina Ruiz, uma sequestradora de 32 anos na época, passou a dividir o colchão com ela. Essa não seria a primeira experiência homoafetiva de Elize. Há relatos dando conta de que, tanto em Curitiba quanto em São Paulo, a ex-prostituta fazia programas sexuais com homens e mulheres. Na primeira noite de amor entre Elize e Sandra, o casal não perdeu tempo e já selou namoro. Três meses depois, elas conseguiram um privilégio e foram transferidas à "gaiola do amor", uma galeria especial da penitenciária destinada às mulheres com relacionamento estável declarado no papel. A partir desse namoro, Elize voltou a sorrir para a vida.

Sandra era conhecida pela alcunha de Sandrão e simplesmente ocupava o cobiçado posto de rainha de Tremembé. Era chamada pelas detentas de presidente da penitenciária e piloto, em alusão ao comando exercido por ela. Lésbica com expressão de gênero masculino, Sandrão era violentíssima. Estatura alta, robusta e braços musculosos enfeitados com tatuagens. A "piloto" abria mão de sutiã e usava cuecas por baixo da calça cáqui. Maquiagem, brincos e esmaltes, nem pensar. A sequestradora odiava esse tipo de vaidade. O corte de cabelo era raspado nas laterais, espetado em cima e todo trabalhado no gel fixador. Até as agentes de segurança penitenciária se borravam de medo da bandida. Ela já havia sido punida por ter espancado violentamente uma funcionária do presídio que a repreendeu por ter beijado Elize no pátio da penitenciária, o que era proibido. Sandrão cumpria pena de 24 anos por ter sequestrado e matado junto com dois comparsas um garoto de 14 anos em Mogi das Cruzes (SP). Ela executou o menino mesmo depois de ter recebido o dinheiro do resgate dos pais, que eram seus vizinhos.

O adolescente morreu vestindo uniforme escolar, com um tiro na boca cuja bala lhe varou o crânio. Depois teve o corpo jogado num pântano. Esse tipo de crime nunca foi aceito pela comunidade carcerária. Mas ninguém ousava enfrentar Sandrão. Em Tremembé, por conta da ficha criminal e da aparência assustadora, ela era cobiçadíssima por mulheres em busca de proteção.

O enlace de Elize com a sequestradora durou somente duas primaveras. A rainha de Tremembé ainda se dizia apaixonada pela esquartejadora quando começou a arrastar asas para outra assassina famosa, Suzane von Richthofen, de 31 anos na época. O triângulo amoroso pegava fogo na oficina de costura da penitenciária, onde as três trabalhavam oito horas por dia juntamente com outras 40 detentas confeccionando cerca de 10 mil peças de roupas por mês. Elize e Suzane operavam máquinas de costura industrial das marcas Sansei (SA-MQ1) e Siruba (DI720-m) no fundo da sala. Confeccionavam os uniformes dos agentes de segurança penitenciária lotados nas torres das muralhas. Mecânica de maquinário, Sandrão trabalhava carregando um suporte com ferramentas e sempre estava suada e suja de graxa. Com segundas intenções, Suzane fingia pequenas panes em sua máquina no meio do expediente. Meiga, chamava Sandrão para consertá-la usando voz de menininha. Na manutenção, a lésbica parruda agachava-se por entre as pernas de Suzane e espiava as engrenagens internas do equipamento. Elize assistia às cenas espumando de ódio e ciúme. Certo dia, a viúva foi alertada por uma colega de cela: se não abrisse os olhos, perderia a namorada para a parricida. Nessa época, Elize estava com aparência desleixada. Os cabelos haviam perdido o brilho e a tintura ficara desbotada. As unhas sem esmalte estavam quebradiças. Uma depressão fez seu corpo ganhar excesso de peso. Já Suzane continuava feminina, bonita, extremamente sedutora e com energia sexual em alta voltagem. Não demorou para Sandrão trocar uma assassina por outra. A partir desse episódio, a mulher que esquartejou o marido não dirigiu mais a palavra à menina que matou os pais. E vice-versa.

Com sexualidade fluida, Elize namorou outras mulheres em Tremembé. Depois de esquecer Sandrão, ela iniciou um romance com Tânia, a assassina que conheceu na delegacia logo após confessar ter matado Marcos Matsunaga. Tânia tinha 36 anos quando se envolveu com a viúva, em 2014. Era uma mulher carinhosa e se dizia apaixonada por Elize. Sua credencial na seara amorosa era seu crime violentamente passional. Ela namorava um rapaz chamado Saymon desde os 12 anos. O casal tinha a mesma idade. Aos 19 anos, Tânia resolveu encerrar o namoro. Na conversa definitiva, alegou que nunca tinha beijado a boca de outro homem, muito menos transado com outras pessoas. "Toda a experiência amorosa que acumulei na vida foi ao seu lado. Isso não está certo. Nós somos muito novos para ficar presos a uma só pessoa. Às vezes, sinto que estou dentro de uma garrafa só com você. Temos de viver outras aventuras. A vida é muito curta", justificou a jovem no dia do término, alegando ainda bissexualidade. Contrariado, Saymon reiterou que amava Tânia para sempre e era adepto da monogamia tal qual as ararinhas-azuis, que ficam com o mesmo parceiro a vida toda. "Tenho até preguiça de construir tudo o que temos com outra pessoa. Eu gosto da pasmaceira", justificou. "Tá vendo? Eu gosto do revezamento, da variedade, da coisa sortida", pontuou ela. Tânia era estudante de engenharia civil e Saymon trabalhava como vendedor de roupas na Galeria do Rock, no centro de São Paulo. Depois de muita conversa, o casal pôs um fim no relacionamento. Como era previsto, ela saía pelas baladas beijando vários homens e mulheres. Transava com parceiros(as) variados(as). Saymon engatou um romance novo com uma garota de 17 anos logo após o término. Namorou a mesma menina por dois anos e já falava até em casamento. Um ano depois, Tânia se cansou da alternância amorosa e mandou uma mensagem para Saymon, pedindo para conversar. Marcaram numa praça no centro de São Paulo. Aos prantos, ela revelou estar "morta de arrependida". "Não era nada disso que eu imaginava. Só me deparei com boy-lixo. Nenhum deles se compara a você", disse. Saymon ouviu tudo calado, enquanto fumava um cigarro atrás do outro. Ele era um jovem magro e todo tatuado. Fazia estilo skatista. Tânia era bonita e gostava de roupas curtas, como blusinha e minissaia, além de saltos altos. Depois de contar suas experiências desastrosas como solteira, ela perguntou ao ex-namorado se ele estava disponível. Saymon falou do seu novo amor, frisando estar apaixonado e pensando em morar junto. "Nossa! Então você já me esqueceu?", perguntou ela. "Não. Mas eu avisei que gosto de namoro firme", ponderou o vendedor. Tânia pediu desesperadamente para voltar. Saymon se recusou a terminar com a nova namorada, pois havia prometido a ela o amor das ararinhas. A estudante pôs-se a chorar copiosamente, alegando que eles foram feitos um para o outro. "Olha, serei uma nova mulher. Vamos voltar para dentro da nossa garrafa, por favor!", implorou ela. "Eu não vou terminar", insistiu ele. Desiludida, Tânia encerrou a conversa e se afastou. Na semana seguinte, foi a vez de Saymon pedir para conversar. "A única forma de nosso namoro ser reatado é se a minha atual namorada morrer, pois não tem como eu terminar. Você seria capaz de assassiná-la?", perguntou Saymon de forma direta. "Sou capaz de qualquer coisa para ter você de volta", fechou Tânia, cega de amor. O rapaz então bolou o seguinte plano: ele iria atrair a namorada para a casa dos pais na tarde de sábado. Tânia ficaria escondida dentro do guarda-roupa do quarto dele. Saymon transaria com a namorada para se despedir. Em seguida, o vendedor sairia do cômodo para que Tânia a matasse. No dia combinado, os pais de Saymon estavam viajando. A estudante foi ao supermercado comprar uma faca de cozinha novinha em folha, pois as que tinha em casa estavam com a lâmina cega. Escondeu-se no armário. A namorada de Saymon chegou na sequência e os dois foram para o quarto. Beijaram-se e ele começou a tirar a roupa da garota. Enciumada, Tânia não esperou o sexo passar das preliminares. De repente, ela abriu a porta do guarda-roupa. A vítima levou um susto e tentou escapar vestida só de calcinha. Saymon a segurou com uma chave de braço e se jogou na cama engatado à jovem, já completamente imobilizada. Enfurecida, Tânia avançou sobre ela e passou a faca várias vezes no pescoço da garota até sua cabeça ficar pendurada por um pedaço de ligamento. Saymon apavorou-se com o banho de sangue. Tânia propôs uma fuga alucinante. Ele não aceitou. Decidido, foi até o telefone fixo da casa e ligou para um tio e, depois, para a polícia, relatando o acontecido. Os dois foram presos em flagrante e condenados a 26 anos de reclusão. Saymon cumpriu pena na Penitenciária Nelson Marcondes do Amaral, em Avaré. Em Tremembé, Tânia contava essa história vangloriando-se de ter matado por amor. Ela namorou Elize por três anos no regime semiaberto. Passou no vestibular e conseguiu terminar o curso de engenharia civil enquanto cumpria pena. O romance com Elize só teria acabado porque Tânia migrou para o regime aberto, no qual o criminoso cumpre o restante da pena em liberdade. Foi morar em Sorocaba com Saymon, já em livramento condicional por bom comportamento. Em 2019, ela montou com o companheiro assassino uma empresa de construção civil para cuidar de reformas em condomínios da região.

Perto do Natal de 2020, Elize começou a namorar em Tremembé com Tiago Cheregatte Neves, um presidiário trans de 23 anos condenado a cinco anos e 11 meses por ter tentado matar o avô, Adão Rui Valensuela Pinto, de 71, com golpes de martelo na cabeça. Apesar de ter expressão de gênero masculino, Tiago cumpria pena na penitenciária feminina porque correria risco de ser rejeitado e até mesmo violentado se fosse posto na unidade destinada aos homens. Na cadeia, o rapaz de estatura baixa e magro chamava a atenção porque se tornava cada vez mais bonito à medida que as fases da readequação de sexo e gênero avançavam. Ele saía esporadicamente da casa penal e se submetia a tratamentos hormonais e sessões com fonoaudiólogo para engrossar a voz. Quando Tiago deu o primeiro beijo em Elize, ele apresentava avançado processo de redesignação. O rapaz nunca escondeu da namorada o crime cometido.

Segundo disse em depoimento, Tiago tentou matar o avô porque a vítima reclamava constantemente do fato de ele não trabalhar nem ajudar nos afazeres domésticos. De acordo com a denúncia da família, o rapaz estava na cozinha e o avô sentado na sala, assistindo ao primeiro capítulo da reprise da novela *Fina estampa*, da TV Globo. No intervalo, o senhor reclamou com outros parentes de como o neto era folgado dentro de casa. Não trabalhava, acordava tarde e se recusava a lavar até o prato e os talheres usados no almoço. Num ataque de fúria, Tiago pegou um martelo de unha com cabo de madeira de 31 centímetros de comprimento. Chegou por trás e sentou um golpe colossal na cabeça do avô, causando afundamento no crânio e hemorragia. O sofá e o chão ficaram banhados de sangue. A mãe e o irmão do criminoso testemunharam a cena e gritaram assustados. Com a força da primeira martelada, o idoso foi jogado do sofá ao tapete. Mesmo com a vítima caída e agonizando, Tiago ainda desferiu mais duas marteladas, uma na lombar e outra na mão esquerda. Em seguida, o jovem pegou a arma do crime, pôs na mochila e fugiu. Foi preso em flagrante logo em seguida. Adão foi socorrido pela filha e outro neto. O crime ocorreu em 23 de março de 2020 no município de Santa Bárbara D'Oeste, a 140 quilômetros de São Paulo.

A história de amor entre Elize e Tiago foi revelada pelo portal *Metrópoles* e pela TV Record no dia 18 de maio de 2021. Na época, o casal negou o romance, apesar de trocar carícias no pátio da penitenciária e dormir no mesmo beliche. Segundo fontes, Tiago e Elize negavam veementemente o enlace porque o rapaz namorava outra assassina de Tremembé quando começou a se envolver com a viúva de Marcos. A presidiária preterida não lidava bem com a rejeição do detento trans e passou a representar uma ameaça a Elize. "Com relação ao suposto namorado de Elize, não haveria nenhum problema se o fato fosse verdadeiro, mas não é. Essa informação coloca em risco a sua integridade física porque ela mora com 80 reeducandas em um único galpão, sendo que o Tiago é namorado de outra presa", rebateu o advogado da criminosa, Luciano Santoro, em julho de 2021.

Os amores de Elize afloraram no cárcere depois de ela progredir do regime fechado para o semiaberto, no dia 28 de junho de 2019. Ou seja, ela deixou de cumprir pena encarcerada em celas e foi dormir no alojamento coletivo, onde era mais fácil flertar. Na nova fase de punição, a viúva teve direito de sair da cadeia cinco vezes por ano em datas especiais: Natal/Ano Novo, Páscoa, Dia das Mães, Dia dos Pais e Dia da Criança. Em cada uma dessas saidinhas, a assassina passava sete dias em liberdade. No entanto, na primeira vez em que os portões de Tremembé se abriram para ela ganhar a rua, em 8 de agosto de 2019, a prisioneira preferiu não sair. O motivo seria não ter onde ficar, pois tia Rose se recusou a receber a sobrinha assassina porque tinha um filho adolescente em casa. Quando teve nova chance de passear, no entanto, Elize não perdeu a oportunidade. Sete anos após matar o marido, a viúva deixou a cadeia pela primeira vez. Surgiu em público vestida com uma bata branca, calça preta e carregando uma sacola de feira colorida, em 10 de outubro de 2019. Quem a aguardava do lado de fora era sua advogada e fiel escudeira, Juliana Fincatti Santoro.

Em dia de saidinhas, as ruas próximas à penitenciária de Tremembé ficavam movimentadas. Dezenas de familiares, vendedores ambulantes, policiais, advogados e jornalistas aglomeravam-se no local à espera das criminosas, que saíam em grupos a partir das 8 horas. A maioria delas passava pelo portão, mas não ia embora imediatamente. Eufóricas, elas continuavam em frente à cadeia à espera das amigas e cumprimentando parentes. Homens da unidade masculina também aproveitavam a saidinha das mulheres e seguiam à entrada da cadeia feminina para xavecá-las. Tão logo Elize atravessou o portão de Tremembé, todas as atenções se voltaram para ela. A viúva andou pela calçada em passos curtos, livre e sorridente. Suzane von Richthofen e Anna Carolina Jatobá, a título de comparação, escapavam da cadeia e do assédio da imprensa correndo sinuosas pela rua, feito ratazanas. Elize, não. Saiu acenando para colegas e fãs. Sim, ela tem fãs, e a maioria das suas admiradoras é formada por mulheres vítimas de relacionamentos abusivos.

Na primeira saidinha de Tremembé, Elize estava a caminho do carro de sua advogada quando ocorreu algo inusitado em frente à cadeia. No meio do aglomerado, uma presa começou a bater palmas timidamente, parabenizando-a pela liberdade de sete dias. Depois de alguns minutos, outras três detentas engrossaram o coro de palmas. Elize agradeceu pelo carinho e continuou caminhando. Rapidamente, o aplauso contagiou as demais pessoas. Até quem não a conhecia congratulou a assassina batendo palmas. No momento de ela entrar no carro, praticamente todo o mundo ovacionava a mulher que disse ter matado o marido em nome da filha. No meio da aclamação, uma bandida empostou a voz e gritou bem alto, no meio da rua, para todo o mundo ouvir: "Vai, Elize. Vai cuidar da vida, que você merece!". As palmas foram misturadas a gritos e assobios de louvor.

Em liberdade temporária, Elize ficava no município de Campos do Jordão, onde alugou uma quitinete para recomeçar a vida. Na primeira saidinha, ela foi ao Colinas Shopping. Entrou no *Luciana's Esthetic Center*, um salão tradicional da cidade, e fez uma escova nos cabelos loiros, pagando 90 reais pelo serviço. Depois foi às compras em lojas e seguiu para São Paulo, hospedando-se no Hotel Ibis do Morumbi, cuja diária em 2021 custava 169 reais. Fora da cadeia, obstinada, a assassina se empenhou na reaproximação da filha. Como é impedida judicialmente de entrar em contato com a criança, ela aceitou o convite para protagonizar a minissérie *Elize Matsunaga – Era uma vez um crime*, dirigida por Eliza Capai.

Segundo a homicida, participar do programa da Netflix seria uma chance de contar com as próprias palavras por que teve de interromper a vida do pai da sua filha. Uma das entrevistas seria feita pela produtora Boutique Filmes dentro da penitenciária de Tremembé. No entanto, a família de Marcos conseguiu uma ordem judicial impedindo a gravação. Os Matsunaga alegaram que, ao falar da filha, a esquartejadora causaria exposição e constrangimento à menor, com 8 anos na época. Os defensores de Elize recorreram. Usaram como contra-argumento uma entrevista concedida pelo advogado Luiz Flávio Borges D'Urso em nome da família de Marcos na série documental *Investigação criminal*, disponível em 2021 no serviço de *streaming* Amazon Prime Video. No capítulo destinado ao caso Matsunaga, D'Urso voltou a acusar Elize de matar o marido motivada por ódio, vingança e dinheiro, e repetiu a tese de que o empresário estava vivo no início do esquartejamento. No mesmo episódio, o promotor José Carlos Cosenzo reafirmou o comportamento frio de Elize diante da filha: "O esquartejamento teve detalhes fúnebres e repugnantes. Elize estava retalhando o marido no quarto quando a filha, que estava com a babá, sentiu fome. A funcionária também precisava se alimentar. Nessa hora, Elize parou de cortar o marido, se lavou e foi lá ficar com a menina. Deu comida e amor à criança. Esperou a babá lanchar e devolveu a nenê. Em seguida, voltou ao quarto para terminar de retalhar o pai da sua filha", contou o promotor no documentário.

Por decisão própria, Elize e seus defensores não tiveram voz no documentário da Amazon, produzido pela Medialand em 2018. "Se a família do Marcos estivesse com interesse em proteger a criança, o advogado Luiz Flávio Borges D'Urso não deveria ter dado entrevista ao programa *Investigação criminal* acusando a minha cliente. Agora é a vez de Elize contar a sua versão do ocorrido. Ela não pode ter esse direito negado", argumentou na Justiça Luciano Santoro, advogado da criminosa. Para resolver o impasse, foi marcada uma audiência de conciliação no gabinete da juíza Sueli Zeraik Armani, em São José dos Campos, em 10 de abril de 2019. Nesse dia, Elize e o sogro Mitsuo Matsunaga ficaram frente a frente pela primeira vez desde a prisão, havia quase sete anos. Sentados à mesma mesa, eles não se cumprimentaram nem se encararam. Mesmo assim, a assassina ensaiou um pedido de perdão ao pai de Marcos. Ele fingiu não ter escutado. Ela insistiu e foi ignorada mais uma vez. Diante das negativas do patriarca dos Matsunaga, a juíza Sueli Zeraik resolveu interceder a favor de Elize. "Os senhores têm de trabalhar o perdão. Têm de ensinar a menina a perdoar a mãe", sugeriu a juíza. Irritado, Mitsuo rebateu: "Vossa Excelência fala em perdão porque não foi Vossa Excelência que teve o filho morto e esquartejado por uma prostituta, que depois jogou os pedaços do corpo no mato para os cachorros comerem!". Elize saiu da audiência com a autorização judicial para dar entrevista dentro da penitenciária, mas sem a clemência do sogro.

Por causa da pandemia do coronavírus, ela acabou não gravando dentro de Tremembé. No entanto, em todas as saidinhas da cadeia, deu entrevistas aos documentaristas. Mostrou pessoalmente o local onde desovou o corpo do marido, caminhou pela estrada deserta de Cotia, adentrou a mata fechada e até se deixou filmar envolta em um véu vermelho, como se estivesse banhada de sangue. Elize cedeu à produtora um vídeo do seu acervo pessoal mostrando a cobra Gigi matando e engolindo um rato vivo. Nessa imagem, considerada uma das mais repugnantes do documentário, a viúva conversa com Marcos sobre o banquete da serpente. O rato é posto perto da cobra e o empresário pergunta se o roedor não seria muito grande para ela engolir. "É muito pequenininho, amor, você vai ver. É que você não viu o outro que eu dei a ela", disse Elize ao marido no vídeo caseiro. Em seguida, ela percebeu que o roedor urinou de tanto nervosismo. "Fez xixi o filho da mãe. Fez lá no canto. Que raiva!", comentou Elize. No filme, ela mostrou-se admirada com a reação negativa das pessoas à jiboia: "Ah, Gigi! Oh, meu Deus, como isso causou polêmica. Eu adoro animais".

No documentário, Elize tentou explicar a sensação de ter atirado em Marcos. A assassina encarou a câmera e pontuou: "Ainda não sei dizer que tipo de emoção me fez apertar aquele gatilho. Estava sentindo tanta coisa: medo, raiva, alívio de não estar louca..." No entanto, ela não revelou o sentimento aflorado no momento do esquartejamento. "Há segredos que levarei para o túmulo", anunciou. A viúva aproveitou o programa para refutar mais uma vez a tese do crime planejado. Bem à vontade, ela falou: "Não premeditei aquela situação. Agi por desespero. Aquilo aconteceu e eu não estava esperando. Se eu tivesse premeditado, por exemplo, teria feito algo lá no Mato Grosso, quando estivéssemos caçando. Teria dado um tiro de 12 nele no meio da aldeia indígena. Duvido que alguém o acharia". Doze, no caso, era o calibre da espingarda usada por ela em caçada de animais na selva.

Ainda no programa da Netflix, Elize falou um pouco da técnica de esquartejar bichos. "Tem que ser num lugar apropriado. A gente tira os órgãos que não serão usados. Lava a carne e corta. Também tem toda uma técnica para retirar a pele. Caso você queira fazer um troféu da caça, a pele não pode ser cortada no lugar errado. Se cortar no lugar errado, vai estragar tudo. Eu peguei um veadinho na mata e fiz dele um troféu. Ele era bem bonitinho. As pessoas ficariam impactadas se o vissem. Tadinho do bichinho. Meu objetivo não era matá-lo. Meu objetivo era comê-lo, pois sou carnívora. Esse veadinho, em especial, a gente comeu com molho de ervas. O lombo de veado com molho de ervas é muito bom. Eu recomendo", declarou, lânguida, como se estivesse num programa de culinária.

O documentário protagonizado por Elize foi uma ideia do seu advogado, Luciano Santoro. Ele tentou emplacar na Netflix um seriado ficcional contando a história da sua cliente. A assassina seria interpretada por uma atriz. O canal não aceitou e fez uma contraproposta: que Elize se sentasse diante de uma câmera e contasse tudo o que aconteceu. Ela topou, mas impôs como condição que a família de Marcos Matsunaga não tivesse voz no documentário. Seu desejo não foi aceito. Elize teria recebido um cachê de 1 milhão de reais. No entanto, a maior parte desse dinheiro teria ficado com seus advogados para quitar dívidas com honorários nas causas cíveis. No programa, Elize disse que só estava botando a cara na TV por causa da filha. A advogada da família Matsunaga, Patrícia Kaddissi, aproveitou a sua participação no programa para refutar a assassina. "Se realmente tivesse pensado na filha, ela não teria feito o que ela fez. E sequer aceitaria participar desse documentário", rebateu Kaddissi.

Como era de se esperar, no último dos quatro episódios, Elize pediu perdão à filha, com 10 anos na época. "Gostaria de falar a ela que não tem um dia da minha vida que eu não me sinta culpada pelo que fiz.

Se ela não conseguir me perdoar, tudo bem. Irei respeitá-la", desabafou, vestida de preto e com as unhas pintadas de vermelho.

Desde a reconstituição do crime, em 6 de junho de 2012, Elize não viu mais a filha. Nem por fotografias. Na última vez em que esteve com ela, a criança tinha 1 ano e 2 meses. Em julho de 2021, a garota já era pré-adolescente e a mãe não sabia como era a sua fisionomia. Logo depois do crime, a menina ficou por três meses na cobertura do casal, em São Paulo, sob os cuidados da tia Rose e de uma babá. Nesse período, uma questão importante foi resolvida pela família de Marcos. Os bens da viúva e do marido falecido foram catalogados. Deserdada pelo assassinato do marido, Elize perdeu logo de cara a cobertura doada pelo empresário e a apólice no valor de 600 mil reais do seguro de vida deixado por ele. Mas nem por isso a viúva saiu do casamento de mãos abanando. Elize ficou com metade da adega de luxo do apartamento, avaliada na época em 3 milhões de reais. Isso porque o casamento deles era em regime de comunhão parcial de bens, ou seja, ela tinha direito à metade do patrimônio adquirido durante o casamento. No entanto, como boa parte do vinho havia sido contrabandeada, o valor da coleção de bebidas nobres despencou para 1,8 milhão de reais. Houve um acordo na hora de dividir as garrafas. A família de Marcos comprou a parte dela por 900 mil reais. Esse acerto ocorreu entre os advogados da assassina e os representantes da família de Marcos, em segredo, justamente por causa da sonegação de tributos. Com o dinheiro, Elize pagou outra parte dos honorários dos advogados e guardou o restante para recomeçar a vida após obter a liberdade. Ela também ficou com joias e a Pajero TR-4 conduzida na desova do corpo. Durante 10 anos, o carro esteve na garagem do prédio onde o casal morava. Em 2020, ela gastou 15 mil reais para quitar o IPVA atrasado do veículo. Em 2022, o carro tinha 10.000 quilômetros rodados e foi vendido por 50 mil reais.

Como Marcos morreu antes da concretização da venda da Yoki, os 100 milhões de reais prometidos a ele verbalmente pelos pais não chegaram a ser depositados em sua conta corrente. Logo, o valor ficou fora do inventário. Em bancos, as contas de Marcos tinham cerca de 2 milhões de reais após a sua morte. O dinheiro estava distribuído em duas agências do Bradesco e Itaú Personnalité. No exterior, ele teria cerca de

4 milhões de dólares. Os valores depositados em solo brasileiro foram bloqueados pela Justiça e serão divididos em partes iguais entre as suas duas filhas, assim como as duas coberturas onde o casal morava, no bairro da Vila Leopoldina, em São Paulo. Insatisfeita com a divisão do espólio do marido, em 2021, Elize ainda brigava em instâncias superiores da Justiça para tentar recuperar pelo menos um trocado e quiçá a cobertura que um dia esteve em seu nome.

A última prostituta com quem Marcos se relacionou, Nathalia Vila Real Lima, de 24 anos no ano do crime, também tentou abocanhar um naco da herança do executivo da Yoki. Pivô da discussão entre Elize e o empresário, Nathalia contratou o advogado Roberto Parentoni, o mesmo defensor dos interesses do bandido Marcola, chefão do Primeiro Comando da Capital (PCC). Segundo Parentoni, sua cliente não era mais garota de programa na época do assassinato e mantinha um relacionamento estável com Marcos quando ele morreu. À Justiça, a garota de programa garantiu ter conhecido o empresário numa feira de vinhos e não pelo site MClass. "O Marcos tinha dado à minha cliente 27 mil reais porque eles tinham planos de morar juntos", contou o advogado em entrevista à revista *Veja*, em junho de 2012. Ao programa *Fantástico*, da TV Globo, Nathalia sustentou em janeiro de 2013 ser apenas amiga do empresário. "Vamos dizer que tínhamos uma amizade colorida. Qual mulher não gosta de um homem agradável? O Marcos era uma pessoa muito romântica, me tratava superbem. Muito bem mesmo, como ninguém nunca me tratou. Tínhamos planos de morar nos Estados Unidos", resumiu a moça, que saiu de cena sem ver a cor do dinheiro do "amigo".

* * *

Mesmo depois de julgada e condenada por ter matado e esquartejado o marido, Elize nunca se livrou das barras do tribunal. Em julho de 2021, ela brigava na Vara da Infância para não perder a filha definitivamente para a família do marido que matou. Essa novela à parte começou logo depois de ela dar cabo de Marcos, ainda em 2012. Um mês após o crime, dona Misako, mãe da vítima, apareceu no apartamento para pegar as coisas do filho e tomar providências jurídicas sobre os bens deixados por Marcos, além de definir o destino da filha de Elize. A menina havia ficado sob os cuidados da tia Rose, hospedada no apartamento do empresário. Logo de cara, Rose se prontificou a levar a criança para morar em Chopinzinho. A matriarca dos Matsunaga foi simpática, agradeceu a boa vontade da senhora, mas recusou a oferta. No entanto, a mãe de Marcos autorizou a tia de Elize a levar Sofia e Fiona, as cadelas das raças poodle e shih-tzu, compradas pelo casal pouco antes de a bebê nascer. "Por enquanto, a criança fica. Mas esses dois cachorros, eu dispenso", anunciou Misako. Em 2021, Rose ainda mantinha Sofia em casa, no Paraná. Fiona foi deixada com Eliana, meia-irmã de Elize, e vendida para estranhos na sequência.

Segundo relato de Rose, a princípio, Misako olhava a filha de Elize com desconfiança e nem sequer a pegava no colo. O fato de Marcos ter conhecido a esposa por meio de um site de prostituição levantou suspeitas da família dele sobre a paternidade da criança. Para esclarecer a dúvida, os Matsunaga contrataram o laboratório Gene, com sede em Belo Horizonte, e realizaram uma investigação de vínculo genético por DNA para saber se a menina era ou não neta de Mitsuo e Misako. Renomado, o Gene foi o primeiro laboratório da América Latina a realizar perícias em DNA. A coleta de células bucais da bebê ocorreu no dia 15 de agosto de 2012. A amostra foi comparada com material biológico dos avós e o resultado do sequenciamento genético comprovou na semana seguinte que a garotinha era, de fato, filha de Marcos. Depois dessa certeza, ela foi levada para a mansão dos Matsunaga. Rose regressou ao Paraná. Na sequência, os pais de Marcos conseguiram na Justiça a guarda provisória da criança.

Antes de a menina completar um mês na casa dos avós, tia Rose pediu aos Matsunaga uma visita à mansão, pois estava com saudade da sobrinha-neta. A muito contragosto, Mitsuo e Misako autorizaram. Segundo relato do pai de Marcos, o encontro das duas foi um desastre. A criança teria aberto um berreiro tão logo viu Rose. "Era um choro de desespero, como se houvesse um trauma", contou o pai de Marcos, em junho de 2021. Para tentar acalmá-la, o empresário pediu ao motorista que desse uma volta com as duas pelas ruas do bairro. No carro, a choradeira só fez aumentar. A menina apenas teria se calado após ser tirada dos braços da tia de Elize, segundo contou o empresário. Em razão da reação desesperadora da neta, Mitsuo e Misako decidiram proibir Rose de ver a criança de forma definitiva. "Eu cheguei a entrar em contato algumas vezes querendo fazer visitas. No início, eles diziam para ligar depois e eu ficava telefonando e nada. Por último, eles nem me atendiam. Assim, a menina foi totalmente afastada de mim", contou a tia de Elize, emocionada, em dezembro de 2020. Rose confirma o choro da menina em sua última visita, mas refuta que o motivo do pranto tenha sido o seu colo.

Na mansão dos avós, ao falar as primeiras palavras, por volta dos 2 anos, a filha de Elize começou a chamar o avô de pai, e a avó de mãe. Em família, a garota fez várias viagens a Londres e Tóquio. Criada em uma edícula de luxo e cercada de babás e empregadas, ela foi blindada de informações envolvendo o assassinato do pai pela mãe. No entanto, quando a criança tinha 8 anos, um coleguinha da escola a chamou num canto e contou sobre a tragédia, pontuando que Elize, sua mãe, era uma assassina fria e cruel, pois havia decapitado Marcos, o seu pai. A menina chegou em casa chorando e cheia de questionamentos. Para protegê-la, os avós a mudaram de escola e fizeram a nova matrícula usando outro nome social, mesmo sem ter uma autorização judicial. Em audiências na Vara da Infância de São Paulo, Mitsuo nunca escondeu a vontade de levar a neta para morar definitivamente fora do país e, assim, impedir seu acesso aos detalhes da história triste envolvendo o passado dos pais, principalmente o fato de a mãe ter sido garota de programa. "Estamos criando a menina para ela ser livre. Ao completar 18 anos, ela vai receber a sua herança e poderá encontrar quem quiser e morar no país que bem entender, pois minha filha estuda vários idiomas, entre eles inglês, japonês, espanhol e italiano, além do português. Desde que descobriu na escola coisas do seu passado, providenciamos acompanhamento com psicólogos e conversamos muito com ela. Ninguém esconde nada sobre sua história. Nem tem como fazer isso em tempos de internet e redes sociais. Ela já sabe o que a mãe fez. [...] Ela realmente me chama de pai e chama a minha esposa de mãe. Mas quando ela nos apresenta a um coleguinha da escola, ela fala 'ele é meu avô'. Tudo o que fazemos é protegê-la", contou Mitsuo em junho de 2021.

Para cortar completamente o vínculo jurídico entre mãe e filha, o casal Matsunaga entrou com uma ação de destituição do poder familiar em desfavor de Elize logo após o crime. Se os avós obtiverem êxito no processo, o nome da assassina será excluído da certidão de nascimento da filha. A criança teria um novo documento e o campo destinado ao nome da mãe ficaria em branco. "Curioso é que os avós pedem a destituição familiar, mas não solicitaram a tutela ou a adoção da neta, pois a guarda provisória dela será revogada no final do processo. Com isso, a criança ficará sem um responsável legalmente designado para cuidar dela até a maioridade", observou a advogada de Elize, Juliana Fincatti Santoro. "Essa declaração não faz o menor sentido, pois o próprio código civil, na impossibilidade de exercício da guarda pelos pais, prioriza que ela seja exercida pelos avós. Então, mesmo que a guarda não tivesse sido requerida, há previsão legal para sua atribuição aos avós", rebateu a advogada Patrícia Kaddissi.

Outra estratégia dos pais de Marcos para manter Elize longe da filha foi dificultar a sua saída da penitenciária de Tremembé. A investida dos Matsunaga começou quando a presidiária pediu a progressão do regime fechado ao semiaberto, em 2019; e no ano seguinte, do semiaberto ao aberto. Antes de liberá-la às saidinhas esporádicas previstas no regime semiaberto, a juíza Sueli Zeraik Armani determinou a aplicação do exame criminológico juntamente com o temido teste de Rorschach, uma análise projetiva conhecida como teste do borrão de tinta. A viúva já havia passado pelo teste um ano antes, a pedido do juiz Juscelino Batista, da Vara da Infância e da Juventude do Fórum Regional de Pinheiros, no bojo do processo de destituição de poder familiar movido contra ela pela família de Marcos. Para evitar a aplicação de um novo exame na assassina, os resultados do seu teste projetivo foram enviados da vara cível à criminal.

Aplicado por psicólogos dentro da penitenciária, o Rorschach é composto por dez pranchas brancas com desenhos abstratos, sendo um acinzentado, dois nas cores preta e vermelha, três multicoloridos e quatro com manchas totalmente pretas. O aplicador apresenta uma figura por vez e o paciente vai dizendo tudo o que vê nos borrões. Quanto mais objetos ele enxergar, melhor será o diagnóstico. Em seguida, o especialista analisa as respostas, prepara um laudo e envia à Justiça. Se o psicólogo for eficiente, ele descreverá com detalhes a organização básica da personalidade do criminoso, incluindo características de afetividade, sexualidade, vida interior, recursos mentais, energia psíquica, traços gerais e particulares do estado intelectual, além dos elementos secretos sobre o caráter que ele não deseja trazer à luz. Polêmico, o Rorschach não é uma unanimidade, algo raro de ocorrer num campo complexo como a psicologia, mas o método é amplamente adotado no mundo todo. No Brasil, o teste é reconhecido pelo Conselho Federal de Psicologia (CFP) e já foi obrigatório na admissão de delegados no quadro da Polícia Federal. A Justiça de São Paulo determina a aplicação desse exame somente em condenados por crimes sexuais, assassinos violentos que mataram membros da própria família, pedófilos e *serial killers*.

Antes de ser submetida ao Rorschach em juízo, Elize realizou o teste com uma psicóloga particular a pedido de sua advogada. Essa prévia do exame não é recomendada por especialistas porque caracteriza "cola". Os defensores de Elize contrataram a psicóloga Jaci Ferfila para aplicar o exame antecipadamente. Nesse ensaio, a especialista concluiu que a criminosa "apresenta totais condições e plenas habilidades para desempenhar o papel de mãe". Segundo a profissional, "não há justificativa nos aspectos psicossociais dela para a perda do poder familiar". Jaci também escreveu em letras maiúsculas que a paciente não é psicopata, apesar de ter esquartejado com requintes o corpo do marido: "Evidencia-se o descarte de hipótese psicopática, revelando que ela compreende as consequências que seus atos tiveram na sua vida e na vida de terceiros, gerando inclusive um quadro profundo de culpa". Por causa dos resultados favoráveis, o parecer de Jaci foi anexado ao processo de execução penal de Elize e a especialista foi designada por seus advogados para acompanhar a aplicação do teste oficial, feito por uma perita nomeada pela Justiça.

No dia 23 de outubro de 2017, por determinação judicial, a psicóloga Claudia Lúcia Callegari Teixeira aplicou o Rorschach na assassina. O laudo de 25 páginas com o resultado consta do processo de execução penal (nº 0001578-97.2017.8.26.0520) de Elize, que tramita eletronicamente na Comarca de São José dos Campos. Os autos estão em segredo de Justiça desde 27 de fevereiro de 2020, conforme despacho da juíza Sueli Zeraik

Armani na folha de número 767. Antes dessa data, porém, era possível consultá-lo para fins jornalísticos. Em algumas imagens com borrões de tinta, Elize teria visto membros humanos esquartejados e inúmeros animais selvagens, como alces, javalis e cobras, os mesmos presentes em seus pesadelos noturnos.

De acordo com o laudo de Rorschach assinado por Cláudia, Elize teria diagnóstico de transtorno depressivo, desconforto emocional e tendência a isolamento. "O protocolo indica uma pessoa com muitos traços encontrados normalmente em indivíduos com transtorno afetivo, mas também pode mostrar que a sua organização psicológica a torna mais vulnerável do que outras pessoas para sofrer alterações bruscas do estado de ânimo. [...] A quantidade de desconforto emocional em Elize é seis vezes maior do que o desconforto de tipo ideacional [relativo à ideia], níveis estes que supõem um aumento de dor e sofrimento psíquicos, pela presença de afetos irritadiços ou perturbadores que agem fora do controle voluntário da avaliada. Além disso, seu mal-estar é crônico", escreveu a psicóloga no laudo.

Segundo a perita, Elize é narcisista, tem autoestima baixa, estrutura psíquica infantil e é imatura. "Chamam a atenção duas respostas que apresentam uma mistura de prazer e dor, tanto situacional quanto crônica, gerando uma experiência emocional confusa e ambivalente, levando a uma dificuldade para manter a coerência das relações afetivas. [...] Sua autocrítica negativa produz sentimentos de insatisfação e tristeza que aumentam o seu sofrimento psíquico. Como forma de defesa diante desta profunda desvalorização, Elize apresenta níveis maiores de narcisismo", descreveu a perita nomeada pela Justiça.

Depois de aplicar o teste de Rorschach em Elize, a psicóloga Cláudia também não viu nela conduta de psicopata. "Ela pode superestimar a valia pessoal como forma de autoglorificação. Pessoas com esse perfil geralmente abusam da racionalização, atuação e negação como forma de compensar problemas reais e a baixa autoestima. A presença desta variável com controles fracos e uma história de vida caracterizada por falhas ambientais contribuem para uma hipótese de conduta antissocial. No entanto, outras variáveis do teste indicam que tal tendência não é suficiente para caracterizar um quadro de psicopatia", assinalou a psicóloga com base nos borrões de tinta. Segundo Cláudia apurou no teste projetivo, Elize estaria arrependida de ter matado e esquartejado o marido. Em determinado momento do exame criminológico, a Justiça solicita à psicóloga: "Informe, senhora perita, se a investigada [Elize] apresenta evidências de sentimento de culpa ou remorso pelo crime do qual é ré confessa". Cláudia foi explícita ao responder "sim".

O resultado favorável nos dois primeiros testes de Rorschach e a iminência de pôr os pés para fora da cadeia de forma definitiva deixaram Elize ainda mais determinada a tentar uma reaproximação com a filha. No entanto, os pais de Marcos contra-atacaram, com receio de perderem para a esquartejadora a neta que eles chamam de filha. Mitsuo e Misako contrataram a psicóloga Maria Cecília de Vilhena Moraes, credenciaram a profissional na Justiça de São Paulo como assistente técnica e pediram à profissional uma revisão do teste aplicado em Elize pela perita Cláudia Callegari Teixeira. A ideia dos pais de Marcos era obter uma segunda opinião e mostrar ao juiz o perigo de deixar a mãe criminosa se reaproximar da filha.

A psicóloga Marcia Cecília acessou todas as respostas dadas por Elize no teste anterior e compôs um novo perfil psicológico da assassina. Em outra frente, a família de Marcos também encomendou ao psiquiatra Guido Palomba um parecer psiquiátrico-forense sobre a condenada. O médico é uma das maiores autoridades em mentes criminosas do país. No dia 20 de junho de 2021, o jornal *O Globo* publicou os novos laudos de Rorschach de Elize e o parecer de Palomba. Os três documentos estão anexados à ação de destituição do poder familiar movida pela família Matsunaga em desfavor da assassina. Já as novas leituras do teste do borrão, consideradas indiretas porque não foram pedidas pela Justiça, acabaram juntadas aos autos da execução penal de Elize e viraram alvo de uma batalha judicial à parte.

Para surpresa de Elize e de seus advogados, os prontuários mais recentes a descrevem como psicopata. Em seu laudo, a psicóloga Maria Cecília escreveu no dia 3 setembro de 2018 sobre Elize: "O acentuado desejo de contato observado nas mulheres psicopatas pode, à primeira vista, dar a impressão de que o interesse pelos outros e seu declarado amor pelos filhos evidencia a capacidade de apego e de empatia em relação às outras pessoas. Entretanto, é necessário observar dados de outras fontes confirmando essa impressão. No caso de Elize, caberia perguntar: Quais relações significativas se sustentaram? Quantas visitas ela recebeu durante o período de encarceramento? O quanto se dispõe a se sacrificar por amor à filha ou sequer considerar o impacto que a revelação de sua existência terá na criança? [...] A tônica de Elize é a da injustiça: não é justo que a filha desconheça sua existência; não é justo que sua sogra assuma o papel de mãe que por direito é seu. Coloca-se na posição de vítima sem considerar a responsabilidade decorrente dos atos cometidos por ela. [...] Em alguns casos, a mulher psicopata poderá usar a separação dos filhos para conquistar a simpatia dos outros e atrair a atenção para si".

A psicóloga Maria Cecília também refutou a conclusão de Cláudia referente ao arrependimento de Elize em ter matado o marido. Essa questão é importante porque a Justiça geralmente só promove o detento a um regime mais brando de prisão se ele estiver arrependido do crime cometido. No entanto, o arrependimento dos presos violentos e perigosos não é aferido somente com perguntas e respostas. Tem de ser comprovado por meio do teste de Rorschach. De acordo com o laudo de Maria Cecília, Elize se arrependeu de ter desmembrado o corpo de Marcos, mas não de ter dado um tiro em sua cabeça. "Essa interpretação é corroborada por dados da entrevista de Elize: o arrependimento dela se limita ao esquartejamento pela comoção causada na opinião pública e não pelo assassinato em si. Conforme comentou na entrevista realizada pela senhora perita [Cláudia], ao imaginar uma regressão no tempo, Elize não cogitou retornar a algum momento anterior ao assassinato, mas anterior ao esquartejamento. Ou seja, os efeitos negativos do crime em sua vida não são avaliados com base numa noção de certo/errado, mas sim pelo impacto que o ato provocou na sociedade", analisou a psicóloga em seu parecer.

Formada na Pontifícia Universidade Católica de São Paulo (PUC-SP), a psicóloga Maria Cecília também era credenciada pela Justiça de São Paulo para aplicar Rorschach em criminosos de Tremembé. Em seu parecer, a profissional desabonou o trabalho de Cláudia feito em Elize, atribuindo-lhe termos como "avaliação equivocada", "pontos questionáveis", "informações simplistas" e "má qualidade". As expressões negativas são usadas principalmente quando Cláudia concluiu que Elize não tem psicopatia. "Ao discutir autopercepção, a profissional elenca uma série de variáveis em Elize que apontam para conduta antissocial: autoimagem inflada, intenso uso do intelecto, propensão à atuação, controles fracos, distância emocional e física das outras pessoas e pouca abertura para formação de vínculos interpessoais, histórico de falhas ambientais (pai que abandona, mãe ausente) que promoveram o narcisismo. No laudo, no entanto, não são apresentadas evidências empíricas que fundamentam a afirmação de que tais dados não sejam suficientes para indicar psicopatia", criticou Maria Cecília.

A defesa de Elize imputou a Maria Cecília a adulteração de algumas respostas dadas pela sua cliente durante a aplicação do teste, no que se refere à prancha de número 10, representada por uma série de animais marinhos. Em determinado momento, Elize disse ter visto no borrão de tinta um "camarão", mas a psicóloga atribuiu, equivocadamente, a palavra "lagosta". Pode parecer bobagem, mas um erro desses compromete o diagnóstico final", explicou Juliana Fincatti Santoro, defensora da criminosa.

Na psicologia de Tremembé, pau que bate em Chico não acerta Francisco. Nomeada pela Justiça em 2018, a psicóloga Maria Cecília aplicou dentro da penitenciária um teste de Rorschach em Suzane von Richthofen, condenada a 39 anos de cadeia por ter mandado matar os pais a pauladas em 2002. Relembrando a crueldade da moça: ela ficou sentada na sala ouvindo as porretadas que o namorado e o cunhado – Daniel e Cristian Cravinhos – sentavam na cabeça dos seus pais no piso superior. Uma hora depois do duplo homicídio, Suzane estava na suíte presidencial de um motel transando com o namorado assassino. Dois dias depois, pela manhã, a estudante enterrou os pais vertendo lágrimas. Na tarde do mesmo dia, ela fez um churrasco em casa para comemorar com amigos o seu aniversário de 19 anos. Suzane confessou uma semana depois ter assassinado os pais porque vivia numa prisão e queria se libertar para encontrar o amor ao lado de Daniel. No laudo de Rorschach com dez páginas sobre Suzane assinado por Maria Cecília constava uma série de adjetivos; entre eles, vazia, imatura, impessoal, egocêntrica, manipuladora e narcisista, mas sequer era mencionada pelo menos suspeita de psicopatia. Já no laudo de 50 páginas sobre Elize, a mesma psicóloga escreveu 19 vezes o termo "psicopata" ou palavras derivadas.

A outra psicóloga contratada pelos pais de Marcos Matsunaga para analisar o perfil de Elize foi Ana Cristina Resende, presidente da Associação Brasileira de Rorschach e Métodos Projetivos e proprietária do Instituto Goiano de Avaliação Psicológica (IAGP). A profissional também não aplicou o teste na criminosa. Assim como Maria Cecília, ela fez apenas uma releitura das respostas dadas por Elize quando viu as dez pranchas com borrão de tinta apresentadas por Cláudia. Segundo Ana Cristina, Elize tinha traços de psicopatia. Em determinado trecho do seu parecer, a profissional do IAGP escreveu: "A mulher psicopata não é um tipo de pessoa tão insensível, delinquente ou predisposta a cometer agressões físicas quanto o homem psicopata. Ela tende a se interessar mais pelo outro, embora não genuinamente. Utiliza estratégia de manipulação e exploração do outro. Mantém comportamentos de promiscuidade sexual, de mentira elaborada e de estilo de vida parasitário. Assim, obtém benefícios financeiros e sociais. Além disso, a agressão da mulher psicopata é mais voltada para as pessoas próximas (familiares, amigos e conhecidos) e mais visível por meio do ciúme, do medo de abandono, da agressão verbal e da autoflagelação".

Nenhuma das profissionais envolvidas nos testes projetivos feitos em Elize cobrava barato para construir o perfil psicológico de assassinos. Em 2021, Maria Cecília exigia 4 mil reais pela aplicação do teste de Rorschach e produção de documentos alternativos de bandidos. Cláudia, sua concorrente e desafeta, cobra mais. O trabalho de revisar um laudo de outra profissional ficava em 5,5 mil reais em junho de 2021. Já uma aplicação do teste com produção do parecer custava em seu consultório a bagatela de 12 mil reais. Nesse valor estão inclusas possíveis contestações feitas por outros especialistas. "É um teste muito caro porque tem poucos profissionais capacitados para tal", justificou Cláudia a um advogado. Em julho de 2021, a psicóloga Ana Resende, do IGAP, pedia 15 mil reais para contestar um laudo de

Rorschach de outra profissional. Jaci Ferfila, a profissional contratada pelos defensores de Elize, embolsou 18 mil reais para submetê-la ao teste em 2017.

Com uma tabela mais elevada comparada à das psicólogas e também mais categórico, o psiquiatra forense Guido Palomba atribuiu a Elize personalidade antissocial com traços de psicopatia. Um parecer do especialista custava cerca de 40 mil reais em 2014, quando assinou o documento sobre o perfil da mulher que esquartejou o marido. A conclusão de que ela é psicopata veio principalmente da forma como a criminosa se comportou nas duas semanas entre ter matado e esquartejado o marido e confessar o crime. "Ela manteve-se calma, enviou e-mails se passando pela vítima, consolou os pais dele, chorou feito mulher traída e abandonada, foi ao shopping fazer compras, escolheu cor de álbum de fotografia... Foi fria o tempo todo", ressaltou Palomba no seu parecer de 47 páginas. Em outro trecho, o psiquiatra reafirmou a psicopatia da assassina com base na decisão tomada por ela em cortar o corpo do marido após executá-lo. "Para agir dessa forma, obrigatoriamente a pessoa tem de ser fria. Em outras palavras, sem ressonância afetiva com o próximo, uma vez que a ação de esquartejamento pressupõe a ausência de sentimentos altruístas. Isso porque o ato em si é deveras violento e chocante. Se Elize tivesse um mínimo de sentimento superior de piedade e de compaixão próprios do altruísta, o esquartejamento não chegaria a ocorrer. Se chegasse, seria a duras penas para ela, pois o seu psiquismo pagaria um preço muito alto. Nenhum ser humano mentalmente equilibrado deixa de se chocar ao ver uma carnificina", escreveu Palomba.

Em julho de 2021, todos os documentos traçando o perfil psicológico de Elize assinados sob encomenda encontravam-se *sub judice*. "Eu não vejo na minha cliente uma psicopata. Nem acho que ela tenha algum transtorno psicológico sério. Eu vejo nela uma caçadora que, desesperada, precisava tirar aquele corpo de dentro do apartamento. [...] Além do mais, todos esses pareceres indiretos foram contestados. O médico Guido Palomba e a psicóloga Ana Cristina Resende nunca tiveram contato com Elize e elaboraram documentos particulares sob encomenda da família de Marcos e sem autorização, concluindo pelo equivocado diagnóstico de psicopatia. E a Justiça já reconheceu que tais pareceres não têm valor de perícia. Só estão no processo na condição de documentos de apoio do conjunto probatório", declarou Juliana Santoro.

Independentemente de laudos, perícias e pareceres, os pais de Marcos anexaram um documento no processo de execução penal de Elize falando das suas impressões sobre a nora assassina: "Em nenhum momento ela demonstrou ter passado mal nas seis horas em que esteve trancada no quarto esquartejando o marido. Ela nunca demonstrou remorso ou culpa pela brutalidade do crime. [...] Elize é sedutora a olho nu. Possui personalidade calma, de dócil feição, educada, gentil e sempre se mantém centrada em situações de pressão e ameaça. [...] Sempre foi adepta de adrenalina, como vasta coleção de armas de fogo, prática de caçar animais selvagens, mantinha uma cobra como animal de estimação e fazia turismo em aldeias indígenas".

Em 2012, a psicóloga Neusa Vaz Márcia já havia diagnosticado em Elize comportamento análogo à psicopatia. A profissional atendia Elize e o marido em terapia de casal, e depois recebeu a assassina sozinha no consultório. Dois dos atendimentos feitos pela psicóloga foram logo após o crime. "Elize não tinha consciência pesada nem demonstrava arrependimento pelo ato cometido. Hipótese diagnóstica: transtorno de personalidade dissocial, também conhecida como psicopatia", declarou Neusa. O Ministério Público arrolou a psicóloga para depor no julgamento da viúva, mas a defesa da esquartejadora conseguiu impedir, alegando violação de sigilo profissional.

Enquanto psicólogos debatem se Elize é ou não psicopata, ela reclama de saudade da filha. Longe dela, a mãe presidiária recorreu às cartas para alcançá-la. No dia 28 de fevereiro de 2016, nove meses antes de ser condenada e a 38 dias do aniversário da menina, ela escreveu uma carta na qual pede perdão e diz desesperadamente esperar pela chance de explicar pessoalmente por que teve de matar o marido e esquartejá-lo:

Minha filha,

Daqui a exatos 38 dias você fará 5 aninhos. Imagino quantas descobertas você fez nesse tempo, quantas palavras aprendeu, quantos desafios enfrentou e venceu, mesmo tão pequena e tão frágil. O seu nome significa a mulher mais linda de Esparta, e você, com certeza, é a menina mais linda do mundo. Fecho os olhos e imagino agora como está seu rostinho, seu sorriso... Mágico... daqueles que nos faz bater a poeira e esquecer as feridas.

Hoje faz três anos, nove meses e quatro dias que não a vejo, filha querida. Mas todos os dias te envio por pensamento todo amor que uma mãe pode sentir e todo pedido de perdão. Desejo que você se torne uma mulher incrível e forte. Aliás, não só desejo como tenho certeza que você irá superar todas as experiências difíceis que a vida nos impõe.

Se pudesse te dizer algo hoje, olhando nos seus olhinhos, eu diria: Te amo de uma forma que nunca imaginei amar. É um amor incondicional. E te agradeço por me mostrar o que é sentir isso tudo. Diria que você mudou minha vida, trouxe luz, conforto no coração e a certeza de que Deus existe.

Enfrentaria qualquer coisa para ver seu sorriso novamente, para te ver em paz, para ouvir pelo menos uma vez a palavra mãe, tão curta, mas que faz meu coração tremer só de imaginar.

Como há tempo para tudo, procurei o tempo para minhas palavras serem eternas e encontrei esse tempo aqui. Sei que essas palavras não são capazes de transmitir o que eu sinto de forma plena, mas toda energia que posso enviar com elas está aqui. Acredite!

Mesmo não estando agora ao seu lado, filha, quero que saiba que você tem uma mãe que te ama muito e que respeitará suas escolhas. Um dia, se você quiser, conversaremos sobre tudo o que houve, a situação lamentável e infelizmente irreversível que nos afastou fisicamente. Apenas fisicamente, pois meu coração está contigo, com a criança que me ensinou verdadeiramente o que é amor.

Mesmo que você não me perdoe, filha querida, não esqueça que te amarei além da vida. Porque esse amor não vem dos olhos, vem de Deus.

De sua mãe, Elize

Depois de escrever cartas implorando perdão à filha, Elize aperfeiçoou na cadeia a prática de *Ho'oponopono*, uma técnica havaiana antiga voltada à paz interior, ao amor, ao perdão, à gratidão e à cura de mágoas e sentimentos negativos. Ela já havia feito a meditação havaiana para conceder perdão à mãe e ao padrasto abusador. Motivada por esse tipo de autoajuda, Elize escreveu uma carta e enviou a dona Misako, suplicando misericórdia. A remetente queria da destinatária perdão por ter matado o filho dela na calada da noite com um tiro na cabeça. Almejava perdão por ter esquartejado o corpo dele em sete pedaços e depois embalado em sacos de lixo biodegradáveis. Desejava perdão por ter feito a desova na beira de uma estrada de terra, onde foi devorado por urubus e cachorros. A matriarca da família Matsunaga não acreditou quando a mensagem de Elize chegou a sua casa, escrita de próprio punho numa folha de papel ofício. Misako ficou tão chocada com a audácia da nora assassina que rasgou a carta repetidamente até não conseguir mais picotar o papel.

Ignorada pela família de Marcos e longe da filha, Elize começou a ser perseguida pelos fantasmas do passado. Orientada por uma assistente social de Tremembé, ela começou a pôr no papel suas memórias sobre o crime para tentar exorcizá-lo. Pretendia usar as anotações em um livro autobiográfico. Sempre que despertava angustiada no meio da noite, a criminosa pegava um caderno, descrevia o pesadelo e voltava a dormir. Certa madrugada, todas as presas do semiaberto estavam entregues ao sono. Um temporal desabou sobre a penitenciária. A luz havia sido apagada às 22 horas.

Inquieta, a viúva pegou o caderno e começou a anotar algumas lembranças da fatídica noite em que matou o marido. Recordou-se dos detalhes mais perturbadores, como o barulho catatônico provocado pelos estalos da lâmina afiada passando entre os ossos da vítima. Elize adormeceu ouvindo internamente um som de assombração. Quando seus olhos se abriram, a chuva forte continuava molhando a madrugada. Raios e trovões cortavam o céu escuro. Mesmo sob uma tempestade assustadora, ela se encontrava deitada na pérgola da sua piscina redonda de água aquecida. Aquele era o lugar mais aconchegante da megacobertura de luxo. A jovem vestia roupas leves e transparentes e bebia vinho numa daquelas taças enormes. Em instantes, surgiu uma revoada de urubus selvagens nos ares. Os pássaros planavam em círculos sobre o apartamento dúplex iluminados por relâmpagos. Ousados, eles pousaram um a um na mureta da cobertura e no telhado do prédio. Elize levantou-se eufórica com a visita das aves de rapina e correu para dentro de casa chamando por Marcos. Ela acreditou que, junto com o marido caçador, iria abater animais silvestres usando os rifles guardados num cômodo do apartamento. Apressada, atravessou a porta de vidro de acesso à sala. De repente, tropeçou em algo mole, caiu e bateu a cabeça fortemente na quina da parede. Um raio violento fez toda a luz da cobertura se apagar, deixando o ambiente medonho. Ao olhar para o lado, Elize se deu conta de que havia tropeçado em Gigi. Irritada, a cobra já não era mais dócil como nos velhos tempos. O réptil se aproximou lentamente e deu um bote, enroscando-se pelo corpo ensopado de sua dona. Imobilizada pela serpente, a mulher começou a agonizar com falta de ar. A jiboia abriu a bocarra para engolir a sua presa lentamente pela cabeça. Um comando de voz fez a cobra parar. Depois de recuperar o fôlego, Elize percebeu ter sido salva por Marcos.

O empresário vestia apenas uma cueca boxer branca e segurava uma submetralhadora em sua mão direita. Elize correu para abraçá-lo, mas ele recuou. A escuridão a impedia de ver o marido com nitidez. O *flash* de um relâmpago iluminou parcialmente o corpo do empresário por alguns segundos. Ela soltou um grito de pavor. Marcos estava com a pele esverdeada, todo sujo de lama e desmembrado em sete pedaços. O braço esquerdo era composto por fragmentos de ossos. Por um buraco no crânio, escorria um líquido escuro e viscoso. A boca ficava aberta o tempo todo. Era inexplicável como ele se mantinha de pé mesmo esquartejado. Uma torrente de sangue vazava pelos golpes feitos à faca. Parte das vísceras caía lentamente pela abertura no abdome. Desmantelando-se, Marcos mirou a arma na cabeça da mulher usando apenas um braço.

Pedindo socorro, ela correu, debatendo-se pelos labirintos escuros do apartamento. Bem mais ágil, a serpente a seguiu rastejando em zigue-zague pelo breu. Na sala, Elize escorregou num melado composto de sangue e massa encefálica. Não teve forças o suficiente para se levantar do piso escorregadio. Gigi aproveitou a fraqueza da sua presa e a imobilizou de forma definitiva. Sem fôlego para gritar, Elize fechou os olhos e se entregou ao destino. Os urubus entraram pela janela e se acomodaram por cima dos móveis à espera das sobras do repasto. Todo desconjuntado, Marcos surgiu pelo corredor. Na sala, ele mirou a arma de grosso calibre na cabeça da esposa. Antes de atirar, porém, o cadáver perguntou com a boca toda empapada de sangue:

"Por que você fez isso comigo? Por quê?".

Elize tem dúvida se um dia será perdoada pela filha. Mas ela tem uma certeza indissolúvel: seus demônios jamais a deixarão em paz.

* * *

Dentro de Tremembé, conversando com amigas criminosas, Elize descobriu que poderia estar cumprindo pena fora da penitenciária, pois já tinha o tempo necessário para migrar de regime. Acionou o advogado Luciano Santoro e pediu para ele acelerar o pedido de soltura. A calculadora prisional de Elize dava a ela o direito de estar em liberdade condicional. Alguns meses depois, poderia pedir o regime aberto, bem menos rigoroso. Formada em direito e há 10 anos no cárcere, a viúva conhecia a diferença entre os dois tipos de cumprimento de pena, mas foi categórica: "Quero sair daqui o mais rápido possível! Quero a minha vida de volta", implorava a assassina na cadeia. Luciano Santoro aconselhou Elize a esperar mais seis meses pelo regime aberto, por causa das regras mais frouxas. Ela não quis. Mesmo contrariado, o defensor pediu à Justiça para sua cliente obter a liberdade condicional. No dia 30 de maio de 2022, Elize ganhou a rua. Com a concessão do benefício, ela tinha de cumprir uma série de obrigações previstas em lei: trabalhar honestamente, não mudar de cidade sem prévia autorização, ficar em casa entre 20 horas e 6 da manhã e não frequentar determinados lugares, como bares e boates. Também era terminantemente proibido ingerir bebida alcoólica fora de casa. Livre, leve e solta, Elize violaria quase todas essas regras.

Para deixar Tremembé, a assassina escolheu um figurino sóbrio. Roupa preta com blazer prateado. Passou um batom bem vermelho. No primeiro dia de liberdade, gravou um vídeo toda sorridente e postou nas redes sociais. Nele, classificou seu crime como um "erro" e disse ter já sido "perdoada" por Marcos Matsunaga. "Estou muito feliz por ter vencido essa etapa e estar livre. Quero agradecer pelas pessoas que me entenderam e sempre me apoiaram. [...] Agora tenho obrigações diferentes. Sinto muito pelo que passou. Infelizmente não posso consertar o erro que cometi. Estou tendo uma segunda chance. Infelizmente, o Marcos não. Mas eu acredito na espiritualidade, que ele já tenha me perdoado. Peço isso todos os dias em minhas orações. Muito obrigada pelo apoio neste recomeço. Obrigada mesmo!" Depois que esse vídeo se tornou público, a assassina passou a receber dezenas de presentes de fãs e admiradores como incentivo ao seu recomeço. Incluindo garrafas de vinho.

Na nova etapa da vida, Elize escolheu como endereço o bucólico bairro Jardim Santa Lúcia, zona sul do município de Franca, a 400 quilômetros de São Paulo. Lá, comprou por 230 mil reais um apartamento de 90 metros quadrados e um Honda Fit ano 2013, carro de montadora japonesa. Retirou o nome "Matsunaga" da carteira de identidade e finalmente pôs o Giacomini, sobrenome do pai biológico já falecido. Passou a assinar "Elize Araújo Giacomini". Ousada, ela baixou o aplicativo Maxim, concorrente da Uber, e começou a fazer transporte de passageiros. Sua nota na plataforma era boa (4.80 de 5.00). Para tentar esconder sua identidade de assassina famosa, Elize dirigia usando máscara de proteção, cobrindo boca e nariz, e óculos escuros grandes. Nessa nova fase, manteve os cabelos curtos e platinados. Como o disfarce não era muito eficiente, alguns passageiros desconfiavam, principalmente quando viam no celular a mensagem "Elize Araújo Giacomini está chegando para pegar você em tantos minutos". No carro, o cliente perguntava eufórico se ela era a mulher que havia matado o marido. No início, Elize confirmava meio sem graça. No carnaval de 2023, o cabeleireiro Rodrigo Pires, de 33 anos, chamou um carro pelo aplicativo e Elize foi buscá-lo em frente ao salão onde ele trabalhava, no centro de Franca. Dentro do veículo, ele puxou conversa:

- Você é a Elize Matsunaga, né?

- Sou sim – assumiu.

- Olha, você tem o meu apoio para recomeçar a vida, viu? Adoro você. Afinal, você matou um homem horrível...

- Obrigada!

- Quando quiser, passa lá no meu salão que eu cuido do seu cabelo – ofereceu o profissional.

Nem sempre os passageiros eram discretos. Ainda no período de carnaval, Elize estava trabalhando quando foi chamada por um grupo de jovens que se divertiam num bloco de rua. Um deles a reconheceu e tirou uma foto da tela do celular para capturar a imagem do rosto revelada no aplicativo. O *print* foi parar nas redes sociais e acabou viralizando, gerando na internet uma discussão sobre ressocialização. Elize Giacomini surgiu nos telejornais sensacionalistas da tarde e tornou-se um dos assuntos mais comentados do Twitter. Os moradores de Franca dividiram opiniões. Metade não queria uma assassina circulando pelas ruas da cidade, fazendo transporte, enquanto a outra tentava encontrá-la no aplicativo para conseguir fazer uma *selfie*. Como estava em todos os sites de notícias e fofoca, Elize ficou com medo de ser hostilizada. Logo após o carnaval, receosa, caiu fora de Franca.

Quando Tânia se despediu de Elize em Tremembé, alguns anos antes, as duas combinaram de se encontrar do lado de fora. Para escapar do assédio da imprensa em Franca, Elize pediu abrigo e emprego à velha amiga, em Sorocaba. "Vou falar com o meu marido. Mas você está proibida de dizer que tivemos um 'rolo' em Tremembé", impôs Tânia. Saymon aceitou a hóspede e Elize passou a trabalhar na empresa deles como fiscal de obras, ganhando 3 mil reais por mês. Cabia a ela acompanhar, em casas de condomínio de luxo, as reformas encomendadas na empresa da amiga. Para mudar de cidade, Elize teve de esperar autorização da Justiça. Ela justificou o novo domicílio como uma oportunidade de trabalhar. Fechou seu apartamento em Franca e mudou-se para a casa da amiga, onde aprontou ainda mais estripulias.

Em Sorocaba, Elize teria dado em cima de Saymon, irritando Tânia. Segundo relatos da engenheira, a amiga se trancava no quarto para dormir e vestia uma camisola sensual na hora de deitar. No entanto, para chamar a atenção dele, voltava a circular pela sala de roupa íntima. Como Tânia sabia da fidelidade canina do marido, não se importou. Certa noite, Elize avançou o sinal. Ela teria aproveitado a ausência da amiga, pegado duas garrafas de cerveja na geladeira e oferecido uma delas a Saymon, de forma sedutora. Bêbada, teria sugerido transar com ele. Saymon se recusou e contou à esposa, que estranhamente não repreendeu Elize. No entanto, Tânia traçou um plano de vingança contra a falsa amiga com o objetivo de devolvê-la para a cadeia. Na surdina, começou a produzir um dossiê contra a egressa de Tremembé.

Elize trabalhava diariamente como fiscal de obras em casas de vários condomínios de luxo de Sorocaba e arredores, como Horto Florestal, Jequitibá, Milano e Boa Vista. Para entrar com frequência nos residenciais, a empresa de administração exigia atestado negativo de antecedentes criminais. Como ainda cumpria pena por homicídio, acreditou que não tinha como ela obtê-lo. Com personalidade voltada para o crime, Elize falsificou o documento lançando mão do mesmo cambalacho usado para adulterar seu contracheque do Hospital Nossa Senhora das Graças, em Curitiba, onde trabalhou entre outubro de 2001 e abril de 2003. Ela pegou o atestado verdadeiro de um outro funcionário e colou seu nome por cima. Com a fraude em mãos, entrava e saída dos condomínios sem ser importunada.

Quando se mudou de Franca para Sorocaba, Elize supostamente mantinha em seu poder um rifle calibre 17, modelo 42 série A-447112, marca CZ. Segundo documentos do registro dessa arma, ela estaria em seu endereço residencial, na Rua Acácio de Lima, Chácara Santo Antônio. Elize teria tentado levar o rifle para Sorocaba, mas não encontrou o certificado de registro de arma de fogo (CRAF) entre suas coisas. Com medo de ter o armamento apreendido, foi até a delegacia seccional de polícia de Franca e registrou um boletim de ocorrência (BO 15834) comunicando o extravio. Na delegacia, um policial perguntou a ela por que mantinha uma arma de grosso calibre em seu poder. Elize respondeu que o rifle era um dos poucos bens "herdados" do casamento com Marcos Matsunaga. "Saí com uma mão na frente e outra atrás. A família dele me tirou tudo. Até os bens que estavam em meu nome", queixou-se. De fato, parte do arsenal bélico do casal ficou com Mitsuo e

Misako. O casal vendeu tudo, até o que estava em nome de Elize. Volta e meia, um desses compradores procurava pelos advogados dela para fazer a transferência da titularidade do armamento.

Quando saiu na imprensa o imbróglio com o rifle, o advogado da assassina se manifestou. "Essa arma não está mais em poder da minha cliente. Elize tinha quatro armas em seu nome. Uma delas foi a pistola Imbel usada no crime. Por determinação judicial, duas delas se encontram no DHPP até hoje. A quarta arma – o tal rifle – está numa loja especializada. Como não foi localizado o certificado de registro do rifle, Elize teve de registrar o BO para dar o destino correto à arma por exigência de processo cível que tramita em sigilo, destino esse que pode ser a venda lícita ou a destruição. O Boletim de Ocorrência se refere apenas ao documento e não à posse de arma de fogo, que está apreendida. Elize não precisa nem quer arma", ratificou Luciano Santoro.

Em Sorocaba, bateu em Elize uma vontade de viver intensamente. Para engordar o dossiê contra a falsa amiga, Tânia a incentivou a viajar. Sua vingança consistia no seguinte: filmar e fotografar com o celular todas as ações de Elize que violavam as regras do livramento condicional.

– Hoje eu acordei com uma vontade de ver o mar! – exclamou Elize no café da manhã.

– Vai, sua boba. Santos é logo ali. Mas vai à noite que é mais seguro para você.

– Vou mesmo, pois faz dez anos que não vejo algo tão bonito. Vem comigo, amiga! – convidou Elize.

Tânia estava no regime aberto, mas como trabalhava em diversas cidades do interior, tinha permissão para viajar num raio de 400 quilômetros. Já Elize não podia tirar os pés de Sorocaba. Mesmo assim, ela pegou o carro e foi ao bar do Gonzaga, na orla de Santos, a 125 quilômetros de onde deveria estar. Bebeu cerveja, comeu iscas de peixe e varou a madrugada se embriagando. Tânia filmava tudo na cara de Elize. "Amiga, cuidado com esses vídeos. Não vai postar nas redes sociais. Senão, estarei na merda!", alertava. "Imagina. Jamais faria isso. Até porque eu também deveria estar em casa a essa hora", ponderava a outra criminosa. Na mesma noite, as duas foram pular ondinhas na praia do Itararé, município de São Vicente, bem pertinho da Pedra da Feiticeira, um ponto turístico local. Gatuna, Tânia registava tudo, principalmente a alegria de Elize em curtir a liberdade. De lá, elas seguiram para um restaurante japonês. Elize foi fotografada comendo um sushi com as mãos como se tivesse muita fome.

De volta do passeio a Santos e São Vicente, Tânia dispensou Elize da sua empresa sem dar maiores explicações. Também pediu que ela saísse da sua casa. Na semana seguinte, ela foi denunciada pela engenheira de forma anônima. A amiga ligou para a 8ª Delegacia de Sorocaba e falou com o delgado Acácio Leite. Na sequência, o policial recebeu o dossiê contendo uma cópia do documento falsificado de Elize e algumas imagens dela violando as regras do livramento condicional. Um inquérito foi aberto para investigar a denúncia. Policiais saíram em busca de Elize e a encontraram fazendo transporte de aplicativo nas ruas de Franca, para onde havia voltado. Com um mandado de busca e apreensão em mãos, os homens da lei foram até sua casa e recolheram celulares e computadores, além do documento falso. Uma perícia comprovou a adulteração do atestado de antecedentes criminais. Em depoimento dado ao delegado Francisco Fraga Silveira, Elize negou que tivesse falsificado o atestado e muito menos usado o documento. Disse que entrava e saía dos condomínios apresentando apenas sua carteira de identidade. Àquela altura, ela já sabia que Tânia era a autora da denúncia. Elize afirmou na delegacia que, provavelmente, a amiga teria feito a alteração para prejudicá-la. A assassina acabou indiciada por falsificação de documento público. Durante a investigação, Elize descobriu pelo advogado que nem precisava ter lançado mão de um cambalacho para obter um atestado de antecedentes criminais sem apontamentos. A sentença que a condenou pela morte do marido ainda está sendo contestada em instâncias superiores – ou seja, ela ainda é considerada ré primária aos olhos da lei. "Se ela quisesse um atestado, bastaria ter me acionado", disse Luciano Santoro.

Com o escândalo de Elize na mídia, o promotor Odilon Nery Comodaro, do Ministério Público de Franca, pediu à Justiça a suspensão da liberdade da assassina e seu retorno imediato para Tremembé. O juiz José Rodrigues Arimatéa, da comarca de Franca, deu mais uma chance à mulher que esquartejou o marido e a manteve livre como um passarinho. Pelo menos até que a acusação sobre a falsificação de documentos seja julgada.

Elize Araújo Giacomini gosta mesmo é de sentir fortes emoções. Em liberdade, foi filmada fazendo planos para o dia em que puder viajar ao exterior. Ela revelou que, dentro de si, seu instinto assassino continua latente: "Quero viajar para a África para matar animais. O que eu vou matar: zebras e crocodilos, porque tem milhões deles e não farão a menor falta. Leão eu não tenho coragem de matar porque está em extinção. Eu tenho dó".

A VIDA EM PRETO E BRANCO

A JORNADA DE ELIZE MATSUNAGA
FOI MARCADA POR TRAGÉDIAS,
AVENTURAS, CRIMES
E MUITAS BIZARRICES

Na adolescência, Elize foi estuprada pelo padrasto e expulsa de casa pela mãe.

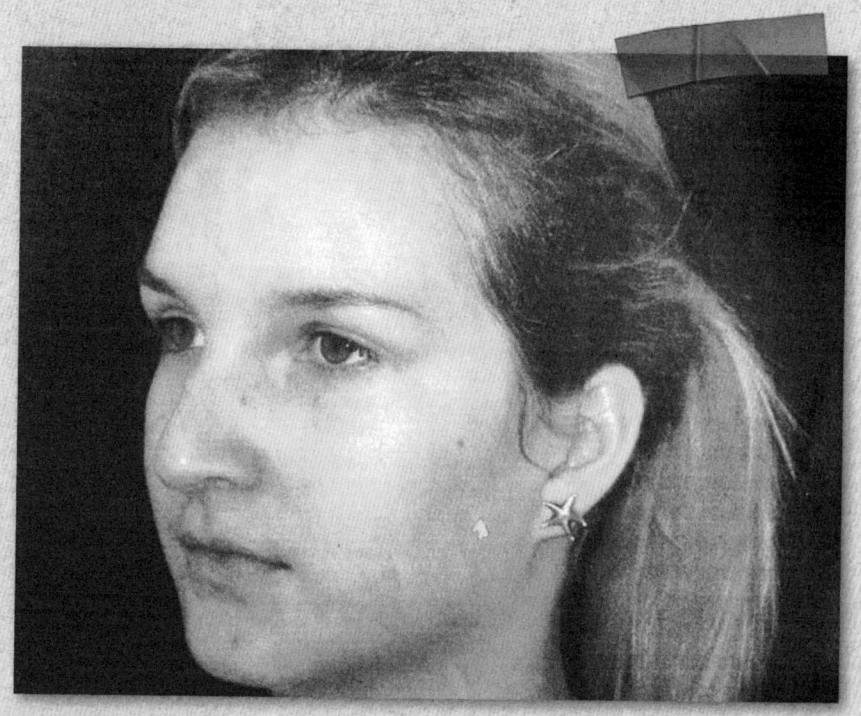

Aos 18 anos, partiu de Chopinzinho para Curitiba. Tornou-se garota de programa.

Casa onde Elize foi estuprada pelo padrasto. Depois de levar um tapa da mãe, ela saiu da residência e retornou 35 dias depois.

Ao completar 18 anos, Elize saiu da casa da mãe e se mudou para Curitiba. Trabalhou como técnica de enfermagem e prostituta.

Dilta Araújo e Chico da Serra, mãe e padrasto de Elize.

Da esquerda para a direita: Dilta, a mãe; Sebastiana, a avó; e Roseli, a tia que Elize considera mãe.

Na prostituição, Elize se chamava Kelly, nome copiado da meia-irmã por parte de pai.

Em São Paulo, anunciava no site MClass.
(Foto: reprodução do processo)

Elize e Marcos se casaram em 2009. Chegaram à cerimônia em um calhambeque.

A festa teve poucos convidados e foi marcada pela melancolia.

A noiva usou vestido simples e Marcos optou por um smoking de alfaiataria.

Excêntricos, Elize e Marcos foram feitos um para o outro.

Depois de fazer curso de tiro, Elize passou a matar animais implacavelmente.

Caçavam alces, veados e javalis.

Nenhum bicho escapava da mira do casal.

A jiboia Gigi era considerada filha do casal.

A cobra comia animais vivos, como ratos e filhotes de porco.

Grávida, Elize passou a ter medo de Gigi.

Depois de uma briga de casal, Gigi foi doada ao Instituto Butantan.

Quando a bebê nasceu, Marcos comprou dois cachorrinhos para a filha.

Na reconstituição, Elize mostra como levou um tapa de Marcos.

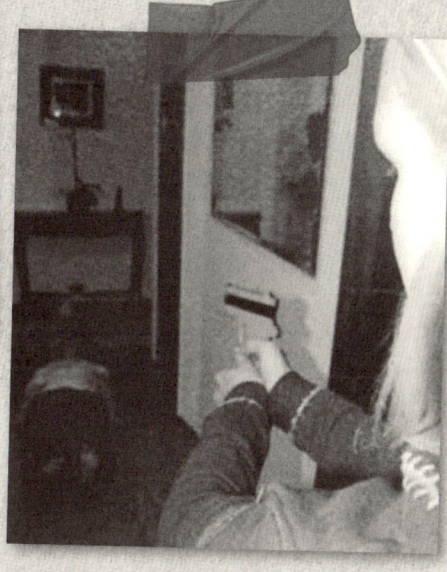

Depois deu um tiro na cabeça dele e o arrastou pelo corredor.

Esquartejou o marido em sete partes, no quarto de hóspedes.

Pôs o corpo em malas e fez a desova numa mata de beira de estrada.

No banco dos réus, Elize foi condenada a 19 anos. Na imagem, ao lado da advogada Juliana Santoro. (*Foto: Jales Valquer/Fotoarena/Folhapress*)

Ao depor, relembrou detalhes do crime. "Me tratava feito lixo."

Segundo Elize, o esquartejamento do marido começou pelas pernas. O Ministério Público garantiu que ela iniciou cortando a cabeça.

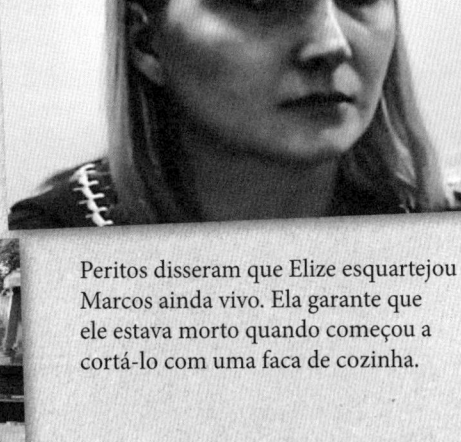

Peritos disseram que Elize esquartejou Marcos ainda vivo. Ela garante que ele estava morto quando começou a cortá-lo com uma faca de cozinha.

Para sanar a dúvida, a Justiça mandou exumar o corpo de Marcos, trazendo ainda mais sofrimento à família.

Pivô da separação, Nathalia também anunciava em sites de prostituição.
(Foto: reprodução do processo)

Sandra Ruiz, vulgo Sandrão. Na cadeia, a sequestradora era disputada por Elize e Suzane von Richthofen.

Na primeira saidinha, em 2019, Elize foi aplaudida pelas colegas de cela na porta da penitenciária. "Vai cuidar da vida!"

Elize e seu advogado, Luciano Santoro: com livramento condicional, ela passou a cumprir a pena em liberdade.

Ela saiu para comemorar o recomeço, almoçando fora.

Ousada, Elize passou a trabalhar em Franca (SP) como motorista de aplicativo, chocando a sociedade.

Com a repercussão, ela se mudou para Sorocaba, onde falsificou um atestado de antecedentes criminais para trabalhar como fiscal de obra.

Elize acabou denunciada por uma "amiga" e foi indiciada pela polícia.

Em liberdade, Elize desafiou a Justiça, burlando regras da condicional. Foi à praia à noite.

Irônica, comeu comida japonesa com as mãos.

Bebeu cerveja à noite, quando deveria estar em casa.

Formação

Técnico em Enfermagem 2002
Escola Vicentina Técnica Catarina Laboure

Bacharel em Direito 2011
Universidade Paulista UNIP

Experiência

- **Costureira – AOUDE CONFECÇÕES**
  Costura em Máquinas de Acabamento
  Período: 07/2022 a 12/2022

- **Estagiária (Direito) – UNIP**
  Estágio na área de Direito Civil e Penal
  Período: 05/2010 a 05/2011

Elize Araujo Giacomini
29/11/1981

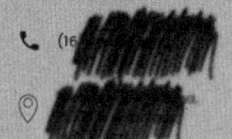

(16
araujoelize@gmail.com

Sobre mim

Sou formada em Direito, Enfermagem,
Estou aberta para me capacitar profissionalmente em outras áreas..
Tenho facilidade de aprendizado, amo trabalhar em equipe,
E desejo me desempenhar ajudando no crescimento da empresa.

Habilidades e Competências

- Postura ética.
- Capacidade de trabalhar em equipe, mantendo uma boa relação com clientes, sócios e funcionários.
- Planejamento e organização ao lidar com obrigações e prazos, garantindo a confiabilidade.

Na sequência, Elize começou a distribuir currículo para conseguir novo emprego. Sobre suas qualidades, escreveu: "sou ética, planejada e organizada".